Netzwerke mit Windows 11

für Zuhause und Selbstständige

Christian Immler

Verlag:
BILDNER Verlag GmbH
Bahnhofstraße 8
94032 Passau

http://www.bildner-verlag.de
info@bildner-verlag.de

ISBN: 978-3-8328-0534-0
Bestellnummer: 0561

Autor: Christian Immler
Herausgeber: Christian Bildner

Druck: CPI Clausen & Bosse GmbH, Birkstr. 10, 25917 Leck

Bildnachweise:
Cover: ©Alphaspirit – stock.adobe.com
Kapitelbild: ©ink drop – stock.adobe.com

Inhalt

1 Windows 11 im Heimnetzwerk

1.1 PC mit dem Netzwerk verbinden

Computernetzwerke sind schon lange keine Domäne von Administratoren großer Firmen mehr. Schon die Verbindung des PCs mit dem Router am eigenen Internetanschluss – meist eine FRITZ!Box – ist eine Netzwerkverbindung. Werden dann noch ein paar Smartphones oder Laptops per WLAN verbunden, entsteht ein echtes Netzwerk, das deutlich mehr Möglichkeiten bietet, als nur einen gemeinsamen Internetanschluss zu nutzen.

Als Netzwerkkabel noch je nach Bedarf von Hand gelötet wurden und Befehle zum Austausch von Dateien zwischen Computern mithilfe kryptischer Kommandozeilenbefehle quasi individuell programmiert werden mussten, waren ein tiefes technisches Verständnis und genaue Kenntnisse zu den verwendeten Betriebssystemen erforderlich. Heute ist das Leben zumindest für den Heimnetzwerkbereich wesentlich einfacher geworden.

Die Netzwerkschnittstellen sind standardisiert, Geräte erkennen sich dank ausgefeilter Verbindungsprotokolle selbstständig, und Windows 11 verbindet sich in den meisten Fällen vollautomatisch mit einem bestehenden Netzwerk, sodass Sie als Anwender mit der Technik nichts mehr zu tun haben.

Grundsätzlich gibt es zwei Möglichkeiten, einen Personal Computer (PC) mit dem Netzwerk zu verbinden:

- **Ethernet** – Im Idealfall werden PCs über Ethernet-Kabel mit dem zentralen Router verbunden. Die meisten Router haben nur vier Ethernet-Anschlüsse. Sollen mehr PCs im Netzwerk verbunden werden, schließen Sie einen Hub am Router an. Ein Hub ist vergleichbar mit einer intelligenten Mehrfachsteckdose, die ein Netzwerksignal auf mehrere Geräte verteilt.
- **WLAN** – Die Abkürzung steht für *Wireless Local Area Network* bzw. drahtloses lokales Netzwerk. In diesem Fall werden keine Netzwerkkabel benötigt. Die Geräte verbinden sich per Funk mit dem Router.

Vielen stellt sich jetzt die Frage, welche Technologie besser ist. Grundsätzlich lassen sich beide kombinieren. Jeder Router bietet die Möglichkeit, einige PCs über Ethernet-Kabel anzuschließen und weitere Geräte, wie Smartphones, Tablets oder Laptops, drahtlos zu verbinden. Da Ethernet deutlich weniger störanfällig ist, sollten bei Neu- oder Umbauten von Gebäuden grundsätzlich Leerrohre für Netzwerkkabel vorgesehen werden.

Windows 11 erkennt Ethernet-Verbindungen nach dem Anschließen automatisch. In den meisten Fällen brauchen Sie gar nichts weiter zu tun. Eine aktive Ethernet-Verbindung wird über ein Symbol mit einem stilisierten PC und einem Kabel in der Taskleistenecke angezeigt. Fahren Sie mit der Maus darauf, zeigt ein Tooltipp den Namen des Routers.

Vorteile von Ethernet

Ethernet funktioniert, wenn einmal angeschlossen, störungsfrei mit gleichbleibender Signalqualität. Die Verbindung ist unabhängig von baulichen Gegebenheiten und Luftfeuchtigkeit, die Funkverbindungen beeinträchtigen können. Da sich kein Fremder unbemerkt mit dem Netzwerk verbinden kann, sind die Sicherheitsanforderungen und der damit verbundene Konfigurationsaufwand deutlich geringer.

Vorteile von WLAN

WLAN benötigt keine Leitungsinstallation im Haus. Drahtlose Verbindungen eignen sich auch für nicht ortsgebundene Geräte wie Smartphones, Tablets und Laptops.

Symbol einer Ethernet-Verbindung in der Taskleistenecke.

Verbindet sich der PC über Ethernet nicht mit dem Netzwerk, zeigt das Netzwerksymbol eine Weltkugel an.

PC per WLAN mit dem Netzwerk verbinden

Verwenden Sie WLAN, erfolgt die Verbindung, zumindest beim ersten Mal, nicht vollautomatisch.

- Klicken Sie auf das Weltkugelsymbol in der Taskleistenecke, erscheint eine Palette mit Schnelleinstellungssymbolen.
- Das WLAN-Symbol, meist links oben, schaltet WLAN ein und aus (nur wenn verfügbar). Der Pfeil auf dieser Schaltfläche zeigt eine Liste verfügbarer WLANs. Klicken Sie darauf.
- Wählen Sie das gewünschte WLAN aus der Liste aus. Bei verschlüsselten WLANs müssen Sie den Schlüssel eingeben.
- Bei häufig verwendeten WLANs können Sie in der Liste das Kontrollkästchen *Automatisch verbinden* aktivieren, um automatisch eine Verbindung herzustellen, sobald dieses WLAN in Reichweite ist. Sind mehrere bekannte WLANs in Reichweite, sollten Sie nur bei einem davon *Automatisch verbinden* einschalten, da es sonst zu Konflikten bei den automatischen Verbindungsversuchen kommen kann.

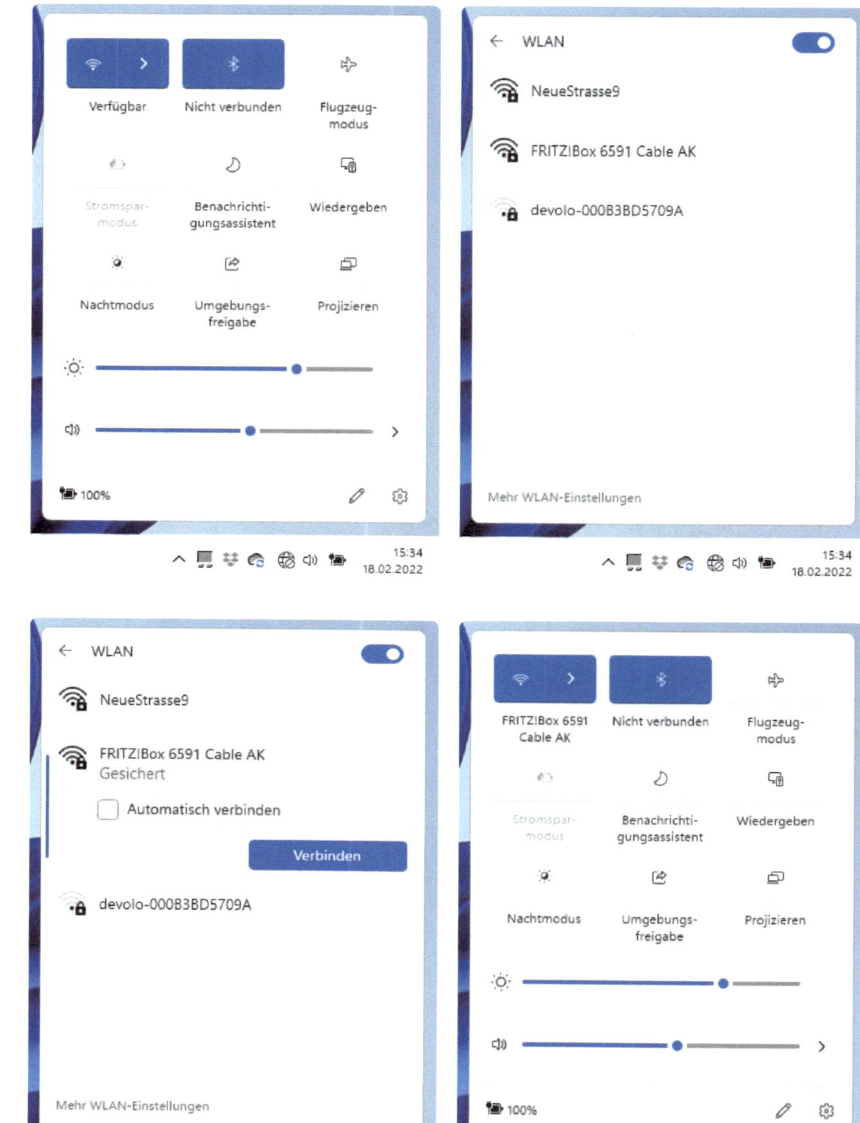

WLAN auswählen.

WLAN verbinden.

- Nach erfolgreicher Verbindung zeigt das WLAN-Symbol in den Schnelleinstellungen den Namen des verbundenen WLAN an. In der Taskleistenecke erscheint ein WLAN-Symbol anstelle des Weltkugelsymbols.

Öffentliche Hotspots nutzen

An immer mehr öffentlichen Plätzen, Bahnhöfen, in Geschäften, Hotels und Cafés kann man per WLAN mit dem Laptop eine Verbindung ins Internet herstellen. In vielen Ländern sind öffentliche WLAN-Hotspots kostenlos ohne jegliche Anmeldung nutzbar. In Deutschland verlangen die meisten öffentlichen WLANs vor der Nutzung die Bestätigung der Geschäfts- und Datenschutzbedingungen durch den Anwender. Dazu wird eine spezielle Anmeldeseite im Browser aufgerufen.

- Der Pfeil auf der Schnelleinstellungsschaltfläche *WLAN* zeigt eine Liste verfügbarer WLANs. Klicken Sie darauf. Wählen Sie das gewünschte WLAN aus der Liste aus.
- Bei Verbindung mit einem öffentlichen Hotspot, der eine Anmeldung erfordert, erscheint die Meldung *Browser öffnen und verbinden*.

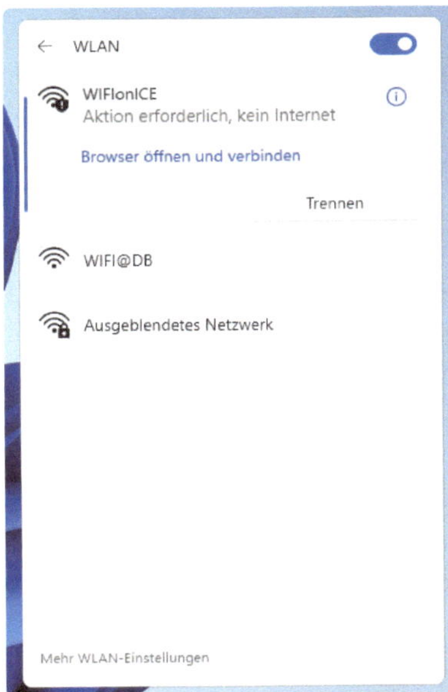

Verbindung mit einem öffentlichen WLAN.

- Klicken Sie darauf, öffnet sich der Standardbrowser mit der Anmeldeseite des Hotspot-Betreibers.
- Auf dieser Seite müssen Sie in den meisten Fällen Nutzerrichtlinien bestätigen. Danach können Sie die Internetverbindung nutzen.

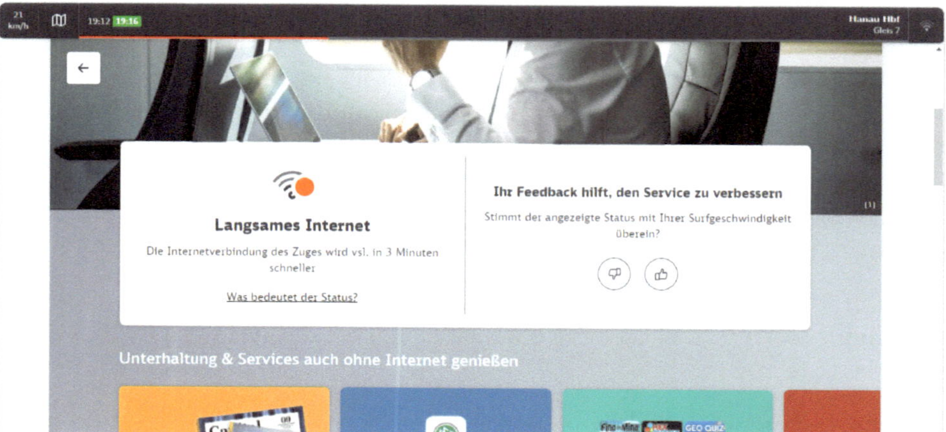

Öffentliches WLAN in der Bahn nutzen.

WLAN in der Bahn

Seit Ende des Jahres 2016 sind fast alle ICE-Züge und seit 2019 auch ein Teil der IC-Züge der Deutschen Bahn mit kostenlosem WLAN ausgestattet. Das WLAN erscheint unter dem Namen *WIFIonICE* in der Liste der WLANs und verwendet eine Anmeldeseite, bei der Sie aber nur auf eine Schaltfläche tippen müssen.

Das WLAN im ICE funktioniert über gebündelte LTE-Verbindungen mehrerer Mobilfunkanbieter. Dennoch müssen sich mehrere Hundert Fahrgäste die Bandbreite teilen. Damit alle Fahrgäste vom WLAN profitieren können und nicht einzelne mit Videostreams die Geschwindigkeit für alle anderen Mitreisenden bremsen, wird das Datenvolumen nach der Nutzung von 200 MByte pro Tag und Gerät gedrosselt.

Nachdem private Bahngesellschaften zunehmend WLAN für ihre Fahrgäste anbieten, stattet auch die Deutsche Bahn nach und nach Regionalzüge und S-Bahnen mit WLAN aus. Die WLAN-Hotspots in den Regionalzügen und auf vielen Bahnhöfen heißen *WIFI@DB* und funktionieren nach einem ähnlichen Prinzip wie in den ICEs. Andere Bahnhöfe nutzen Telekom-HotSpots unter dem eigenen Namen *FREE_WIFI@BAHNHOF*. Nach und nach vereinheitlicht die Deutsche Bahn die Namen alle öffentlichen WLANs in Zügen und auf Bahnhöfen. Sie werden bald alle *WIFI@DB* heißen.

Besucher der DB-Lounges können die Hotspots im Bereich der jeweiligen DB-Lounge an vielen Bahnhöfen kostenlos und ohne Zeitbegrenzung nutzen.

1.2 Dateien anderen PCs zur Verfügung stellen

Beim Einrichten eines Computers in einem privaten Netzwerk wird automatisch ein bestehendes Windows-Netzwerk gesucht und eine Verbindung damit hergestellt. Über das Windows-Netzwerk lassen sich Daten zwischen mehreren PCs austauschen und Laufwerke gemeinsam nutzen.

Netzwerkfreigaben anlegen

Innerhalb von lokalen Netzwerken können Ordner auf einem PC freigegeben werden, um von anderen PC auf die Dateien zuzugreifen. Das funktioniert auch im Zusammenspiel mit älteren Windows-Versionen.

- Schalten Sie als Erstes den Netzwerkprofiltyp auf *Privates Netzwerk*. Der Netzwerktyp wird in den Einstellungen unter *Netzwerk und Internet* ganz oben bei *Eigenschaften* angezeigt.

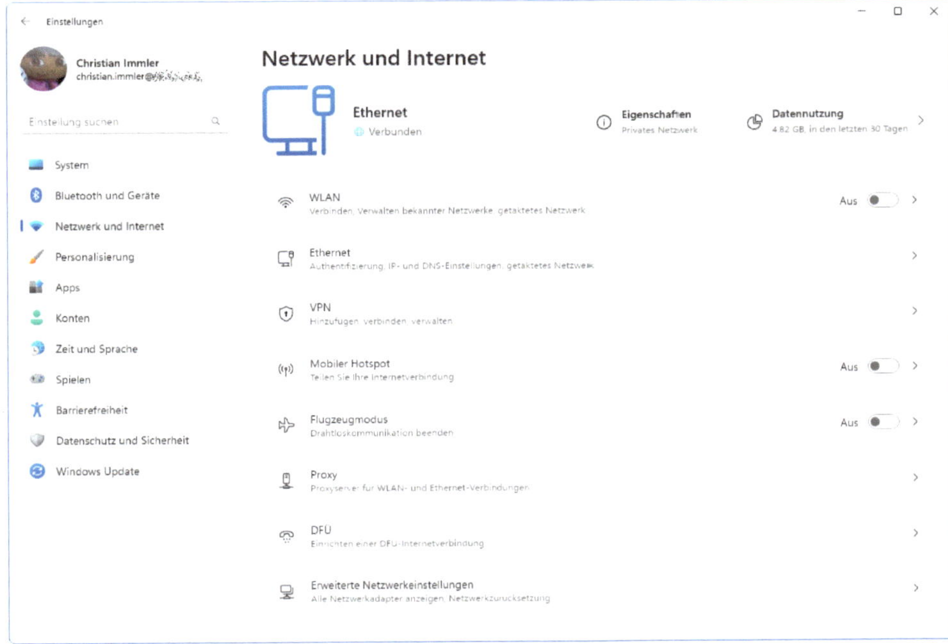

Netzwerk- und Interneteigenschaften in den Einstellungen.

Private und öffentliche Netzwerke

Windows 11 bietet zwei Typen von Netzwerkverbindungen, die sich nicht in der Verbindungstechnologie, sondern nur in den Funktionen und Berechtigungen unterscheiden:

- **Öffentliches Netzwerk** – In dieser Einstellung kann der PC das Netzwerk lediglich für den Internetzugang nutzen.
- **Privates Netzwerk** – Nur in privaten Netzwerken sind die angemeldeten Computer untereinander auffindbar, um freigegebene Ordner zu sehen und Dateien innerhalb des lokalen Netzwerks auszutauschen.

▶ Wenn hier *Öffentliches Netzwerk* steht, klicken Sie darauf und schalten auf *Privates Netzwerk* um.

Privates Netzwerk aktivieren.

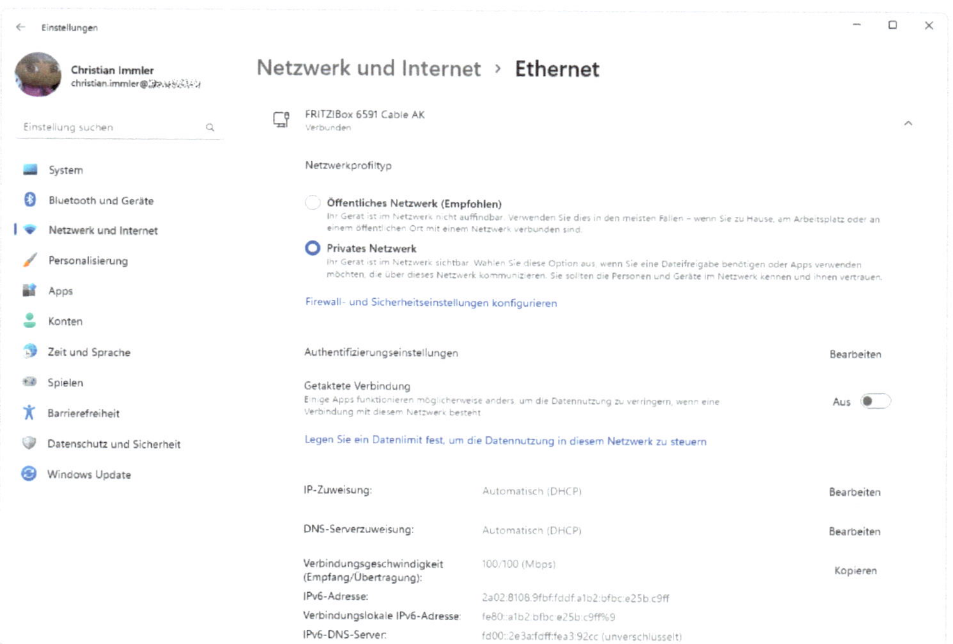

▶ Markieren Sie im Explorer den Ordner, der im Netzwerk für andere Nutzer freigegeben werden soll, klicken Sie mit der rechten Maustaste darauf und wählen Sie im Kontextmenü *Eigenschaften*.

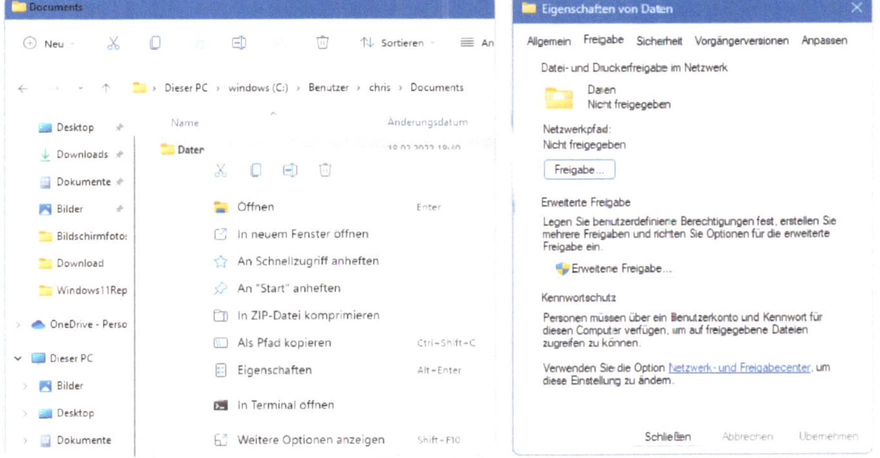

Kontextmenü eines Ordners im Explorer und Ordnereigenschaften.

- Das nächste Dialogfeld zeigt auf der Registerkarte *Freigabe*, ob der Ordner bereits freigegeben ist. Um eine neue Freigabe anzulegen, klicken Sie auf den Button *Freigabe*.
- Im Dialogfeld *Personen für die Freigabe auswählen* klicken Sie im oberen Listenfeld auf *Jeder* und dann auf *Hinzufügen*. Nur wenn Sie sich auf allen Geräten im Netzwerk mit dem gleichen Microsoft-Konto als Benutzer anmelden, der in der unteren Liste eingetragen ist, brauchen Sie nichts weiter zu ändern.

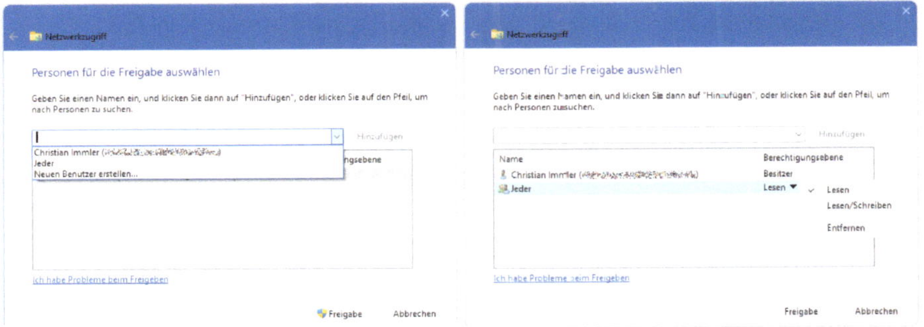

Freigabe erstellen.

- Wählen Sie in der Liste bei *Jeder*, ob Nutzer, die über das Netzwerk auf den Ordner zugreifen, die Dateien nur lesen oder auch schreiben und damit verändern und neue Dateien in diesen Ordner kopieren dürfen.
- Klicken Sie unten auf *Freigabe*. Jetzt wird der Freigabename, der aus Computername und Ordnername besteht, angezeigt. Sie können das Fenster mit einem Klick auf *Fertig* schließen.

Freigegebene Ordner auf einem anderen PC nutzen

Um von einem anderen PC aus auf einen freigegebenen Ordner im Netzwerk zuzugreifen, wählen Sie dort im Explorer unter *Netzwerk* den gewünschten PC aus. Beim Doppelklick auf einen PC werden alle auf diesem PC freigegebenen Ordner angezeigt. Jetzt können Sie direkt Dateien öffnen oder kopieren. Auf anderen PCs werden nur die freigegebenen Ordner angezeigt, auf andere Ordner besteht kein Zugriff.

Netzwerk im Explorer.

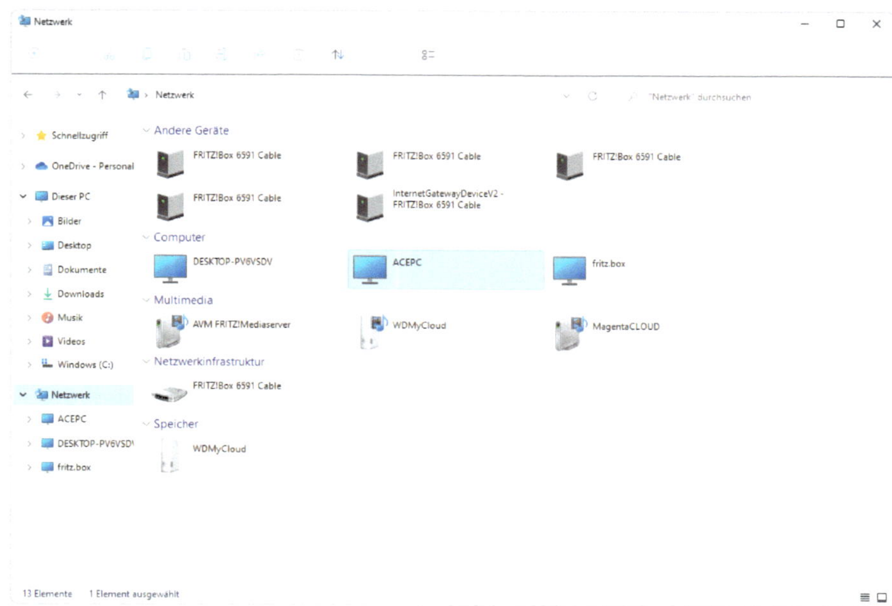

Um in Zukunft schneller auf diesen freigegebenen Ordner zuzugreifen, können Sie ihn per Rechtsklick an den Schnellzugriff im Explorer anheften.

Freigegebene Ordner auf einem PC an den Schnellzugriff anheften.

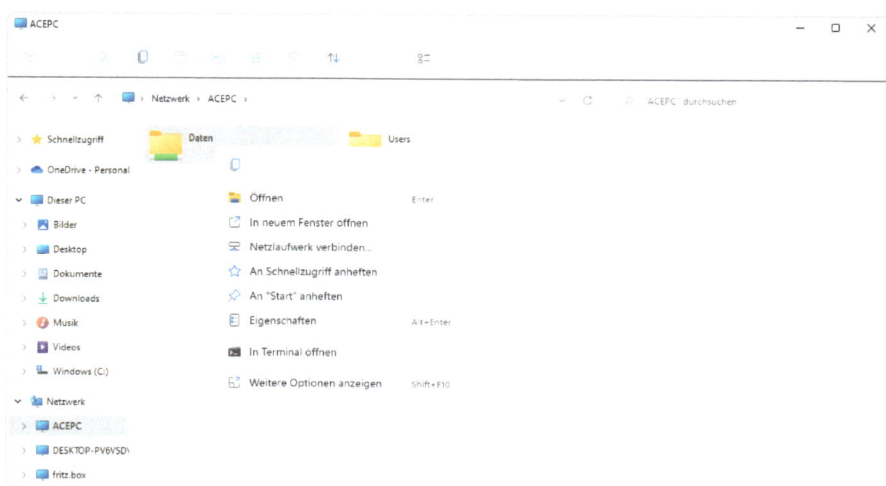

Laufwerkbuchstaben für Netzwerklaufwerke einrichten

Noch einfacher greifen Sie auf ein Netzwerklaufwerk über einen neuen Laufwerkbuchstaben zu. Diese Methode funktioniert dann auch mit den meisten anderen Programmen, Dateimanagern und Kommandozeilentools.

- Klicken Sie mit der rechten Maustaste auf einen im Netzwerk freigegebenen Ordner. Wählen Sie im Kontextmenü *Weitere Optionen anzeigen* und danach im erweiterten Kontextmenü *Netzlaufwerk verbinden*.
- Im nächsten Dialogfeld wird ein freier Laufwerkbuchstabe vorgeschlagen, Sie können aber auch einen anderen wählen Aktivieren Sie das Kontrollkästchen *Verbindung bei Anmeldung wiederherstellen*. Nach einem Klick auf *Fertig stellen* erscheint der Netzwerkordner bei den Laufwerken im Explorer.

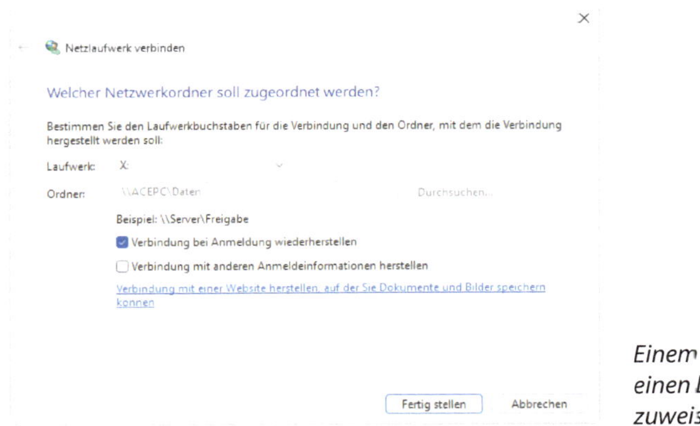

Einem Netzwerklaufwerk einen Laufwerkbuchstaben zuweisen.

Öffentlichen Ordner im Netz freigeben

Der öffentliche Ordner wurde vor längerer Zeit in Windows ursprünglich eingeführt, damit mehrere lokal angemeldete Benutzer Daten untereinander austauschen können. Da im privaten Bereich auf kaum einem PC mehrere Benutzerkonten eingerichtet sind, fristet dieser Ordner, der auch in Windows 11 noch vorhanden ist, ein Schattendasein und ist vielen Nutzern nicht einmal bekannt.

Der Ordner *Öffentlich* steht allen lokal angemeldeten Benutzern zum Datenaustausch auf einem PC zur Verfügung und kann auch im Netzwerk für andere Benutzer freigegeben werden. Er bietet so eine einfache Möglichkeit, Dateien im Netzwerk zur Verfügung zu stellen.

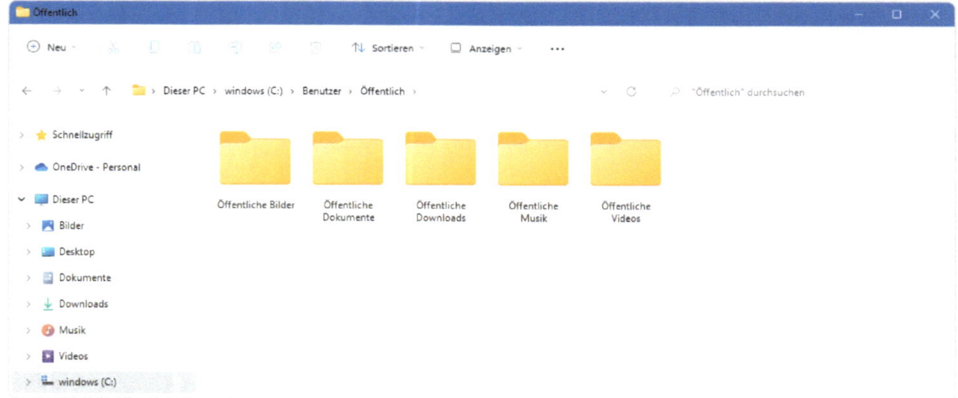

Der öffentliche Ordner im Explorer.

- Aktivieren Sie in den Einstellungen unter *Netzwerk und Internet/Erweiterte Netzwerkeinstellungen/Erweiterte Freigabeeinstellungen/Alle Netzwerke* den Schalter *Freigabe des öffentlichen Ordners*.

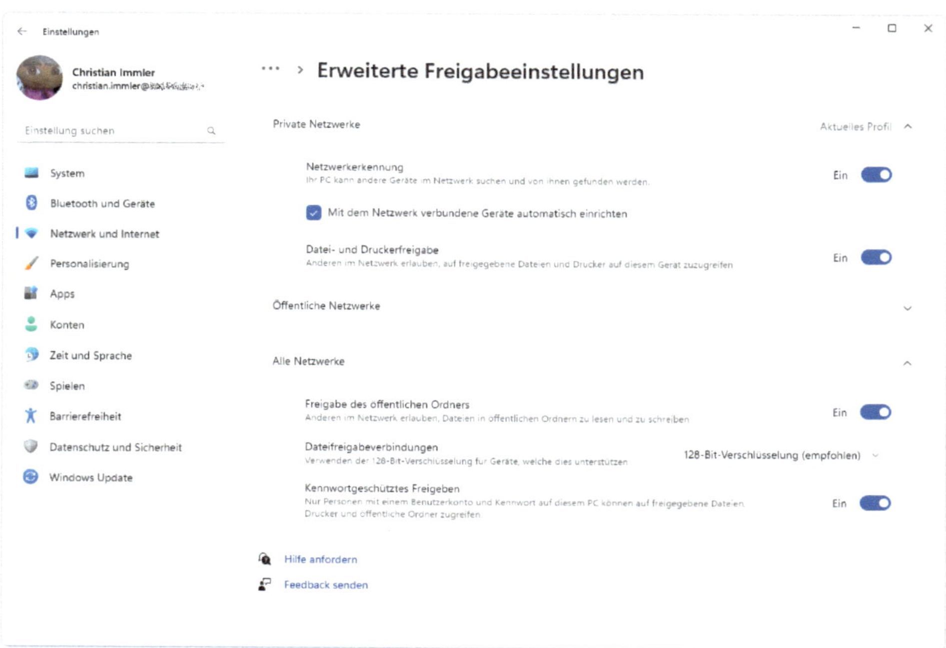

Erweiterte Freigabeeinstellungen.

- Sobald der öffentliche Ordner freigegeben ist, können Sie von anderen Computern aus über den Explorer auf diesen öffentlichen Ordner zugreifen. Er erscheint unter *Users\Öffentlich* unterhalb des Computernamens des jeweiligen PCs im Ordner *Netzwerk*.

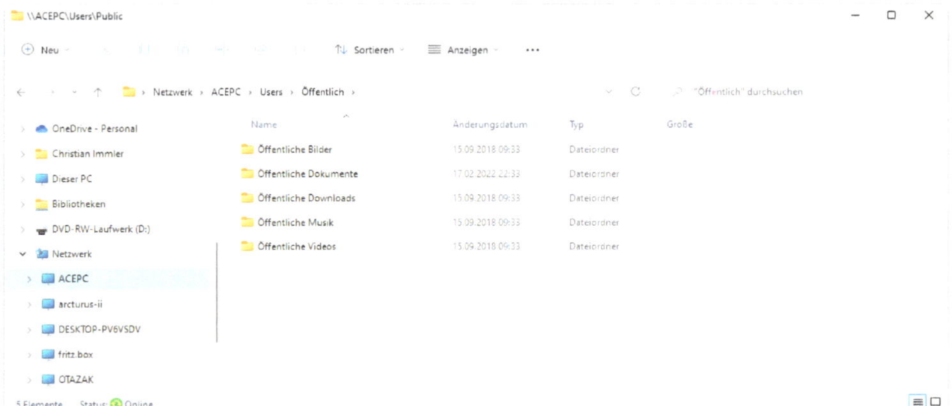

Der öffentliche Ordner im Explorer auf einem anderen Computer im Netzwerk.

1.3 Drucken im Netzwerk

Nicht jeder PC im lokalen Netzwerk braucht seinen eigenen Drucker. Auf einem freigegebenen Drucker, der an einem der PCs angeschlossen ist, können die weiteren Geräte über das Netzwerk drucken. Bei Smartphones, Tablets und anderen Geräten ohne direkte Anschlussmöglichkeit eines Druckers ist das Drucken im Netzwerk die einzige Methode, etwas zu Papier zu bringen.

- Im ersten Schritt richten Sie den Drucker – wenn nicht bereits geschehen – auf dem PC, an dem er angeschlossen ist, als lokalen Drucker ein. Viele USB-Drucker werden beim Anschließen sogar automatisch erkannt und eingerichtet.

- Wählen Sie in den Einstellungen unter *Bluetooth & Geräte/Drucker und Scanner* den Drucker aus und klicken Sie in dessen Einstellungen auf *Druckereigenschaften*.
- Aktivieren Sie im nächsten Dialogfeld auf der Registerkarte *Freigabe* den Schalter *Drucker freigeben*. Tragen Sie einen Freigabenamen ein oder übernehmen Sie die Vorgabe. Lassen Sie *Druckauftragsaufbereitung auf Clientcomputern durchführen* eingeschaltet, um den Computer, an dem der Drucker physisch angeschlossen ist, von den Druckaufträgen zu entlasten.

  Um auf einem im Netzwerk freigegebenen Drucker zu drucken, muss dieser Netzwerkdrucker auf dem lokalen PC als Drucker installiert werden.

- Klicken Sie in den Einstellungen auf der Seite *Bluetooth & Geräte/Drucker und Scanner* oben auf *Aktualisieren*, um einen Drucker automatisch zu finden.

  Leider werden nicht immer alle Drucker im Netzwerk auf diesem Weg automatisch gefunden. Besonders bei älteren Druckern kann es Erkennungsprobleme geben.

- Wird ein Netzwerkdrucker nicht gefunden, klicken Sie – nachdem *Drucker oder Scanner hinzufügen* durchgelaufen ist – auf *Manuell hinzufügen* in der Zeile *Der gewünschte Drucker ist nicht aufgelistet*.

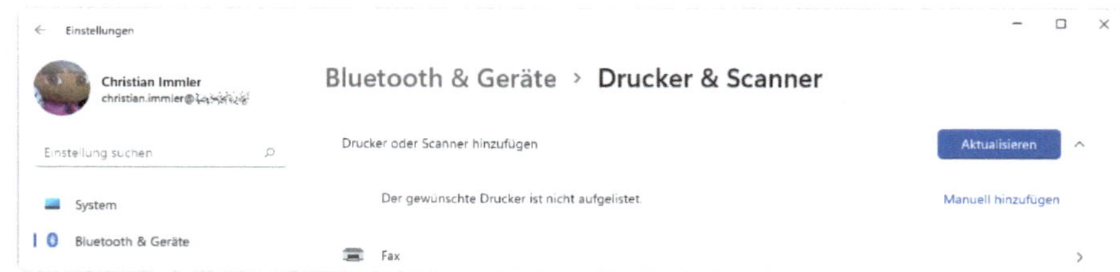

Netzwerkdrucker manuell hinzufügen.

- Im nächsten Schritt können Sie den Drucker über den Computernamen und den Freigabenamen oder über seine IP-Adresse auswählen. Die einfachste Methode ist in den meisten Fällen der Button *Durchsuchen*. Dabei werden alle Computer im Netzwerk angezeigt, sodass der gewünschte Drucker leicht zu finden ist.

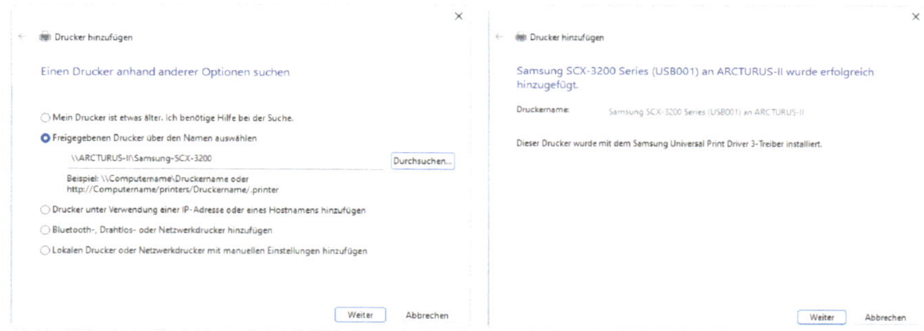

Netzwerkdrucker hinzufügen.

Druckerinstallation erfolgreich abgeschlossen.

Jetzt wird automatisch der passende Treiber installiert, und Sie haben die Möglichkeit, den angezeigten Druckernamen zu ändern. Nach abgeschlossener Installation wird der Netzwerkdrucker in den Einstellungen bei den Druckern angezeigt und kann verwendet werden.

WLAN-Drucker

Viele moderne Drucker, die oft in Form von sogenannten Multifunktionsgeräten auch noch einen Scanner enthalten, lassen sich direkt über WLAN in das lokale Netzwerk einbinden. Diese Drucker lassen sich dann von jedem PC im Netzwerk aus nutzen, ohne dass ein bestimmter PC eingeschaltet sein muss.

Auf jedem dieser PCs muss der passende Druckertreiber installiert sein. Zuvor wird der Drucker von einem PC aus mit einer speziellen vom Druckerhersteller gelieferten Software eingerichtet. Das genaue Verfahren ist von Hersteller zu Hersteller unterschiedlich. In den meisten Fällen wählt man auf dem Bedienfeld des Druckers das WLAN aus, gibt den Schlüssel ein und bekommt dann die IP-Adresse des Druckers angezeigt.

Bei der lokalen Treiberinstallation auf den PCs kann ebenfalls die IP-Adresse des Druckers verwendet werden. Viele Druckertreiber finden den Netzwerkdrucker sogar automatisch, solange es nur einen Netzwerkdrucker im WLAN gibt.

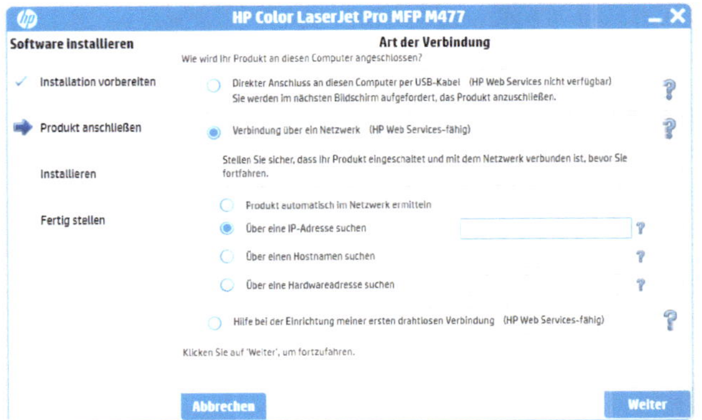

Installation eines WLAN-Druckers.

Printserver lösen Probleme mit Netzwerkdruckern

Die komfortabelste Methode, im Netzwerk zu drucken, ist die Verwendung eines Printservers. Dabei handelt es sich nicht, wie der Name vermuten lässt, um einen riesigen Serverschrank, sondern nur um ein kleines Kästchen, das direkt an den Drucker angesteckt und mit dem Netzwerk verbunden wird. Ein Printserver hat den Vorteil, dass kein bestimmter Computer eingeschaltet sein muss, um den Drucker zu verwenden.

Ein Netzwerkdrucker an einem Printserver steht immer zur Verfügung. Die meisten Printserver ermöglichen auch das Drucken von Smartphones über WLAN, was bei Windows-Druckern nicht immer funktioniert. Solche Printserver gibt es für Drucker mit USB- oder Parallelanschluss. Auf diese Weise können Sie ältere Drucker heute noch verwenden, obwohl fast kein PC mehr einen Parallelanschluss hat.

Printserver für Parallelport (links) und USB (rechts).

Drucker an der FRITZ!Box anschließen

Die FRITZ!Box bietet zwei verschiedene Möglichkeiten, Drucker am USB-Anschluss im Netzwerk zur Verfügung zu stellen: Printserver oder USB-Fernanschluss. Wann welche Methode die sinnvollere ist, erfahren Sie in Kapitel 2 „Die FRITZ!Box als zentrale Steuerung im Heimnetzwerk" im Abschnitt „Drucker an der FRITZ!Box anschließen".

1.4 Benutzer im Netzwerk

Um auf einen freigegebenen Ordner zuzugreifen, benötigt man ein Benutzerkonto auf dem PC, auf dem der Ordner liegt. Im einfachsten Fall eines kleinen privaten Netzwerks gibt es einen Benutzer, mit dem man sich auf allen PCs anmelden kann.

Microsoft empfiehlt zur Anmeldung am PC ein Microsoft-Konto, was die Anmeldung deutlich vereinfacht. Folgendermaßen fügen Sie einen neuen Benutzer mit einem Microsoft-Konto auf dem PC hinzu, vorausgesetzt, der neue Benutzer hat bereits ein Microsoft-Konto.

- Wählen Sie in den Einstellungen *Konten/Andere Benutzer* und klicken Sie dort auf *Konto hinzufügen*.
- Tragen Sie im nächsten Fenster die E-Mail-Adresse des Microsoft-Kontos ein, mit dem sich der neue Benutzer anmeldet. Ein Passwort wird nicht abgefragt, da sich der Benutzer an dieser Stelle nicht anmeldet.

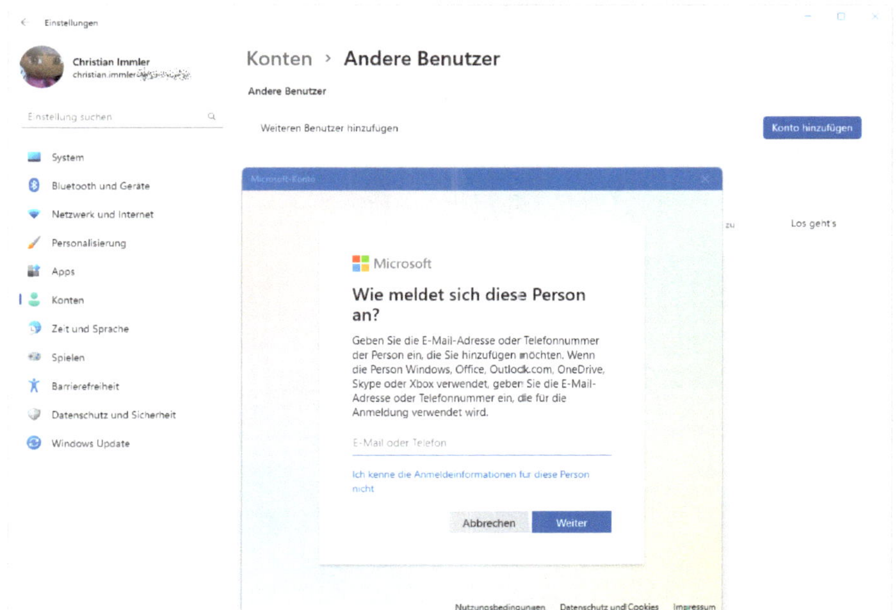

Neuen Benutzer mit Microsoft-Konto auf dem PC anlegen.

- Danach wird der Benutzer in den Einstellungen unter Andere Benutzer eingetragen und kann sich auf diesem PC mit seinem Microsoft-Konto und Passwort anmelden.

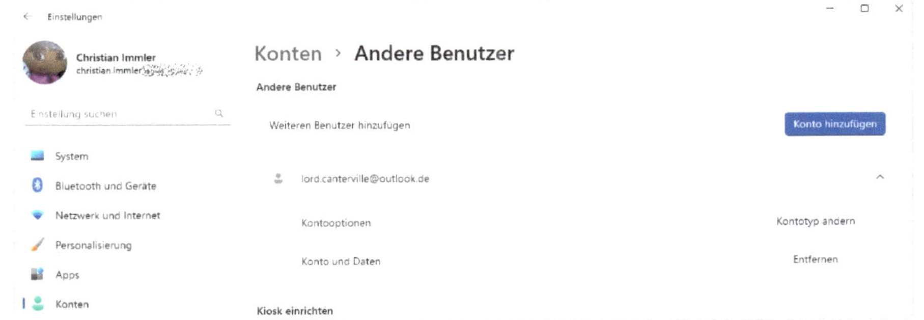

Der neue Benutzer lord.canterville@outlook.de.

Ordner für bestimmte Benutzer freigeben

Der neue Benutzer kann sich nicht nur lokal am PC anmelden, sondern auch von einem anderen PC über das lokale Netzwerk auf freigegebene Dateien zugreifen.

In den meisten Fällen werden Ordner in kleinen privaten Netzwerken für alle Benutzer freigegeben. Es besteht aber auch die Möglichkeit, Freigaben nur für bestimmte Benutzer anzulegen.

- Markieren Sie im Explorer den Ordner, der für einen anderen Benutzer freigegeben werden soll, klicken Sie mit der rechten Maustaste darauf und wählen Sie im Kontextmenü *Eigenschaften*.
- Das nächste Dialogfeld zeigt auf der Registerkarte *Freigabe*, ob der Ordner bereits freigegeben ist. Um eine neue Freigabe für einzelne Benutzer anzulegen, klicken Sie auf den Button *Erweiterte Freigabe*.

Eine erweiterte Freigabe für einzelne Benutzer anlegen.

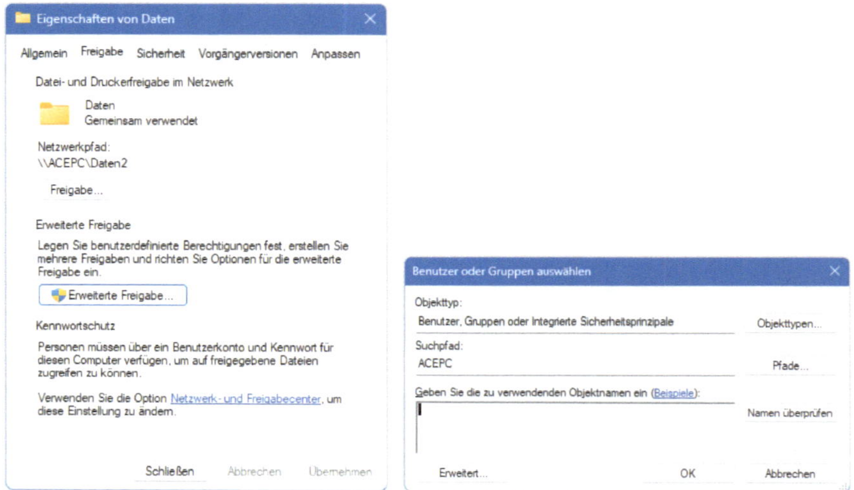

- Klicken Sie im nächsten Dialogfeld auf *Berechtigungen* und im folgenden Fenster auf *Hinzufügen*.
- Jetzt erscheint ein neues Fenster *Benutzer oder Gruppen auswählen*. Klicken Sie dort auf *Erweitert*.
- In einem weiteren Fenster wählen Sie den gewünschten Benutzer aus. Das Dialogfeld, das bereits seit vielen Windows-Versionen mitgeschleppt wird, ist etwas unübersichtlich und passt nicht zum gewohnten Look-and-feel von Windows 11. Klicken Sie auf *Jetzt suchen*, um eine Liste aller Objekte anzuzeigen. Wählen Sie den gewünschten Benutzer und bestätigen Sie mit *OK*.

Benutzer auswählen.

- Der zusätzliche Benutzer erscheint in der Liste der Freigabeberechtigungen mit einer langen Zahlenkombinationen, die systemintern diesen Benutzer eindeutig kennzeichnet. Standardmäßig haben neue Benutzer nur Lesezugriff auf freigegebene Ordner. Klicken Sie in der Spalte *Zulassen* den Schalter bei *Vollzugriff* an, damit der Benutzer Daten im freigegebenen Ordner bearbeiten und auch neu anlegen kann.

- Verlassen Sie anschließend alle Dialogfelder mit *OK*.

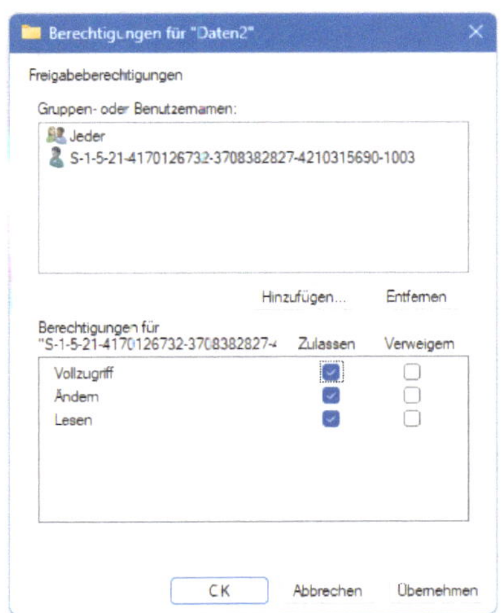

Vollzugriff für den neuen Benutzer gewähren.

Dateien für alle Benutzer im Netzwerk ohne Kennwort freigeben

In den Einstellungen unter *Netzwerk und Internet/Erweiterte Freigabeeinstellungen* legen Sie im Bereich *Alle Netzwerke* unter *Kennwortgeschütztes Freigeben* fest, ob Benutzer, die über das Netzwerk zugreifen möchten, ein gültiges Benutzerkonto auf dem lokalen PC haben müssen.

Ist die Option *Kennwortgeschütztes Freigeben* ausgeschaltet, kann jeder Benutzer aus dem Netzwerk auf die freigegebenen Dateien zugreifen. Ist der Schalter aktiviert, müssen sich die Benutzer mit Benutzername und Passwort anmelden, um auf Freigaben zugreifen zu können.

Kennwortgeschütztes Freigeben ausschalten.

1.5 Probleme im Netzwerk lösen

Nicht immer funktioniert das Netzwerk wie erwartet. Viele Probleme lassen sich mit kleinen Tricks leicht lösen.

Netzwerkverbindungsprobleme beheben

Windows 11 enthält immer noch die Liste der Netzwerkverbindungen aus der klassischen Systemsteuerung und dort auch die automatische Problembehandlung für Netzwerkverbindungsprobleme.

- Klicken Sie in den Einstellungen unter *Netzwerk und Internet/Netzwerkverbindungen* auf die Zeile *Weitere Netzwerkadapteroptionen*.
- Das nächste Fenster zeigt alle Netzwerkadapter auf dem PC. In vielen Fällen wird nur einer angezeigt oder aber eine Ethernet- und eine WLAN-Verbindung.
- Wählen Sie die problematische Verbindung aus und klicken Sie in der Symbolleiste oben auf *Verbindung untersuchen*.
- Jetzt startet die automatische Problembehandlung, die versucht, den Fehler zu finden. In einigen Fällen nimmt die Problembehandlung selbstständig bestimmte Einstellungen vor oder fordert den Benutzer dazu auf.
- In den meisten Fällen ist spätestens nach einem Neustart des PCs das Problem behoben.

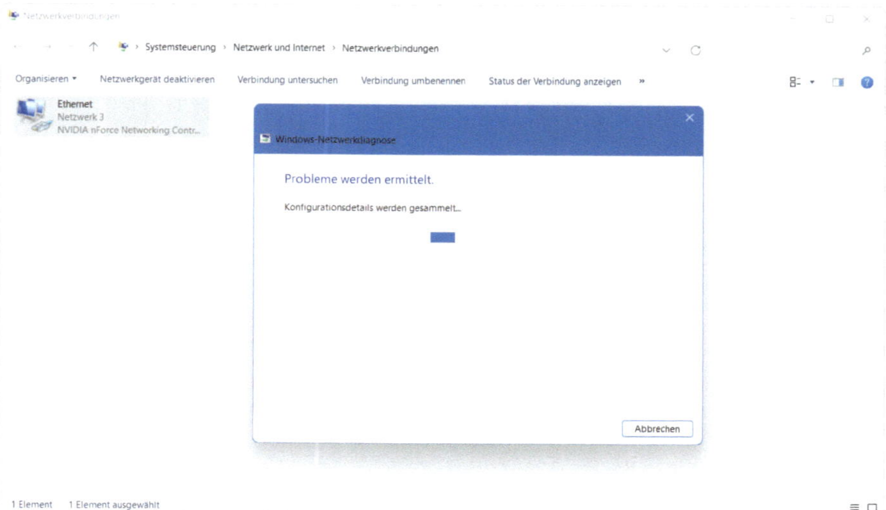

Problembehandlung bei Netzwerkverbindungsproblemen.

WLAN nicht aktiv

Kann keine WLAN-Verbindung aufgebaut werden, weil in den Einstellungen kein WLAN angezeigt wird, obwohl im PC ein WLAN-Modul eingebaut ist, ist dieses oft physisch ausgeschaltet.

Viele Laptops verfügen über einen eigenen Schalter oder eine Taste, mit der sich das eingebaute WLAN-Modul ein- und ausschalten lässt, um Strom zu sparen oder WLAN tatsächlich stromlos zu schalten, um den Laptop in Umgebungen zu verwenden, in denen Funkverbindungen nicht erlaubt sind.

Suchen Sie diesen Schalter – meist befindet er sich oberhalb der Tastatur oder seitlich am Laptopgehäuse – und schalten Sie das WLAN ein. Danach können Sie eine Verbindung herstellen.

Kein Zugriff auf andere Computer im Netzwerk

Damit der Zugriff auf freigegebene Dateien auf anderen Computern im lokalen Netzwerk funktioniert, muss das Netzwerkprofil in den Einstellungen unter *Netzwerk und Internet* auf *Privat* eingestellt sein. In früheren Windows-Versionen mussten Netzwerkerkennung und Dateifreigabe einzeln eingeschaltet werden.

Andere Computer sind trotz privatem Netzwerk nicht sichtbar

Sind auch bei privaten Netzwerken andere Computer nicht sichtbar, können die Einstellungen des verwendeten WLAN die Ursache sein. FRITZ!Boxen und auch einige andere WLAN-Router bieten neben dem eigentlichen WLAN-Zugang Gastzugänge an. Diese unterscheiden sich im Wesentlichen dadurch, dass sie nur den Internetzugang zur Verfügung stellen, aber kein lokales Netzwerk.

Möchten Sie per WLAN auf andere Computer im lokalen Netzwerk zugreifen, melden Sie sich über den Hauptzugang am Router an und nicht über einen Gastzugang.

Zugriff auf Laufwerke funktioniert nicht

Kommt es trotz aktivierter Netzwerkerkennung und Dateifreigabe zu Problemen beim Zugriff auf freigegebene Laufwerke auf anderen Computern (auch wenn es sich nur um Probleme bei einzelnen Laufwerken handelt), ist oftmals NetBIOS über TCP/IP deaktiviert.

- Um festzustellen, ob das die Ursache ist, öffnen Sie in der Systemsteuerung unter *Netzwerk und Internet* das *Netzwerk- und Freigabecenter*.

- Klicken Sie doppelt auf die verwendete Verbindung, *Ethernet* oder *WiFi* und im nächsten Dialogfeld auf *Details*.

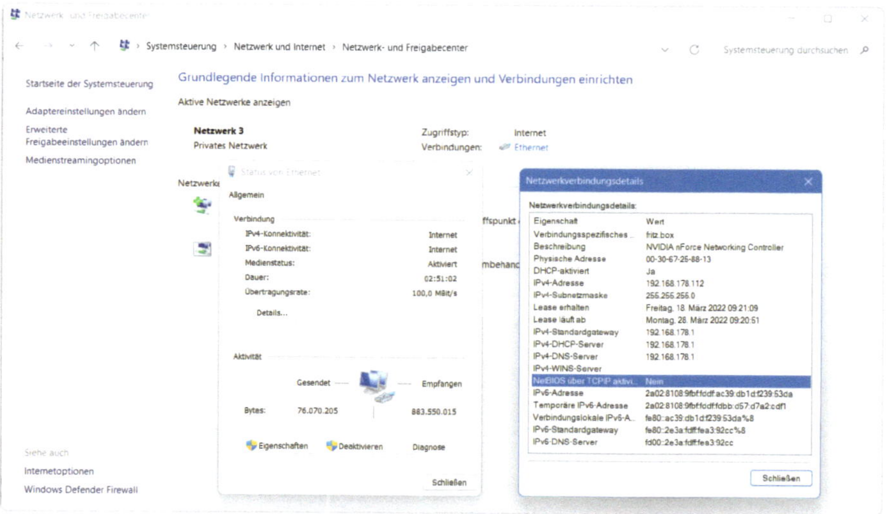

Details einer Netzwerkverbindung anzeigen.

- Steht hier in der Zeile *NetBIOS über TCPIP aktiviert* der Wert *Nein*, schließen Sie dieses Dialogfeld und klicken auf *Eigenschaften*.

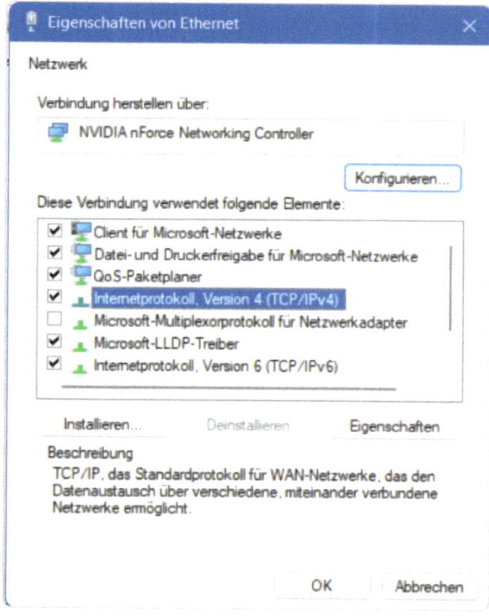

Einstellungen einer Netzwerkverbindung anzeigen.

- Markieren Sie im nächsten Dialogfeld die Zeile *Internetprotokoll, Version 4 (TCP/IPv4)*, klicken Sie auf *Eigenschaften* und im nächsten Dialogfeld auf *Erweitert*. In den meisten Fällen ist die NetBIOS-Einstellung *Standard* auf der Registerkarte *WINS* die beste Wahl. Sollte diese nicht funktionieren, schalten Sie auf *NetBIOS über TCP/IP aktivieren* um. Starten Sie danach den Computer neu.

NetBIOS-Einstellungen korrigieren.

Falsche Arbeitsgruppe im Netzwerk

Microsoft führte vor vielen Jahren mit Windows 3.11, dem „Windows for Workgroups", die sogenannten Arbeitsgruppen ein, mit denen sich ein Netzwerk einfach und übersichtlich strukturieren lassen sollte. Wirklich funktioniert hat das nie. Die Arbeitsgruppenstruktur ist aber heute noch Bestandteil von Windows-Netzwerken.

Werden PCs im Netzwerk nicht erkannt, kann dies an einer falschen Arbeitsgruppe liegen. Alle PCs im Netzwerk müssen die gleiche Arbeitsgruppe verwenden. Diese können Sie frei benennen, oder Sie übernehmen einfach die vorgegebene Arbeitsgruppenbezeichnung *WORKGROUP*.

- Klicken Sie in den Einstellungen unter *System/Info* auf den Link *Domäne oder Arbeitsgruppe*.

- Im nächsten Fenster wird die Arbeitsgruppe dieses PCs angezeigt.
- Möchten Sie die Arbeitsgruppe ändern, klicken Sie auf *Ändern* und tragen im nächsten Dialogfeld ganz unten den neuen Arbeitsgruppennamen ein.
- Verlassen Sie beide Dialogfelder mit *OK* und starten Sie den PC neu.

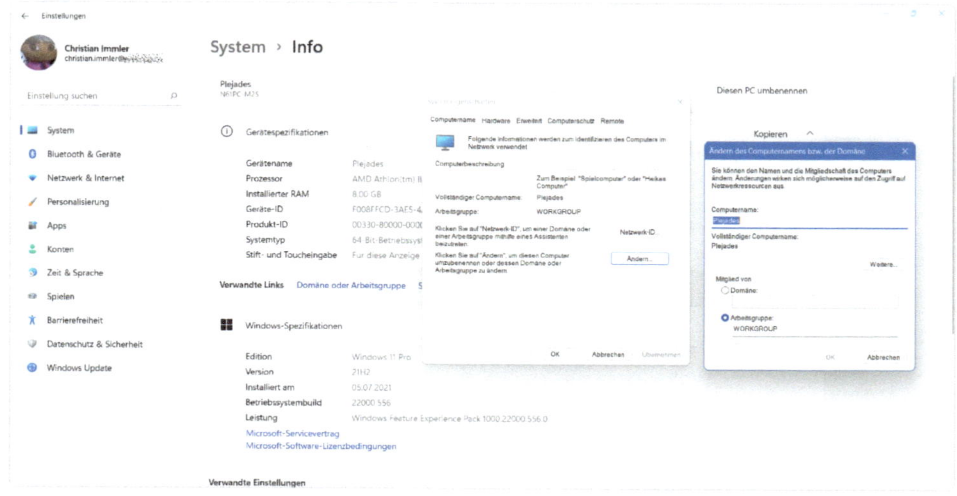

Arbeitsgruppe eines PCs ändern.

Ein PC wird im Netz nicht gefunden

Wird ein PC im Netzwerk von den anderen nicht gesehen, kann dies auch an einem deaktivierten Windows-Systemdienst liegen. Falsche Einstellungen in Tuningtools oder Sicherheitssoftware können dazu führen, dass notwendige Systemdienste abgeschaltet werden.

- Wählen Sie auf dem PC, der nicht gefunden wird, im Startmenü *Windows-Tools/Dienste* und suchen Sie dort den Dienst *Funktionssuche-Ressourcenveröffentlichung*.

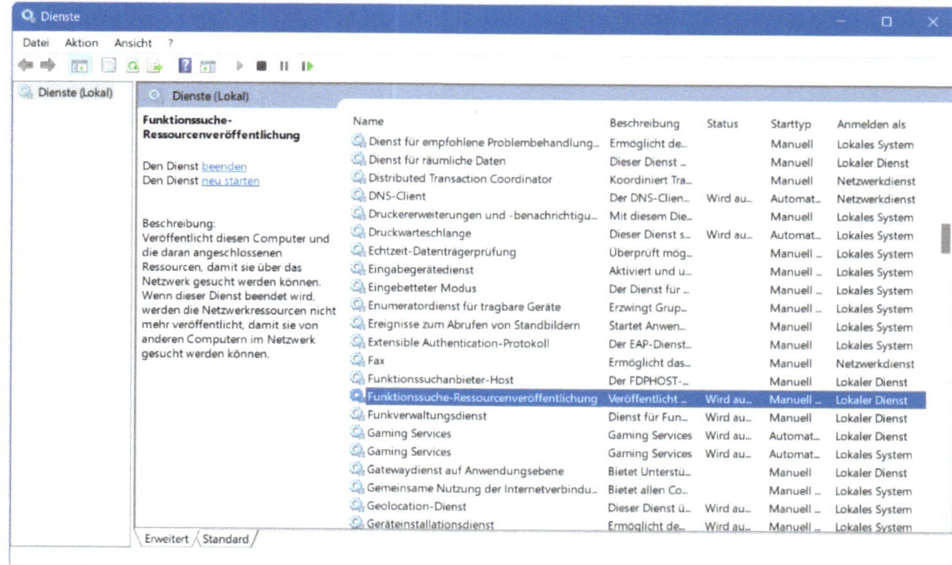

Die Liste der Windows-System-dienste.

- Klicken Sie doppelt darauf und setzen Sie den *Starttyp* auf *Automatisch*. Starten Sie danach den PC neu.

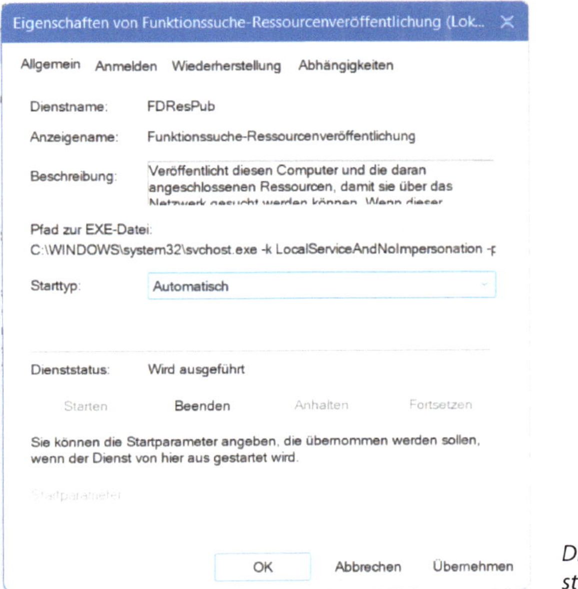

Dienst automatisch starten.

Auf Computer konnte nicht zugegriffen werden

Sehen Sie beim Versuch, ein Netzwerklaufwerk oder einen Drucker zu verbinden, zwar den Computernamen, aber keine Freigaben auf diesem Computer und erscheint dafür die Fehlermeldung *Auf Computer „...“ konnte nicht zugegriffen werden*, liegt meist ein Fehler in den *Windows-Anmeldeinformationen* vor.

Verwenden die Computer im Netzwerk unterschiedliche Benutzernamen, sollte beim Anmeldeversuch mit unbekannten Benutzerdaten ein Dialogfeld zur Eingabe von Benutzernamen und Passwort erscheinen, was aber nicht immer wie erwartet funktioniert.

Windows 11 bietet die Möglichkeit, Anmeldeinformationen zur Anmeldung auf anderen Computern im Netzwerk zentral zu speichern.

- Klicken Sie in der Systemsteuerung unter *Benutzerkonten/Anmeldeinformationsverwaltung* auf *Windows-Anmeldeinformationen*.

- Hier können bereits für mehrere Computer im Netzwerk Anmeldeinformationen gespeichert sein. Klappen Sie den Abschnitt für den gewünschten Computer im Netz auf und bearbeiten Sie die dort gespeicherten Informationen.

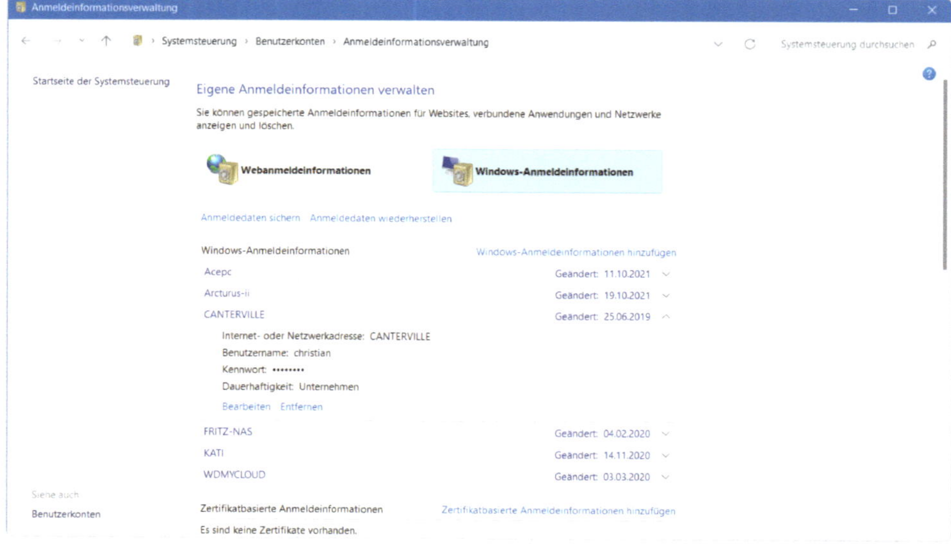

Windows-Anmeldeinformationen speichern.

- Sind für den gewünschten Computer keine Anmeldeinformationen gespeichert, klicken Sie auf *Windows-Anmeldeinformationen hinzufügen* und geben die Benutzerdaten ein, um sich auf dem Computer anzumelden.
- Jetzt können Sie mit dem Explorer das Netzwerk durchsuchen und sehen auch freigegebene Ordner und Drucker.

Freigaben verschwinden bei Netzwerkwechsel

Haben Sie an einem Ort mehrere WLAN-Zugangspunkte zur Verfügung, kann es passieren, dass beim Wechsel in ein anderes WLAN die anderen Computer in der Ansicht *Netzwerk* im Explorer wieder verschwinden. Im Explorer erscheint oben ein Balken, der anzeigt, dass die Netzwerkerkennung deaktiviert wurde.

Deaktivierte Netzwerkerkennung.

Jedes neu verbundene Netzwerk ist standardmäßig öffentlich. Daher sind Netzwerkerkennung und Freigabe deaktiviert. Klicken Sie auf diese Meldung im Explorer, können Sie das verwendete Netzwerk zu einem privaten Netzwerk machen.

Möchten Sie nicht jedes Mal ein neues Netzwerk auf privat umschalten, können Sie Netzwerkerkennung und Freigabe auch für alle öffentlichen Netzwerke aktivieren, was aber aus Sicherheitsgründen nicht zu empfehlen ist, besonders wenn Sie auf Ihrem Computer selbst Ordner freigegeben haben.

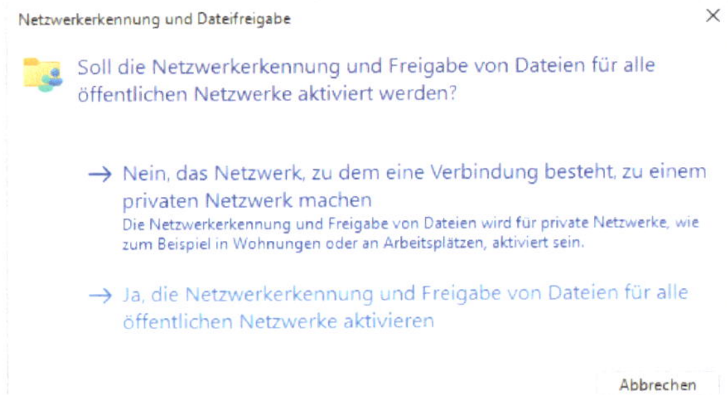

Aktuelles Netzwerk zu einem privaten Netzwerk machen.

Vergessene Freigaben entfernen

In privaten Netzwerken aus mehreren Computern verliert man oft die Übersicht über die Freigaben auf dem eigenen Computer. Ein Windows-Systemtool listet alle Freigaben auf und zeigt über das Netzwerk angemeldete Benutzer und freigegebene Dateien an, die diese geöffnet haben.

- Klicken Sie mit der rechten Maustaste auf das Windows-Logo und wählen Sie im Systemmenü *Computerverwaltung*.
- Navigieren Sie im linken Teilfenster zu *System/Freigegebene Ordner/Freigaben*. Jetzt sehen Sie alle Freigaben auf dem eigenen PC.
- Mit einem Rechtsklick können Sie nicht mehr benötigte Freigaben ganz einfach aufheben.

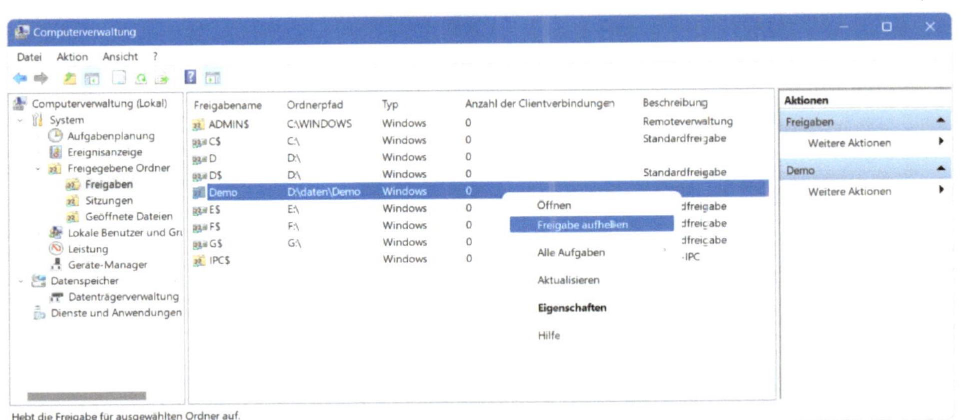

Die Computerverwaltung zeigt Freigaben und Benutzer an, die darauf zugreifen.

Auf versteckte Netzwerkfreigaben zugreifen

Freigaben mit einem Dollarzeichen ($) im Namen sind versteckt und in der Netzwerkumgebung der anderen Computer nicht zu sehen. Standardmäßig legt Windows für jedes Laufwerk eine versteckte Freigabe mit einem $-Zeichen im Namen an. Wer den Namen kennt und ihn in die Adresszeile des Explorers eingibt, kann darauf zugreifen. Andere Betriebssysteme, wie z. B. Linux, zeigen diese versteckten Freigaben über das Netzwerk normal an.

Automatische Anmeldung ohne Passwort

Windows 11 bietet wie frühere Versionen die Möglichkeit, das Passwort auf dem PC zu speichern und sich so ohne Passworteingabe beim Windows-Start anzumelden. Das funktioniert gleichermaßen mit Microsoft-Konten wie auch mit lokalen Benutzerkonten.

Windows 11 fordert bei der Installation auf, eine PIN zur einfachen Anmeldung festzulegen. Diese PIN verhindert allerdings die völlig automatische Anmeldung.

- Entfernen Sie als Erstes in den Einstellungen unter *Konten/Anmeldeoptionen* die Anmelde-PIN. Klicken Sie dazu in der Zeile *PIN (Windows Hello)* auf *Entfernen* und bestätigen Sie, dass Sie die PIN wirklich entfernen wollen.

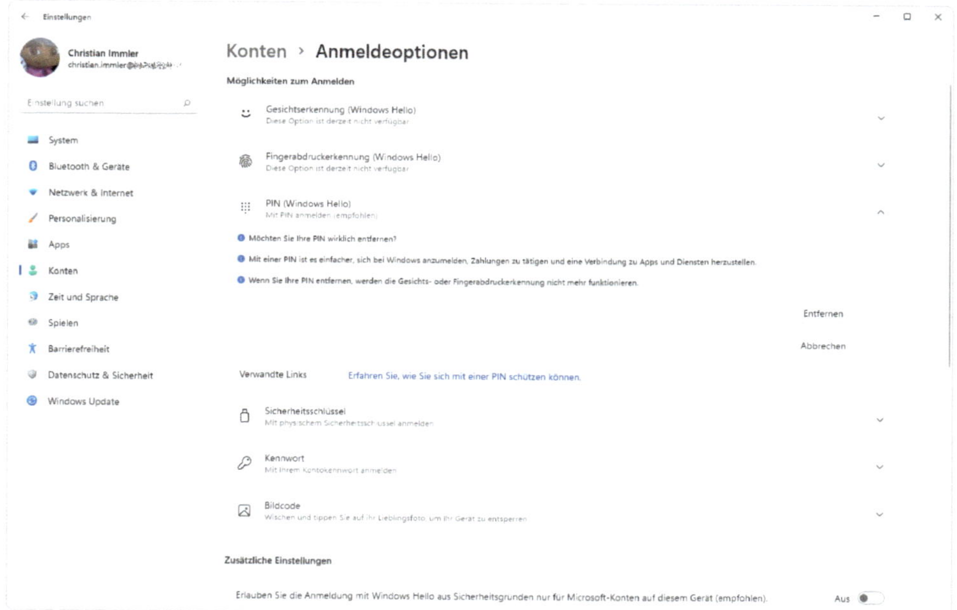

Windows-Anmelde-PIN entfernen.

- Drücken Sie die Tastenkombination [Win]+[R]. Geben Sie im Feld *Ausführen* `netplwiz` ein.
- Schalten Sie im nächsten Fenster das Kontrollkästchen *Benutzer müssen Benutzernamen und Kennwort eingeben* aus. Nach einem Klick auf *OK* müssen Sie das aktuelle Kennwort zur Sicherheit noch einmal eingeben und bestätigen. Starten Sie danach den Computer neu.

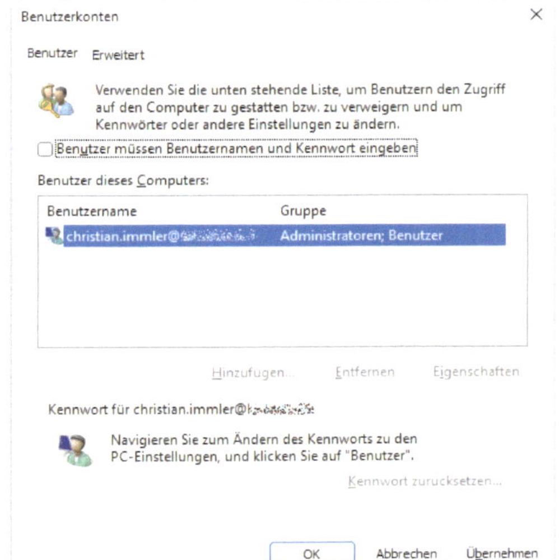

Ein verstecktes Windows-Tool ermöglicht die automatische Benutzeranmeldung ohne Passworteingabe.

Netzwerkdrucker sind mit dem Windows 11-Upgrade unauffindbar

Beim Upgrade auf Windows 11 gehen in einigen Fällen die zuvor eingerichteten Netzwerkdrucker verloren. Windows 11 bietet aber in den Einstellungen eine sehr einfache Möglichkeit, die meisten gängigen Netzwerkdrucker automatisch wieder hinzuzufügen.

- Wählen Sie in den Einstellungen *Bluetooth & Geräte/Drucker & Scanner* und klicken Sie auf *Gerät hinzufügen*.

- Nach kurzer Zeit erscheinen alle im Netzwerk gefundenen Drucker. Wählen Sie den gewünschten Drucker aus und klicken Sie auf *Gerät hinzufügen*. Der Treiber wird automatisch installiert. Kurz danach steht der Drucker zur Verfügung.

Netzwerkdrucker in Windows 11 hinzufügen.

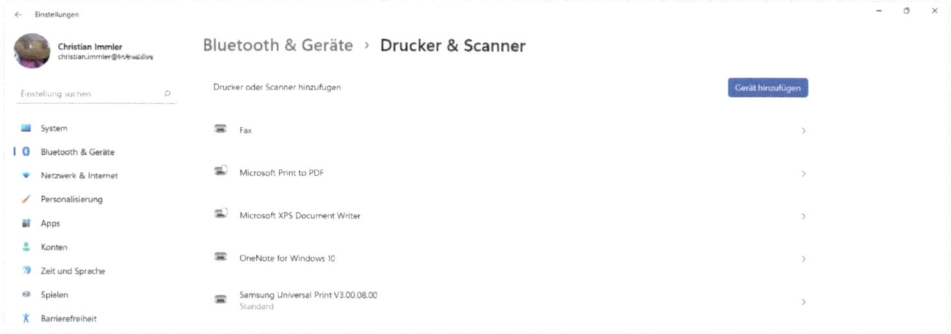

Netzwerkdrucker an Windows XP- und Linux-PCs werden von Windows 11 nicht erkannt

Es scheint eher ein gewolltes als ein technisches Problem zu sein, dass das Drucken auf Netzwerkdruckern, die an PCs mit Windows XP und einigen Linux-Distributionen angeschlossen sind, häufig nicht funktioniert. In diesen Fällen wird gemeldet, dass keine Verbindung mit dem Drucker möglich sei. Dabei lassen sich auch ältere PCs durchaus noch als Druckserver im Netzwerk nutzen.

Über einen einfachen Umweg ist die Installation solcher Drucker in der Regel dennoch möglich:

- Wählen Sie in den Einstellungen unter *Drucker hinzufügen* die Option *Lokalen Drucker oder Netzwerkdrucker mit manuellen Einstellungen hinzufügen* und nicht, wie man vermuten könnte, *Bluetooth-, Drahtlos- oder Netzwerkdrucker hinzufügen*.

Einen Netzwerkdrucker mit manuellen Einstellungen hinzufügen.

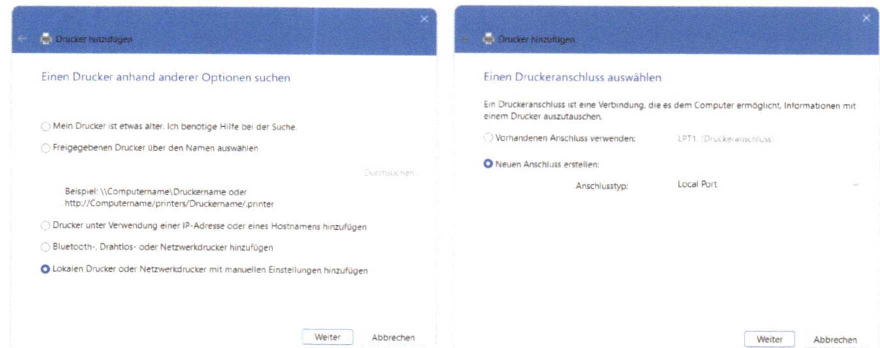

- Wählen Sie danach die Option *Neuen Anschluss erstellen*. Hier muss in der Liste *Local Port* ausgewählt sein.

- Jetzt erscheint das kleine Dialogfeld *Anschlussname*. Geben Sie hier den Druckernamen im Netz in der Form `\\Computername\Druckername` ein. Der Drucker muss dazu bereits freigegeben und der angeschlossene Computer muss eingeschaltet sein.

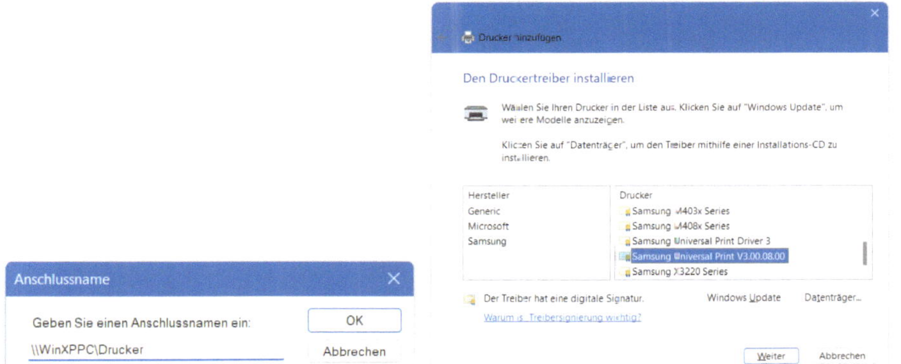

Anschlussname und Druckermodell auswählen.

- Wählen Sie im nächsten Schritt den Druckertyp aus. Ältere Drucker stehen oft nicht in der Liste. Hier kann ein Klick auf *Windows Update* helfen, um eine deutlich größere Auswahl an Druckern herunterzuladen. Sollten Sie einen Treiber auf CD oder als Download vom Hersteller zur Verfügung haben, klicken Sie auf *Datenträger*, um diesen zu installieren.
- Geben Sie noch einen Druckernamen ein, unter dem der Drucker später in der Geräteübersicht zu finden sein wird. Danach wird der Treiber installiert.
- Anschließend wird in einer Auswahl angeboten, den neuen Drucker freizugeben, was in diesem Fall allerdings nicht möglich ist. Die Auswahl erscheint automatisch bei allen Druckern an lokalen Anschlüssen.

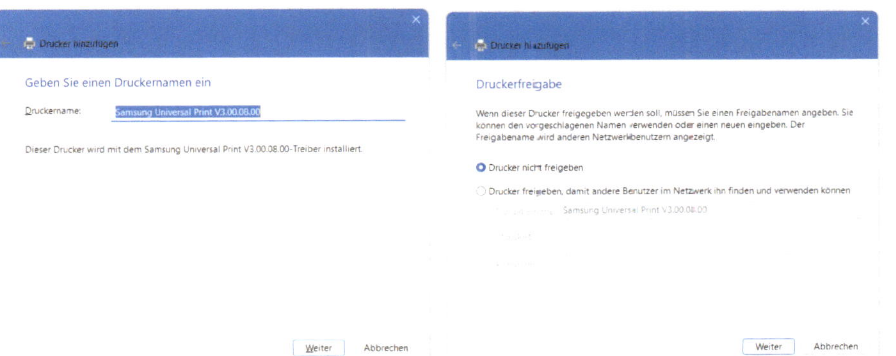

Druckertreiber installieren und Drucker nicht freigeben.

- Im letzten Dialog des Assistenten können Sie noch eine Testseite drucken. Danach steht der neue Drucker in der Übersicht *Drucker & Scanner* zur Verfügung.

Energiesparmodus verhindert Nutzung von Netzwerkdruckern

Ein freigegebener Drucker im Netzwerk kann nicht mehr verwendet werden, wenn der Computer, an dem der Drucker physikalisch angeschlossen ist, in den Energiesparzustand versetzt wird. Stellen Sie den Computer, auf dem Sie Drucker freigeben, in den Einstellungen unter *System*/*Ein/Aus*/*Bildschirm und Energiesparmodus* so ein, dass zwar nach einer bestimmten Zeit der Bildschirm ausgeht, der Computer aber nie in den Ruhezustand fällt.

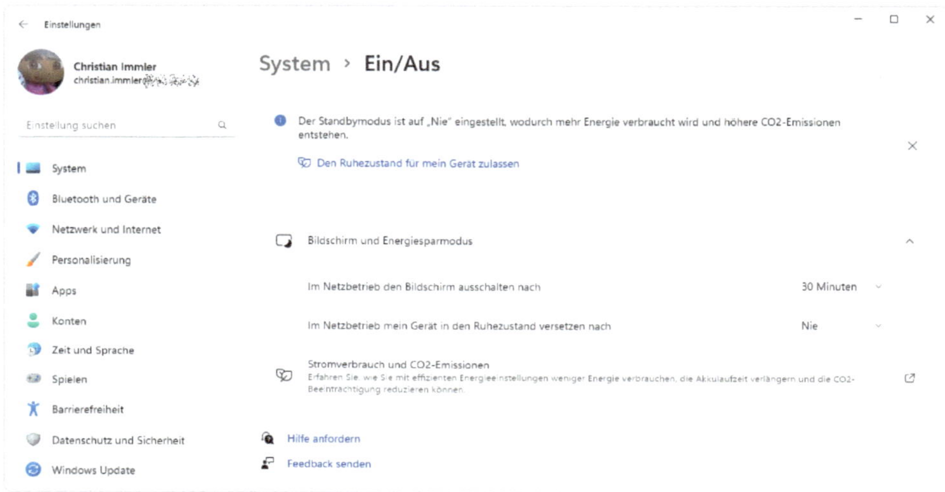

Ruhezustand in den Energieeinstellungen abschalten.

Datennutzung im Netzwerk begrenzen

Bei LTE-Anschlüssen als Festnetzersatz oder bei der Nutzung eines Smartphones als WLAN-Hotspot für ein Notebook sind Benutzer an eine Fair-Use-Vereinbarung

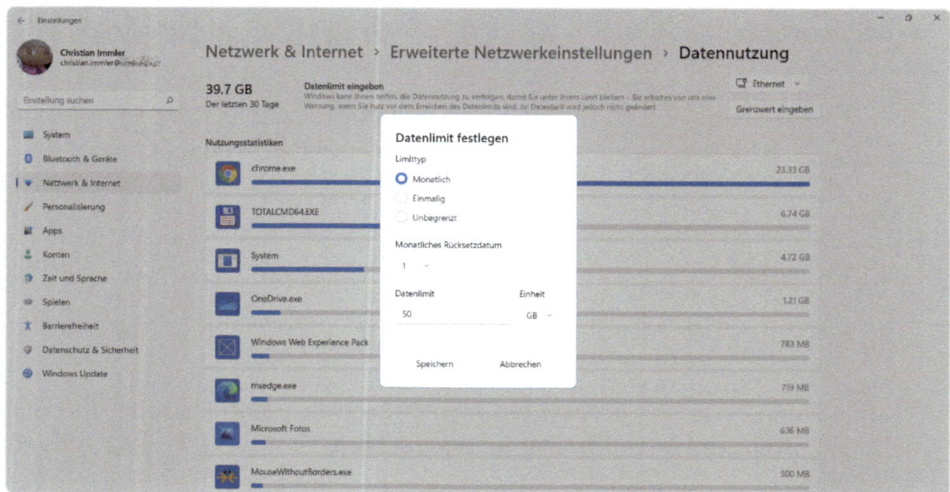

Datenlimit festlegen und Datennutzung im Hintergrund einschränken.

oder sogar eine Drosselungsgrenze des Datenvolumens gebunden, die zwar deutlich über den Grenzen der Mobilfunktarife liegt, aber in manchen Fällen doch zuschlagen kann.

In den Einstellungen unter *Netzwerk & Internet/Erweiterte Netzwerkeinstellungen/Datennutzung* können Sie für jede – auch nicht getaktete – Netzwerkverbindung ein Datenlimit festlegen.

Kostenpflichtige Netzwerkverbindung vortäuschen

Um zu vermeiden, dass durch automatische Updates über Mobilfunkverbindungen hohe Kosten entstehen oder das Freivolumen einer Daten-Flatrate schnell aufgebraucht ist, lädt Windows 11 keine Updates über sogenannte getaktete Verbindungen im UMTS- oder LTE-Netz herunter.

Gaukeln Sie dem System vor, Ihr Netzwerk wäre eine Mobilfunkverbindung, erhalten Sie keine automatischen Updates, Treiber und andere Downloads im Hintergrund. Dieser Trick funktioniert auch mit kabelgebundenen Netzwerkverbindungen.

- Klicken Sie in den Einstellungen unter *Netzwerk & Internet* ganz oben auf das Symbol *Eigenschaften* neben der Anzeige der aktiven Netzwerkverbindung und schieben Sie auf der nächsten Seite den Schalter *Getaktete Verbindung* auf *Ein*. Damit werden diverse Synchronisationsfunktionen abgeschaltet, unter anderem auch die automatischen Updates und Treiberdownloads.

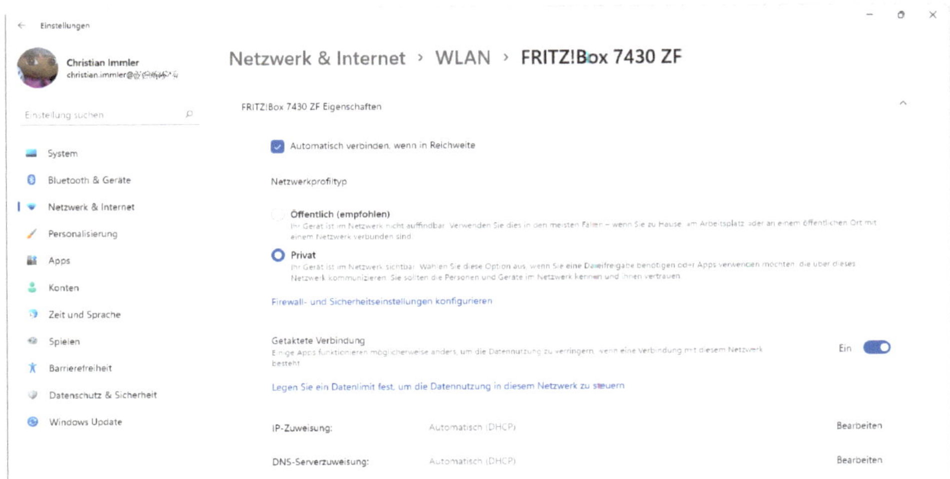

Über als getaktet definierte Verbindungen lassen sich automatische Updates einschränken – egal wie die Verbindung tatsächlich aussieht.

- Überprüfen Sie noch, ob unter *Windows Update/Erweiterte Optionen* der Schalter *Updates über getaktete Verbindungen herunterladen* deaktiviert ist, was standardmäßig der Fall ist.

In der Grundeinstellung lädt Windows über getaktete Verbindungen keine Updates herunter.

Fehler 0x80070035 beheben

Der Fehler `0x80070035` deutet auf doppelte Netzwerkadaptereinträge hin, die durch fehlerhafte Tuningtools oder andere Konfigurationsprobleme im Netzwerk auftreten können.

- Starten Sie im *Systemmenü* mit einem Rechtsklick auf das Windows-Logo den *Geräte-Manager*.
- Aktivieren Sie hier im Menü *Ansicht* den Schalter *Ausgeblendete Geräte anzeigen*.
- Ist unter *Netzwerkadapter* neben dem Original *Microsoft ISATAP Adapter* noch ein *Microsoft ISATAP Adapter #2* oder gar *#3* zu sehen, deinstallieren Sie diese Kopien alle. Nur der *Microsoft ISATAP Adapter* ohne Nummer muss bestehen bleiben, falls er vorhanden ist. Sollte dieser Eintrag nicht erscheinen, tritt der Fehler meistens nicht auf. Nach einem Neustart tritt der Netzwerkfehler ebenfalls nicht mehr auf.

Netzwerk bei Verbindungsproblemen zurücksetzen

Sollten alle zuvor beschriebenen Tipps die Verbindungsprobleme zu Netzwerklaufwerken nicht lösen, können Sie die Netzwerkeinstellungen komplett auf die Standardwerte zurücksetzen.

- Klicken Sie dazu in den Einstellungen unter *Netzwerk und Internet/Erweiterte Netzwerkeinstellungen* im Bereich *Weitere Einstellungen* auf *Netzwerk zurücksetzen*.

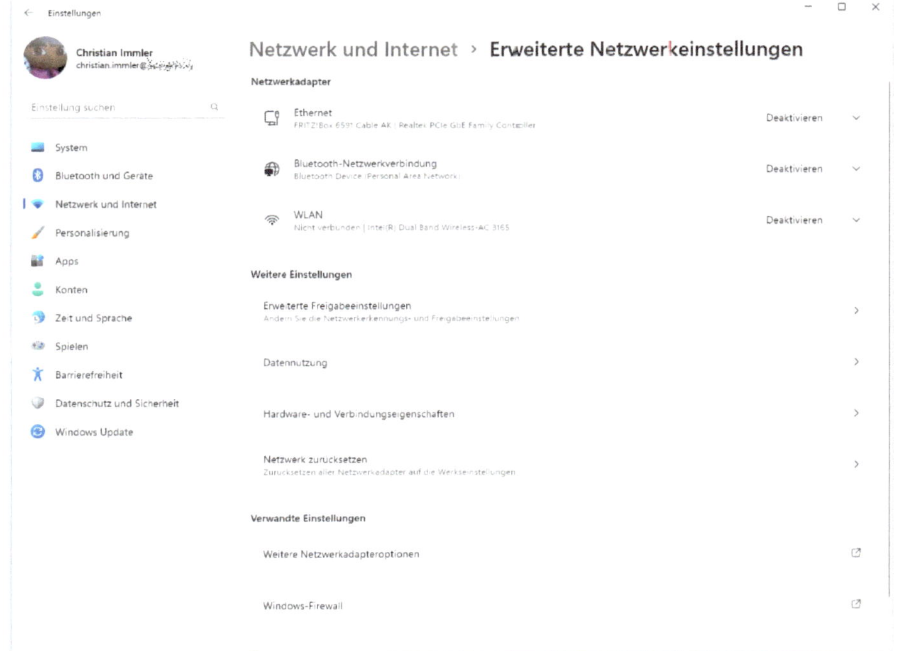

Netzwerkstatus in den Einstellungen.

- Jetzt erscheint noch eine Warnung, die Sie bestätigen müssen. Da die meisten privaten Nutzer weder VPN-Clientsoftware noch virtuelle Switches installiert haben, sind die Folgen des Zurücksetzens nicht so dramatisch, wie es die Meldung vermuten lässt.

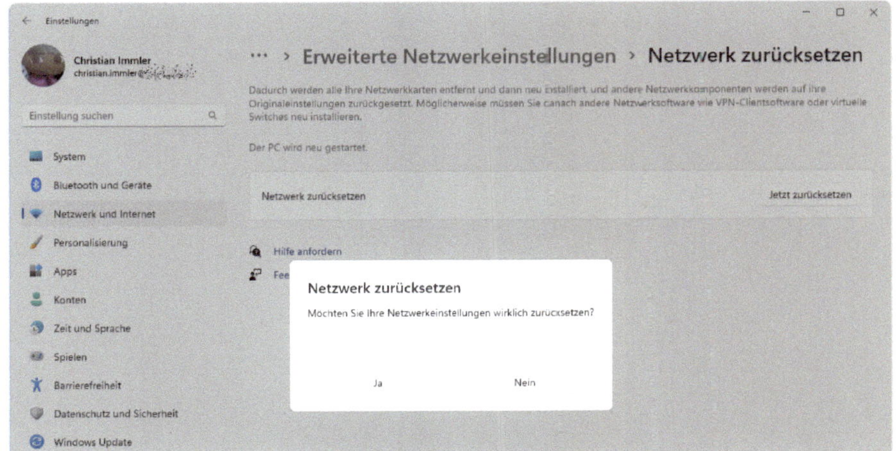

Netzwerkverbindung zurücksetzen.

- Starten Sie nach dem Zurücksetzen den Computer neu, und die Netzwerkverbindung funktioniert wieder.

Netzwerkverbindung über analoge Modems

Kaum zu glauben, aber auch Windows 11 enthält in den Einstellungen unter *Netzwerk und Internet/DFÜ* weiterhin ein historisches Dialogfeld, in dem man unter anderem heute noch Datenverbindungen über analoge Modems einrichten kann, vorausgesetzt, der Gerätetreiber funktioniert ebenfalls noch.

Netzwerkverbindungen manuell einrichten, auch über analoge Modems.

2 Die FRITZ!Box als zentrale Steuerung im Heimnetzwerk

2.1 Internetzugang auf der FRITZ!Box einrichten

Netzwerke sind heute immer sternförmig aufgebaut. Andere Netzwerktechnologien, wie Ring- oder Bussysteme, die früher gebräuchlich waren, werden nicht mehr eingesetzt. Alle PCs sind mit einem zentralen Router verbunden, der den Zugang zum Internet sowie auch die Infrastruktur des lokalen Netzwerks zur Verfügung stellt. Diese Router werden oftmals von den Internetanbietern im Rahmen eines DSL- oder Kabelvertrags zur Verfügung gestellt. In vielen Fällen handelt es sich dabei um Router der FRITZ!Box-Serie von AVM.

Die aktuelle FRITZ!Box 6690 Cable.

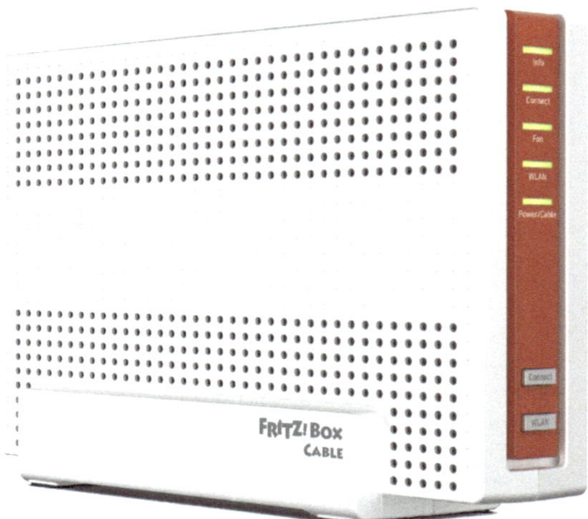

Die meisten Router verfügen über vier Ethernet-Anschlüsse, an denen PCs, Smart-TV, Spielkonsolen oder andere Geräte über Ethernet-Kabel angeschlossen werden können. Zusätzlich können theoretisch bis zu 250 weitere Geräte per WLAN mit dem Router verbunden werden. In der Praxis liegt diese Zahl allerdings weit darunter, da sich die Geräte die zur Verfügung stehende Bandbreite teilen müssen.

Reichen die vier Ethernet-Anschlüsse nicht aus, schließen Sie an einen Anschluss einen Netzwerk-Switch an. Dabei handelt es sich um eine Art intelligente Mehrfachsteckdose, die üblicherweise 4 bis 24 Ethernet-Anschlüsse enthält, an die weitere Geräte angeschlossen werden können.

Router haben außer ein paar Tasten und LEDs keine Bedienelemente, um das Netzwerk und den Internetzugang zu konfigurieren. Alle Router verwenden eine browserbasierte Konfigurationsseite, die von jedem PC im Netzwerk aufgerufen werden kann.

- Geben Sie in der Adresszeile des Browsers `fritz.box` ein. Damit erscheint ein Anmeldeformular.

> **Keine Standardzugangsdaten**
>
> Früher verwendeten viele Router Standardzugangsdaten, die auf allen Geräten einer Serie gleich lauteten. Meistens gab es einen Benutzernamen `admin` oder `root` und ein einfaches Passwort. Diese Methode barg die Gefahr, dass jeder, der Zugang zum lokalen Netzwerk hatte, den Router beliebig manipulieren konnte. Natürlich gab es immer schon die Möglichkeit, diese Standardzugangsdaten zu verändern, aber wer macht das wirklich?
>
> Inzwischen hat jede FRITZ!Box individuelle Zugangsdaten, die auf Wunsch auch geändert werden können, was aber nicht unbedingt nötig ist.

- Geben Sie hier die Zugangsdaten ein, die Sie auf einer Karte mit der FRITZ!-Box erhalten haben.
- Danach erscheint eine Übersichtsseite, die alle wichtigen Konfigurationsdaten des Routers zeigt.
- Beim ersten Anschließen einer FRITZ!Box startet automatisch ein Einrichtungsassistent, der den Internetzugang einrichtet. Diesen Assistenten brauchen Sie nur einmal durchlaufen zu lassen. Der Internetzugang wird auf der FRITZ!Box gespeichert. Die Daten bleiben erhalten, auch wenn die FRITZ!Box vom Stromnetz getrennt wird.

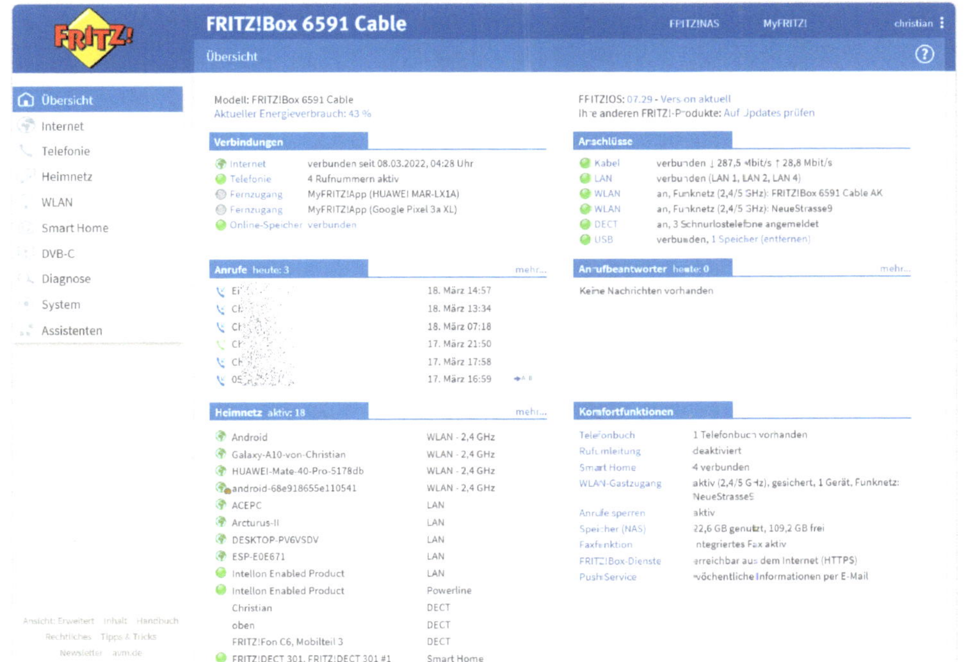

Die Übersichtsseite der FRITZ!Box-Konfiguration.

Internetzugang über DSL einrichten

Beim ersten Start einer FRITZ!Box an einem DSL-Anschluss startet wie erwähnt automatisch der Einrichtungsassistent.

- Sollte der Assistent nicht automatisch starten, starten Sie ihn im Seitenmenü unter *Assistenten/Internetzugang einrichten*.
- Wählen Sie in der Liste Ihren Internetanbieter aus und geben Sie danach die angeforderten Zugangsdaten ein.
- Die Einrichtung läuft weitgehend automatisch. Zum Schluss wird die FRITZ!-Box neu gestartet und mit dem Internet verbunden.

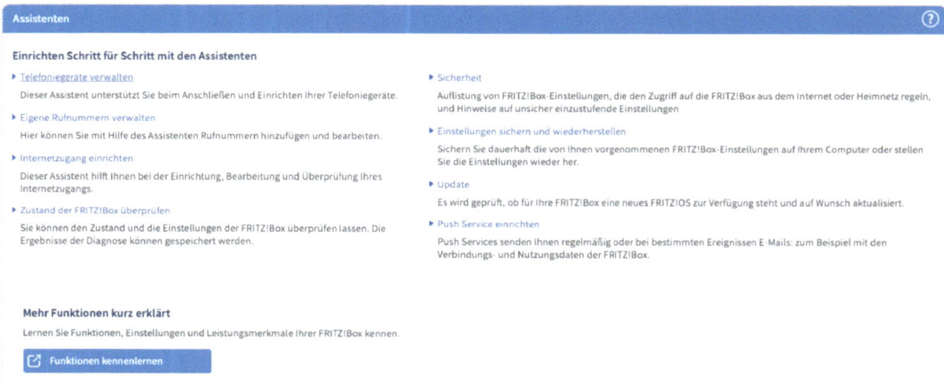

Internetzugang einrichten über den FRITZ!Box-Assistenten.

Internetzugang über Kabel einrichten

Internetzugänge über Kabelnetze, wie sie vor allem Vodafone Kabel Deutschland, aber auch einige kleinere Netzbetreiber anbieten, nutzen keine benutzerspezifischen Zugangsdaten, sondern eine Hardwarekennung des Routers. Möchten Sie statt des vom Internetanbieter gelieferten Routers eine FRITZ!Box nutzen, müssen Sie diese an Ihrem Anschluss aktivieren. FRITZ!Boxen, die vom Kabelanbieter zur Verfügung gestellt werden, sind bereits vorkonfiguriert.

- Besuchen Sie mit dem Browser eine beliebige Internetseite. Statt diese Seite zu sehen, werden Sie zur Aktivierungsseite für Kabelrouter geleitet.
- Sollte diese Weiterleitung nicht automatisch funktionieren, besuchen Sie die Seite *kabelmodemaktivieren.vodafone.de* oder die entsprechende Konfigurationsseite Ihres Kabelanbieters.
- Tragen Sie den Aktivierungscode ein, den Sie von Ihrem Kabelanbieter erhalten haben.

- Die Einrichtung läuft weitgehend automatisch. Zum Schluss wird die FRITZ!-Box neu gestartet und mit dem Internet verbunden.

Eigene FRITZ!Box am Kabelanschluss aktivieren.

2.2 WLAN einrichten

Jede FRITZ!Box hat ab Werk einen automatisch vorkonfigurierten WLAN-Zugang. Der öffentlich sichtbare Name des WLAN-Funknetzes (SSID) sowie der geheime 20-stellige WLAN-Netzwerkschlüssel sind auf einer Pappkarte, die der FRITZ!Box beiliegt, aufgedruckt. Mit diesen Zugangsdaten können Sie sich jetzt über einen PC mit dem WLAN verbinden.

> **WLAN oder Wi-Fi?**
> Wi-Fi ist die englische Bezeichnung für WLAN. Der in Deutschland gebräuchliche Begriff WLAN (*Wireless Local Area Network*) für drahtloses Netzwerk ist ein deutscher Anglizismus und wird weder von englischen noch von amerikanischen Muttersprachlern verstanden. Diese sprechen immer von Wi-Fi.

WLAN-Zugangsdaten ändern

Den Namen wie auch den Schlüssel des WLAN der FRITZ!Box können Sie jederzeit ändern. Der Netzwerkname (SSID) wird unter *WLAN/Funknetz* angezeigt. An dieser Stelle können Sie ihn auch ändern. Aktuelle FRITZ!Boxen unterstützen die beiden WLAN-Frequenzbänder 2,4 GHz und 5 GHz. Sie können für die beiden Frequenzbänder unterschiedliche SSIDs festlegen, was aber in den meisten Fällen nicht sinnvoll ist.

Name des WLAN und Frequenzbänder wählen.

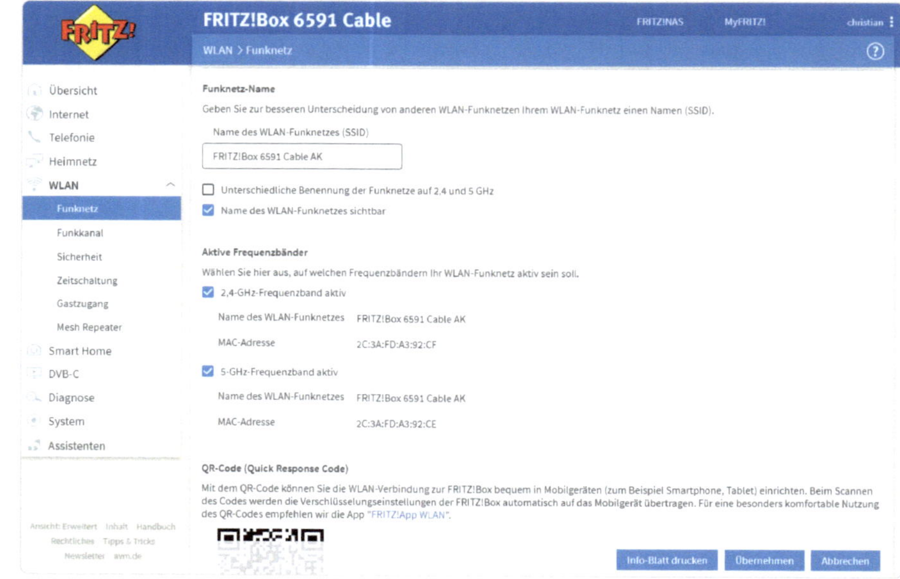

- Auf der Seite *WLAN/Sicherheit* sehen Sie den aktuell eingetragenen WLAN-Schlüssel im Klartext. An dieser Stelle können Sie auch jederzeit einen neuen WLAN-Schlüssel festlegen. Dieser muss zwischen 8 und 63 Zeichen lang sein.
- Wählen Sie den gewünschten WPA-Modus zur Verschlüsselung. In den meisten Fällen ist der standardmäßig vorausgewählte Modus *WPA2 + WPA3* die beste Wahl. Nur für den Fall, dass es Kompatibilitätsprobleme mit älteren WLAN-Geräten im Netzwerk gibt, sollten Sie einen anderen Modus nutzen.

Verschlüsselung wählen und Schlüssel festlegen.

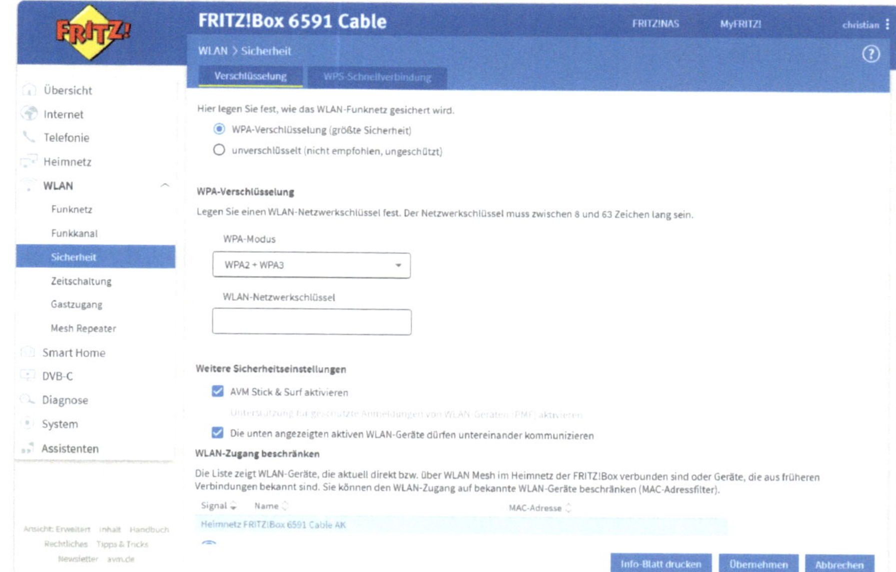

- Ganz unten auf der Seite erhalten Sie die Möglichkeit, ein *Info-Blatt* mit einem QR-Code auszudrucken, auf dem auch die WLAN-Zugangsdaten im Klartext zu lesen sind, damit sich jeder leicht in diesem WLAN anmelden kann. Der QR-Code funktioniert nur zur Anmeldung mit Smartphones, auf einem Windows-PC müssen Sie den Schlüssel manuell eingeben.

2.3 Einen Gastzugang einrichten

Mit dem Gastzugang der FRITZ!Box ermöglichen Sie Ihren Gästen schnell und sicher einen WLAN-Zugang zum Internet. Angemeldete Geräte nutzen lediglich den Internetzugang, haben aber keinen Zugriff auf Ihr Heimnetz.

- Schalten Sie den Gastzugang unter *WLAN/Gastzugang* ein.
- Wählen Sie zwischen einem privaten verschlüsselten Gastzugang und einem offenen Gastzugang, den jeder ohne Eingabe eines Schlüssels nutzen kann.
- In beiden Fällen können Sie den Namen des Gastzugangs frei vergeben. Ein Schlüssel muss nur beim privaten Gastzugang eingetragen werden.

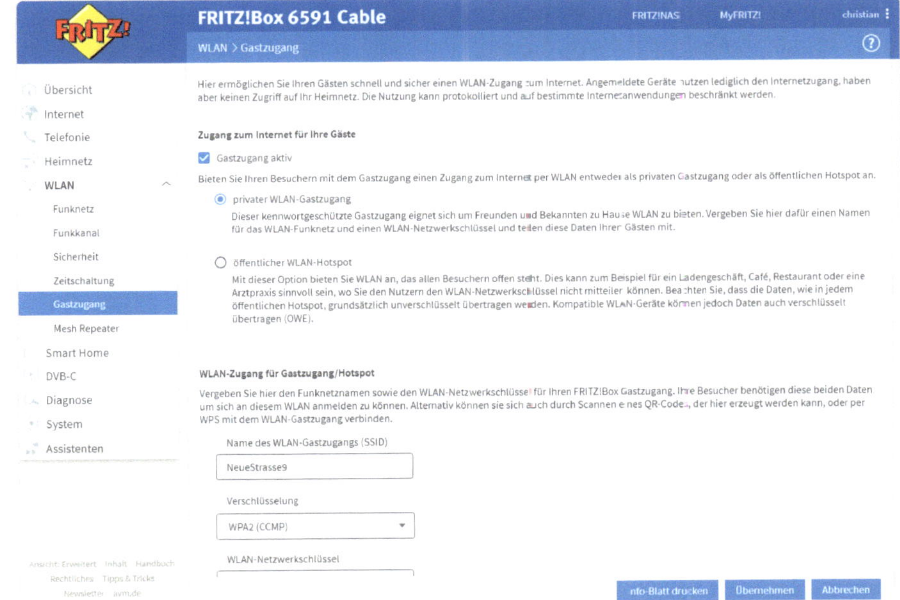

WLAN-Gastzugang einrichten.

- Auch für den *Gastzugang* können Sie ein *Info-Blatt* mit dem Schlüssel und einem QR-Code ausdrucken, um den Gästen den Internetzugang so einfach wie möglich zu gestalten.
- Die Nutzung des Gastzugangs kann protokolliert und auf bestimmte Internetanwendungen beschränkt werden. Klicken Sie dazu auf den Link *Weitere Einstellungen*.
- Der Push-Service der FRITZ!Box, der auch bei anderen Systemereignissen per E-Mail benachrichtigt, kann ein Protokoll der An- und Abmeldungen von Geräten über den WLAN-Gastzugang versenden. Dieses Protokoll kann einmal am Tag oder nach jeweils 100 An- und Abmeldungen verschickt werden. Auf der Seite *System/Push-Service* legen Sie die E-Mail-Adresse fest, an die diese Nachrichten verschickt werden sollen.

Gastzugang im LAN

Der Gastzugang der FRITZ!Box kann nicht nur über WLAN, sondern auch über Ethernet-Kabel genutzt werden.

- Schalten Sie auf der FRITZ!Box unter *Heimnetz/Netzwerk/Netzwerkeinstellungen* das Kontrollkästchen *Gastzugang für LAN 4 aktiv* ein. Ein PC am LAN 4-Anschluss der FRITZ!Box verwendet dann automatisch den Gastzugang und hat keinen Zugriff auf andere Geräte im Heimnetzwerk, wie Netzwerkfreigaben oder Drucker. Möchten Sie mehrere PCs über Ethernet mit dem Gastzugang verbinden, schließen Sie am LAN 4-Anschluss einen Netzwerk-Switch an.
- Möchten Sie, dass Ihre Gäste bei Verwendung des Gastzugangs Nutzungsbedingungen bestätigen, lassen Sie eine Vorschaltseite im Browser anzeigen, wenn sich ein PC erstmals mit dem Gastzugang über LAN 4 verbindet. Aktivieren Sie dazu das Kontrollkästchen *Anmeldung am Gastzugang nur nach Zustimmung zu den Nutzungsbedingungen gestatten*.

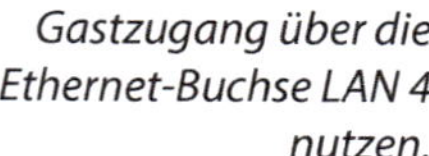

Gastzugang über die Ethernet-Buchse LAN 4 nutzen.

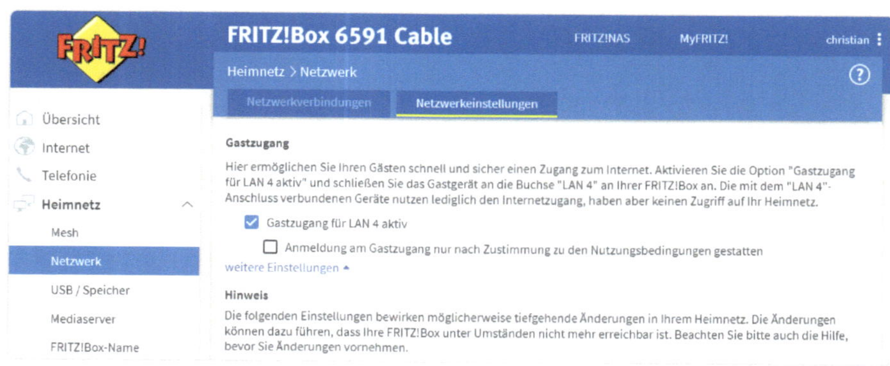

2.4 WLAN-Verbindung mit WPS vereinfachen

Die Abkürzung WPS steht für *Wi-Fi Protected Setup*, eine Technik, um die verschlüsselte Anmeldung eines Geräts an einem WLAN zu vereinfachen. Anstatt einen WLAN-Schlüssel manuell einzugeben, kann der Schlüssel durch einen Tastendruck übertragen und gespeichert werden. WPS geht davon aus, dass eine Person, die physischen Zugang zum Router hat und dort eine WPS-Taste drücken kann, auch berechtigt ist, sich mit dem WLAN zu verbinden. WPS wird besonders für Geräte verwendet, die keine eigene Benutzeroberfläche zur Eingabe eines Schlüssels haben, wie WLAN-Extender, Funksteckdosen oder Lampen.

Connect/WPS-Taste auf einer FRITZ!Box.

- Schalten Sie unter *WLAN/Sicherheit/WPS-Schnellverbindung* auf der FRITZ!-Box *WPS aktiv* ein, um WPS nutzen zu können.

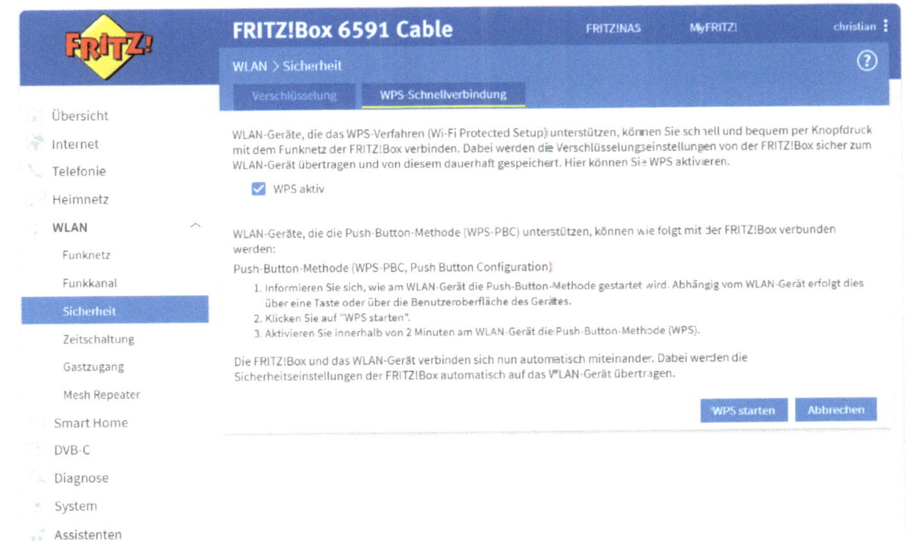

WPS auf der FRITZ!Box aktivieren.

- Klicken Sie jetzt unten auf *WPS starten* oder drücken Sie die WPS-Taste auf der FRITZ!Box. Die FRITZ!Box sendet ab jetzt zwei Minuten lang ein WPS-Signal. Die WPS-LED blinkt. Damit können Sie ein Gerät über WPS mit der FRITZ!Box verbinden.
- Klicken Sie in den Schnelleinstellungen auf den kleinen Pfeil neben dem WLAN-Symbol, um die Liste von WLANs in der Nähe aufzurufen.
- Wählen Sie das gewünschte WLAN aus. Anstatt einen Schlüssel einzugeben, können Sie auch einfach einen Moment warten, während der Router ein WPS-Signal sendet. Die Verbindung wird dann automatisch hergestellt und gespeichert.

WLAN-Verbindung in Windows 11 über WPS herstellen.

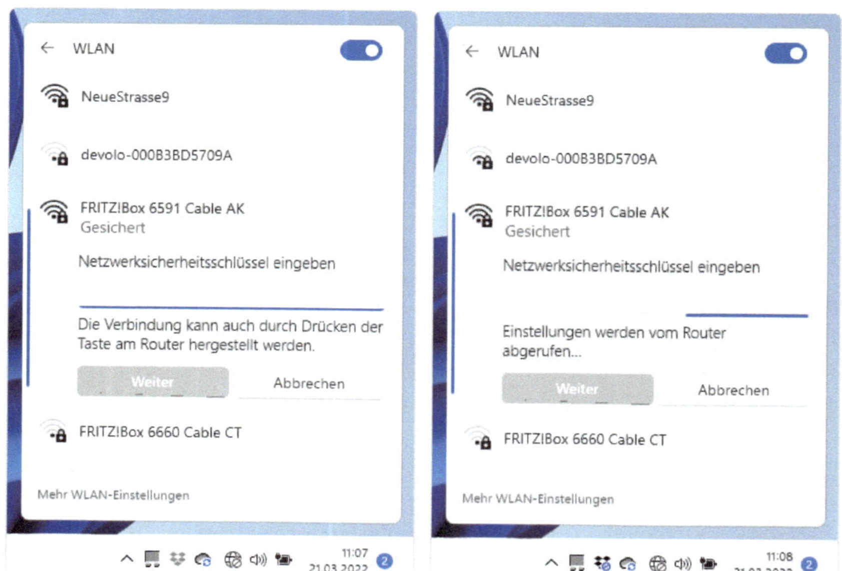

WPS für WLAN-Gastzugang nutzen

Unter *WLAN/Gastzugang* finden Sie einen Button *WPS starten*. Ein Klick darauf sendet ein WPS-Signal, mit dem sich andere Geräte dann über den Gastzugang verbinden können.

2.5 IP-Adressen im Netzwerk

TCP/IP (*Transmission Control Protocol/Internet Protocol*) ist das Protokoll für die Datenübertragung im Internet. Für das TCP/IP-Protokoll nach dem derzeitigen Standard IPv4 benötigt jeder Computer eine eindeutige IP-Adresse. Diese besteht aus vier aufeinanderfolgenden Ziffern, jede im Wertebereich zwischen `0` und `255`. Zusammen ergibt sich also ein 32 Bit langes Datenwort. Anhand dieser Adresse wird der Computer im lokalen Netzwerk wie auch im Internet identifiziert.

IP-Adressen werden für die eindeutige Identifikation von Servern, Routern und auch einzelnen Computern verwendet. Innerhalb lokaler Netzwerke, die einen (wenn auch nur zeitweiligen) Zugang zum Internet haben, dürfen also auf keinen Fall wahllos irgendwelche IP-Adressen verwendet werden. Üblicherweise verwendet man in privaten Netzwerken die sogenannten Class-C-Adressen: `192.168.0.0` bis `192.168.255.254`. Diese privaten IP-Adressen werden von keinem Internetrouter verarbeitet, können also problemlos in lokalen Netzen eingesetzt werden.

Der dritte Ziffernblock wird vom Router fest vergeben. In vielen Fällen wird hier die `0` verwendet. Daraus ergeben sich mögliche IP-Adressen: `192.168.0.0` bis `192.168.0.254`. FRITZ!Boxen verwenden standardmäßig den Block `192.168.178.0` bis `192.168.178.254` für das Heimnetzwerk und `192.168.179.0` bis `192.168.179.254` für das Gastnetzwerk.

- Bei Bedarf können Sie diese Adressbereiche ändern, was aber in den seltensten Fällen nötig ist. Klicken Sie auf der FRITZ!Box unter *Heimnetz/Netzwerk/Netzwerkeinstellungen* ganz unten auf *IPv4-Einstellungen*.

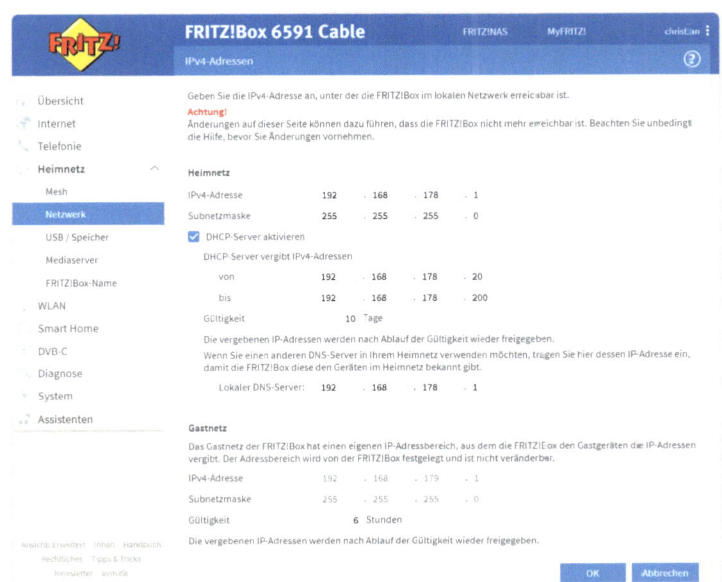

IPv4-Einstellungen auf der FRITZ!Box.

- Tragen Sie hier eine IPv4-Adresse für den Router ein. Bei den hierzulande üblichen privaten Internetzugängen über die großen Provider sind die ersten beiden Zahlenblöcke immer `192.168`. Der Router sollte am Ende stets die `1` verwenden. Der dritte Zahlenblock kann bei Bedarf anders als voreingestellt eingetragen werden. Die Subnetzmaske sollten Sie auf `255.255.255.0` stehen lassen, um genau 254 IP-Adressen im eigenen Netzwerk zur Verfügung zu haben.

IP-Adressen automatisch vergeben

Am einfachsten ist es, einen DHCP-Server im Netzwerk die IP-Adressen automatisch dynamisch vergeben zu lassen. Die FRITZ!Box und auch die meisten anderen Netzwerkrouter haben eine derartige Funktion integriert. Sie müssen sich dann um nichts weiter kümmern, der DHCP-Server erledigt automatisch die Vergabe der IP-Adressen im ganzen Netzwerk. Neue Geräte erhalten bei ihrer ersten Anmeldung eine freie IP-Adresse.

Die automatisch vergebenen IP-Adressen laufen nach einigen Tagen ab und können dann wieder an neue Geräte vergeben werden. Diese Methode ist heute in fast allen Netzwerken Standard.

- Auf FRITZ!Boxen ist in den *IPv4-Einstellungen* dazu der Schalter *DHCP-Server aktivieren* standardmäßig aktiviert. Darunter ist ein IP-Adressbereich angegeben, in dem der DHCP-Server automatisch IP-Adressen an neu angemeldete Geräte im Netzwerk vergibt.
- Auf der Seite *Heimnetz/Netzwerk/Netzwerkverbindungen* werden alle aktiv verbundenen Geräte mit ihren aktuellen IP-Adressen angezeigt.
- Klicken Sie auf das Stiftsymbol bei einem der Geräte, sehen Sie weitere Eigenschaften. Hier können Sie den angezeigten Namen für den PC ändern.
- Bei der IP-Adresse wird angezeigt, wann diese zuletzt genutzt wurde, wann das Gerät also zum letzten Mal Daten über das Netzwerk übertragen hat. Aktivieren Sie das Kontrollkästchen *Diesem Netzwerkgerät immer die gleiche IPv4-Adresse zuweisen*. Damit wird dem Gerät immer wieder die gleiche IP-Adresse vom DHCP-Server zugeordnet, auch wenn die Gültigkeitsdauer der IP-Adresse, die meist auf einige Tage begrenzt ist, abgelaufen ist.

Auf diese Weise können Sie die Vorteile fester IP-Adressen mit dem Komfort von dynamischen IP-Adressen kombinieren. Besonders bei Netzwerkdruckern und Geräten mit freigegebenen Netzwerkordnern ist es sinnvoll, dass diese immer über die gleiche IP-Adresse erreichbar sind.

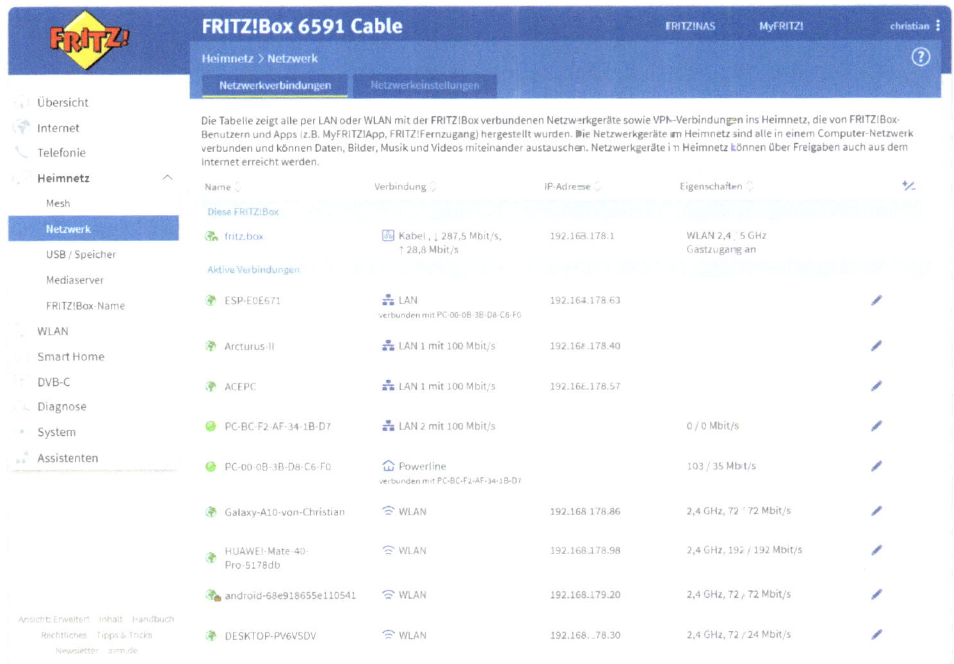

Geräteliste im Netzwerk.

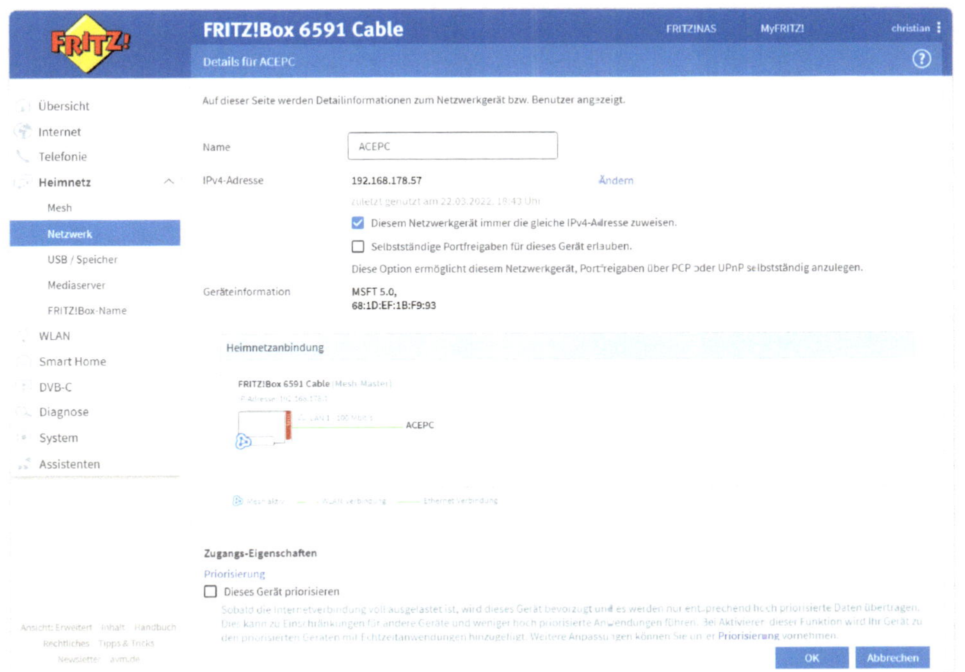

Einem Gerät immer die gleiche IP-Adresse im Netzwerk zuordnen.

Windows 11 zeigt die eigene IP-Adresse des PCs im lokalen Netzwerk ebenfalls an.

- Klicken Sie dazu in den Einstellungen unter *Netzwerk und Internet* oben auf *Eigenschaften*.
- Die Zeile *IPv4-Adresse* zeigt die lokale IP-Adresse des PCs im Netzwerk, die Zeile *IPv4-DNS-Server* zeigt die Adresse des aktuell verwendeten DNS-Servers – meistens ist das der Router im lokalen Netzwerk.

Lokale IP-Adresse im Netzwerk anzeigen.

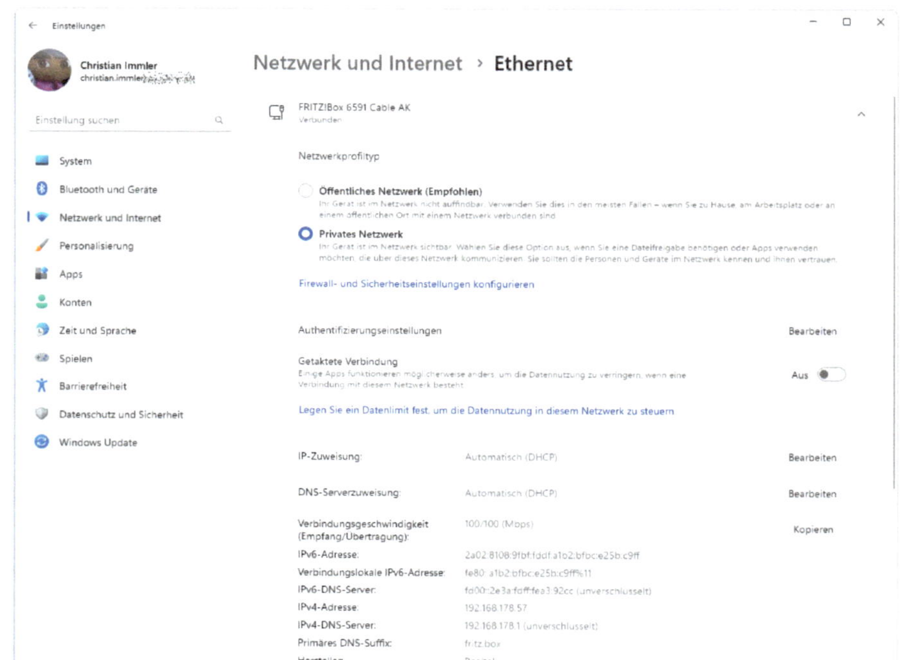

Sind feste IP-Adressen sinnvoll?

Spätestens seit es möglich ist, für ein Gerät im Netzwerk immer die gleiche IP-Adresse vom DHCP-Server im Router vergeben zu lassen, gibt es in Heimnetzwerken keinen sinnvollen Grund mehr, IP-Adressen fest zu vergeben.

Bei festen IP-Adressen sind Sie selbst dafür verantwortlich, dass keine Adresse im Netzwerk doppelt vorkommt. Solche Adresskonflikte führen zu Störungen des gesamten Netzwerkverkehrs, die auch Geräte betreffen, deren IP-Adressen korrekt eingetragen sind.

In den meisten Netzwerken, die feste IP-Adressen nutzen, ist kein DHCP-Server aktiv. Alle Geräte verwenden feste IP-Adressen.

- Klicken Sie in den Einstellungen unter *Netzwerk und Internet* oben auf *Eigenschaften*.
- Klicken Sie in der Zeile *IP-Zuweisung* auf die Schaltfläche *Bearbeiten*.
- Wählen Sie im nächsten Fenster die Option *Manuell*.
- Aktivieren Sie den Schalter *IPv4*. Jetzt erscheinen diverse Eingabefelder.
- Tragen Sie die gewünschte IP-Adresse des PCs ein. Achten Sie darauf, dass es sich um eine im lokalen Netzwerk gültige Adresse handelt und dass diese im Netzwerk einmalig ist.
- Geben Sie eine gültige Subnetzmaske ein. In privaten Class-C-Netzwerken lautet diese `255.255.255.0`.
- In den Feldern *Gateway* und *Bevorzugter DNS* tragen Sie die IP-Adresse des Routers ein.
- Klicken Sie zum Schluss auf *Speichern*. Die Netzwerkverbindung wird kurz getrennt und mit der neuen IP-Adresse wieder aufgebaut. Programme, die sich direkt über IP-Adressen mit anderen Geräten im Netzwerk verbinden, müssen oftmals neu gestartet werden.

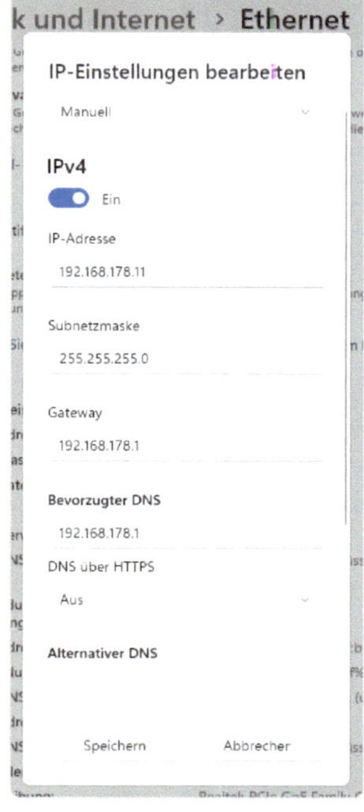

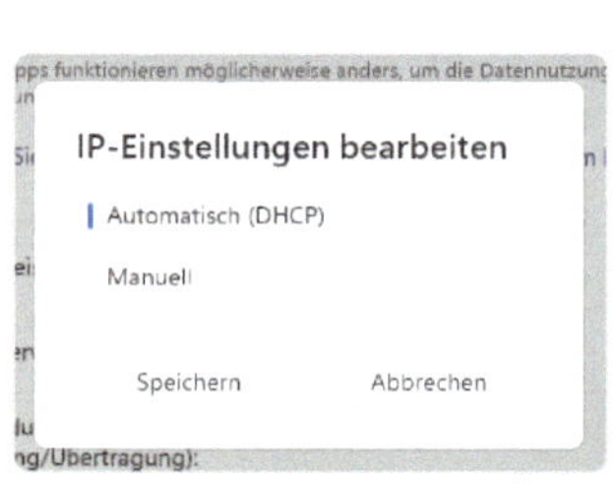

Feste IP-Adresse auf einem Windows 11-PC eintragen.

DHCP und feste IP-Adressen gleichzeitig verwenden

FRITZ!Boxen bieten auch die Möglichkeit, IP-Adressen im Netzwerk automatisch per DHCP dynamisch zu vergeben und zusätzlich bestimmten Geräten feste IP-Adressen über die Einstellungen des jeweiligen Geräts zuzuordnen.

- Klicken Sie auf der FRITZ!Box unter *Heimnetz/Netzwerk/Netzwerkeinstellungen* ganz unten auf *IPv4-Einstellungen*. Auf der nächsten Seite wird ein Adressbereich angezeigt, innerhalb dessen der DHCP-Server automatisch IP-Adressen vergibt. In der vorgegebenen Grundeinstellung reicht dieser Adressbereich von `192.168.178.20` bis `192.168.178.200`.

  Außerhalb dieses Bereichs liegen die IP-Adressen `192.168.178.2` bis `192.168.178.19` und `192.168.178.201` bis `192.168.178.254`, die bei Bedarf fest vergeben werden können. Hier sind bewusst am Anfang und Ende des durch die Subnetzmaske vorgegebenen Adressbereichs Adressen freigehalten worden, da sich Geräte, die hardwareseitig festgelegte IP-Adressen nutzen, oft in diesen Bereichen befinden.

Sollten Sie mehr feste IP-Adressen benötigen, was so gut wie nie der Fall ist, können Sie den Adressbereich des DHCP-Servers auch verkleinern. Umgekehrt können Sie diesen Adressbereich erweitern, wenn Sie keine festen IP-Adressen nutzen und mehr dynamische Adressen für Geräte im Netzwerk brauchen.

2.6 Drucker an der FRITZ!Box anschließen

Die FRITZ!Box bietet zwei verschiedene Möglichkeiten, einen Drucker am USB-Anschluss der FRITZ!Box über das Netzwerk anzusteuern.

Netzwerkdrucker und Besonderheiten

Ein Netzwerkdrucker steht allen Computern im Netzwerk als Drucker zur Verfügung. Allerdings lassen sich nur die reinen Druckerfunktionen nutzen. Scanner in Multifunktionsgeräten oder Sonderfunktionen wie Tintenfüllstandsanzeigen stehen bei Netzwerkdruckern nicht zur Verfügung.

- Schließen Sie den Drucker an einen USB-Anschluss der FRITZ!Box an.
- Stellen Sie sicher, dass auf der FRITZ!Box unter *Heimnetz/USB/Speicher/USB-Fernanschluss* der USB-Fernanschluss deaktiviert ist.

- Klicken Sie in den Einstellungen unter *Bluetooth & Geräte/Drucker und Scanner* oben auf *Gerät hinzufügen*. Der Drucker an der FRITZ!Box wird nicht automatisch gefunden. Klicken Sie deshalb auf *Manuell hinzufügen*.
- Wählen Sie im nächsten Dialogfeld *Drucker unter Verwendung einer IP-Adresse oder eines Hostnamens hinzufügen* und klicken Sie auf *Weiter*.
- Tragen Sie im Feld *Hostname oder IP-Adresse:* den Namen `fritz.box` ein.
- Wählen Sie in den nächsten Schritten den Druckertyp und am Ende die Option *Drucker nicht freigeben*. Danach können Sie den Drucker verwenden.

Netzwerkdrucker an der FRITZ!Box in Windows 11 einrichten.

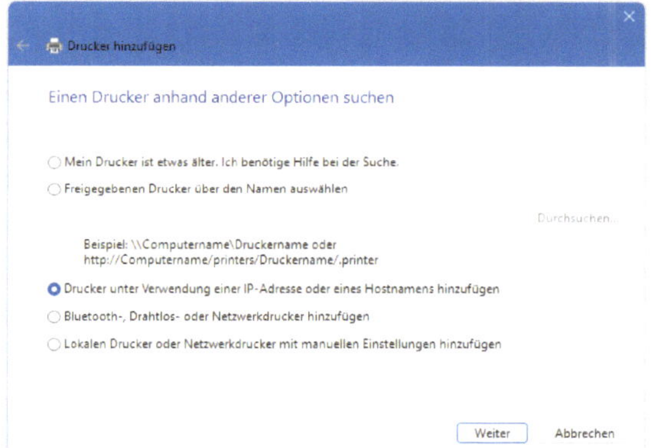

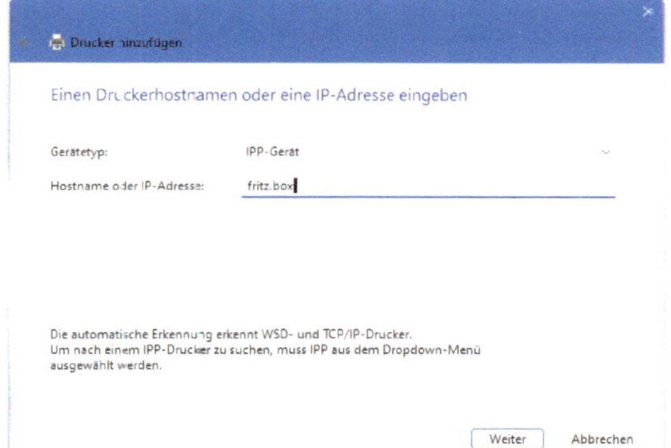

Richten Sie auf jedem PC, auf dem Sie ihn verwenden möchten, den Netzwerkdrucker mit diesen Schritten ein.

USB-Fernanschluss

Ein über den USB-Fernanschluss verbundener Drucker verhält sich wie ein lokal per USB-Kabel angeschlossener Drucker. Hier können alle Gerätefunktionen genutzt werden, allerdings nur von einem PC aus. Andere Computer im Netzwerk können diesen Drucker dann nicht verwenden.

- Schließen Sie den Drucker an einen USB-Anschluss der FRITZ!Box an.
- Aktivieren Sie auf der FRITZ!Box unter *Heimnetz/USB/Speicher/USB-Fernanschluss* das Kontrollkästchen *USB-Fernanschluss aktiv* und wählen Sie die Gerätetypen, für die er genutzt werden soll.

USB-Fernanschluss auf der FRITZ!Box einrichten.

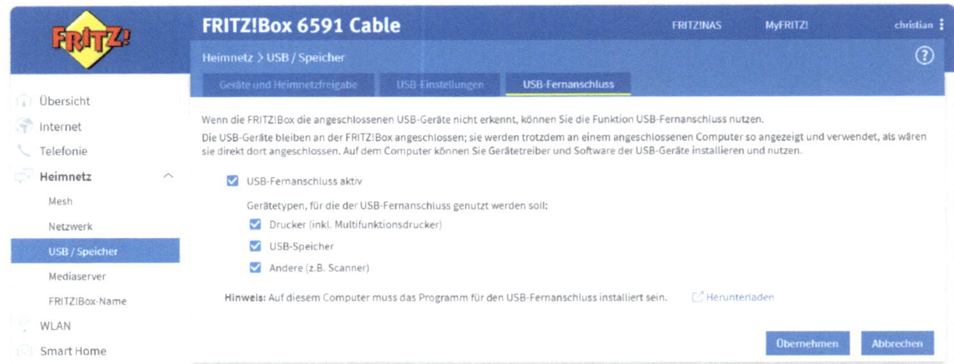

- Laden Sie über den Link unten auf dieser Seite das Programm für den USB-Fernanschluss herunter und installieren Sie es auf dem PC, auf dem der USB-Fernanschluss genutzt werden soll. Lassen Sie beim ersten Programmstart die Installation eines speziellen Gerätetreibers zu.

Gerätetreiber für den USB-Fernanschluss installieren.

- Melden Sie sich mit einem gültigen Benutzernamen und Passwort an der FRITZ!Box an. Dieser Benutzer muss die Berechtigung zum Arbeiten mit der FRITZ!Box-Benutzeroberfläche haben.
- Jetzt werden die angeschlossenen USB-Geräte gezeigt. Klicken Sie auf das gewünschte Gerät. Wie bei einem lokal angeschlossenen USB-Gerät müssen Sie möglicherweise noch Gerätetreiber installieren und können das Gerät dann nutzen.

USB-Geräte über den USB-Fernanschluss verbinden.

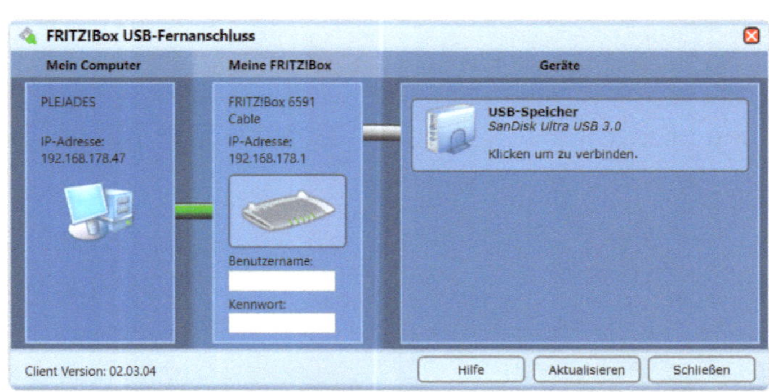

2.7 Das neue Internetprotokoll IPv6

Die insgesamt 4.294.967.296 verfügbaren IP-Adressen sind weltweit längst knapp geworden. Am 3. Februar 2011 vergab die IANA die letzten IPv4-Adressen. Bereits beim Endspiel der Fußballweltmeisterschaft 2006 konnten nicht alle, die das Spielergebnis online live sehen wollten, ins Internet. Das für Deutschland vorgesehene Kontingent an IP-Adressen war bereits vor dem Abpfiff aufgebraucht. Das Internet war „überfüllt", viele mussten draußen bleiben.

Da dieses Problem bereits seit einiger Zeit absehbar war und immer mehr Geräte ins Internet gehen, wurde ein neuer Standard für IP-Adressen entwickelt, IP-Version 6 oder kurz IPv6. Durch eine neue Adressierungsmethode sind erheblich mehr Adressen (2^128 ≈ 3,4*10^38) möglich. Nach dem IPv6-Standard bekommen Computer feste Adressen, die sich nicht ändern. Die Umstellung vom klassischen IPv4 auf das neue IPv6 seitens der Internetanbieter wird von den Nutzern üblicherweise gar nicht bemerkt.

Aus Kompatibilitätsgründen verwenden viele Netzbetreiber beide Adressierungssysteme parallel nebeneinander. Nur für spezielle Anwendungen wie einige Fernsteuerungswerkzeuge wird IPv6 unbedingt benötigt. Einige, besonders kleinere, Netzbetreiber sind dazu übergegangen, ausschließlich IPv6 zu verwenden und den einzelnen Routern bei den Kunden keine öffentlichen IPv4-Adressen mehr zuzuweisen.

Windows 11 nutzt automatisch beide Protokolle, IPv4 und IPv6, innerhalb des lokalen Netzwerks, auch wenn eines der beiden vom Internetprovider nicht verwendet wird.

- Klicken Sie in den Einstellungen unter *Netzwerk & Internet* oben auf *Eigenschaften*. Hier werden die IPv6-Adresse, die verbindungslokale IPv6-Adresse und auch der IPv6-DNS-Server angezeigt.

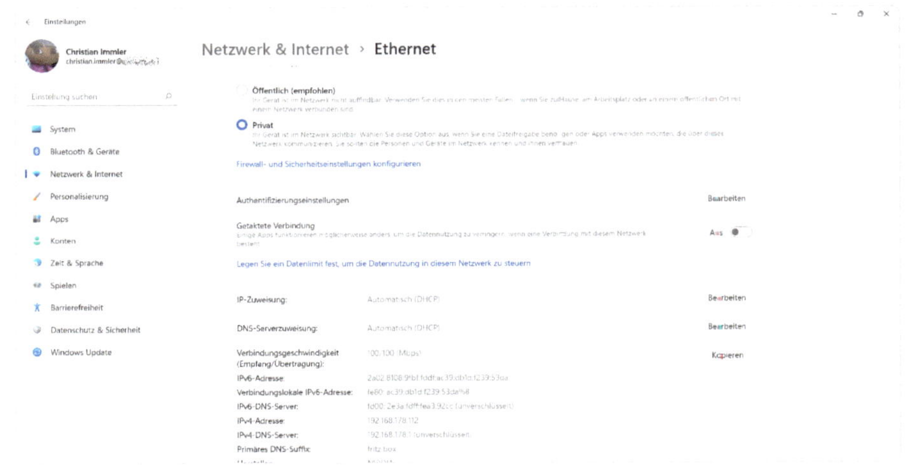

IPv6-Adressen in den Einstellungen von Windows 11.

In den meisten Fällen brauchen Sie auf dem Router für die Konfiguration von IPv6 nichts selbst einzustellen. Router, die von Internetanbietern geliefert werden, sind standardmäßig vorkonfiguriert. Für eigene Router erhalten Sie die passenden Einstellungen vom Internetprovider.

- Auf der FRITZ!Box wird der Internetzugang über IPv6 unter *Internet/Zugangsdaten/IPv6* eingestellt. Unter *Heimnetz/Netzwerk/Netzwerkeinstellungen* gibt es ganz unten eine Schaltfläche *IPv6-Einstellungen*. Hier finden Sie die Einstellungen für das lokale Netzwerk, die üblicherweise aber nie verändert werden müssen.

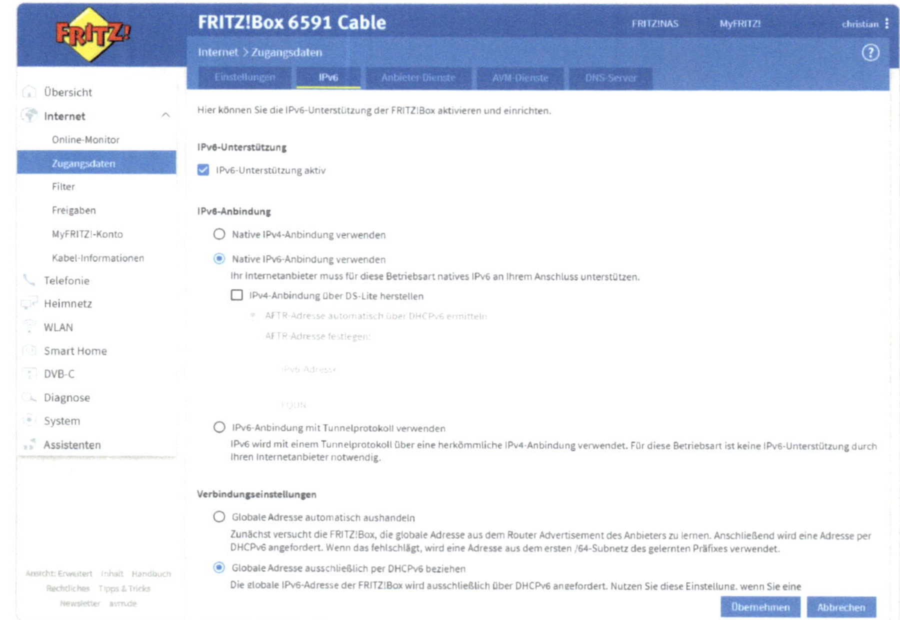

Grundeinstellungen für IPv6, die mit den meisten Internetprovidern funktionieren.

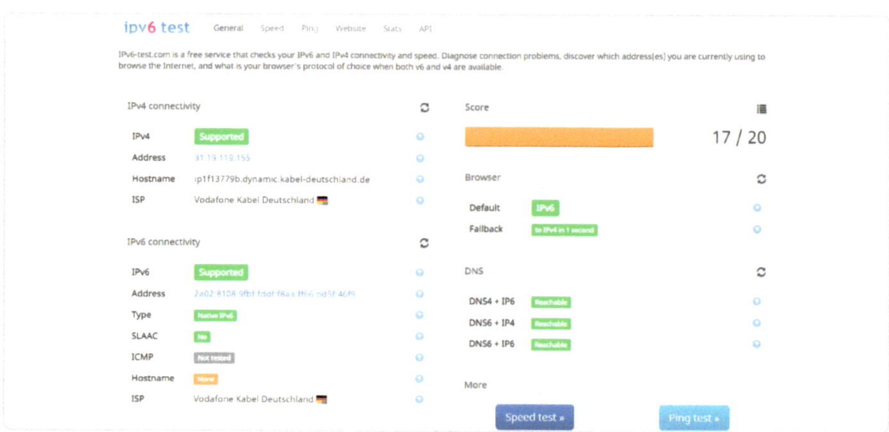

Testseite für die IPv6-Konfiguration.

- Auf der Seite *ipv6-test.com* können Sie überprüfen, ob Ihre Windows-Einstellungen und die Einstellungen des Routers vollständig IPv6-kompatibel sind. Die Seite zeigt auch Lösungsvorschläge, sollten Kompatibilitätsprobleme gefunden werden.

2.8 Öffentliche IP-Adresse anzeigen

Der Router erhält vom Internetprovider eine öffentliche IP-Adresse. Die einzelnen PCs im Netzwerk haben nur ihre lokalen IP-Adressen. Das gesamte lokale Netzwerk ist unter einer einzigen IP-Adresse von außen aus dem Internet zu sehen.

- Die FRITZ!Box zeigt die öffentliche IPv4- und IPv6-Adresse unter *Internet/ Online-Monitor* an.

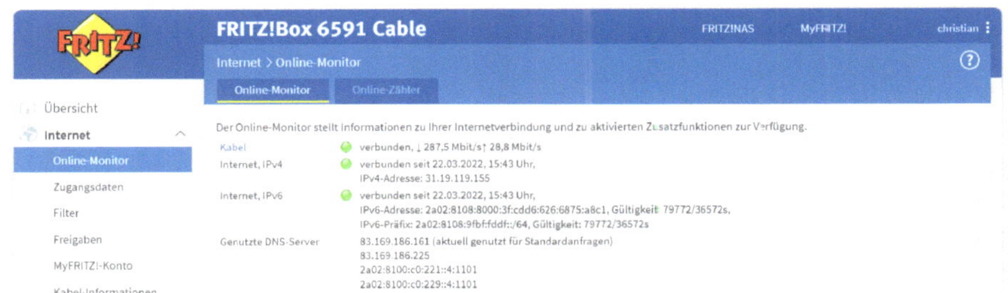

Öffentliche IPv4- und IPv6-Adresse auf der FRITZ!Box.

Auch ohne Zugriff auf den Router lassen sich die öffentlichen IP-Adressen über Onlinedienste wie zum Beispiel *wieistmeineip.de* anzeigen.

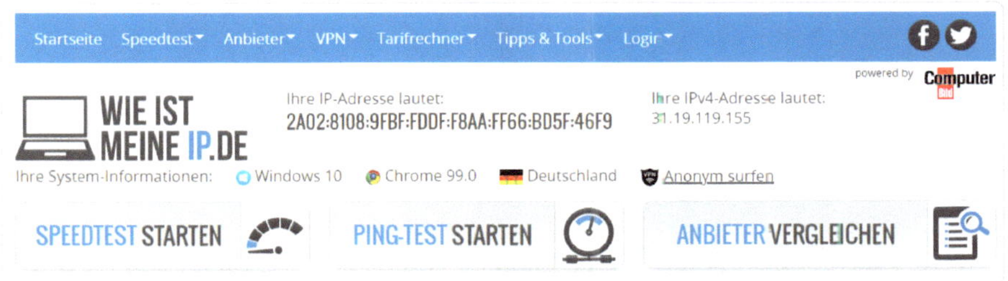

Öffentliche IPv4- und IPv6-Adresse online ermitteln.

Wundern Sie sich nicht, wenn Onlinedienste Windows 11-PCs als Windows 10 anzeigen. Browserkennungen sind oft nicht eindeutig.

2.9 WLAN-Übersicht mit dem Smartphone

Die Smartphone-App FRITZ!App WLAN liefert eine gute Übersicht über WLANs in der Nähe, besonders, aber nicht nur, für FRITZ!Box-Nutzer. Die App zeigt detaillierte Informationen, Kanal und Signalstärke von WLANs an. Zusätzlich bietet sie Funktionen zum Messen der Verbindungsgeschwindigkeit und zum Teilen der WLAN-Zugangsdaten sowie eine aktuelle Liste angemeldeter Geräte im LAN.

FRITZ!App WLAN liefert ausführliche Informationen zu WLANs in der Umgebung.

2.10 Probleme lösen

Nicht immer funktioniert der Internetzugang wie erwartet. Viele Probleme lassen sich aber mit kleinen Tricks leicht lösen.

Probleme mit der Internetverbindung

Probleme mit der Internetverbindung lassen sich meist durch einen Neustart des Routers lösen, solange die Internetverbindung außerhalb des eigenen Hauses, also aufseiten des Providers, noch funktioniert. Funktioniert diese nicht, haben Sie natürlich keinerlei Einflussmöglichkeiten.

- Oftmals reicht es aus, die Internetverbindung zu trennen und neu zu verbinden. Klicken Sie dazu auf der FRITZ!Box unter *Internet/Online-Monitor* auf die Schaltfläche *Neu verbinden*. Die Internetverbindung wird kurzzeitig getrennt und neu verbunden. Bei den meisten Internetprovidern erhalten Sie an dieser Stelle eine neue öffentliche IP-Adresse.
- War die Neuverbindung noch nicht die Lösung, starten Sie die FRITZ!Box über *System/Sicherung/Neustart* neu. Dabei gehen keine Einstellungen verloren, nur Ereignismeldungen werden gelöscht. Der Neustart dauert etwa zwei Minuten.

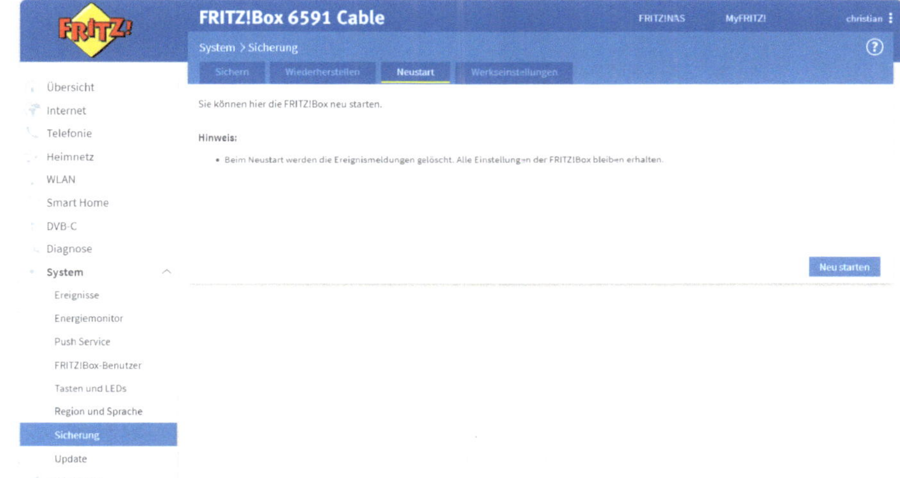

FRITZ!Box neu starten.

- Alternativ können Sie die FRITZ!Box auch vom Stromnetz trennen, etwa eine Minute warten und sie dann wieder anschließen.
- Windows 11 bietet in den Einstellungen unter *System/Problembehandlung/Andere Problembehandlungen* verschiedene automatisierte Problembehandlungen. Hier gibt es auch eine *Problembehandlung bei der Verbindung mit dem Internet*. Diese findet allerdings nur selten eine Lösung, da lediglich die Einstellungen des eigenen PCs überprüft werden können. IP-Adresskonflikte oder fehlerhafte Proxyeinstellungen, die zu Problemen bei der Internetverbindung führen, werden aber erkannt und nach Möglichkeit automatisch korrigiert. Ist eine automatische Behebung des Fehlers nicht möglich, werden Tipps zu Einstellungen angezeigt, die möglicherweise den Fehler beheben.

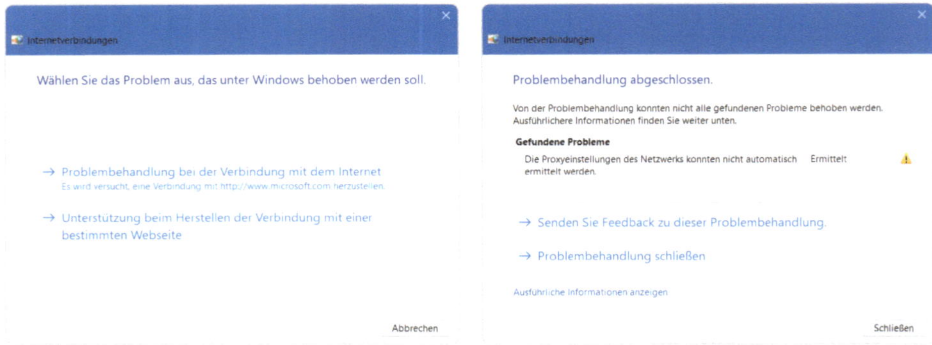

Automatische Problembehandlung bei Problemen mit der Internetverbindung.

Schwaches WLAN verbessern

Wählen Sie den Kanal eines eigenen WLAN-Routers immer so, dass möglichst viel Abstand zu den WLANs der Nachbarn besteht. Router auf dicht nebeneinanderliegenden WLAN-Kanälen können Interferenzen verursachen, die den WLAN-Empfang schwächen.

Die App WiFi Analyzer aus dem Microsoft Store findet WLANs in der Nähe, zeigt deren Kanäle sowie Signalstärke an und ermittelt daraus eine Empfehlung für einen optimalen WLAN-Kanal des eigenen Routers.

Der WiFi Analyzer zeigt alle WLANs in der Nähe.

WLAN verbindet sich nicht automatisch

Bei häufig verwendeten WLANs können Sie in der Liste den Schalter *Automatisch verbinden* aktivieren, um automatisch eine Verbindung herzustellen, sobald dieses WLAN in Reichweite ist. Sind mehrere bekannte WLANs in Reichweite, sollten Sie nur bei einem davon *Automatisch verbinden* einschalten, da es sonst zu Konflikten bei den automatischen Verbindungsversuchen kommen kann.

Durch Änderungen an der Konfiguration eines WLAN-Routers kann es passieren, dass automatische Verbindungsversuche fehlschlagen, selbst wenn der Netzwerkschlüssel gleich geblieben ist.

- Klicken Sie in solchen Fällen unten in der Liste der WLANs auf den Link *Mehr WLAN-Einstellungen*.
- Klicken Sie auf die Zeile *Bekannte Netzwerke verwalten* und wählen Sie das problematische WLAN aus.
- Klicken Sie hier auf *Nicht speichern*. Damit werden die gespeicherten Einstellungen gelöscht. Nach kurzer Zeit erscheint das WLAN beim Klick auf das WLAN-Symbol in der Taskleistenecke automatisch wieder in der Liste. Jetzt können Sie den PC erneut damit verbinden. Da die Daten gelöscht wurden, müssen Sie den WLAN-Schlüssel nochmals eingeben.

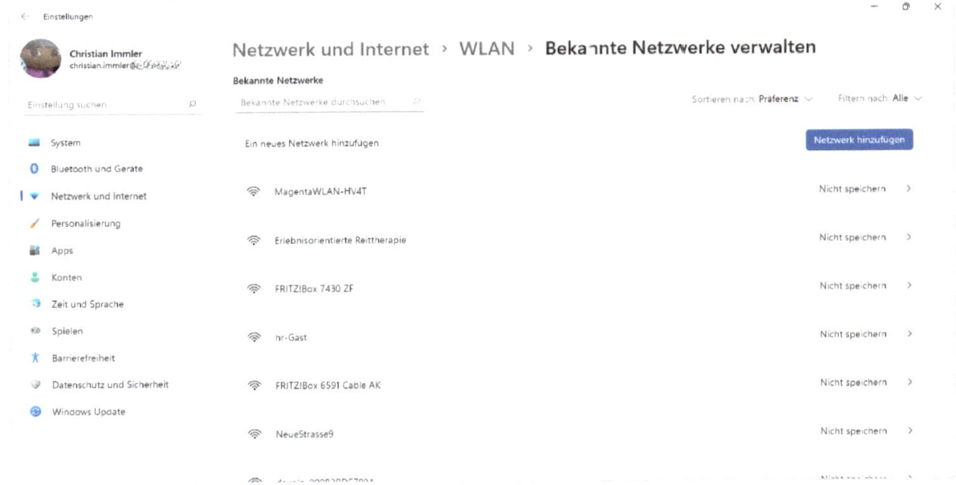

Gespeicherte WLAN-Konfigurationsdaten löschen.

WLAN-Schlüssel vergessen

Wenn Sie den Sicherheitsschlüssel für Ihr WLAN vergessen haben, aber mit einem Computer noch hineinkommen, können Sie den auf diesem Computer gespeicherten WLAN-Schlüssel auslesen.

- Öffnen Sie dazu in der Systemsteuerung unter *Netzwerk und Internet* das *Netzwerk- und Freigabecenter*.

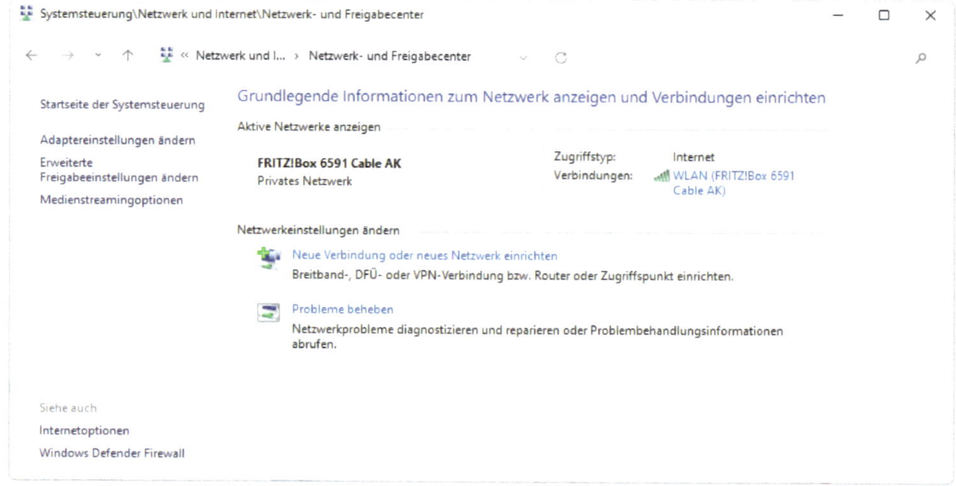

WLAN im Netzwerk- und Freigabecenter.

- Klicken Sie hier auf die WLAN-Verbindung und im nächsten Dialogfeld auf *Drahtloseigenschaften*. Wenn Sie im nächsten Dialogfeld auf der Registerkarte *Sicherheit* das Kontrollkästchen *Zeichen anzeigen* aktivieren, erscheint der gespeicherte WLAN-Schlüssel im Klartext. Dies funktioniert auch in früheren Windows-Versionen.

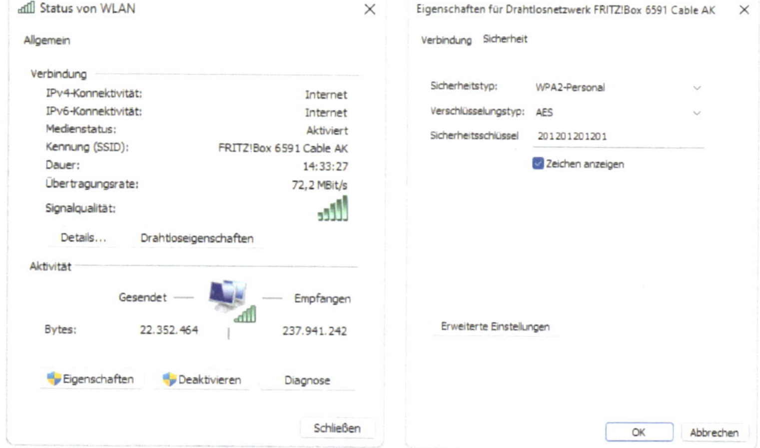

Windows 11 zeigt den gespeicherten WLAN-Schlüssel im Klartext an.

Andere Geräte im Netzwerk finden

Die Netzwerkübersicht aus Windows 7 gibt es in Windows 11 nicht mehr. Die IP-Adressen anderer Computer im lokalen Netzwerk lassen sich auf dem Router anzeigen. Die Freeware *IPNeighborsView* (*www.nirsoft.net/utils/ip_neighbor_table_view.html*) zeigt, auch ohne die Zugangsdaten zur Routerkonfiguration zu benötigen, eine Liste aller Geräte im lokalen Netzwerk an, die Windows finden kann.

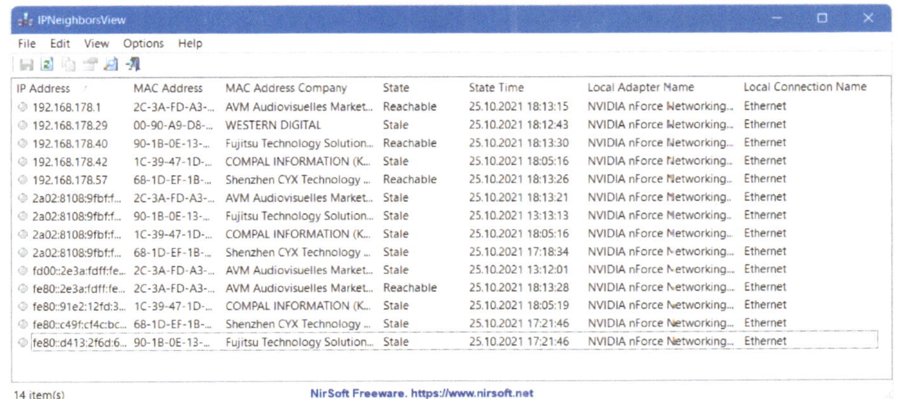

IP Address	MAC Address	MAC Address Company	State	State Time	Local Adapter Name	Local Connection Name
192.168.178.1	2C-3A-FD-A3-...	AVM Audiovisuelles Market...	Reachable	25.10.2021 18:13:15	NVIDIA nForce Networking...	Ethernet
192.168.178.29	00-90-A9-D8-...	WESTERN DIGITAL	Stale	25.10.2021 18:12:43	NVIDIA nForce Networking...	Ethernet
192.168.178.40	90-1B-0E-13-...	Fujitsu Technology Solution...	Reachable	25.10.2021 18:13:30	NVIDIA nForce Networking...	Ethernet
192.168.178.42	1C-39-47-1D-...	COMPAL INFORMATION (K...	Stale	25.10.2021 18:05:16	NVIDIA nForce Networking...	Ethernet
192.168.178.57	68-1D-EF-1B-...	Shenzhen CYX Technology ...	Reachable	25.10.2021 18:13:26	NVIDIA nForce Networking...	Ethernet
2a02:8108:9fbf:f...	2C-3A-FD-A3-...	AVM Audiovisuelles Market...	Stale	25.10.2021 18:13:21	NVIDIA nForce Networking...	Ethernet
2a02:8108:9fbf:f...	90-1B-0E-13-...	Fujitsu Technology Solution...	Stale	25.10.2021 13:13:13	NVIDIA nForce Networking...	Ethernet
2a02:8108:9fbf:f...	1C-39-47-1D-...	COMPAL INFORMATION (K...	Stale	25.10.2021 18:05:16	NVIDIA nForce Networking...	Ethernet
2a02:8108:9fbf:f...	68-1D-EF-1B-...	Shenzhen CYX Technology ...	Stale	25.10.2021 17:18:34	NVIDIA nForce Networking...	Ethernet
fd00::2e3a:fdff:fe...	2C-3A-FD-A3-...	AVM Audiovisuelles Market...	Stale	25.10.2021 13:12:01	NVIDIA nForce Networking...	Ethernet
fe80::2e3a:fdff:fe...	2C-3A-FD-A3-...	AVM Audiovisuelles Market...	Reachable	25.10.2021 18:13:28	NVIDIA nForce Networking...	Ethernet
fe80::91e2:12fd:3...	1C-39-47-1D-...	COMPAL INFORMATION (K...	Stale	25.10.2021 18:05:19	NVIDIA nForce Networking...	Ethernet
fe80::c49f:cf4c:bc...	68-1D-EF-1B-...	Shenzhen CYX Technology ...	Stale	25.10.2021 17:21:46	NVIDIA nForce Networking...	Ethernet
fe80::d413:2f6d:6...	90-1B-0E-13-...	Fujitsu Technology Solution...	Stale	25.10.2021 17:21:46	NVIDIA nForce Networking...	Ethernet

IPNeighborsView zeigt Computer im lokalen Netzwerk.

IP-Adresskonflikte bei festen IP-Adressen

Statisch vergebene IP-Adressen können im lokalen Netzwerk leicht zu Adresskonflikten führen. Achten Sie strikt darauf, dass jede IP-Adresse nur einmal vorkommt.

Die FRITZ!Box zeigt unter *Heimnetz/Netzwerk* eine Liste aller verbundenen Geräte an. Mit einem Klick auf den Spaltentitel können Sie diese Liste nach IP-Adressen sortieren. Doppelte IP-Adressen werden hier in der Regel nicht angezeigt, da immer nur ein Gerät mit einer IP-Adresse im Netzwerk funktionieren kann. Vermissen Sie in der Liste ein Gerät, kann das ein Hinweis darauf sein, dass dieses Gerät einen IP-Adresskonflikt hat.

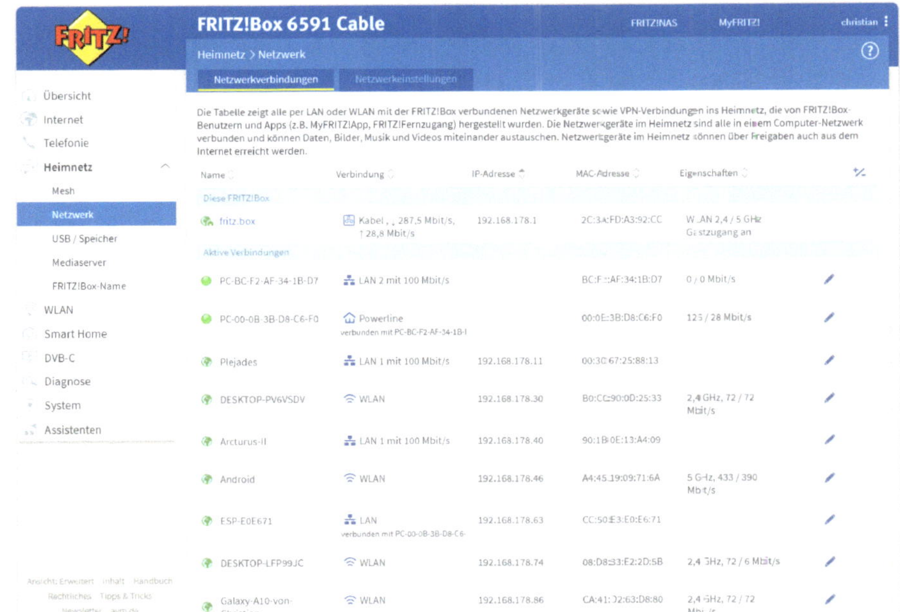

Liste der Geräte im Netzwerk, nach IP-Adressen sortiert.

Der Kommandozeilenbefehl `arp -a` wird immer wieder in Anleitungen im Internet erwähnt, um eine Liste aller Geräte im lokalen Netzwerk anzuzeigen. Dieser Befehl ist aber weitgehend unbrauchbar, da nur Geräte angezeigt werden, die das ARP-Protokoll (*Address Resolution Protocol*) unterstützen. Dies gilt zwar für Windows-PCs, aber bei Weitem nicht für alle anderen Geräte im Netzwerk.

`arp -a` liefert eine unvollständige Liste der Geräte im lokalen Netzwerk.

```
PowerShell

PS C:\Users\chris> arp -a

Schnittstelle: 192.168.178.11 --- 0x8
  Internetadresse       Physische Adresse     Typ
  192.168.178.1         2c-3a-fd-a3-92-cc     dynamisch
  192.168.178.30        b0-c0-90-0d-25-33     dynamisch
  192.168.178.40        90-1b-0e-13-a4-09     dynamisch
  192.168.178.105       12-1e-c6-f3-4c-54     dynamisch
  192.168.178.255       ff-ff-ff-ff-ff-ff     statisch
  224.0.0.22            01-00-5e-00-00-16     statisch
  224.0.0.251           01-00-5e-00-00-fb     statisch
  224.0.0.252           01-00-5e-00-00-fc     statisch
  239.255.255.250       01-00-5e-7f-ff-fa     statisch
  255.255.255.255       ff-ff-ff-ff-ff-ff     statisch
PS C:\Users\chris>
```

Um einen IP-Adresskonflikt zu finden, bleibt oft nichts anderes übrig, als alle Geräte im Netzwerk einzuschalten und bei denen, die statische IP-Adressen verwenden, die Adressen auf doppelte zu überprüfen. Verwenden Sie, um IP-Adresskonflikte zu vermeiden, nach Möglichkeit dynamische IP-Adressen, die vom DHCP-Server im Router vergeben werden.

IP-Adressprobleme bei Verwendung von Netzwerk-Switches

Beim Einsatz eines Netzwerk-Switch kann es in besonderen Fällen auch ohne feste IP-Adressen zu Adresskonflikten kommen.

Einige Netzwerk-Switches können als DHCP-Server konfiguriert werden und dann selbstständig IP-Adressen dynamisch an angeschlossene Computer vergeben. Sollte der Router ausfallen oder zurückgesetzt werden, versucht der Switch als nun einziger DHCP-Server im Netzwerk, IP-Adressen an angeschlossene Computer zu vergeben, was spätestens dann zu Problemen führt, wenn der Router wieder läuft.

- Schalten Sie nach Möglichkeit den DHCP-Server im Switch aus. Leider funktioniert das nicht bei allen Switches.
- Wenn der Router ausgefallen ist und neu startet, schalten Sie den Switch aus und lassen zuerst den Router starten. Dieser meldet sich als DNCP-Server an und vergibt IP-Adressen.
- Schalten Sie den Switch erst später ein. Er erkennt den DHCP-Server im Netzwerk und deaktiviert seinen eigenen DHCP-Server.
- Die am Switch angeschlossenen PCs können erst im Netzwerk verwendet werden, wenn der Switch wieder läuft. Schalten Sie diese PCs bei einem Routerausfall am besten auch aus und als Letztes wieder ein, wenn Router und Switch bereits laufen.

3 NAS-Laufwerke im Netzwerk einbinden

3.1 Hardware konfigurieren

Die Abkürzung NAS steht für *Network Attached Storage*, zu Deutsch Speicher im Netzwerk. Dabei handelt es sich um externe Festplatten, die nicht über USB an einem Computer angeschlossen werden, sondern über ein Netzwerkkabel direkt am Router oder an einem Switch. Dies hat den Vorteil gegenüber freigegebenen Laufwerken an einem PC, dass ein NAS immer zur Verfügung steht und kein bestimmter PC dazu eingeschaltet sein muss.

NAS-Laufwerke werden üblicherweise über webbasierte Konfigurationsseiten eingerichtet. Dazu läuft auf dem NAS ein kleiner Webserver, der über einen speziellen Namen im Netzwerk oder über die IP-Adresse des NAS erreichbar ist.

- Geben Sie in der Adresszeile im Browser auf einem PC im Netzwerk den Namen oder die IP-Adresse des NAS ein. Den Namen finden Sie in der Dokumentation des Herstellers.
- Auf der FRITZ!Box wird das NAS wie alle im Netzwerk angemeldeten Geräte auf der Seite *Heimnetz/Netzwerk* mit seinem Namen und der IP-Adresse angezeigt, im abgebildeten Beispiel *FND*.

Ein NAS mit dem Namen FND in der Geräteübersicht auf der FRITZ!Box.

- Klicken Sie hier auf das Stiftsymbol ganz rechts in der Zeile des NAS und aktivieren Sie auf der nächsten Seite den Schalter *Diesem Netzwerkgerät immer die gleiche IPv4-Adresse zuweisen*.
- Bei Geräten mit einer webbasierten Konfiguration, wie bei den meisten NAS, können Sie in der Geräteübersicht auf der FRITZ!Box direkt auf den Namen

klicken, um die Konfigurationsseite zu öffnen, ohne Namen oder IP-Adresse im Browser eingeben zu müssen.

- Die Konfiguration sieht je nach Hersteller bei jedem NAS etwas anders aus. Bei allen Geräten müssen Sie sich zunächst mit einem Standardbenutzernamen und -passwort anmelden. Diese Zugangsdaten finden Sie in der Dokumentation des NAS oder direkt auf einem Aufkleber auf dem NAS.

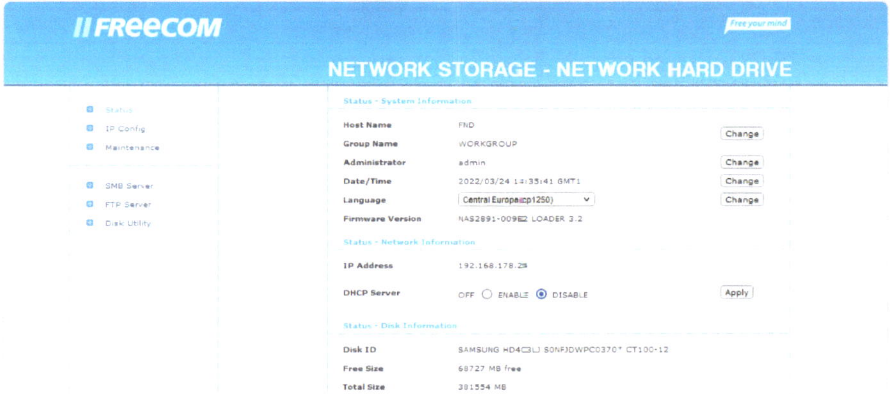

Typische Konfigurationsseite eines NAS …

NAS-100
3.5" LAN + USB Combo IDE Enclosure

Status
IP Config
Maintenance
SMB Server
FTP Server
Disk Utility

System Information

Host Name STORAGE-0543 Change
Group Name WORKGROUP
Administrator admin Change
Date/Time 2022/03/24 21:30:38 GMT1 Change
Language Central Europe(cp1250) Change
Firmware Version NAS-BASIC48. LOADER 69

Network Information

IP Address 192.168.178.29
DHCP Server Status:OFF ENABLE DISABLE Apply

Disk Information

Disk ID [Model: ST3120023A] [FW: 3.30] [SN: 3KA03CGB]
Free Size 83 MB free
Total Size 114473 MB

… und die eines anderen NAS.

Gerätename und Arbeitsgruppe

Der Gerätename ist vom Hersteller vorgegeben, kann aber über die Konfigurationsseiten geändert werden. Dies dient einerseits dazu, das Netzwerk übersichtlich zu halten, kann aber auch wichtig sein, wenn mehrere NAS des gleichen Typs im Netzwerk vorhanden sind. Diese müssen eindeutige Gerätenamen haben. Einige

Hersteller geben ihren Geräten bereits werkseitig eindeutige Namen, damit diese auch bei mehreren Geräten gleichen Typs im Netzwerk nicht geändert werden müssen.

Gerätenamen und Arbeitsgruppe auf einem NAS festlegen.

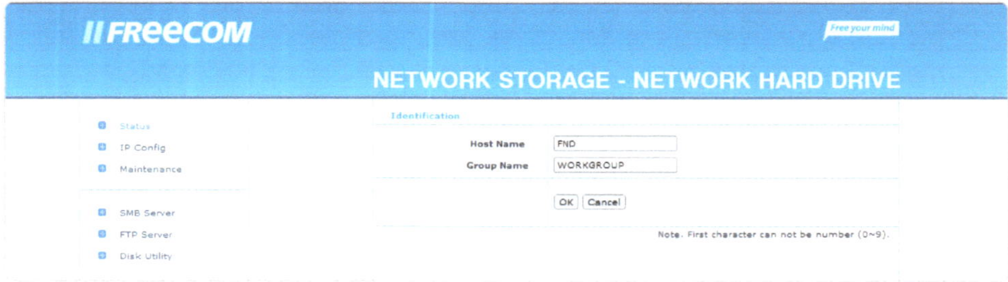

Entscheidend für die Funktion in Windows-Netzwerken ist der Name der Arbeitsgruppe. Dieser muss auf allen Geräten gleich sein. Ändern Sie den Arbeitsgruppennamen auf dem NAS auf den im Netzwerk verwendeten Arbeitsgruppennamen.

Den im Netzwerk verwendeten Arbeitsgruppennamen finden Sie in den Windows-Einstellungen unter System/Info. Klicken Sie dort auf Domäne oder Arbeitsgruppe. Das nächste Fenster zeigt den Namen der Arbeitsgruppe.

Arbeitsgruppenname im Netzwerk anzeigen.

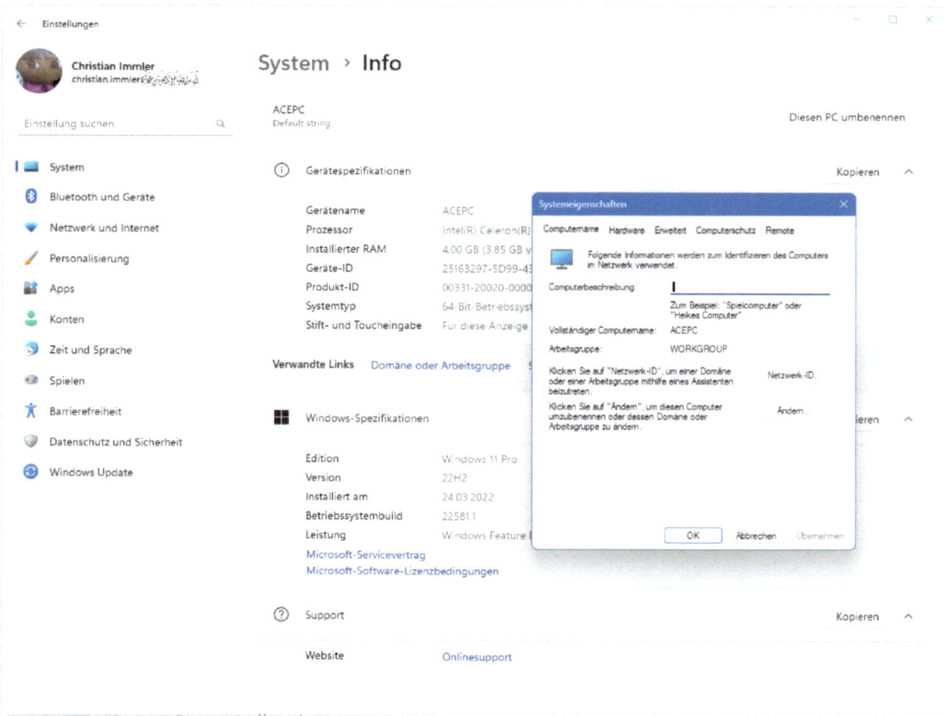

Systemzeit und Sprache

Viele NAS bieten die Möglichkeit, die Sprache der Benutzeroberfläche zu verändern. Bei einigen Geräten lassen sich auch unterschiedliche Codepages für die Zeichensätze der Dateinamen einstellen. Hier sollten Sie in Windows-Netzwerken immer Unicode wählen, um deutsche Umlaute und andere Sonderzeichen europäischer Sprachen in Dateinamen zuzulassen.

Um Datum und Uhrzeit der Dateien festzulegen, haben NAS eigene interne Uhren, die üblicherweise mit einem Zeitserver im Internet synchronisiert werden. Achten Sie darauf, dass in den Einstellungen des NAS die richtige Zeitzone gewählt und die Synchronisierung aktiv ist. Eine falsch laufende Uhr auf dem NAS kann zu Synchronisierungsproblemen führen, wenn die Daten der letzten Änderung einer Datei auf dem NAS nicht mit den PCs im Netzwerk übereinstimmen.

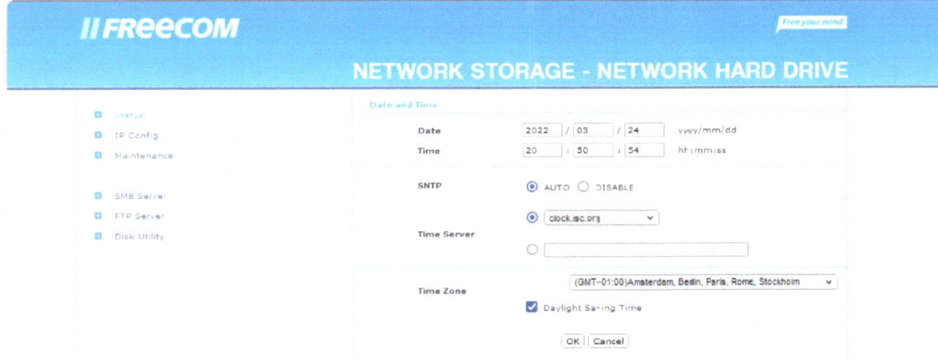

Zeiteinstellungen auf einem NAS.

IP-Konfiguration und DHCP-Server

NAS können wie ein Großteil der Geräte im Netzwerk ihre IP-Adresse automatisch von einem DHCP-Server im Router beziehen. Dies ist in den meisten Fällen die beste Lösung. Aktivieren Sie in diesem Fall auf der FRITZ!Box bei dem NAS den Schalter *Diesem Netzwerkgerät immer die gleiche IPv4-Adresse zuweisen*. Damit erhält das Gerät stets wieder die gleiche IP-Adresse vom DHCP-Server zugeordnet, auch wenn die Gültigkeitsdauer der IP-Adresse, die meist auf einige Tage begrenzt ist, abgelaufen ist.

Sind in Netzwerken feste IP-Adressen vorgesehen oder verwenden Sie einen Router, der keine Möglichkeit bietet, einem Gerät immer die gleiche IP-Adresse zuzuweisen, können Sie dem NAS auch eine feste IP-Adresse geben. Dabei müssen Sie neben der IP-Adresse auch die Subnetzmaske des Netzwerks sowie die IP-Adressen des Gateways, üblicherweise des Routers, und des primären DNS-Servers, üblicherweise ebenfalls des Routers, eintragen.

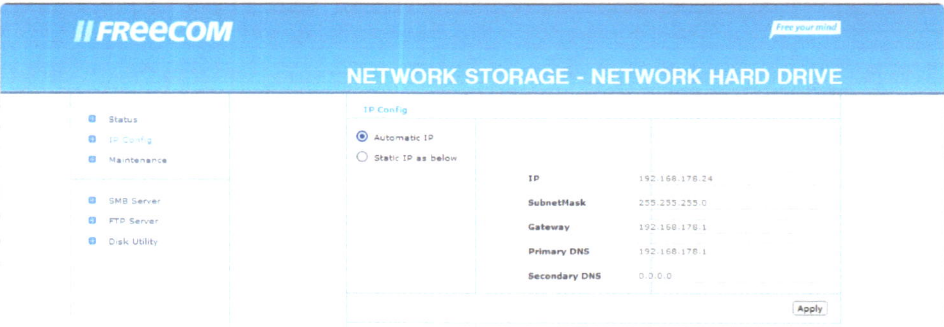

Dynamische oder statische IP-Adresse auf dem NAS festlegen.

Viele NAS bieten die Möglichkeit, als DHCP-Server im Netzwerk zu agieren. Schalten Sie diese Option aus, wenn im eigenen Netzwerk, wie in fast allen Netzwerken, der Router als DHCP-Server die IP-Adressen vergibt. Zwei DHCP-Server im Netzwerk führen nur zu Chaos und IP-Adresskonflikten.

3.2 Netzwerklaufwerke und Laufwerkbuchstaben einrichten

NAS können wie Freigaben auf Windows-PCs als Netzwerklaufwerke angemeldet werden, um von jedem PC im Netzwerk auf die dort gespeicherten Daten zugreifen zu können.

Freigaben auf dem NAS anlegen

Um Windows-Freigaben anzulegen, muss auf dem NAS ein SMB-Server laufen, der auf den meisten NAS automatisch vorkonfiguriert ist, auf manchen Geräten aber erst eingeschaltet werden muss.

Legen Sie jetzt auf dem NAS direkt über die Konfigurationsoberfläche Ordner an. Diese können später einzeln freigegeben werden. Unter Windows sehen diese Ordner wie eigenständige Laufwerke aus. Im Gegensatz zu physikalischen Festplattenpartitionen legen sie keine Größen fest. Alle Ordner teilen sich den Speicherplatz auf dem NAS dynamisch. Nutzt ein Ordner mehr Speicherplatz, steht für die anderen entsprechend weniger zur Verfügung. Bei manchen NAS mit mehreren Festplatten funktionieren die Ordner sogar festplattenübergreifend.

Geben Sie jetzt die gewünschten Ordner im Windows-Netzwerk frei. Bei den meisten NAS schieben Sie die Ordner einfach in eine Liste der Freigaben. Es müssen nicht alle Ordner freigegeben werden. Ordner für besondere Zwecke, wie zum Beispiel FTP-Server, müssen nicht unbedingt auch im Windows-Netzwerk zur Verfügung stehen.

Einige NAS bieten die Möglichkeit, eigene Passwörter für die Freigaben anzulegen, oder bieten sogar eine einfache Benutzerverwaltung. Auf einfacheren Geräten wird der Standardbenutzer oder gar kein Passwort für den Zugriff über eine Windows-Freigabe verwendet.

Ordner und Freigaben auf dem NAS einrichten.

Laufwerke in Windows einrichten

Unter Windows richten Sie den Zugriff auf ein NAS ähnlich ein wie den Zugriff auf einen freigegebenen Ordner auf einem anderen PC im Netzwerk.

- Der Explorer zeigt unter *Netzwerk* bei den Computern im Netzwerk auch die NAS an.

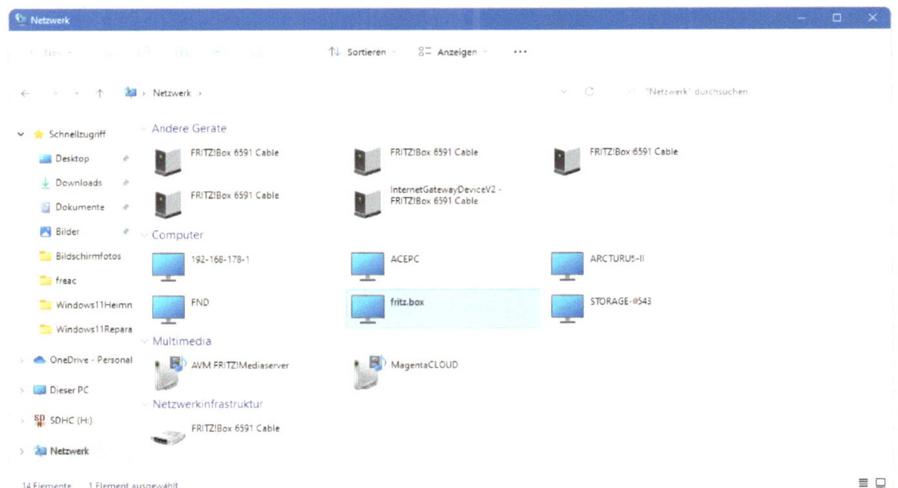

Mehrere NAS im Netzwerk.

- Klicken Sie doppelt auf ein NAS, um die Ordner anzuzeigen.
- Klicken Sie jetzt mit der rechten Maustaste auf den gewünschten Ordner und wählen Sie im Kontextmenü *Netzlaufwerk verbinden*.

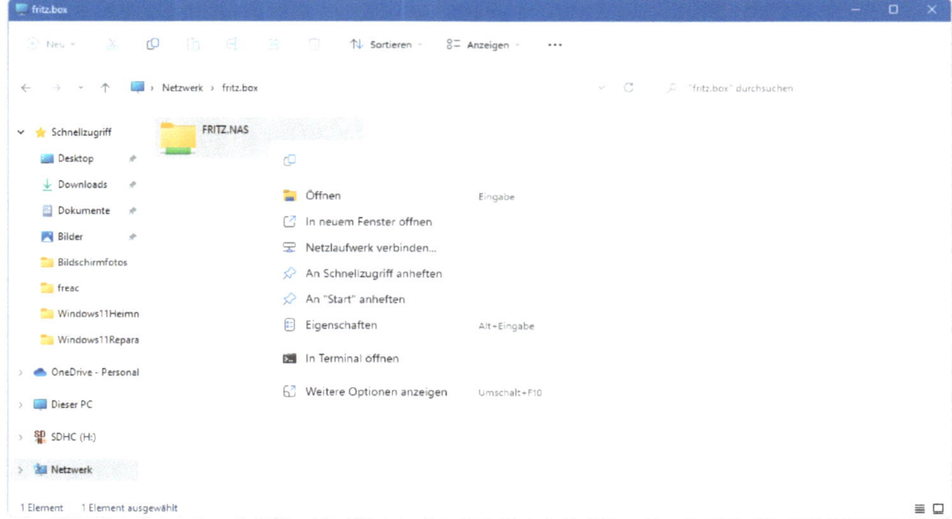

Ordner auf dem NAS als Netzlaufwerk verbinden.

- Wählen Sie einen freien Laufwerkbuchstaben oder übernehmen Sie den Vorschlag. Die Serverdaten sind bereits eingetragen.

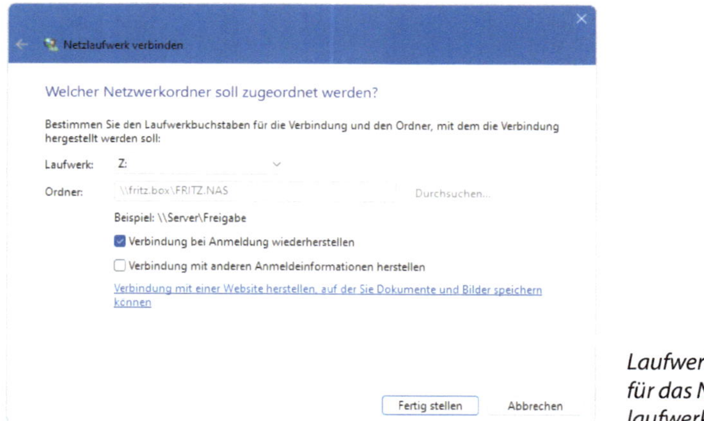

Laufwerkbuchstaben für das Netzwerklaufwerk wählen.

- Verwendet das NAS eigene Benutzernamen, aktivieren Sie das Kontrollkästchen *Verbindung mit anderen Anmeldeinformationen herstellen* und geben später auf Anfrage die Benutzerdaten ein.
- Achten Sie darauf, dass *Verbindung bei Anmeldung wiederherstellen* eingeschaltet ist, und klicken Sie auf *Fertig stellen*.
- Das Laufwerk wird verbunden und im Explorer unter *Dieser PC* angezeigt.

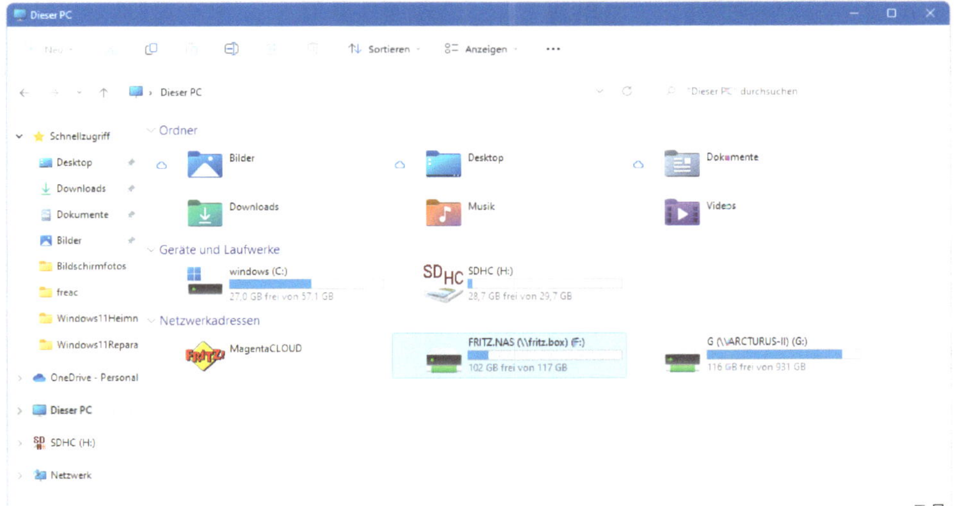

Netzwerklaufwerk auf einem NAS im Explorer.

3.3 FRITZ!Box als NAS nutzen

Viele FRITZ!Boxen haben einen eingebauten Flash-Speicher, der unter dem Namen FRITZ!NAS als NAS verwendet werden kann. Dieser ist meistens nur etwa 3 GByte groß. Zusätzlich besteht aber die Möglichkeit, einen USB-Stick oder eine externe Festplatte anzuschließen und so deutlich mehr Speicherplatz für das NAS anzubieten.

Systemvoraussetzungen für USB-Laufwerke
Die angeschlossenen USB-Speicherlaufwerke müssen mit dem Dateisystem NTFS, FAT/FAT32 oder ext2/ext3/ext4 formatiert sein und dürfen über maximal vier Partitionen mit jeweils bis zu 4 TByte Größe verfügen. Die USB-Ports liefern insgesamt bis zu 900 mA Stromversorgung. Bei höherem Strombedarf verbinden Sie die Geräte über einen USB-Hub mit eigener Stromversorgung mit der FRITZ!Box oder verwenden USB-Festplatten mit eigenem Netzteil.

- Um die FRITZ!Box als NAS nutzen zu können, muss auf der FRITZ!Box unter *Heimnetz/USB/Speicher* das Kontrollkästchen *Speicher-(NAS)-Funktion von FRITZ!Box aktiv* aktiviert sein. An den USB-Ports angeschlossene Laufwerke werden automatisch erkannt und aktiviert.

FRITZ!NAS aktivieren.

- Auf der FRITZ!Box ist die Software FRITZ!NAS installiert, die die Verwaltung des NAS regelt und auch einen einfachen Dateimanager zur Dateiverwaltung direkt in der FRITZ!OS-Konfigurationsoberfläche enthält. Angeschlossene USB-Laufwerke erscheinen als Ordner innerhalb der Ordnerstruktur von FRITZ!NAS. Diesen Dateimanager finden Sie über den Link *FRITZ!NAS* oben in der Titelleiste der FRITZ!OS-Konfigurationsoberfläche.
- Die USB-Anschlüsse der aktuellen FRITZ!Boxen unterstützen den USB-3.0-Standard. Wenn Sie USB-3.0-Laufwerke für FRITZ!NAS verwenden, schalten Sie unter *Heimnetz*/*USB/Speicher* auf der Registerkarte *USB-Einstellungen* die verwendeten Anschlüsse auf den *Power Mode*, um die volle Leistungsfähigkeit der angeschlossenen Festplatten oder USB-Sticks zu gewährleisten, was sich besonders beim Streaming von Medien aus dem FRITZ!NAS bemerkbar macht. Festplatten können nach einer einstellbaren Inaktivitätszeit in den Energiesparmodus versetzt werden.

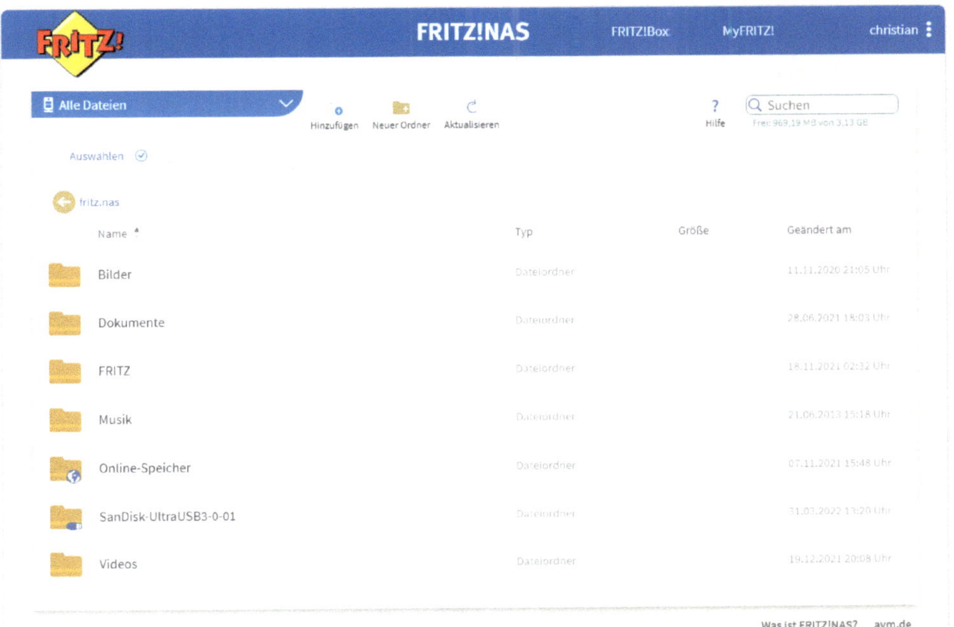

Der Dateimanager von FRITZ!NAS.

Einstellungen für die USB-Anschlüsse an der FRITZ!Box.

Benutzer zum Zugriff auf das FRITZ!NAS anlegen

Die FRITZ!Box bietet eine eigene Benutzerverwaltung. Neben dem vorinstallierten Administrator, der auch zur Konfiguration verwendet wird, können Sie weitere Benutzer anlegen. Zum Zugriff auf FRITZ!NAS im Netzwerk sollten Sie einen eigenen Benutzer verwenden, der keinen Zugriff auf die Konfiguration hat.

- Legen Sie unter *System/FRITZ!Box-Benutzer* einen neuen Benutzer an. Dieser braucht nur die Berechtigung *Zugang zu NAS-Inhalten*.
- Ein Benutzer kann entweder auf alle angeschlossenen Speichermedien zugreifen, oder Sie wählen einzelne Ordner aus, auf die ein Benutzer zugreifen darf.

Benutzer zum Zugriff auf das FRITZ!NAS einrichten.

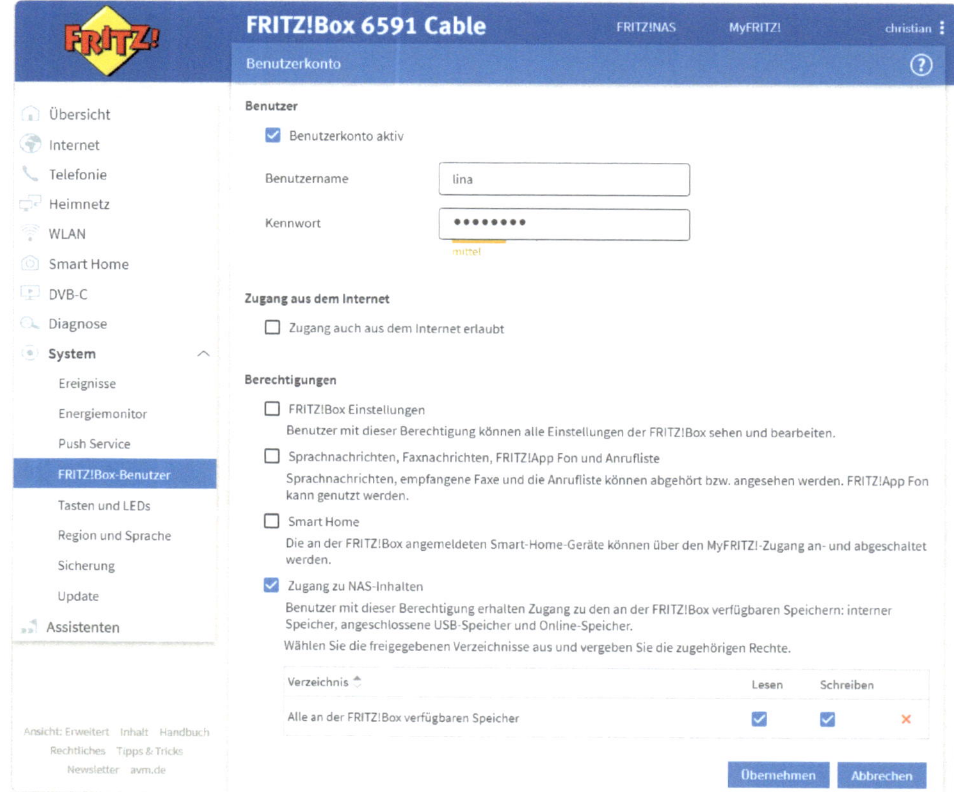

Windows-Freigaben einrichten

Standardmäßig ist FRITZ!NAS nur über die Benutzeroberfläche von FRITZ!OS erreichbar. Hier können sich auch Benutzer anmelden, die keinen administrativen Zugriff auf die FRITZ!Box haben. Zur Verwendung im Windows-Netzwerk richten Sie die Heimnetzfreigabe ein.

- Schalten Sie unter *Heimnetz/USB/Speicher* im Bereich *Heimnetzfreigabe* den *Zugriff über ein Netzlaufwerk (SMB) aktiv*. Tragen Sie auch die im eigenen Windows-Netzwerk verwendete Arbeitsgruppe ein.

- Die Unterstützung für SMBv1 wird nur für frühere Windows-Versionen, Mediacenter, Spielkonsolen und einige Linux-Distributionen benötigt. Windows 11 greift über das neuere SMBv2-Protokoll auf Netzwerkfreigaben zu. Dieses Protokoll ist automatisch aktiviert. Klicken Sie anschließend unten auf *Übernehmen*.

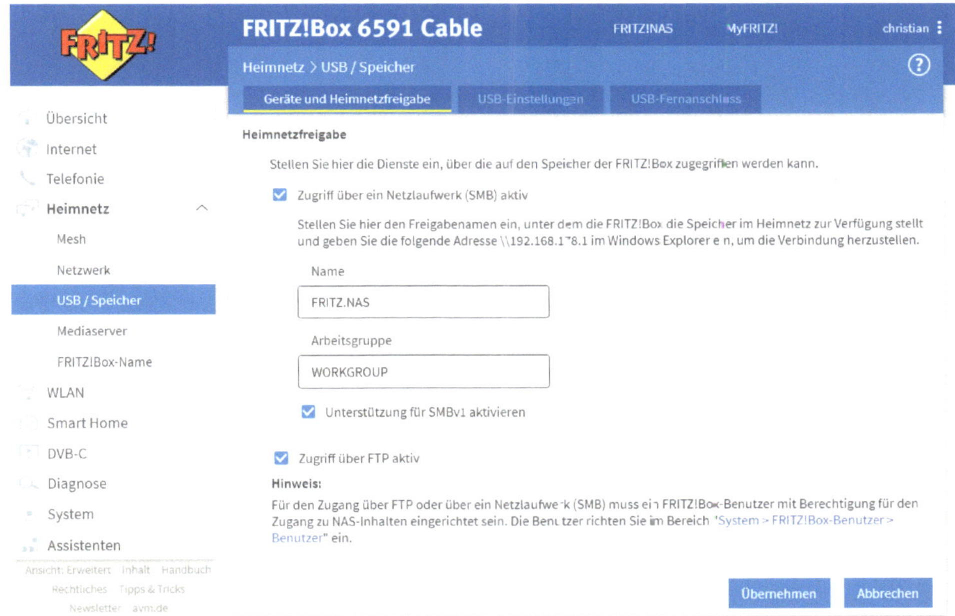

Heimnetzfreigabe auf der FRITZ!Box aktivieren.

- Im Explorer von Windows 11 finden Sie *FRITZ!NAS* im Bereich *Netzwerk*. Klicken Sie doppelt darauf, erscheinen ein Ordner *FRITZ!NAS* und darunter die angelegten Unterordner sowie USB-Laufwerke. Mit einem Rechtsklick auf den Ordner *FRITZ!NAS* und *Netzlaufwerk verbinden* im Kontextmenü richten Sie *FRITZ!NAS* als Laufwerk ein. Geben Sie beim Verbinden des Netzwerklaufwerks die Benutzerdaten des FRITZ!Box-Benutzers an.

3.4 Netzwerkordner synchronisieren

Unter Windows sollte man alle selbst erstellten Dateien auf einem anderen Laufwerk, zum Beispiel auf einem NAS, gegen Datenverluste sichern. Allerdings kann man dabei schnell die Übersicht darüber verlieren, welche Dateien wo liegen. Leicht arbeitet man versehentlich mit einer alten Dateiversion weiter, ohne es zu bemerken.

Beim einfachen Kopieren von Daten kann es passieren, dass riesige Ordner komplett auf ein NAS kopiert werden, obwohl sich gegenüber der letzten Sicherung auf demselben Laufwerk nur wenige Dateien verändert haben. Durch Synchronisation zweier Ordner lässt sich dieses Problem lösen. Danach sind beide Ordner auf dem gleichen Stand.

Leider bietet Windows bis heute kein brauchbares eigenes Synchronisationstool an. Das Open-Source-Programm FreeFileSync (freefilesync.org) bietet komfortable Synchronisationsmöglichkeiten zwischen beliebigen Laufwerken im eigenen Netzwerk.

Netzwerkordner mit FreeFileSync synchronisieren.

- Wählen Sie in FreeFileSync oben einen lokalen Ordner und einen Netzwerkordner aus, die miteinander synchronisiert werden sollen. Mit dem Plussymbol können Sie weitere Ordnerpaare festlegen, die automatisch nacheinander synchronisiert werden. Diese können sich auf unterschiedlichen Laufwerken befinden.

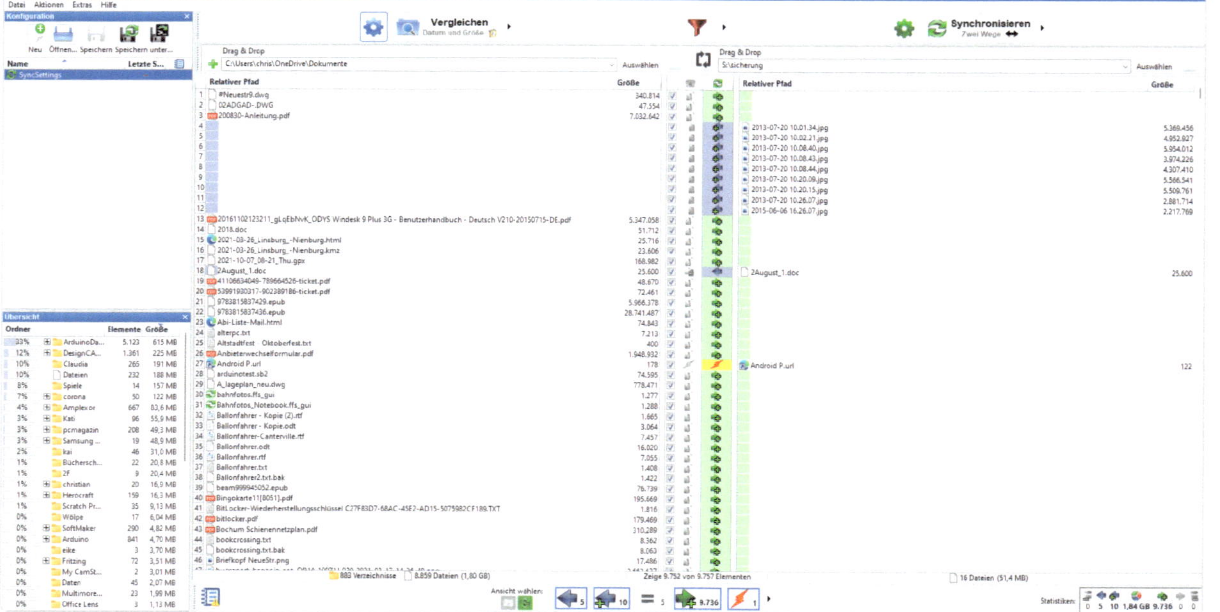

- Klicken Sie links oben auf *Vergleichen*, um die Unterschiede zwischen den beiden Ordnern anzuzeigen und zu sehen, welche Dateien kopiert werden müssen. Mit dem kleinen Pfeil rechts neben *Vergleichen* legen Sie fest, ob nur Datum und Größe der Dateien oder die kompletten Dateiinhalte verglichen werden sollen, was wesentlich länger dauert.

- Mit dem kleinen Pfeil rechts neben *Synchronisieren* oben rechts wählen Sie die Synchronisationsmethode. Noch detailliertere Einstellungen finden Sie über das grüne Zahnradsymbol.

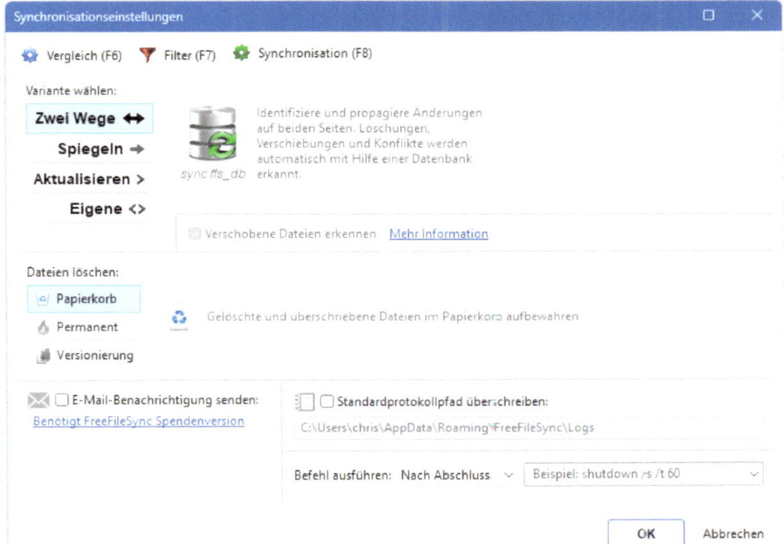

Die Synchronisationseinstellungen von FreeFileSync.

- Klicken Sie dann auf *Synchronisiere…*, um die Synchronisation zu starten. Diese kann je nach Anzahl und Größe der zu synchronisierenden Dateien einige Zeit dauern. Eine Grafik zeigt den Synchronisationsfortschritt bezogen auf Datenmenge und Anzahl der Dateien.

- Oben links können Sie die aktuelle Konfiguration einschließlich der Ordnerpaare und aller Einstellungen sichern, um jederzeit eine neue Synchronisation der gleichen Ordner durchführen zu können.

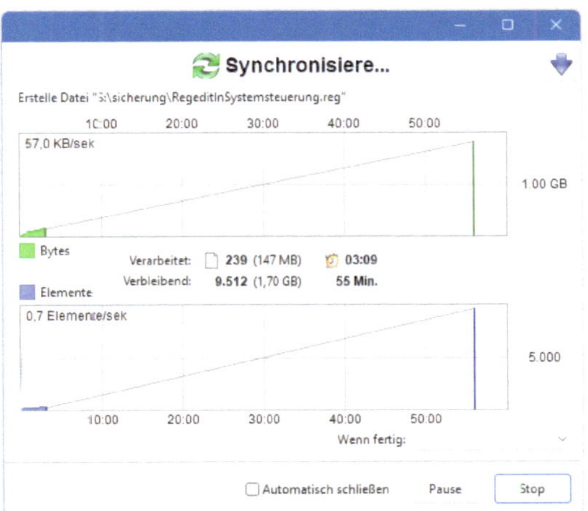

Synchronisationsfortschritt in FreeFileSync.

3.5 Datensicherung mit Dateiversionsverlauf

Die in Windows 11 eingebaute Funktion *Dateiversionsverlauf* sichert automatisch bearbeitete Dateien, um bei Fehlern frühere Bearbeitungsstände wiederherzustellen. In Windows 11 ist der Dateiversionsverlauf weiterhin vorhanden, aber gegenüber Windows 10 nicht mehr so übersichtlich.

- Markieren Sie im Explorer die Datei, von der Sie ältere Versionen suchen möchten, klicken Sie mit der rechten Maustaste darauf und wählen Sie im Kontextmenü *Weitere Optionen anzeigen/Vorgängerversionen wiederherstellen*.

Frühere Versionen einer Datei finden und wiederherstellen.

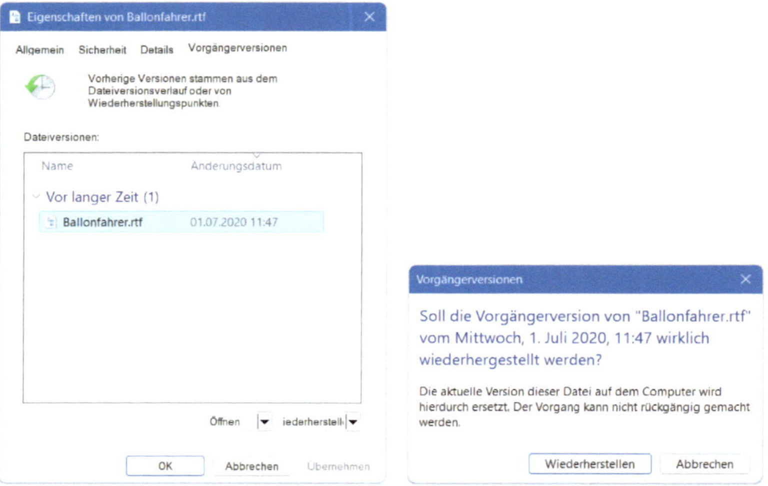

Ältere Version eines Ordners durchsuchen und Dateien wiederherstellen.

- Es öffnet sich ein neues Fenster *Eigenschaften von „Dateiname"*, das die zuletzt gesicherten Versionen dieser Datei anzeigt. Hier können Sie den gewünschten Änderungsstand der Datei öffnen oder die aktuelle Datei durch diese ältere Version ersetzen.

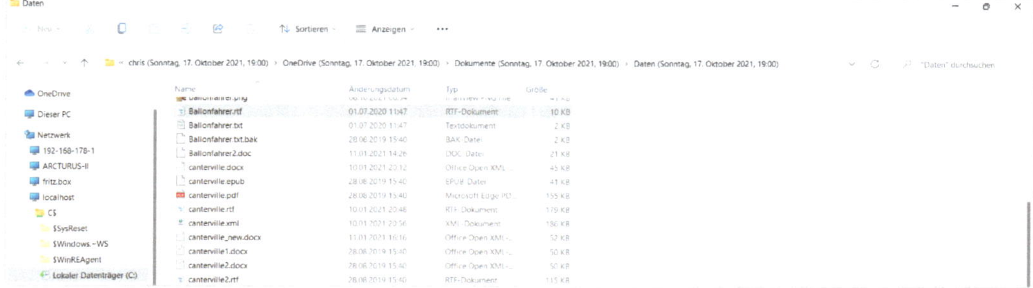

- Wählen Sie eine ältere Version eines Ordners, wird diese Version im Explorer dargestellt. Jetzt können Sie durch den Ordner und auch Unterordner blättern und sehen anhand der Datumsangaben bei den angezeigten Dateien, welcher Bearbeitungsstand an diesem Datum aktuell war. Auch hier können Sie Dateien öffnen und wiederherstellen.

Keine früheren Versionen einer Datei vorhanden

- Damit der Dateiversionsverlauf funktioniert, muss er einmal aktiviert werden. Schalten Sie ihn in der Systemsteuerung unter *System und Sicherheit/Dateiversionsverlauf* ein.

- Wählen Sie hier das gewünschte Sicherungslaufwerk aus. Ist eine externe Festplatte verfügbar, die für den Dateiversionsverlauf geeignet ist, wird dieses Laufwerk automatisch angeboten. Alternativ können Sie auch ein Netzwerklaufwerk auswählen. Klicken Sie dazu links auf *Laufwerk auswählen* und wählen Sie dann das Netzwerklaufwerk aus der Liste aus. Hier werden nur bereits verbundene Netzwerklaufwerke angezeigt.
- Klicken Sie auf den Link *Alle Netzwerkspeicherorte anzeigen*, erscheinen weitere im Netzwerk vorhandene Freigaben, die bis jetzt nicht als Laufwerk verbunden sind.

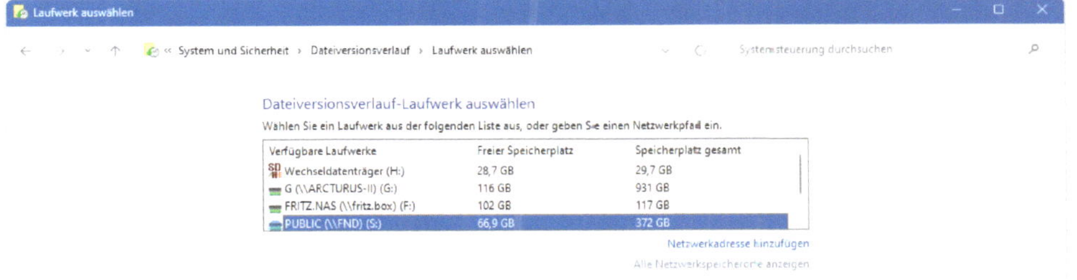

Netzwerklaufwerk auswählen.

- Mit dem Link *Netzwerkadresse hinzufügen* lassen sich weitere Netzwerklaufwerke im Netzwerk suchen und verbinden.

  Eine Sicherung auf der lokalen Festplatte ist nicht möglich und wäre auch bei einem Hardwareausfall sinnlos. Schalten Sie dann den Dateiversionsverlauf ein.
- Werden Daten aus einem Dateiversionsverlauf gefunden, können diese automatisch auf das neue Sicherungslaufwerk verschoben werden.

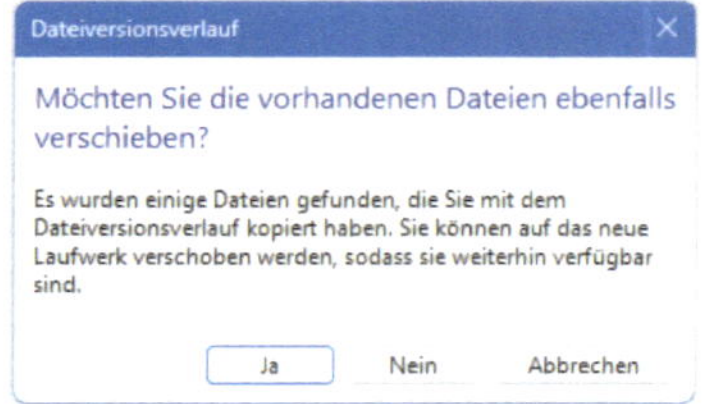

Vorhandene Daten verschieben.

- Nach dem Einschalten wird der Dateiversionsverlauf im Hintergrund aktiviert. Klicken Sie auf *Jetzt ausführen*, um sofort mit dem Kopieren vorhandener Daten auf das Sicherungslaufwerk zu beginnen. Andernfalls würden Daten erst bei der ersten Änderung kopiert. Um die Sicherung der Daten in persönlichen Benutzerverzeichnissen, Kontakten, Favoriten und auf dem Desktop brauchen Sie sich nun nicht weiter zu kümmern.

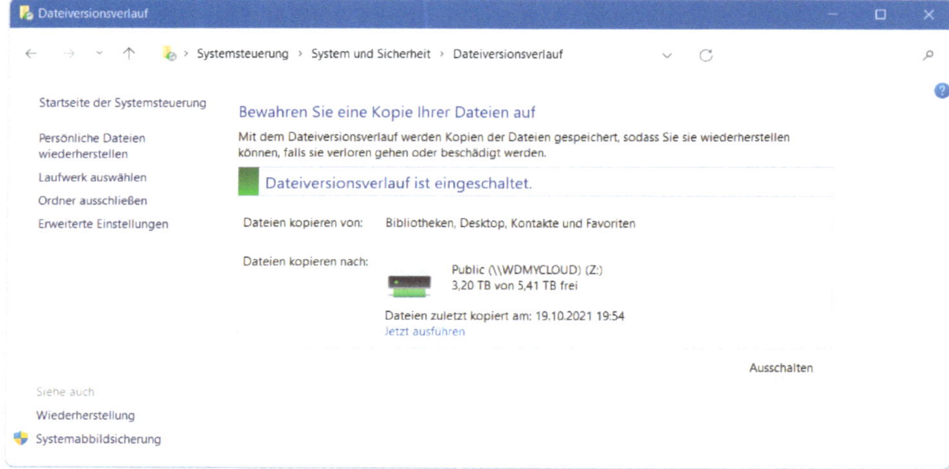

Dateiversionsverlauf auf einem Netzwerklaufwerk einschalten.

Ohne Papierkorb gelöschte Datei wiederherstellen

Solange eine gelöschte Datei noch im Papierkorb liegt, ist sie leicht wiederherzustellen. Der Dateiversionsverlauf speichert aber auch Dateien, deren Originale längst gelöscht wurden. Allerdings können Sie auf diese Dateien nicht ganz so leicht zugreifen, da Sie nicht – wie bei einer vorhandenen Datei – im Explorer einfach mit der rechten Maustaste darauf klicken können.

Wechseln Sie im Explorer in den Ordner, in dem die gesuchte Datei lag, bevor sie gelöscht wurde. Springen Sie jetzt einen Ordner nach oben, klicken Sie mit der rechten Maustaste auf den Unterordner und wählen Sie im Kontextmenü *Weitere Optionen anzeigen/Vorgängerversionen wiederherstellen*.

Jetzt können Sie den Ordner zu einem älteren Zeitpunkt anzeigen, als die gelöschte Datei noch vorhanden war, und diese wiederherstellen.

Bestimmte Dateien fehlen im Dateiversionsverlauf

Vermissen Sie bei einer Datei alte Versionen, liegt diese Datei höchstwahrscheinlich in einem Ordner, der vom Dateiversionsverlauf nicht automatisch erfasst wurde. Standardmäßig sichert der Dateiversionsverlauf Dateien aus den persönlichen Bibliotheken. Da diese anders als in Windows 8.1 nicht mehr so prominent im Explorer angezeigt werden, fehlt die Übersicht.

- Falls die Bibliotheken im Explorer nicht angezeigt werden, klicken Sie im Explorer auf das Menü mit den drei Punkten und wählen *Optionen*. Aktivieren Sie im nächsten Fenster auf der Registerkarte *Ansicht* den Schalter *Bibliotheken anzeigen*.

- Klicken Sie mit der rechten Maustaste auf eine Bibliothek im Explorer und wählen Sie *Eigenschaften*. Hier können Sie Ordner zur Bibliothek hinzufügen.

Ordner zu einer Bibliothek hinzufügen.

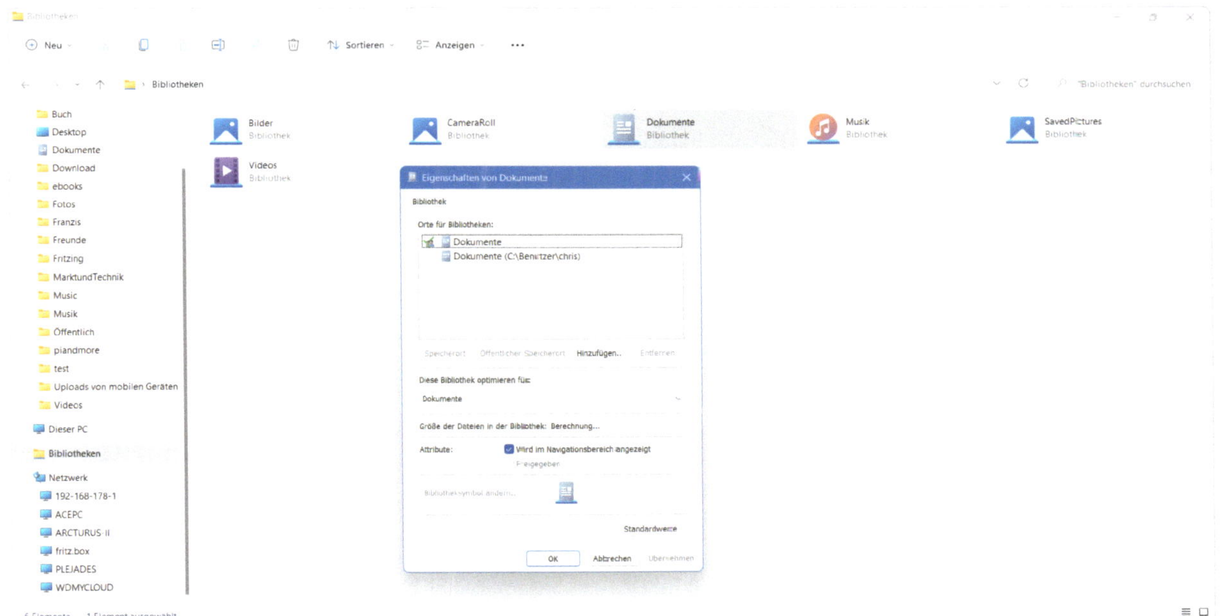

- Um einzelne Ordner auszuschließen, die nicht gesichert werden sollen, wenn diese Unterordner eines zu sichernden Ordners sind und daher nicht einfach über die Bibliotheken abgeschaltet werden können, klicken Sie in der Systemsteuerung unter *System und Sicherheit/Dateiversionsverlauf* auf *Ordner ausschließen*. Hier können Sie einzelne Ordner innerhalb der Bibliotheken wählen, die nicht mit dem Dateiversionsverlauf gesichert werden sollen.

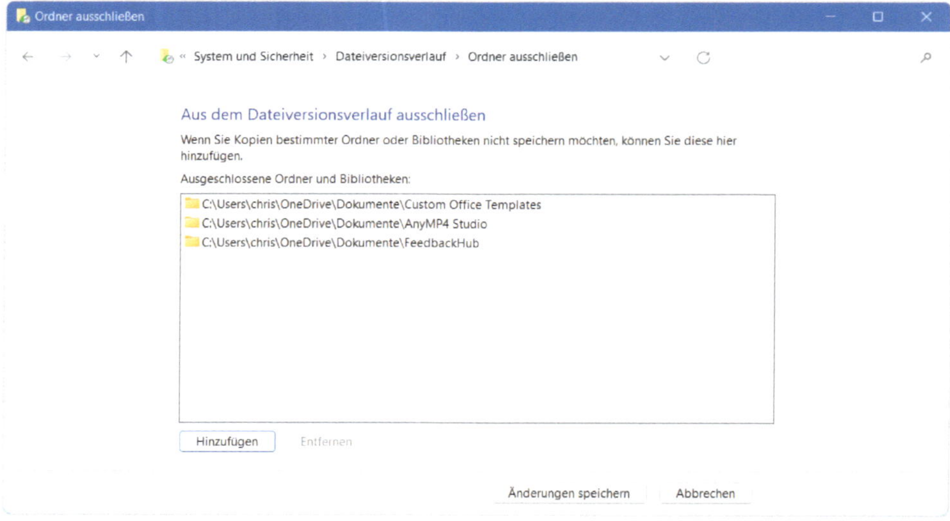

Zu sichernde Ordner auswählen.

Dateiversionsverlauf belegt zu viel Speicherplatz

Die Sicherungen des Dateiversionsverlaufs belegen mit der Zeit einiges an Speicherplatz auf dem Sicherungslaufwerk. Üblicherweise brauchen Sie alte Dateiversionen aber nicht ewig. Deshalb sollten Sie von Zeit zu Zeit aufräumen – entweder automatisch oder manuell.

Dazu können Sie in den erweiterten Einstellungen des Dateiversionsverlaufs in der Systemsteuerung festlegen, wie lange die Dateikopien des Dateiversionsverlaufs aufbewahrt werden sollen und wie oft veränderte Dateien gesichert werden.

In der Grundeinstellung bleiben sie für immer auf dem Sicherungslaufwerk, was aber meistens nicht nötig ist. In der Regel braucht man alte Datensicherungen spätestens nach ein paar Monaten nicht mehr, insbesondere wenn es neuere Sicherungen gibt.

- Um Platz zu sparen, können Sie manuell Dateiversionen, die ein bestimmtes Alter überschritten haben, aus dem Dateiversionsverlauf entfernen. Die betreffenden Dateien und Ordner werden auf dem Sicherungslaufwerk gelöscht. Klicken Sie dazu im Fenster *Erweiterte Einstellungen* auf *Versionen bereinigen*.
- Beim Bereinigen älterer Dateiversionen ist nur zu bedenken, dass im Dateiversionsverlauf auch Dateien enthalten sein können, deren Originale mittlerweile von der Festplatte gelöscht wurden. Diese gehen beim Bereinigen natürlich ebenfalls verloren.

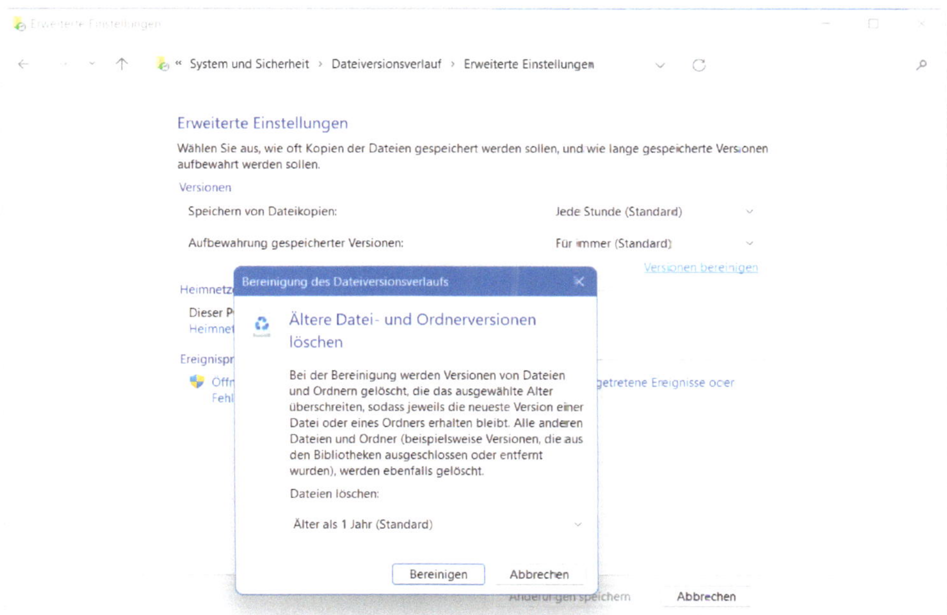

Ältere Dateiversionen in den erweiterten Einstellungen des Dateiversionsverlaufs bereinigen.

3.6 NAS als FTP-Server

Das File Transfer Protocol (FTP) ist ein beliebtes Übertragungsprotokoll für große Datenmengen im Internet, das aber auch in lokalen Netzwerken verwendet werden kann. FTP wird im Gegensatz zum Windows-Netzwerkprotokoll SMB von allen gängigen Betriebssystemplattformen unterstützt und ist bei der Übertragung großer Datenmengen auch schneller als die Windows-Freigaben. Für die Datenübertragung auf IoT-Geräte oder Mediacenter kann FTP ebenfalls verwendet werden. Wer eine eigene Webseite betreibt, braucht FTP, um auf seinen Webserver Daten hochzuladen oder dort Software zu installieren.

- FTP benötigt immer einen Server und einen Client.
- Der **Server** ist das Gerät, auf dem die Dateien gespeichert sind, wie zum Beispiel ein NAS.
- Der **Client** ist die Arbeitsstation, der PC, der die Daten vom Server abholt und dort speichert. Auf dem Client laufen verschiedene Programme, die aktiv auf den Server zugreifen. Der Server läuft ständig vor sich hin und wartet auf Kommandos vom Client.

FTP-Server auf dem NAS aktivieren

Viele NAS haben einen FTP-Server vorinstalliert, der über die Konfigurationsoberfläche eingerichtet wird, die allerdings je nach Hersteller unterschiedlich aussieht.

- Standardmäßig ist der FTP-Server auf den meisten NAS ausgeschaltet, da zunächst Ordner und Benutzer angelegt werden müssen. Aktivieren Sie den FTP-Server und legen Sie einen Port fest, über den darauf zugegriffen wird. Üblicherweise wird für das FTP-Protokoll Port 21 verwendet.
- FTP erlaubt auch anonymen Zugriff für Besucher. Diese Methode wird von vielen Servern genutzt, die öffentliche Downloads im Internet zur Verfügung stellen. Der anonyme Zugang kann auf jedem FTP-Server ein- oder ausgeschaltet werden. Außerdem können Sie festlegen, ob anonyme Benutzer nur Lesezugriff haben oder auch Dateien auf dem Server ablegen dürfen. Wählen Sie darüber hinaus den Startordner, der anonymen Benutzern bei der Anmeldung am FTP-Server angezeigt wird.

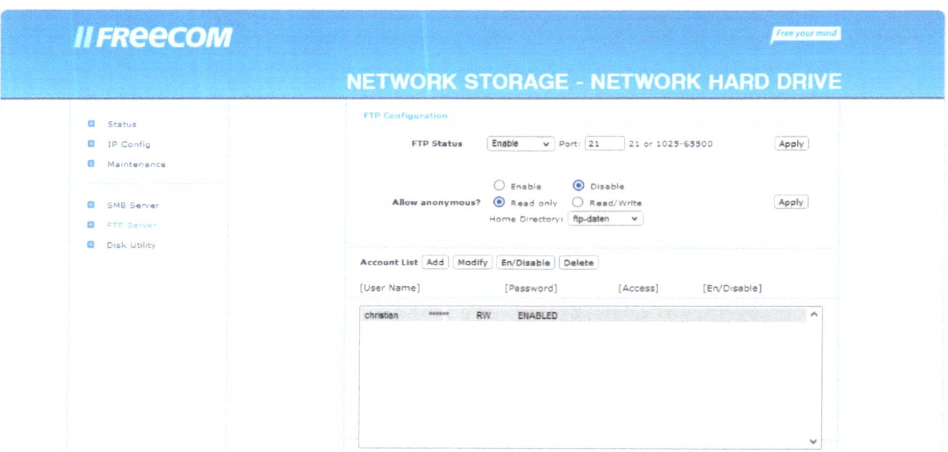

FTP-Server auf einem NAS einrichten.

- FTP-Server verwenden eine eigene Benutzerverwaltung. Legen Sie auf dem FTP-Server einen Benutzer mit Benutzernamen und Passwort an. Legen Sie auch noch fest, ob dieser Benutzer nur Lesezugriff oder auch Schreibzugriff auf den Server haben soll.

NAS als FTP-Server im Internet

Wie Sie Benutzern aus dem Internet Zugriff auf ein privates NAS gewähren, erfahren Sie in Kapitel 4, Datenaustausch über Cloudspeicher im Abschnitt „Eigenes NAS zum Datenaustausch über das Internet nutzen".

- In der Ordnerliste wählen Sie aus, auf welche Ordner der Benutzer Zugriff haben soll. Hier können Sie auch neue Ordner anlegen. Üblicherweise hat jeder Benutzer oder jede Benutzergruppe auf einem FTP-Server einen sogenannten Home-Ordner, in dem die Dateien dieses Benutzers liegen. Zusätzlich gibt es öffentliche Ordner, die für alle Benutzer zugänglich sind.

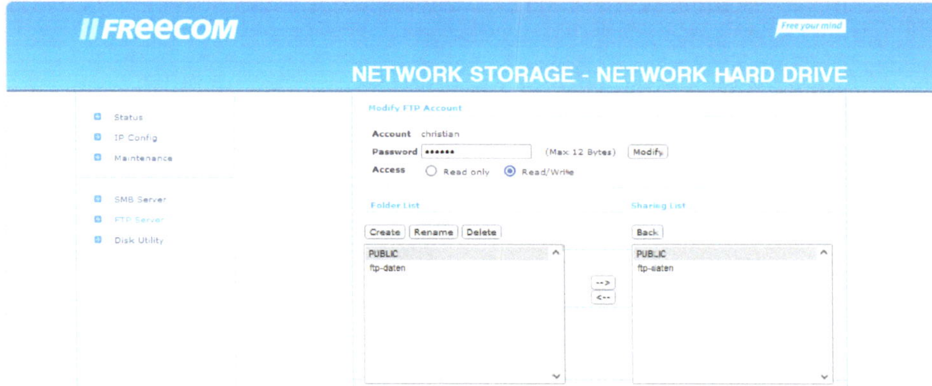

Benutzer auf dem FTP-Server eines NAS einrichten.

FRITZ!NAS als FTP-Server

FRITZ!NAS kann im lokalen Netzwerk auch per FTP verwendet werden. Schalten Sie dazu nur unter *Heimnetz/USB/Speicher* im Bereich *Heimnetzfreigabe* das Kontrollkästchen *Zugriff über FTP aktiv* ein. Sie brauchen keine neuen Benutzer oder Ordner anzulegen. Der FTP-Server verwendet die gleiche Benutzerverwaltung wie FRITZ!NAS im Windows-Netzwerk.

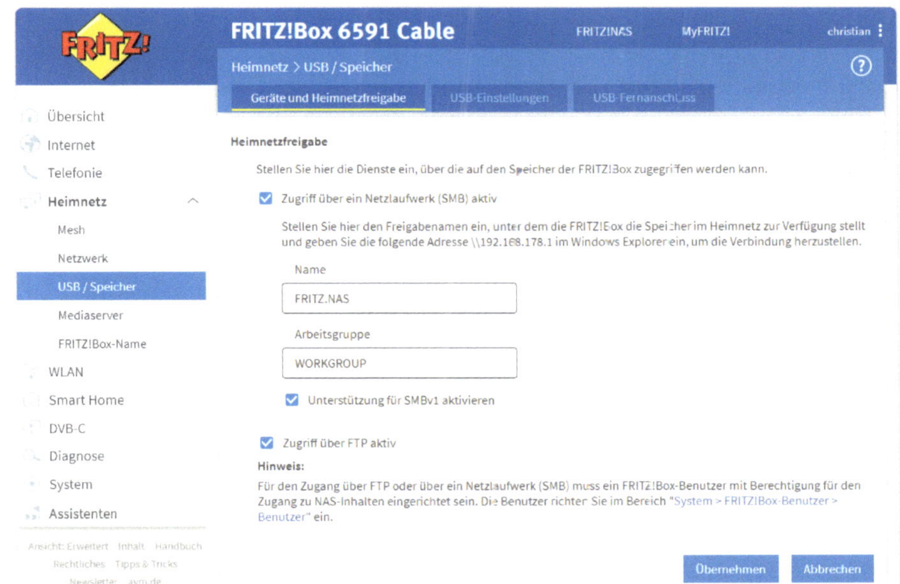

FTP bei FRITZ!NAS aktiv schalten.

FTP-Zugriff unter Windows 11 (einfache Methode)

Windows 11 kann ohne zusätzliche Software auf FTP-Server zugreifen. FTP-Server können direkt im Explorer genutzt werden.

- Brauchen Sie nur einmal oder eher selten Zugriff auf einen FTP-Server, tragen Sie dessen IP-Adresse oben in die Adresszeile des Explorers ein, beginnend mit `ftp://`.
- Tragen Sie im nächsten Dialogfeld den Benutzernamen und das Kennwort ein und aktivieren Sie *Kennwort speichern*, um sich leichter wieder anmelden zu können.

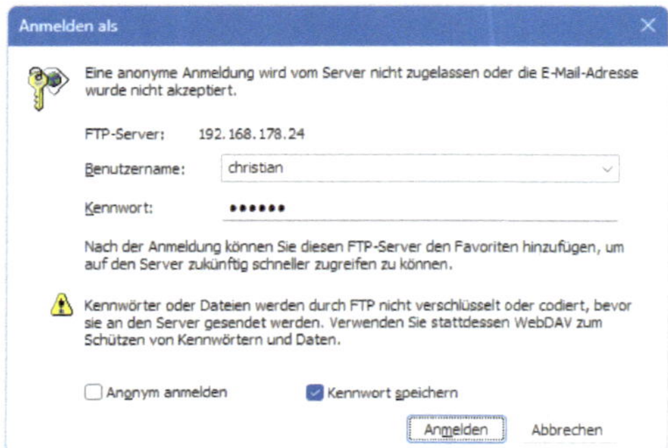

Anmeldung an einem FTP-Server im Explorer.

- Wenn der FTP-Server anonyme Anmeldungen zulässt, können Sie als Benutzernamen Ihre E-Mail-Adresse eintragen und das Kontrollkästchen *Anonym anmelden* aktivieren.
- Der Explorer zeigt alle Ordner auf dem FTP-Server, auf die der angemeldete Benutzer Zugriff hat. Je nach Benutzerrechten können Sie jetzt Daten vom FTP-Server auf ein lokales Laufwerk kopieren oder auch umgekehrt.

FTP-Server im Explorer.

FTP-Zugriff unter Windows 11 (komfortable Methode)

Nutzen Sie einen FTP-Server regelmäßig, fügen Sie ihn als Netzwerkadresse im Explorer hinzu, um jederzeit Zugriff darauf zu haben.

- Klicken Sie im Explorer auf der Seite *Dieser PC* oben auf das Menü mit den drei Punkten und wählen Sie *Netzwerkadresse hinzufügen*.

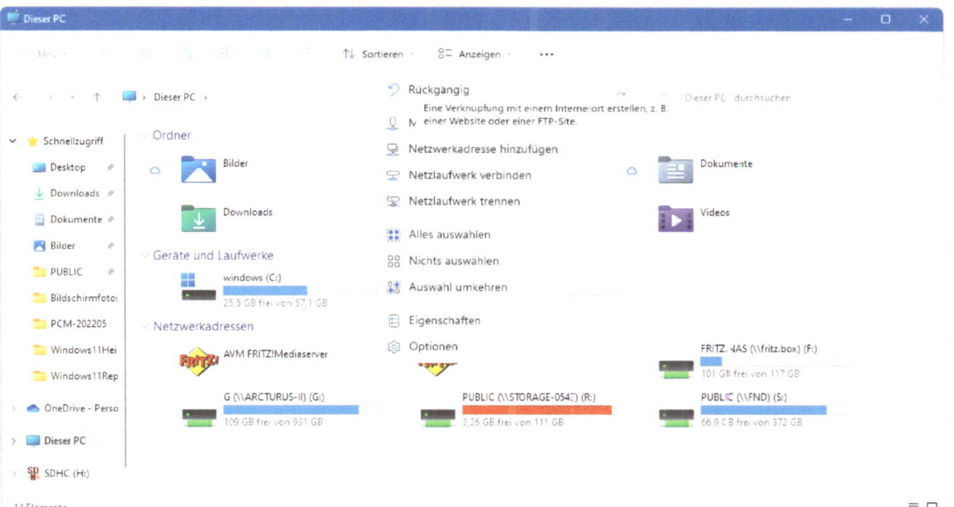

Netzwerkadresse im Explorer hinzufügen.

- Jetzt erscheint ein Assistent, mit dem Sie die neue Netzwerkadresse hinzufügen. Klicken Sie im Willkommensfenster auf *Weiter* und tragen Sie im nächsten Fenster im Feld *Internet- oder Netzwerkadresse* die IP-Adresse oder den Namen des FTP-Servers ein, beginnend mit `ftp://`.
- Bei einer anonymen Anmeldung lassen Sie den Schalter *Anonym anmelden* aktiviert. Haben Sie einen Benutzernamen und ein Passwort, schalten Sie ihn aus und tragen den Benutzernamen ein. Das Passwort wird bei der ersten Anmeldung abgefragt.

IP-Adresse und Benutzernamen des FTP-Servers eintragen.

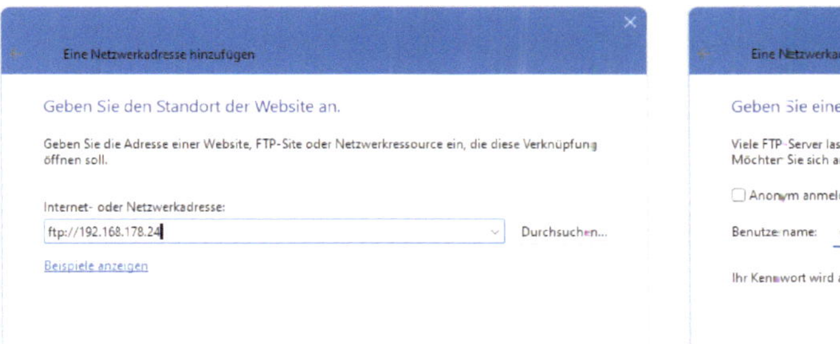

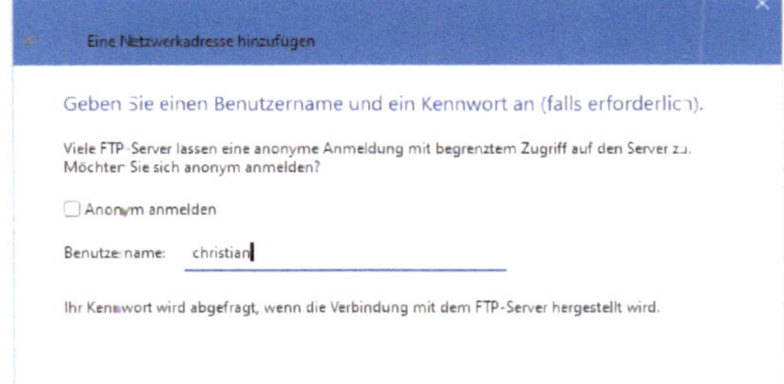

- Da man sich unter IP-Adressen meist nicht viel vorstellen kann, geben Sie einen verständlichen Namen für die neue Netzwerkadresse ein. Dieser Name wird im Explorer verwendet.
- Im letzten Schritt wird das erfolgreiche Anlegen der Netzwerkadresse bestätigt. Schalten Sie *Diese Netzwerkadresse nach Klicken auf „Fertig stellen" öffnen* ein und klicken Sie auf *Fertig stellen*.

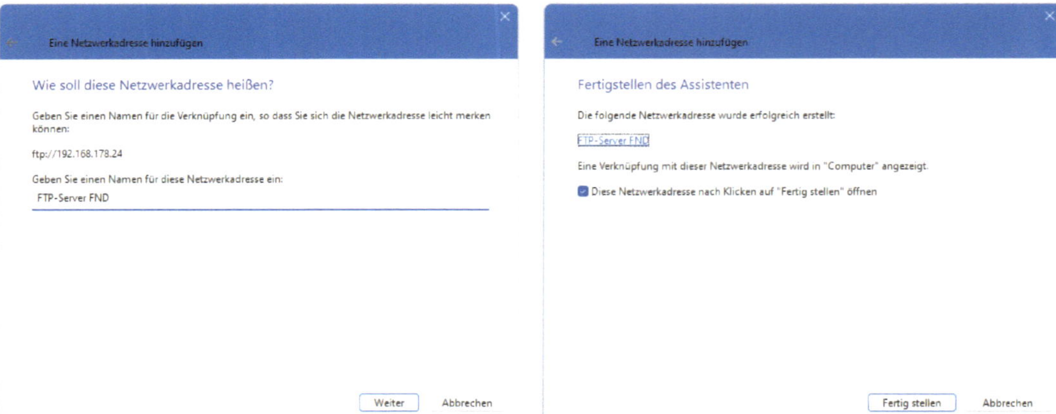

Namen festlegen und Netzwerkadresse anlegen.

- Der Explorer fragt das Passwort ab und zeigt dann alle Ordner auf dem FTP-Server, auf die der angemeldete Benutzer Zugriff hat. Das Passwort kann an dieser Stelle gespeichert werden, um es zukünftig nicht mehr eingeben zu müssen.
- Der FTP-Server wird im Bereich *Netzwerkadressen* auf der Seite *Dieser PC* im Explorer angezeigt. So haben Sie jederzeit leicht Zugriff darauf.

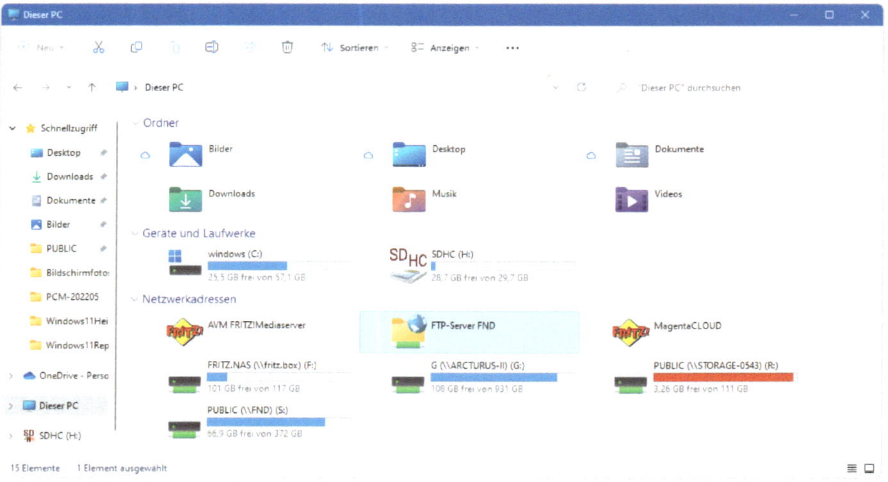

Die neue Netzwerkadresse im Explorer.

Open-Source-FTP-Client FileZilla

FileZilla (*www.filezilla.org*) ist ein komfortabler FTP-Client, mit dem man Daten auf FTP-Server übertragen oder von dort herunterladen kann. FileZilla bietet deutlich mehr Möglichkeiten als die einfache FTP-Verbindung mit dem Windows-Explorer.

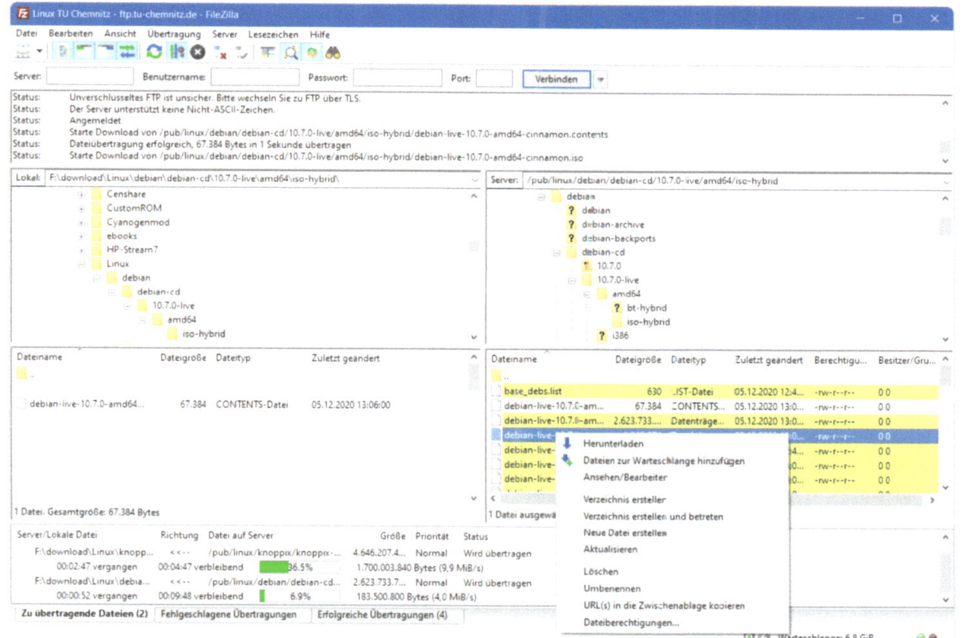

Der Open-Source-FTP-Client FileZilla

Um sich einfach nur kurz mit einem Server zu verbinden, geben Sie im Hauptfenster ganz oben den Servernamen, den Benutzernamen sowie das Passwort ein und klicken auf *Verbinden*. Wesentlich komfortabler verwaltet der Servermanager alle Ihre FTP-Verbindungen. So können Sie schnell auf sämtliche gespeicherten Server zugreifen, ohne jedes Mal Daten eintragen zu müssen. Neben Benutzername und Passwort lassen sich auch Standardverzeichnisse lokal und auf dem Server festlegen sowie bei Bedarf Übertragungsparameter. Neben klassischem FTP unterstützt FileZilla auch das SSH-basierte SFTP.

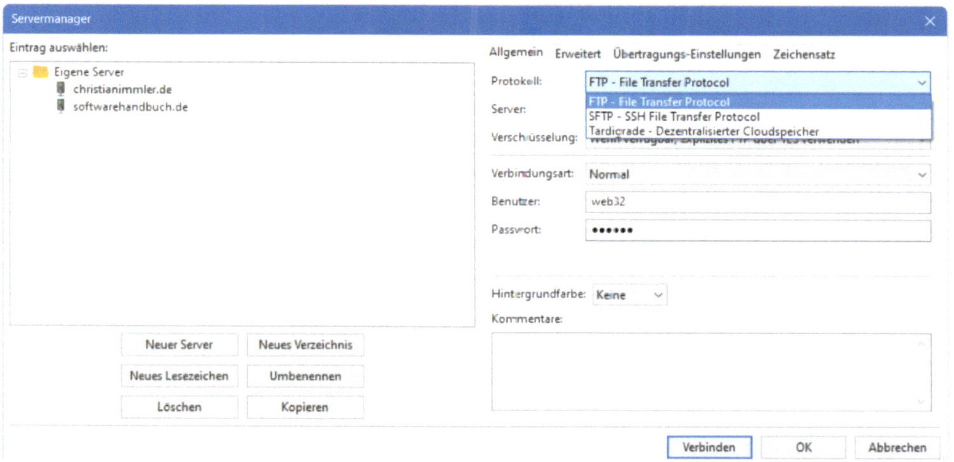

FTP-Verbindungen im Servermanager von FileZilla verwalten.

Bei Arbeiten an einer eigenen Webseite über einen FTP-Server fällt eine Vielzahl von Dateien an, die aktuell gehalten werden müssen. Umgekehrt braucht man aber die Dateien, die zum CMS gehören und automatisch aktualisiert werden, nicht lokal, weshalb eine vollautomatische Synchronisierung meist nicht sinnvoll ist. FileZilla bietet einen Verzeichnisvergleich, der unterschiedliche Dateien farbig hervorhebt. Zu besseren Übersicht können dann gleiche Dateien ausgeblendet werden.

Hochschulen und andere öffentliche Einrichtungen bieten FTP-Server zum Download von Open-Source-Software. In vielen Fällen spiegeln diese die Downloadarchive mehrerer Linux-Distributionen. Solche Server verwenden anonymes FTP ohne Benutzernamen. Dazu kann im Servermanager die Verbindungsart *Anonym* gewählt und die Verschlüsselung ausgeschaltet werden.

Bei regelmäßiger Nutzung solcher Downloadarchive empfiehlt es sich, im lokalen Downloadordner die gleiche Ordnerstruktur wie auf dem Server zu verwenden – allerdings nur mit den Ordnern, die man wirklich braucht. FileZilla ermöglicht einen synchronisierten Verzeichniswechsel und legt zusätzliche Ordner bei Bedarf automatisch an. So lässt sich das private Archiv übersichtlich halten. In Kombination mit dem Verzeichnisvergleich entdeckt man schnell neue Versionen von heruntergeladenen Dateien.

3.7 NAS-Probleme lösen

Die Verbindung eines NAS mit einem Windows-PC funktioniert leider oft nicht wie erwartet. In den meisten Fällen liegt das Problem an Windows. Im folgenden Abschnitt finden Sie Lösungsvorschläge für häufig auftretende Probleme.

Ordner auf dem NAS werden nicht angezeigt

Viele NAS zeigen beim Doppelklick auf das Gerät im Explorer keine Liste der freigegebenen Ordner an, sondern stattdessen nur eine Meldung.

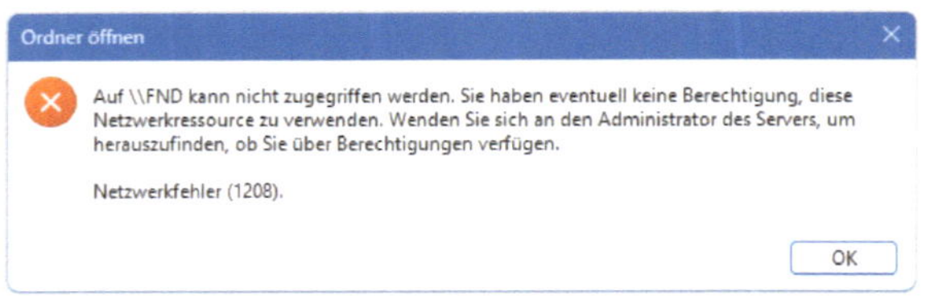

Meldung beim Versuch, auf die Ordnerliste eines NAS zuzugreifen.

- Schließen Sie die Meldung und wechseln Sie im Explorer in den Bereich *Dieser PC*.
- Klicken Sie in der Symbolleiste oben auf das Menü mit den drei Punkten. Wählen Sie hier *Netzlaufwerk verbinden*.
- Wählen Sie im nächsten Fenster einen freien Laufwerkbuchstaben oder übernehmen Sie den Vorschlag. Tragen Sie den Servernamen und den Ordnernamen des NAS beginnend mit zwei Backslashs (\\) im Feld *Ordner* ein. Der Button *Durchsuchen* funktioniert nicht, wenn kein Zugriff auf die Ordnerliste besteht. Die Servernamen und Ordnernamen finden Sie auf der Konfigurationsseite des NAS.

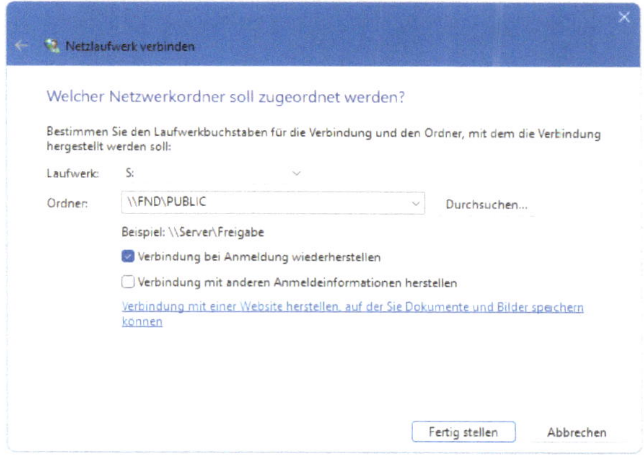

Laufwerkbuchstaben, Server- und Ordnernamen eintragen.

- Achten Sie darauf, dass das Kontrollkästchen *Verbindung bei Anmeldung wiederherstellen* eingeschaltet ist.
- Verwendet das NAS eigene Benutzernamen, schalten Sie *Verbindung mit anderen Anmeldeinformationen herstellen* ein und geben später auf Anfrage die Benutzerdaten ein.
- Klicken Sie zum Schluss auf *Fertig stellen*. Das Laufwerk wird verbunden und im Explorer unter *Dieser PC* angezeigt.

SMB 1.0/CIFS aktivieren

In manchen Fällen wird ein NAS auf anderen Computern im Netzwerk im Explorer unter *Netzwerk* nicht angezeigt, obwohl der Zugriff auf einzelne Freigaben funktioniert. In solchen Fällen fehlt meist die Unterstützung für die SMB 1.0/CIFS-Dateifreigabe. Bei manchen Freigaben wird auch eine entsprechende Meldung angezeigt.

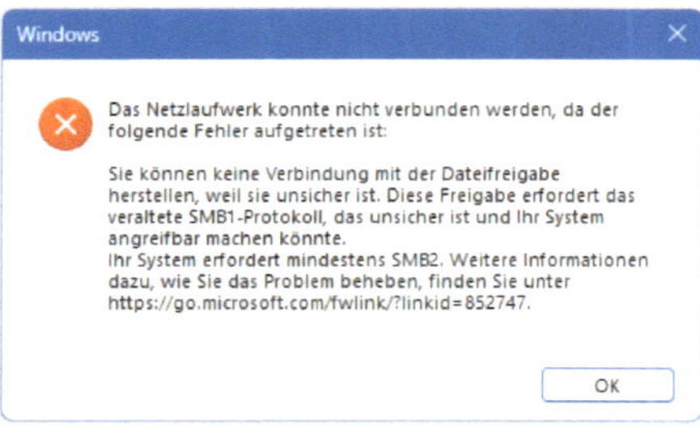

Meldung beim Versuch, auf eine Freigabe zuzugreifen, die nur SMBv1 unterstützt.

- Klicken Sie in der Systemsteuerung unter *Programme und Features* auf den Link *Windows-Features aktivieren oder deaktivieren*.

Programme und Features in der Systemsteuerung.

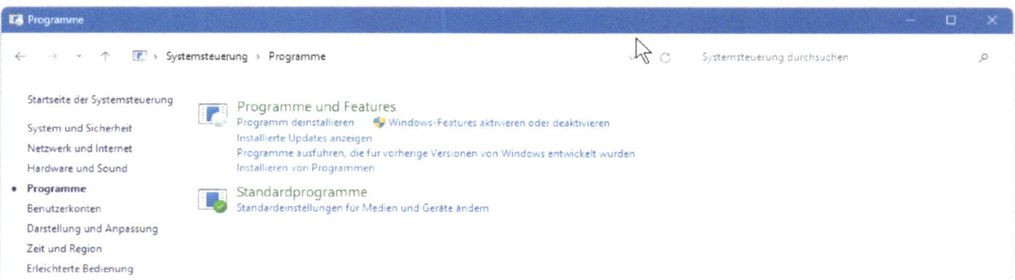

- Setzen Sie im Fenster *Windows-Features aktivieren oder deaktivieren* das Häkchen bei *Unterstützung für die SMB 1.0/CIFS-Dateifreigabe*. Danach müssen Sie den PC neu starten, damit er auf anderen PCs im Netzwerk angezeigt wird.

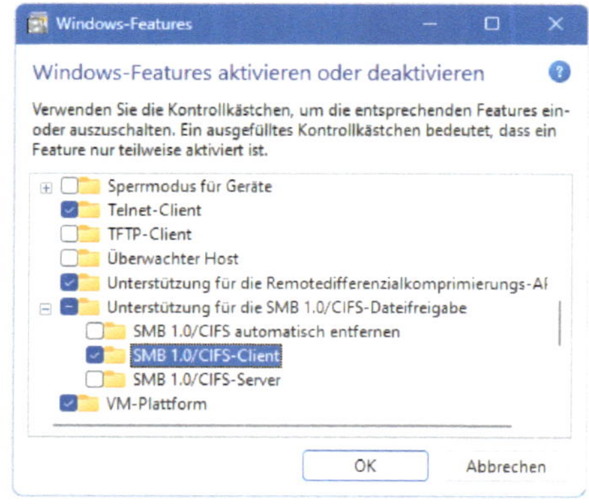

Unterstützung für die SMB 1.0/CIFS-Dateifreigabe aktivieren.

- Sollte es trotzdem noch zu Problemen bei der Anmeldung an der Freigabe kommen, schalten Sie das automatisch aktivierte Kontrollkästchen bei *SMB 1.0/CIFS automatisch entfernen* aus. Dieses schaltet das von Microsoft als sicherheitskritisch eingestufte SMB 1.0 bei Nichtnutzung automatisch ab.

Synchronisationsprobleme durch Zeitfehler

Funktioniert die Synchronisation von Daten mit einem Netzwerklaufwerk nicht, liegt dies oft an einer falsch eingestellten Uhr auf dem NAS.

- Die Uhren auf den meisten Windows-PCs sind so eingestellt, dass die Uhrzeit automatisch mit einem Zeitserver im Internet abgeglichen wird. Auf den meisten NAS ist das ebenfalls möglich, die Benutzer vergessen aber fast immer, es zu aktivieren.
- NAS zeigen meist auf der Startseite der Konfiguration die aktuelle Systemzeit des Geräts und die Zeitzone an. Steht hier ein falsches Datum, ist das ein Hinweis darauf, dass die Zeitsynchronisation nicht aktiv ist.
- Auf den meisten NAS gibt es hier einen Button, um die Uhr einzustellen. Dabei können Sie entweder die aktuelle Zeit direkt eingeben oder, noch besser, eine automatische Synchronisierung mit einem Zeitserver aktivieren. Achten Sie darauf, dass die richtige Zeitzone, GMT+1 für Deutschland, eingetragen ist.

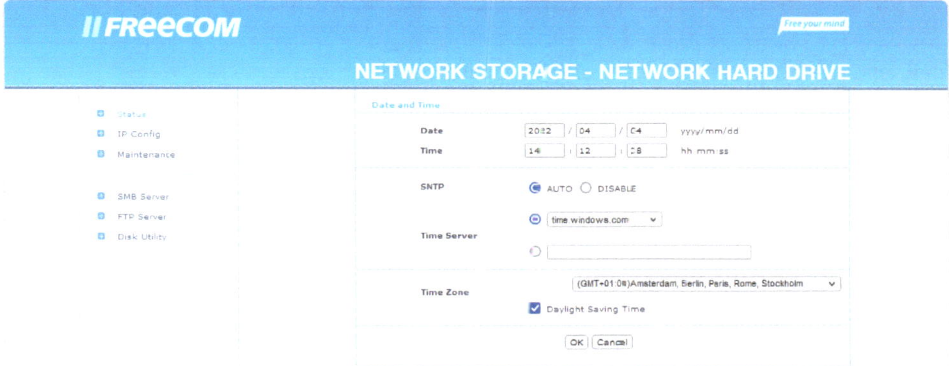

Datum und Zeit auf einem NAS einstellen.

NAS bei Problemen neu starten

Wird ein NAS nicht mehr gefunden oder lässt sich nicht mehr verbinden, hilft oft ein Neustart. Am einfachsten funktioniert das über die Konfigurationsoberfläche. Dort gibt es meistens einen Punkt *Maintenance* oder *Service*, über den sich das NAS mit einem Klick neu starten lässt.

Haben Sie physischen Zugriff zum NAS, können Sie es auch ausschalten, eine Minute warten und es wieder einschalten.

NAS neu booten.

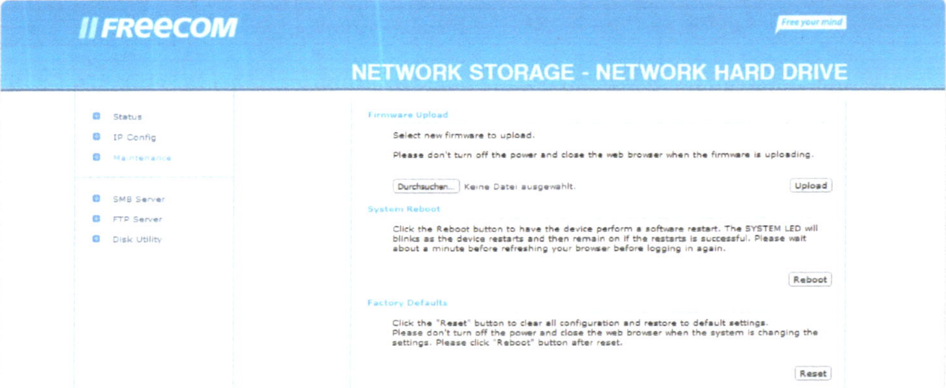

☛ Zwei verschiedene Resets bei WD MyCloud

Die NAS vom Typ WD MyCloud bieten zwei verschiedene Reset-Varianten über den Reset-Knopf an:

4-Sekunden-Reset: Drücken Sie den Reset-Knopf 4 Sekunden, während das NAS eingeschaltet ist, bootet es neu, ohne dass Einstellungen verändert werden.

40-Sekunden-Reset: Schalten Sie das NAS aus und trennen Sie es vom Stromnetz. Halten Sie beim erneuten Einschalten den Reset-Knopf 40 Sekunden lang gedrückt. Jetzt werden alle benutzerdefinierten Einstellungen gelöscht, etwa selbst angelegte Benutzer, Passwörter, IP-Einstellungen, automatische Backup-Jobs und andere. Danach startet das NAS neu.

NAS bei schwerwiegenden Problemen zurücksetzen

Wenn ein einfacher Neustart nicht mehr hilft, um auf das NAS problemlos zuzugreifen, setzen Sie es auf die Werkeinstellungen zurück. Dabei bleiben die Daten auf der Festplatte erhalten. Das Zurücksetzen bezieht sich nur auf die Einstellungen, wie neu angelegte Benutzer, IP-Konfiguration usw. In den meisten Fällen lässt sich das NAS über die Konfigurationsseite zurücksetzen, vorausgesetzt, es ist im Netzwerk noch erreichbar.

Besteht auf die Konfigurationsseite des NAS kein Zugriff mehr, setzen Sie das NAS manuell zurück. Die meisten Geräte haben dazu einen Reset-Knopf, der mit einer Kugelschreiberspitze oder dem SIM-Werkzeug von Smartphones gedrückt werden muss. Beachten Sie dazu die Dokumentation des NAS. Bei einigen Modellen muss dieser Knopf bis zu eine Minute lang gedrückt gehalten werden.

Reset-Knopf auf der Rückseite eines NAS.

4 Datenaustausch über Cloudspeicher

4.1 OneDrive

Möchten Sie Dateien zwischen mehreren PCs austauschen oder auch synchronisieren, bieten Cloudspeicherdienste eine komfortable Lösung. Dabei müssen die PCs nicht einmal gleichzeitig online sind und müssen sich auch nicht im gleichen lokalen Netzwerk befinden, sondern können irgendwo auf der Welt stehen.

Des Weiteren sind Cloudspeicher sehr praktisch, um Dateien zwischen Smartphone und PC auszutauschen oder mit Freunden zu teilen, ohne dass zu Hause ein eigener Server für die Dateifreigabe ständig laufen muss.

Die wichtigsten Cloudspeicherdienste lassen sich nicht nur über den Browser online nutzen, sondern bieten auch Tools für eine automatische Synchronisation der Daten zwischen Cloud und lokaler Festplatte an. Sowohl beim Nutzerkomfort wie auch beim Umfang des verfügbaren Speicherplatzes in kostenlosen Nutzerkonten gibt es deutliche Unterschiede.

OneDrive (*onedrive.com*), der Cloudspeicher von Microsoft, hat, seit der Dienst in Windows 10 und auch Windows 11 fest integriert ist, deutlich an Beliebtheit gewonnen. Windows 8.1 und 7 werden über ein Zusatztool unterstützt, das Microsoft kostenlos zum Download anbietet.

Kostenloser Speicherplatz

OneDrive bietet neuen Nutzern 5 GByte kostenlosen Speicherplatz an und liegt damit im unteren Bereich, verglichen mit anderen Cloudspeicherdiensten. Über Freundschaftswerbung und verschiedene Aktionen können Sie mehr Speicherplatz bekommen. Microsoft-Konten, die OneDrive schon seit Windows 7 oder noch länger nutzen, haben teilweise erheblich mehr freien Speicherplatz, der auch nicht verloren geht.

OneDrive erscheint in Windows 11 als Symbol in der Taskleistenecke. Beim ersten Start müssen Sie sich mit Ihrem Microsoft-Konto anmelden, das auch für die Anmeldung bei Windows verwendet wird.

Bestätigen Sie anschließend im Fenster *Ordner auswählen* am besten die Grundeinstellung *Alle Dateien verfügbar machen*. Das bedeutet, dass Sie im Explorer Ihr komplettes OneDrive sehen, es bedeutet aber nicht, dass die Dateien auch automatisch auf die Festplatte heruntergeladen werden und dort Speicherplatz belegen.

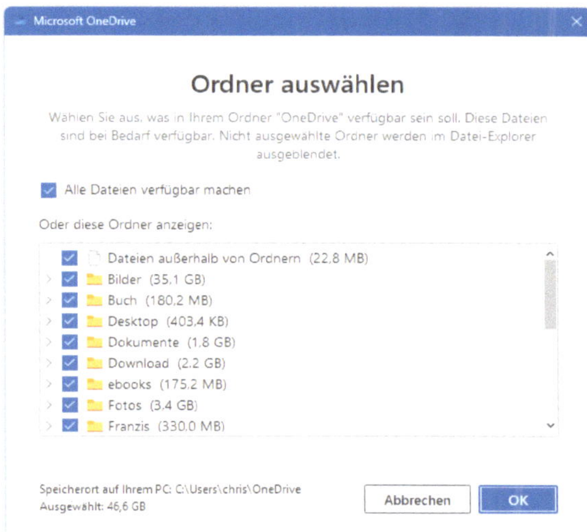

Ordner auf OneDrive für die Synchronisation auswählen.

OneDrive automatisch mit lokalem Ordner auf der Festplatte synchronisieren

Windows 11 legt automatisch einen Ordner *OneDrive* im eigenen Benutzerprofil an, der mit dem Cloudspeicher OneDrive synchronisiert wird. Dieser Ordner wird im Navigationsbereich des Explorers direkt angezeigt, ohne dass erst durch die Ordnerstruktur des Benutzerprofils gesprungen werden muss.

Eine Schaltfläche oben rechts im *OneDrive*-Ordner zeigt den Füllstand von OneDrive an. An dieser Stelle macht Microsoft Werbung für kostenpflichtige OneDrive-Konten mit zusätzlichem Speicherplatz.

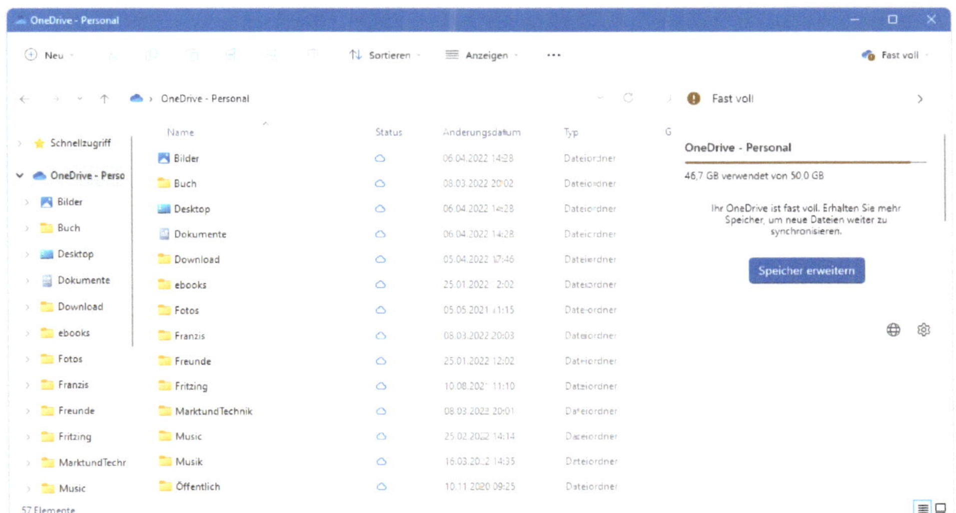

Der OneDrive-Ordner im Explorer.

Wenn Sie Daten oder andere Ordner in den *OneDrive*-Ordner auf der Festplatte kopieren, werden diese automatisch auf OneDrive hochgeladen und bleiben als Kopie auf der Festplatte. Umgekehrt werden aber Dateien, die von anderen Computern in Ihren persönlichen *OneDrive*-Ordner hochgeladen wurden, zwar im Explorer angezeigt, aber erst bei Bedarf automatisch auf die lokale Festplatte dieses Computers in den *OneDrive*-Ordner kopiert, sodass sie danach offline zur Verfügung stehen und mit jeder beliebigen Anwendung bearbeitet werden können.

- Kurz nach dem lokalen Speichern sind die bearbeiteten Dateien auch wieder online verfügbar. Dazu muss *Dateien bei Bedarf* in den Einstellungen von OneDrive eingeschaltet sein. Das sorgt dafür, dass die Dateien auf OneDrive nicht so viel Speicherplatz auf der lokalen Festplatte des PCs belegen.
- Die Einstellungen von OneDrive erreichen Sie mit einem Rechtsklick auf das OneDrive-Symbol in der Taskleistenecke und dann über den Menüpunkt *Einstellungen*.

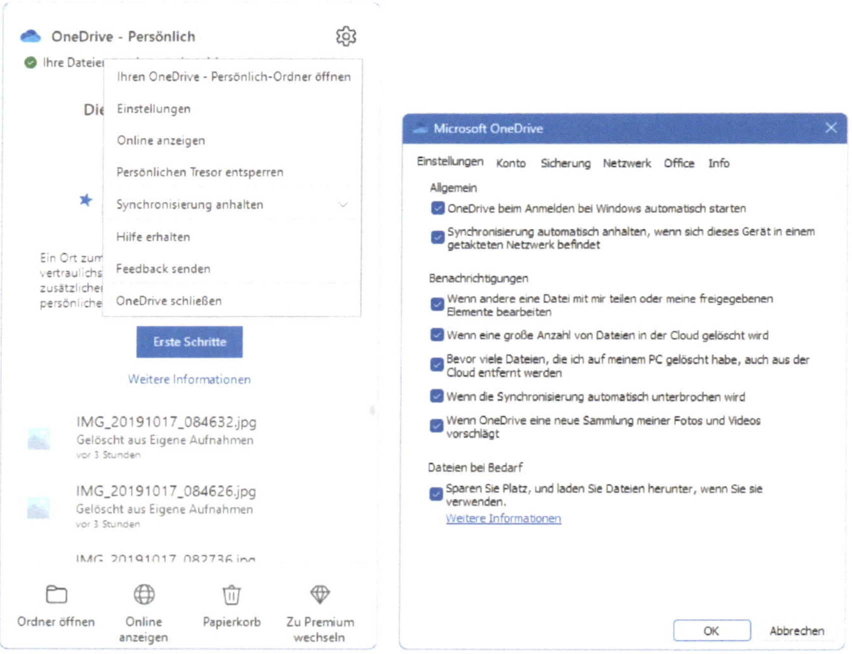

Die Einstellungen von OneDrive.

- Achten Sie darauf, dass in den Einstellungen das Kontrollkästchen *OneDrive beim Anmelden bei Windows automatisch starten* eingeschaltet ist, damit OneDrive immer auf dem aktuellen Stand ist.

Zusätzliche Symbole an jeder Datei und jedem Unterordner im *OneDrive*-Ordner im Windows-Explorer ermöglichen es, jede Datei oder jeden Ordner nach Bedarf offline verfügbar zu machen oder auch nicht, um einen deutlich flexibleren Umgang mit dem Cloudspeicher zu bieten. Auf diese Weise werden auch Dateien, die nicht auf dem Gerät gespeichert sind, im *OneDrive*-Ordner angezeigt und können einfach heruntergeladen werden, indem man sie wie jede lokale Datei öffnet.

- **Nur online verfügbar** – Diese Dateien belegen keinen Speicherplatz auf der Festplatte, werden aber beim Öffnen automatisch heruntergeladen und stehen danach offline zur Verfügung. Klicken Sie mit der rechten Maustaste auf eine oder mehrere ausgewählte Dateien und wählen Sie im Kontextmenü *Immer auf diesem Gerät beibehalten*, um diese Dateien herunterzuladen und jederzeit lokal verfügbar zu haben.

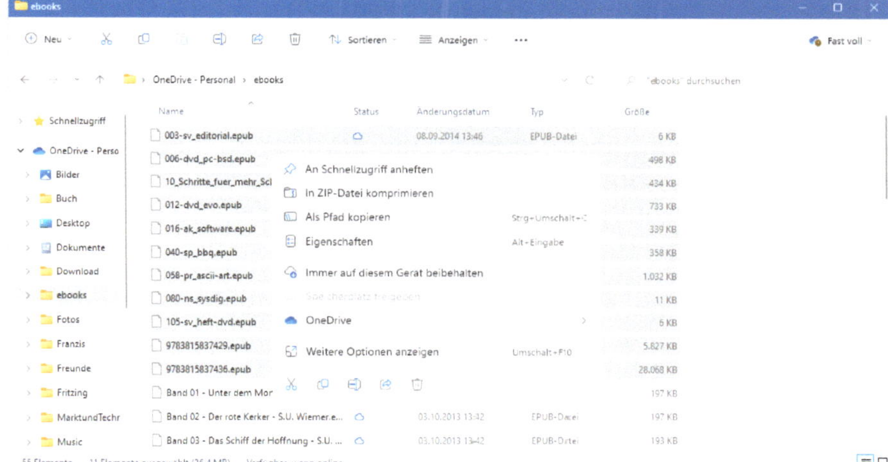

Dateien von OneDrive zur Offlinenutzung auf dem PC synchronisieren.

- **Lokal verfügbar** – Dateien, die durch Öffnen auf dem PC bereits lokal verfügbar sind, belegen Speicherplatz auf der Festplatte. Über den Menüpunkt *Speicherplatz freigeben* im Kontextmenü können diese Dateien wieder auf *Nur online verfügbar* gesetzt werden, um den Speicherplatz freizugeben. Werden diese Dateien auf einem anderen Gerät verändert, werden sie automatisch wieder auf *Nur online verfügbar* gesetzt und müssen bei Bedarf neu heruntergeladen werden.

- **Immer lokal verfügbar** – Über den Menüpunkt *Immer behalten auf diesem Gerät* können Sie viele Dateien auf einmal offline verfügbar machen, ohne sie einzeln öffnen zu müssen. Im Gegensatz zu den Dateien mit einem grünen Häkchen auf weißem Grund werden diese nach einer Veränderung auf einem anderen Gerät automatisch auch wieder in der neuesten Version auf diesen PC heruntergeladen, sodass Sie immer den aktuellen Stand lokal verfügbar haben.

- **Noch nicht synchronisiert** – Dateien und Ordner, die seit der letzten Synchronisierung lokal verändert wurden und daher mit dem Cloudspeicher nicht synchron sind, werden automatisch synchronisiert, was je nach Dateigröße eine Zeit dauern kann.

- **Synchronisierungsfehler** – Dateien, die aus verschiedenen Gründen nicht synchronisiert werden können.

Speicherplatz auf der Festplatte freigeben

Wird der Speicherplatz auf der Festplatte knapp, können Sie die lokalen Synchronisationskopien von Dateien im *OneDrive*-Ordner löschen, um Speicherplatz freizugeben. Die Dateien bleiben auf OneDrive erhalten und werden bei Bedarf neu heruntergeladen.

- Markieren Sie eine oder mehrere Dateien in einem *OneDrive*-Ordner, klicken Sie mit der rechten Maustaste darauf und wählen Sie *Speicherplatz freigeben* im Kontextmenü. Die lokal gespeicherten Dateien werden gelöscht, die Dateien bleiben aber weiterhin online verfügbar.

Die automatische Speicheroptimierung in Windows 11 bereinigt temporäre Dateien auf der Festplatte, wenn der Speicherplatz knapp ist. Sie finden diese Speicheroptimierung in den Einstellungen unter *System/Speicher/Speicheroptimierung*.

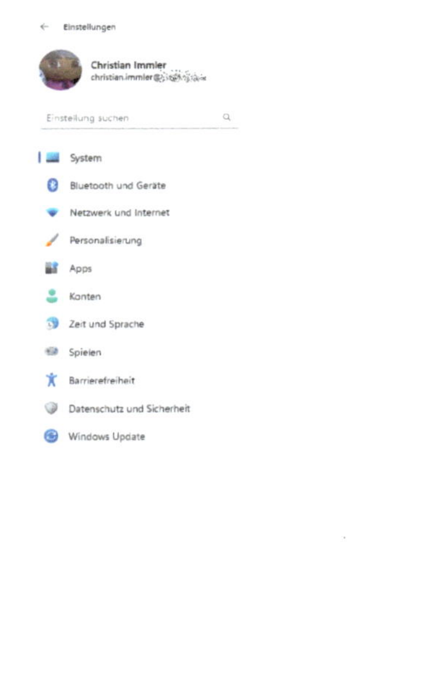

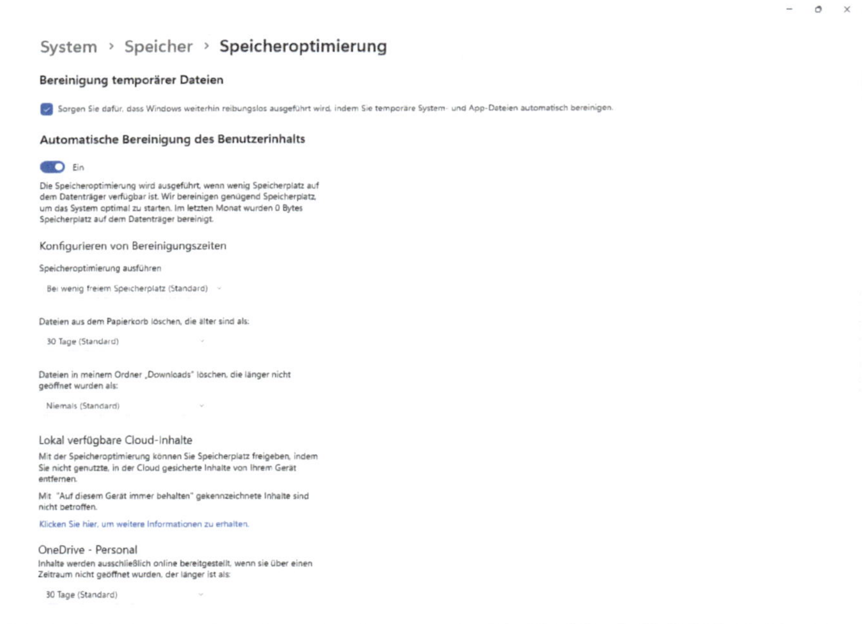

Lokal verfügbare Cloudinhalte mit der Speicheroptimierung bereinigen.

- Schalten Sie hier die *Automatische Bereinigung des Benutzerinhalts* ein. Ganz unten unter *OneDrive – Personal* wählen Sie aus, wie lange nach dem letzten Zugriff eine Datei auf *Nur online* gesetzt werden soll, wenn die Speicheroptimierung läuft.

Dokumente und Bilder automatisch auf OneDrive speichern

Wechseln Sie regelmäßig zwischen mehreren PCs hin und her und möchten Sie dabei sehr einfach auf die gleichen Daten zugreifen? Dann können Sie festlegen, dass die Standardordner für Bilder und Dokumente, die im Schnellzugriffsbereich des Explorers angezeigt werden, auf OneDrive gespeichert werden statt nur auf der lokalen Festplatte.

- Klicken Sie mit der rechten Maustaste auf das OneDrive-Symbol in der Taskleiste und wählen Sie *Einstellungen*.
- Wählen Sie auf der Registerkarte *Sicherung* mit einem Klick auf *Sicherung verwalten* aus, wo Sie Dokumente und Bilder standardmäßig speichern möchten, lokal oder auf OneDrive
- Unterhalb der Ordnernamen im Schnellzugriffsbereich des Explorers wird OneDrive als Pfad angezeigt.

Die Ordnersicherung sichert persönliche Standardordner auf OneDrive.

Daten an Freunde oder Teamkollegen freigeben

Cloudspeicherdienste bieten eine ideale Möglichkeit, größere Datenmengen mit einem einfachen Link für Freunde freizugeben. Diese können die Daten herunterladen, wann sie möchten. Es müssen nicht beide beteiligten PCs gleichzeitig online sein. Selbst innerhalb eines lokalen Netzwerks, in dem verschiedene Benutzerkonten verwendet werden, sind OneDrive-Freigaben oft komfortabler als klassische Netzwerkfreigaben.

Jede auf OneDrive hochgeladene oder synchronisierte Datei ist zunächst standardmäßig nur für Sie selbst und für niemand anderen sichtbar und nutzbar. Dabei gibt es eine Ausnahme: Kopieren Sie eine Datei in einen Ordner, der bereits für andere Personen freigegeben ist, wird die neue Datei automatisch für dieselben Personen freigegeben. Sie übernimmt die Freigabeeinstellungen des Ordners.

- Die Datei oder der Ordner muss in einem Unterordner von OneDrive auf der lokalen Festplatte liegen. Dann wird sie automatisch mit OneDrive synchronisiert.
- Klicken Sie mit der rechten Maustaste auf die gewünschte Datei im Explorer und wählen Sie im Kontextmenü *OneDrive/Teilen*.

Datei per Kontextmenü über OneDrive teilen.

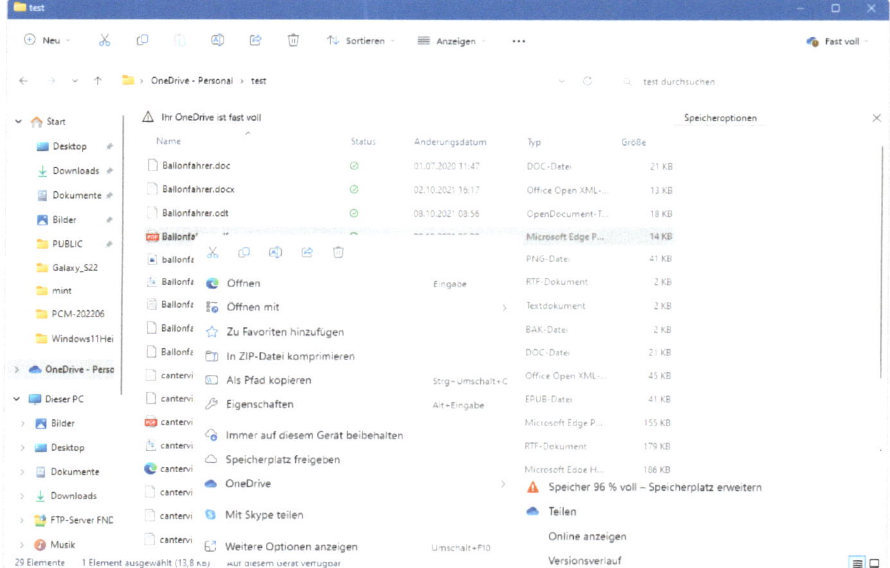

- Im einfachsten Fall tragen Sie im nächsten Dialogfeld die E-Mail-Adresse des Empfängers ein und schreiben eine kurze Nachricht. Sie können auch mehrere Empfänger eintragen.
- Nach einem Klick auf *Senden* erhält der Empfänger eine E-Mail mit einem Link auf die Datei. Diese E-Mail selbst ist sehr klein, da sie keinen Dateianhang enthält. Absender der E-Mail ist das eigene Microsoft-Konto.
- Mit dem Stiftsymbol legen Sie fest, ob die Empfänger dieser E-Mail die Datei nur betrachten oder herunterladen können oder aber auch direkt auf OneDrive bearbeiten, wobei die geänderte Version dann automatisch auch auf Ihren PC synchronisiert wird.

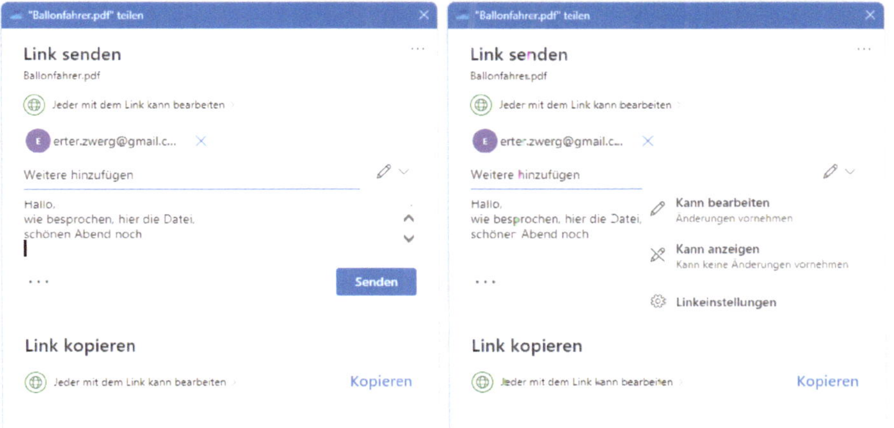

E-Mail mit OneDrive-Freigabelink erstellen.

- Ist ganz oben die Standardoption *Jeder mit dem Link* ausgewählt, kann jeder, der den Freigabelink anklickt, die Datei nutzen. Klicken Sie auf diese Zeile, können Sie einen Link erstellen, der nur für die in der E-Mail als Empfänger eingetragenen Personen funktioniert. Diese müssen dazu ein Microsoft-Konto haben und sich damit zur Nutzung der freigegebenen Datei anmelden.

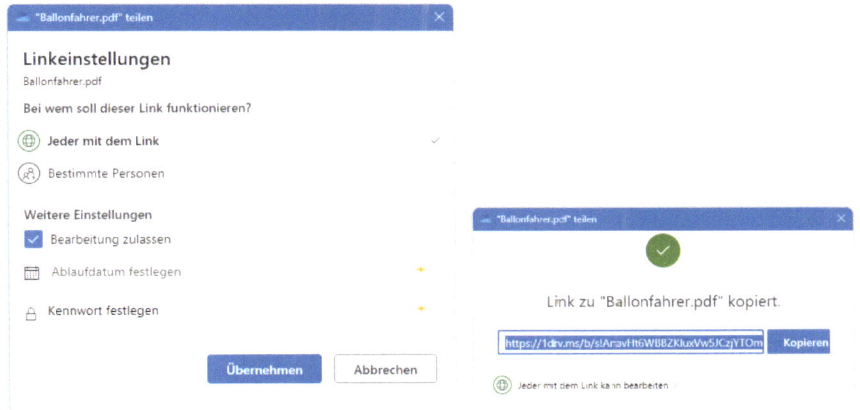

Links: Linkeinstellungen ändern – rechts: Link kopieren.

- Anstatt den Freigabelink mit einer automatisch generierten E-Mail zu versenden, können Sie ihn auch mit einem Klick auf *Kopieren* in die Zwischenablage kopieren, um ihn in ein beliebiges Programm oder Dokument einzufügen.

Zum Teilen des Links kann auch der neue *Teilen*-Dialog aus Windows 11 verwendet werden, den mit der Zeit immer mehr Programme nutzen. Hier werden häufig kontaktierte Personen automatisch vorgeschlagen. Außerdem kann die Umgebungsfreigabe genutzt werden, um auch ohne Internetverbindung den Link an ein Gerät in unmittelbarer Nähe zu schicken.

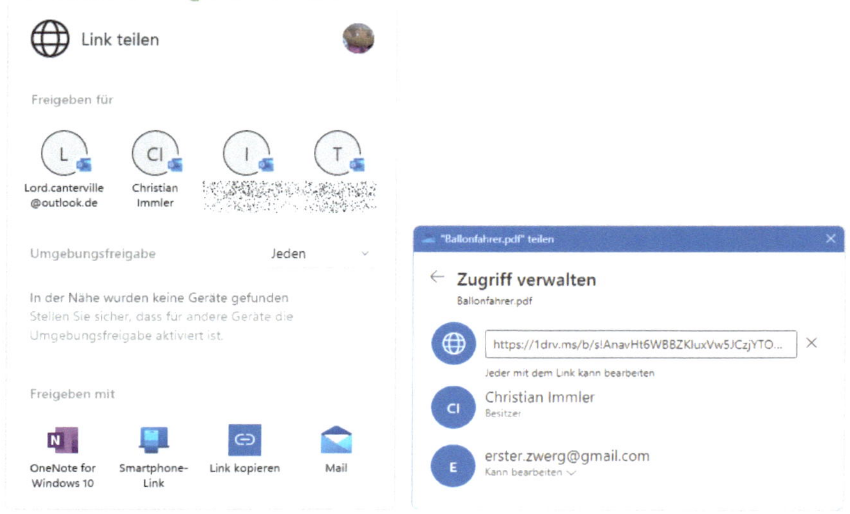

OneDrive-Freigabelink über Apps oder Umgebungsfreigabe teilen.

Bei Bedarf können Sie geteilte Freigabelinks später auch ungültig machen, um bestimmten Personen den Zugriff auf die Datei oder den Ordner wieder zu verwehren.

Klicken Sie dazu auf das Menü mit den drei Punkten rechts oben im Dialogfeld *Link senden*. Im Dialogfeld *Zugriff verwalten* ändern Sie die Zugriffsrechte für bestimmte Personen oder löschen Freigabelinks.

OneDrive im Browser nutzen

Wenn Sie nicht an Ihrem eigenen PC sitzen, in dem die Dateien von OneDrive automatisch synchronisiert werden, können Sie OneDrive auch im Browser über *onedrive.com* nutzen. Melden Sie sich dort mit Ihrem Microsoft-Konto an. OneDrive zeigt im Browser viel Werbung für kostenpflichtige Tarife. Die kostenlosen Optionen funktionieren aber auch alle.

Am eigenen PC können Sie auch Ihr persönliches OneDrive über das OneDrive-Symbol in der Taskleistenecke im Browser öffnen. Klicken Sie dazu mit der rechten Maustaste auf dieses Symbol und wählen Sie im Kontextmenü *Online anzeigen*.

Dateien im Browser auf OneDrive hochladen

Mit dem Symbol *Hochladen* können Sie Dateien oder Ordner vom PC auf OneDrive hochladen. Wechseln Sie dazu im Browser in den gewünschten *OneDrive*-Ordner und wählen Sie dann die Dateien oder Ordner aus den lokalen Laufwerken aus. Nach dem Hochladen werden die Dateien automatisch mit allen mit diesem OneDrive-Konto verbundenen PCs synchronisiert.

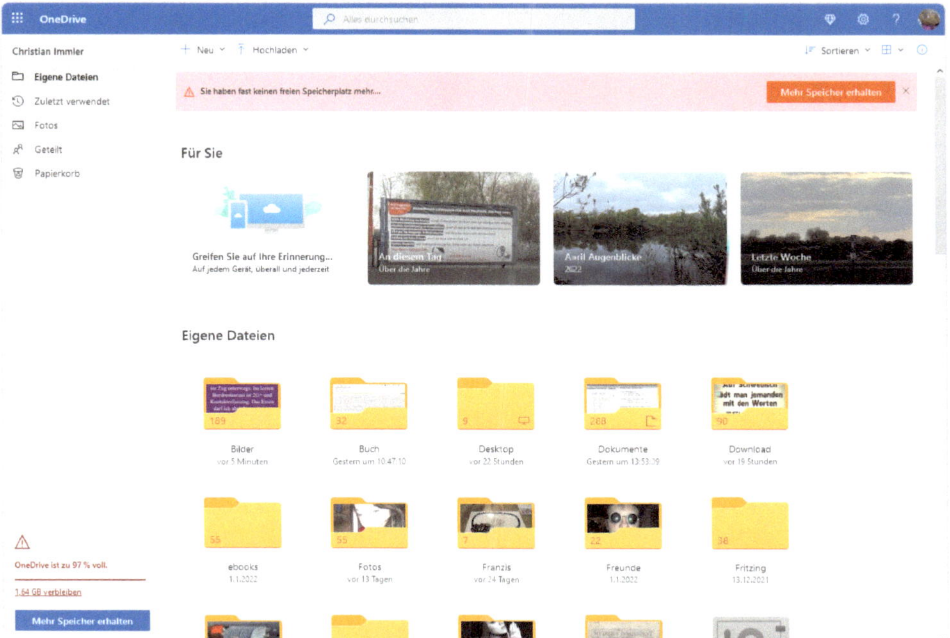

OneDrive im Browser.

OneDrive bietet im Browser einen einfachen Dateimanager. Markieren Sie die gewünschten Dateien mit den Häkchen oben rechts bei jeder Datei oder ganz links in der Listenansicht. Jetzt erscheint oben eine Symbolleiste mit Buttons zum Kopieren oder Verschieben der Dateien innerhalb von OneDrive. Hier können Sie die Dateien auch auf den lokalen PC herunterladen.

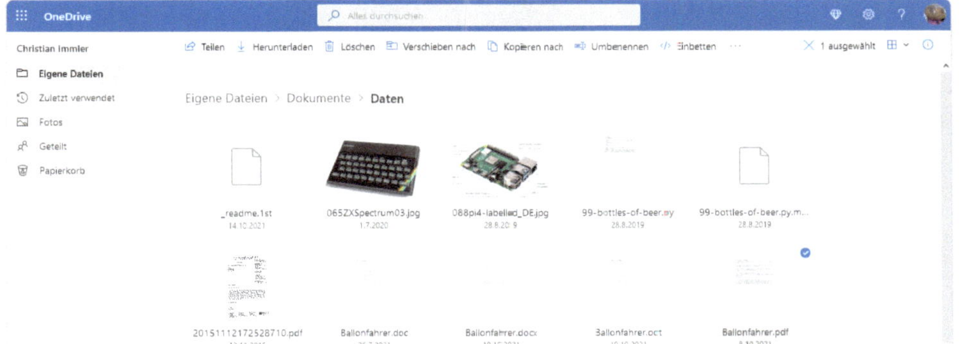

Einfache Dateiverwaltungsfunktionen in OneDrive im Browser.

Das *Teilen*-Symbol oben links bietet die Möglichkeit, auch aus dem Browser Dateien auf OneDrive mit Freunden zu teilen. Dazu wird das gleiche Dialogfeld verwendet wie auch beim Teilen aus dem Explorer.

Dateien aus OneDrive im Browser mit Freunden teilen.

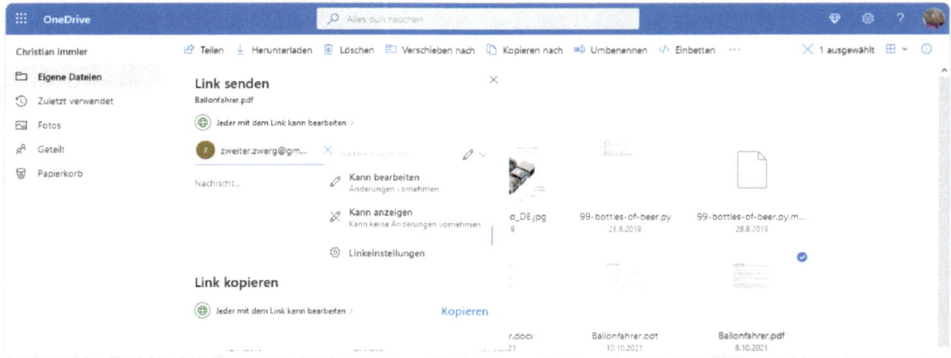

OneDrive-Speicherplatz voll – was tun?

Der kostenlose Speicherplatz auf OneDrive ist immer knapp. Umso wichtiger ist es, regelmäßig aufzuräumen und überflüssige Dateien zu löschen. Geht der Speicherplatz zur Neige, zeigt OneDrive auf dem Taskleistensymbol, im Übersichtsfenster, im Explorer und auch im Browser auffällige Meldungen an – wie zu erwarten natürlich mit Werbung für mehr Speicherplatz mit kostenpflichtigen Tarifen.

- Die Browseransicht zeigt unten links die Auslastung des OneDrive-Speicherplatzes. Klicken Sie auf den kleinen Link mit dem verbleibenden Speicherplatz, erscheint die Seite *Speicher verwalten*.

Übersicht über das Speicherplatzkontingent auf OneDrive.

- Hier zeigt ein Balken auf den ersten Blick die Speicherauslastung an. Klicken Sie auf den Link *Was nimmt Speicherplatz in Anspruch?*, sehen Sie die größten Dateien, bei denen sich das Ausmisten zuerst lohnt.

Löschen Sie eine Datei auf OneDrive oder in einem synchronisierten Ordner auf einem PC, verschwindet sie automatisch auch auf den anderen synchronisierten Geräten. OneDrive verwendet einen eigenen Papierkorb, in dem diese Dateien noch 30 Tage im Cloudspeicher aufbewahrt werden, um sie im Notfall wiederherstellen zu können. Dieser Papierkorb wird zum belegten Speicherplatzkontingent hinzugezählt. Um Speicherplatz frei zu bekommen, lohnt es sich, den Papierkorb ab und an zu leeren.

Der Papierkorb ist im Seitenmenü von OneDrive im Browser zu finden. Hier können Sie gelöschte Dateien einzeln wiederherstellen oder auch alle zusammen oder den Papierkorb ganz leeren.

Die OneDrive-App für Smartphones

OneDrive liefert eine App, über die Sie auch mit dem Smartphone auf Ihre Dateien auf OneDrive zugreifen und sie mit Freunden teilen können. Zur Anmeldung wird das gleiche Microsoft-Konto wie auf dem PC benötigt, nicht das auf dem Smartphone angemeldete Google-Konto.

Die OneDrive-App zeigt die komplette Verzeichnisstruktur von OneDrive. Die Dateien werden nicht automatisch mit dem Smartphone synchronisiert, können aber einzeln zur Offlinenutzung verfügbar gemacht werden.

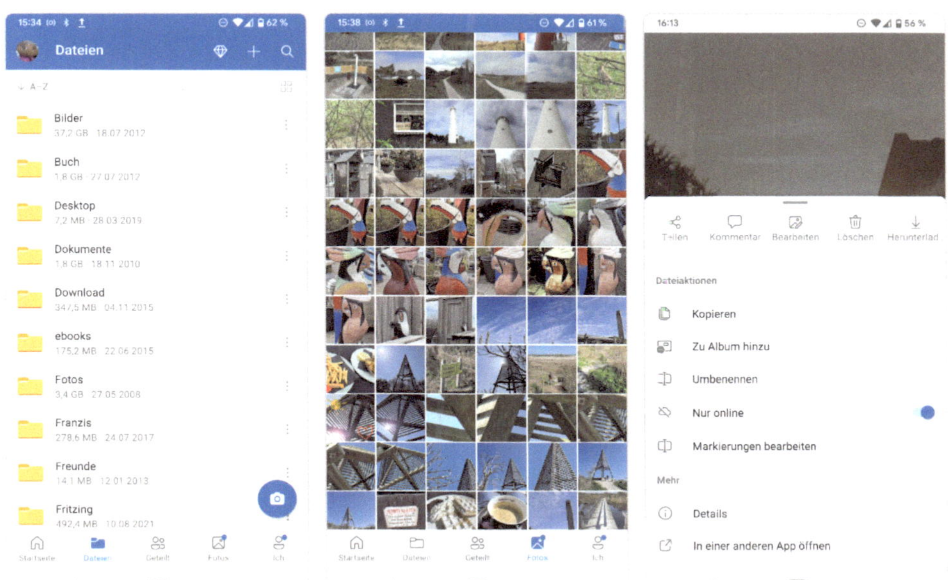

Die OneDrive-App für Smartphones.

Über die Teilen-Funktion diverser Apps können Dateien auf OneDrive hochgeladen werden, wenn die OneDrive-App installiert ist. Dabei haben Sie jedes Mal die Möglichkeit, einen Ordner auszuwählen.

Über das *Teilen*-Symbol im Menü mit den drei Punkten neben jeder Datei oder in den Symbolleisten der Dateibetrachter können Sie Links auf eigene Dateien bei OneDrive leicht mit Freunden teilen und dabei festlegen, welche Personen die Datei nur sehen dürfen und wer sie auch bearbeiten darf.

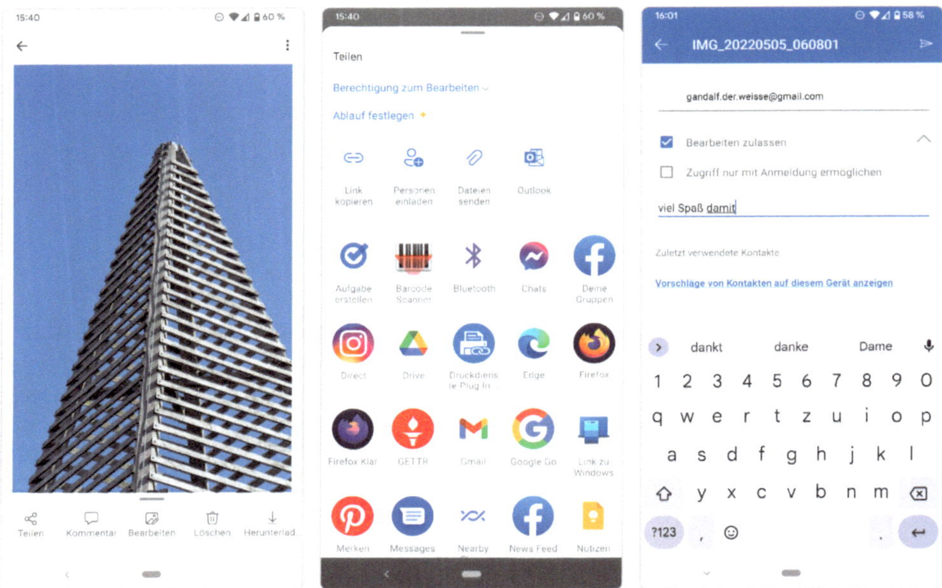

Datei aus der OneDrive-App mit Freunden teilen.

4.2 Google Drive

Google Drive (*drive.google.com*), der Cloudspeicher von Google, steht jedem Nutzer eines Google-Kontos zur Verfügung. Seit Android mehr oder weniger zum Standard für Smartphones geworden ist, hat nahezu jeder auch ein Google-Konto. Man braucht es nur zu nutzen.

Kostenloser Speicherplatz

Google Drive bietet neuen Nutzern 15 GByte kostenlosen Speicherplatz an und liegt damit deutlich vor dem in Windows vorinstallierten OneDrive. Allerdings steht dieser Speicherplatz seit einiger Zeit unter dem Namen *Google One* nur noch gemeinsam mit dem Speicherplatz für *Gmail* und *Google Fotos* zur Verfügung. Dadurch bleibt vielen Nutzern deutlich weniger übrig.

Drive für Desktop

Google Drive bietet ein Windows-Desktopprogramm mit der Bezeichnung *Drive for Desktop* an, das ähnlich wie OneDrive auf einfache Weise ein Verzeichnis der lokalen Festplatte automatisch im Hintergrund mit Google Drive synchronisiert.

- Melden Sie sich bei *drive.google.com* mit Ihrem Google-Konto an und klicken Sie rechts oben auf das Einstellungen-Symbol. Wählen Sie *Drive for Desktop herunterladen*, laden Sie sich das Programm herunter und installieren Sie es.

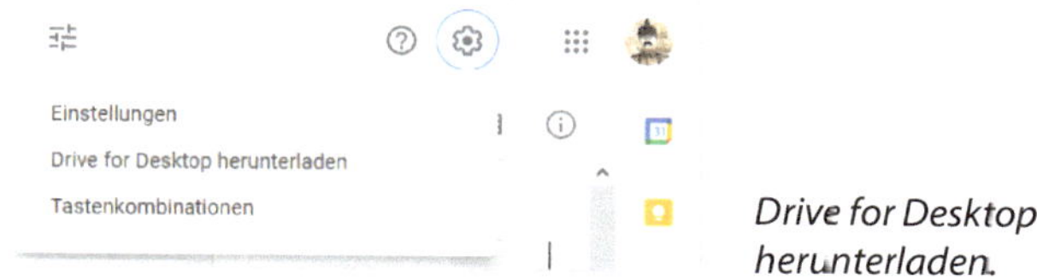

Drive for Desktop herunterladen.

- Nach der Installation müssen Sie sich mit Ihrem Google-Konto anmelden. Dazu wird ein Browserfenster geöffnet. Anschließend erscheint Google Drive als Symbol in der Taskleistenecke.
- Klicken Sie darauf, erscheint ein kleines Fenster, das Aktivitäten und Benachrichtigungen von Google Drive zeigt. Klicken Sie hier oben rechts auf das Einstellungen-Symbol und wählen Sie *Einstellungen*.

Einstellungen zur Sicherung auf Google Drive.

Lokale Ordner automatisch auf Google Drive speichern

Mit Drive for Desktop können Sie beliebige Ordner der lokalen Laufwerke wie auch USB-Laufwerke direkt beim Anschließen automatisch sichern. Die Daten stehen dann in der Browseransicht von Google Drive wie auch in der App für Smartphones zur Verfügung. Auf diese Weise gesicherte Dateien können über Google Drive mit Freunden geteilt werden.

- Klicken Sie in den Einstellungen von Google Drive auf der Seite *Mein Computer* auf *Ordner hinzufügen* und fügen Sie nacheinander die Ordner hinzu, die Sie regelmäßig im Hintergrund auf Google Drive sichern möchten.

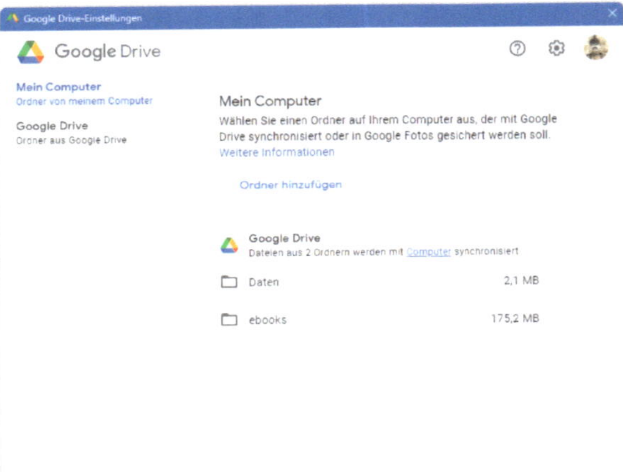

Ordner für die Sicherung hinzufügen.

- Bei jedem Ordner können Sie wählen, ob alle Daten auf Google Drive gesichert werden sollen oder ob Fotos und Videos in Google Fotos gespeichert werden, wo Sie die komfortablen Funktionen für Alben und Bildbearbeitung nutzen können. Dateien, die keine Fotos oder Videos sind, werden auf Google Fotos nicht gesichert.

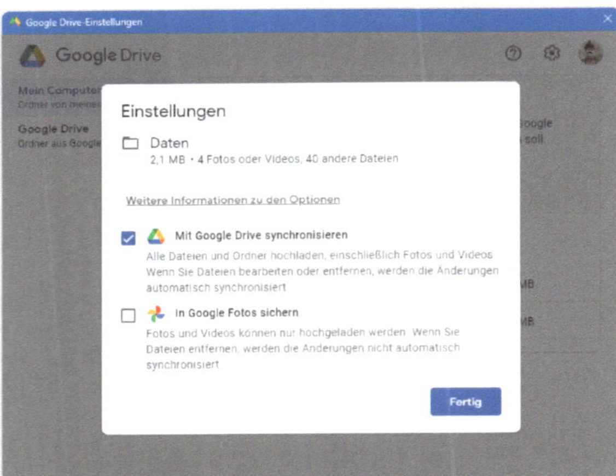

Synchronisieren mit Google Drive oder Sichern in Google Fotos.

- Bedenken Sie, dass die Fotos zweimal gesichert werden und daher auch mehr Speicherplatz belegen, wenn Sie beide Schalter aktivieren.
- Mit einem Klick auf das Einstellungen-Symbol oben rechts auf der Seite *Mein Computer* können Sie beim Hochladen auf Google Drive Speicherplatz sparen. In dieser Einstellung werden Fotos, die größer als 16 Megapixel sind, auf

16 Megapixel reduziert. Früher wurden diese größenreduzierten Fotos nicht auf das Speicherplatzkontingent angerechnet. Diesen Bonus hat Google leider für neu hochgeladene Fotos gestrichen.

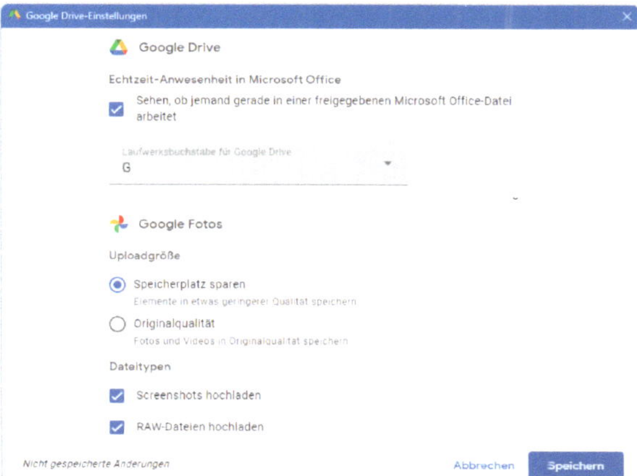

Einstellungen, um auf Google Fotos beim Sichern Speicherplatz zu sparen.

Google-Drive-Ablage automatisch mit lokalem Festplattenordner synchronisieren

Die sogenannte Ablage in Google Drive ist der Bereich, auf den man üblicherweise über den Browser oder von mobilen Geräten wie Smartphones oder Tablets aus zugreift. Diese Daten können mit Drive for Desktop auf dem PC zur Verfügung gestellt werden.

Google Drive bietet zwei verschiedene Methoden zur Synchronisierung der Ablage mit der Festplatte. Schalten Sie dafür in den Einstellungen von Google Drive oben links von *Mein Computer* auf *Google Drive* um.

- Ähnlich wie bei der OneDrive-Einstellung *Dateien bei Bedarf* zeigt die Einstellung *Dateien streamen* in Google Drive nur Platzhalter für die Dateien an. Es werden erst einmal keine Dateien auf die Festplatte kopiert. Die Dateien werden nur dann auf die Festplatte heruntergeladen, wenn sie benötigt werden. Google Drive legt dazu ein virtuelles Laufwerk mit eigenem Laufwerkbuchstaben an, das im Explorer auf der Seite *Dieser PC* bei den Laufwerken erscheint. Dateien, die Sie mit dem Explorer auf das Google-Drive-Laufwerk kopieren oder dort bearbeiten, werden automatisch in den Google-Drive-Cloudspeicher zurückkopiert, damit sie auch auf anderen Geräten genutzt werden können.
- Die Einstellung *Dateien spiegeln* synchronisiert alle Dateien in einen Ordner auf dem PC. In diesem Fall sind sie immer auch offline nutzbar.

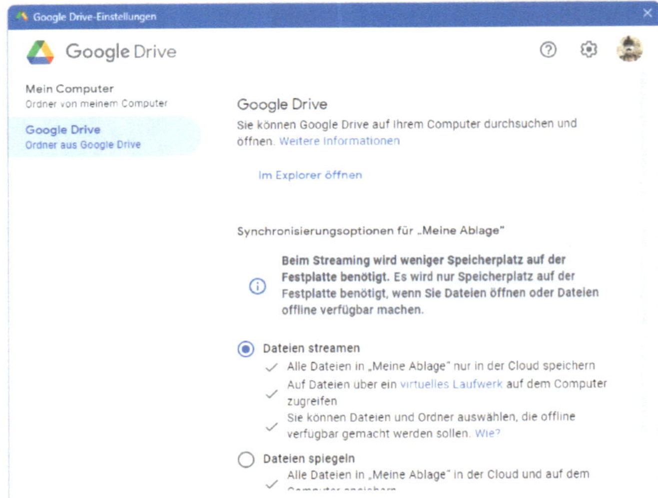

Synchronisierungsoptionen für Meine Ablage auswählen.

- Die Methode *Dateien streamen* benötigt deutlich weniger Speicherplatz auf dem PC und läuft auch im Alltag aufgrund der nur geringen Hintergrundaktivität deutlich flüssiger.

Wenn Sie Daten oder andere Ordner in den *Google Drive*-Ordner auf der Festplatte kopieren, werden diese automatisch auf Google Drive hochgeladen und bleiben auch als Kopie auf der Festplatte.

Umgekehrt werden aber Dateien, die von anderen Computern in Ihren persönlichen *Google Drive*-Ordner hochgeladen wurden, zwar im Explorer angezeigt, aber erst bei Bedarf automatisch auf die lokale Festplatte dieses Computers kopiert. Kurz nach dem lokalen Speichern sind die bearbeiteten Dateien auch wieder online verfügbar.

- Möchten Sie eine Datei offline ohne Internetverbindung nutzen, machen Sie die Datei offline verfügbar, indem Sie mit der rechten Maustaste im Explorer darauf klicken und im Kontextmenü die Option *Weitere Optionen anzeigen/Offlinezugriff/Offline verfügbar* einschalten.

Zusätzliche Symbole an jeder Datei und jedem Unterordner im *Google Drive*-Ordner im Windows-Explorer zeigen, welche Dateien nur online oder auch offline verfügbar sind. Generell werden alle Dateien, auch die nicht auf dem Gerät gespeicherten, im *Google Drive*-Ordner angezeigt und können einfach genutzt werden, indem Sie sie wie jede lokale Datei öffnen.

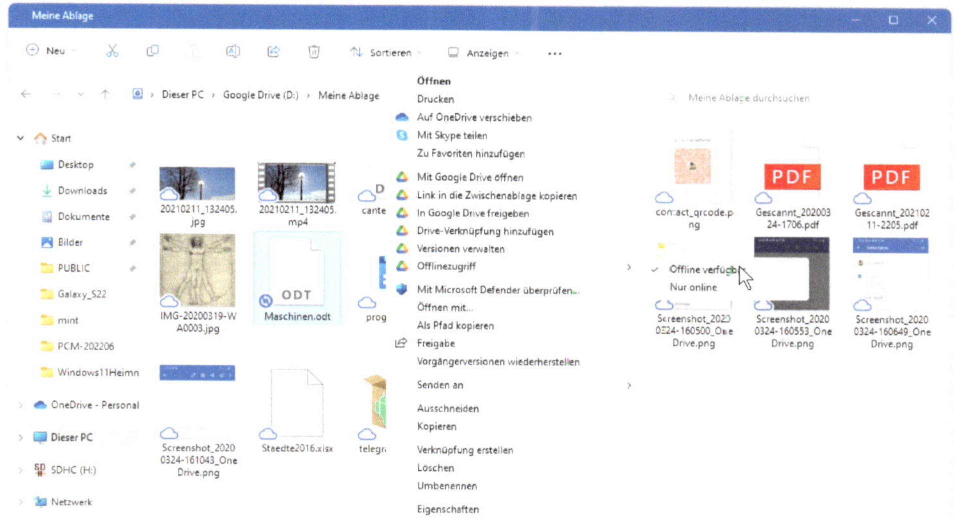

Datei auf Google Drive im Explorer offline verfügbar machen.

- Achten Sie darauf, dass das Kontrollkästchen *Google Drive beim Systemstart automatisch starten* eingeschaltet ist, damit Google Drive immer auf dem aktuellen Stand ist. Die Einstellungen von *Drive for Desktop* erreichen Sie mit einem Klick auf das Einstellungen-Symbol oben rechts im Fenster *Google Drive-Einstellungen*.

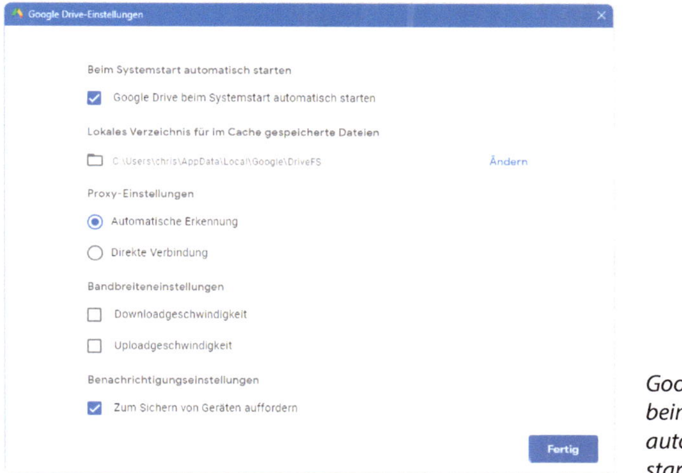

Google Drive beim Systemstart automatisch starten.

- Sollte es Schwierigkeiten mit der Internetverbindung bei *Drive for Desktop* geben, schalten Sie die *Proxy-Einstellungen* auf *Direkte Verbindung* um.

Daten an Freunde oder Teamkollegen freigeben

Jede auf Google Drive hochgeladene oder synchronisierte Datei ist zunächst standardmäßig nur für Sie selbst und für niemand anderen sichtbar und nutzbar. Dabei gibt es eine Ausnahme: Kopieren Sie eine Datei in einen Ordner, der bereits für andere Personen freigegeben ist, wird die neue Datei automatisch für dieselben Personen freigegeben. Sie übernimmt die Freigabeeinstellungen des Ordners.

- Die Datei oder der Ordner muss in einem Ordner auf der lokalen Festplatte liegen, der in den Einstellungen von Google Drive unter *Mein Computer* zur Synchronisation eingetragen ist, oder auf dem Google-Drive-Laufwerk, das für das Streamen von Dateien im Explorer angelegt wird.
- Klicken Sie mit der rechten Maustaste auf die gewünschte Datei im Explorer und wählen Sie im Kontextmenü *Weitere Optionen anzeigen/In Google Drive freigeben*.

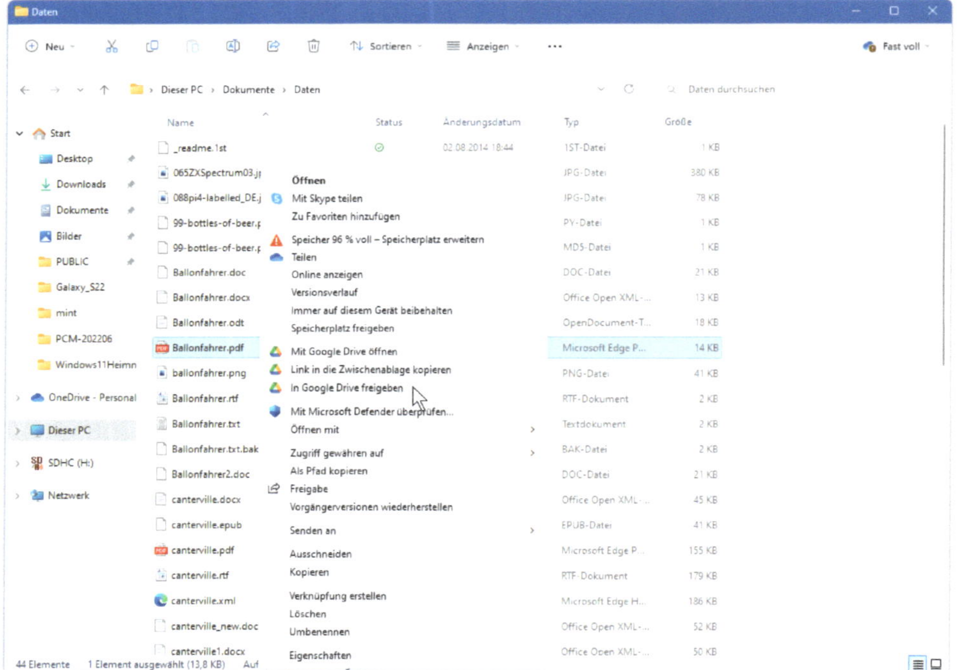

Datei über das Kontextmenü im Explorer über Google Drive freigeben.

- Im einfachsten Fall tragen Sie im nächsten Dialogfeld die E-Mail-Adresse des Empfängers ein und schreiben danach eine kurze Nachricht. Sie können auch mehrere Empfänger eintragen.
- Wenn *Personen benachrichtigen* eingeschaltet ist, erhält der Empfänger nach einem Klick auf *Senden* eine E-Mail mit einem Link auf die Datei. Diese E-Mail

selbst ist sehr klein, da sie keinen Dateianhang enthält. Absender der E-Mail ist das eigene Microsoft-Konto.

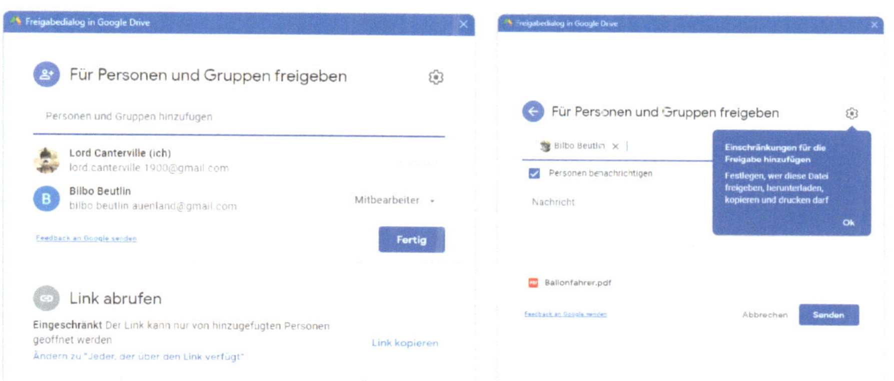

E-Mail mit Google-Drive-Freigabelink erstellen.

- Mit dem Auswahlfeld rechts neben den E-Mail-Adressen legen Sie fest, ob die Empfänger dieser E-Mail die Datei nur betrachten, kommentieren oder auch bearbeiten können, wobei nach einer Bearbeitung die geänderte Version dann automatisch mit Google Drive synchronisiert wird.
- Über das Einstellungen-Symbol oben rechts in diesem Dialogfeld legen Sie Freigabeeinstellungen fest. Dabei können Sie wählen, ob Personen, denen die Datei zur Bearbeitung freigegeben wurde, auch Berechtigungen für andere ändern und freigeben dürfen.
- Außerdem können Sie Betrachtern und Kommentatoren die Optionen zum Herunterladen, Drucken und Kopieren der Datei in der Browseransicht anzeigen oder verwehren.

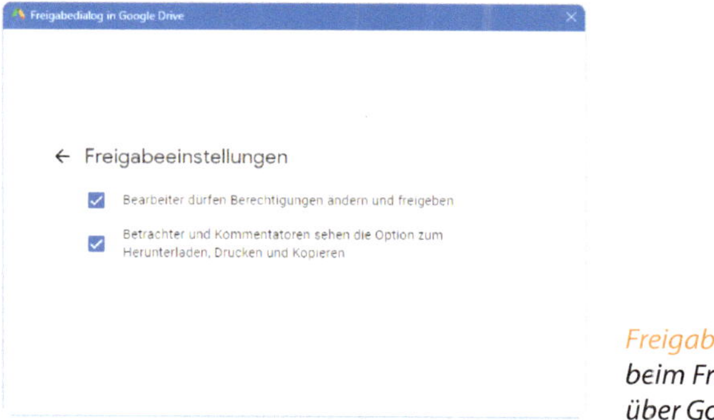

Freigabeeinstellungen beim Freigeben einer Datei über Google Drive.

- Anstatt den Freigabelink mit einer automatisch generierten E-Mail zu versenden, können Sie ihn auch mit einem Klick auf *Link kopieren* in die Zwischenablage kopieren, um ihn in ein beliebiges Programm oder Dokument einzufügen.

- Hier können Sie wählen, ob jeder, der den Freigabelink anklickt, die Datei nutzen darf, oder ob er nur für die eingetragenen Personen funktioniert. Diese müssen dazu ein Google-Konto haben und sich damit zur Nutzung der freigegebenen Datei anmelden.

Linkeinstellungen ändern und Link abrufen.

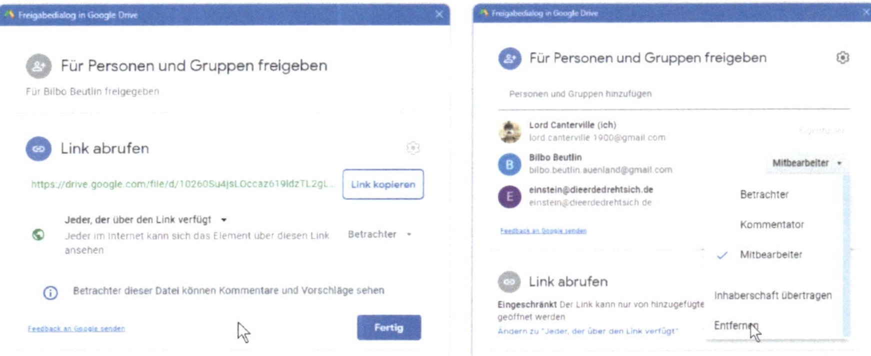

Bei Bedarf können Sie geteilte Freigabelinks später wieder ungültig machen, um bestimmten Personen den Zugriff auf die Datei oder den Ordner wieder zu verwehren. Wählen Sie dazu im Dialogfeld *Für Personen und Gruppen freigeben* im Listenfeld eine neue Berechtigung für eine bestimmte Person oder Gruppe oder entfernen Sie die Freigabe komplett.

Google Drive im Browser nutzen

Wenn Sie nicht an Ihrem eigenen PC sitzen, in dem die Dateien von Google Drive automatisch synchronisiert werden, können Sie Google Drive auch im Browser über *drive.google.com* nutzen. Melden Sie sich dort mit Ihrem Google-Konto an. Google Drive zeigt im Browser viel Werbung für kostenpflichtige Tarife. Die kostenlosen Optionen funktionieren aber auch alle.

Dateien im Browser auf Google Drive hochladen

Mit dem Symbol *Neu* oben links können Sie Dateien oder Ordner vom PC auf Google Drive in *Meine Ablage* hochladen oder auch neue Ordner anlegen. Wechseln Sie dazu im Browser in den gewünschten Google-Drive-Ordner und wählen Sie dann die Dateien oder Ordner aus den lokalen Laufwerken aus. Nach dem Hochladen werden die Dateien automatisch auf allen mit diesem Google-Konto verbundenen PCs, auf denen Drive for Desktop installiert ist, zur Verfügung gestellt.

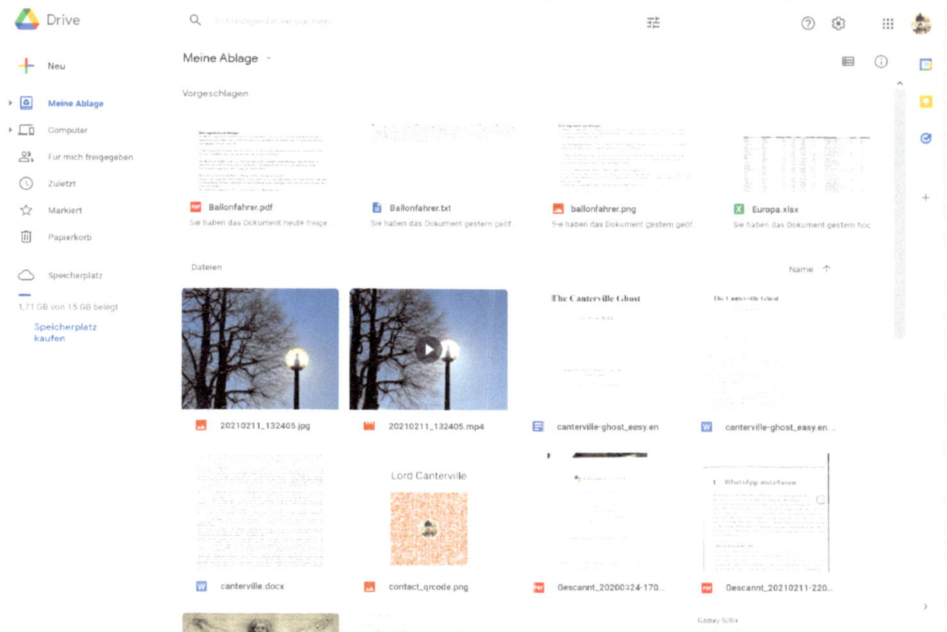

Google Drive im Browser.

Google Drive bietet im Browser einen einfachen Dateimanager. Markieren Sie die gewünschte Datei. Um mehrere Dateien gleichzeitig auszuwählen, verwenden Sie die Tasten ⇧ und Strg. Klicken Sie dann oben rechts auf das Menü mit den drei Punkten. Hier finden Sie Optionen zum Kopieren oder Verschieben der Dateien innerhalb von Google Drive. Außerdem können Sie die Dateien auch auf den lokalen PC herunterladen.

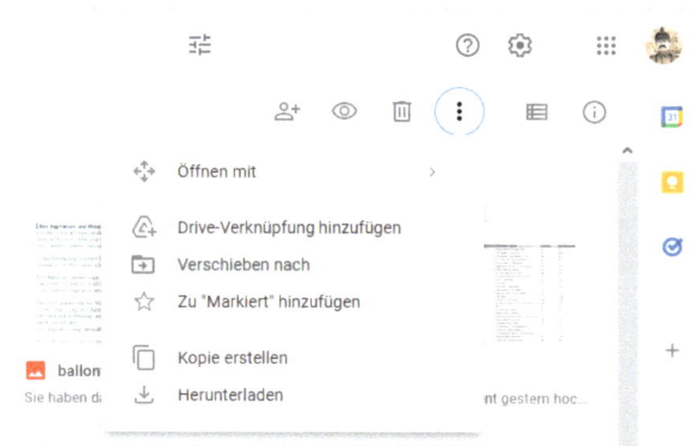

Einfache Dateiverwaltungsfunktionen in Google Drive im Browser.

- Das *Freigeben*-Symbol in der Symbolleiste oben bietet die Möglichkeit, auch aus dem Browser heraus Dateien auf Google Drive mit Freunden zu teilen. Dazu wird ein ähnliches Dialogfeld verwendet wie auch beim Teilen über den Explorer. Mit dem Symbol *Link abrufen* können Sie hier ebenfalls einen Link zu einer Datei erstellen, der sich auf beliebigem Weg weitergeben lässt.

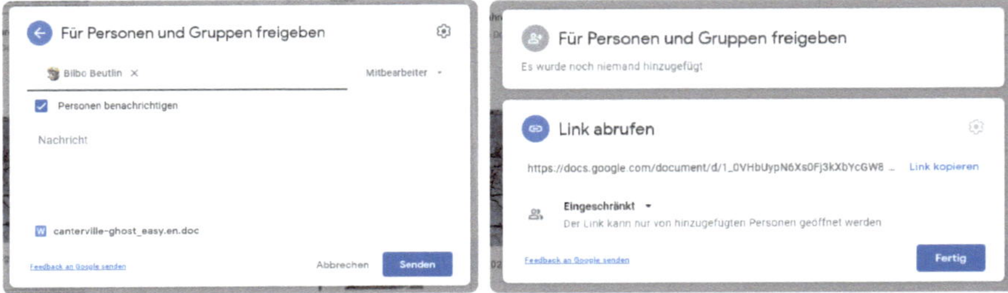

Dateien aus Google Drive im Browser heraus mit Freunden teilen oder Link zum Teilen abrufen.

Die Seite *Für mich freigegeben* in der Browseransicht von Google Drive zeigt auf einen Blick alle Dateien, die andere Nutzer Ihnen freigegeben haben.

Google-Drive-Speicherplatz voll – was tun?

Der kostenlose Speicherplatz auf Google Drive ist immer knapp. Umso wichtiger ist es, regelmäßig aufzuräumen und überflüssige Dateien zu löschen. Geht der Speicherplatz zur Neige, zeigt Google Drive im Browser auffällige Meldungen an – wie zu erwarten auch mit Werbung für kostenpflichtige Tarife mit mehr Speicherplatz.

Die Browseransicht zeigt im Seitenbalken links die Auslastung des Google-Drive-Speicherplatzes. Klicken Sie auf *Speicherplatz*, sehen Sie die größten Dateien, bei denen sich das Ausmisten zuerst lohnt.

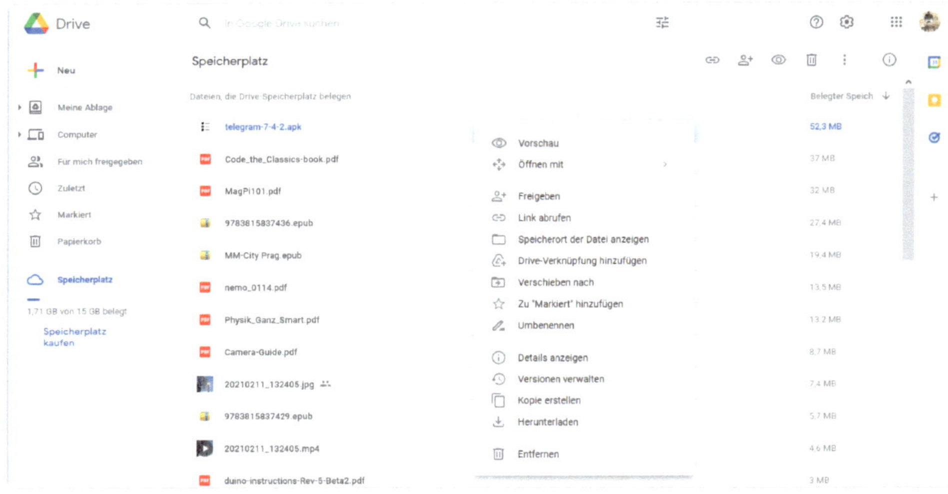

Übersicht über das Speicherplatzkontingent auf Google Drive.

Löschen Sie eine Datei auf Google Drive oder in einem synchronisierten Ordner auf einem PC, verschwindet sie automatisch auch auf den anderen synchronisierten Geräten. Google Drive verwendet einen eigenen Papierkorb, in dem diese Dateien noch 30 Tage im Cloudspeicher aufbewahrt werden, um sie im Notfall wiederherstellen zu können. Dieser Papierkorb wird zum belegten Speicherplatzkontingent hinzugezählt. Um Speicherplatz frei zu bekommen, lohnt es sich, den Papierkorb ab und an zu leeren.

Der Papierkorb ist im Seitenmenü von Google Drive im Browser zu finden. Hier können Sie gelöschte Dateien einzeln wiederherstellen oder auch alle zusammen oder den Papierkorb ganz leeren.

Die App Google Drive für Smartphones

Google Drive liefert eine App, mit der Sie auch vom Smartphone aus auf Ihre Dateien auf Google Drive zugreifen und sie mit Freunden teilen können. Zur Anmeldung wird das gleiche Google-Konto wie auf dem PC benötigt.

Die Google Drive-App zeigt die komplette Verzeichnisstruktur von Google Drive. Die Dateien werden nicht automatisch mit dem Smartphone synchronisiert, können aber einzeln zur Offlinenutzung verfügbar gemacht werden.

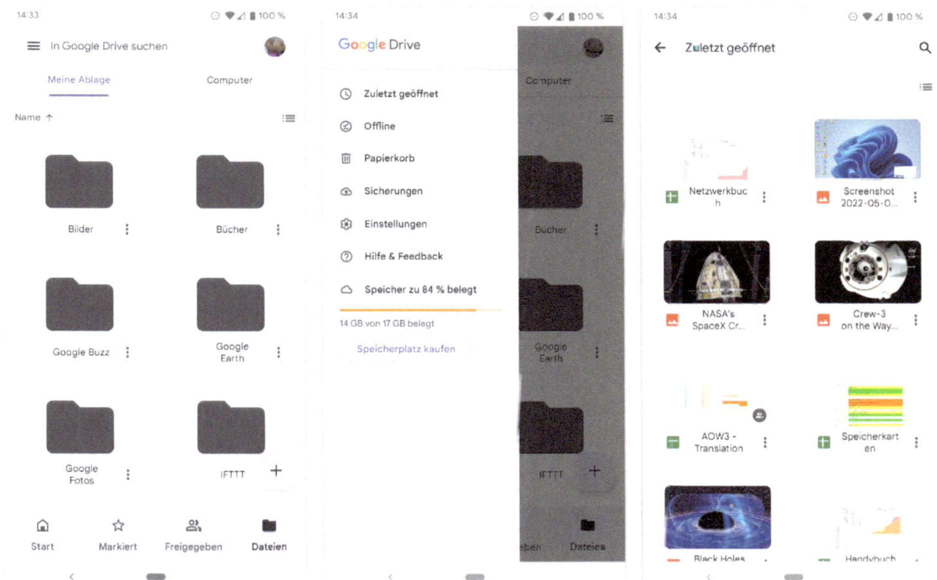

Die App Google Drive für Smartphones.

Über die Teilen-Funktion diverser Apps können Dateien auf Google Drive hochgeladen werden, wenn die Google Drive-App installiert ist. Dabei haben Sie jedes Mal die Möglichkeit, einen Ordner auszuwählen.

- Über die Funktion *Freigeben* im Menü mit den drei Punkten (oben rechts) oder in den Menüs der Dateibetrachter können Sie Links auf eigene Dateien bei Google Drive leicht mit Freunden teilen und dabei festlegen, welche Personen die Datei nur sehen dürfen und wer sie auch bearbeiten darf.

Datei in der App Google Drive mit Freunden teilen.

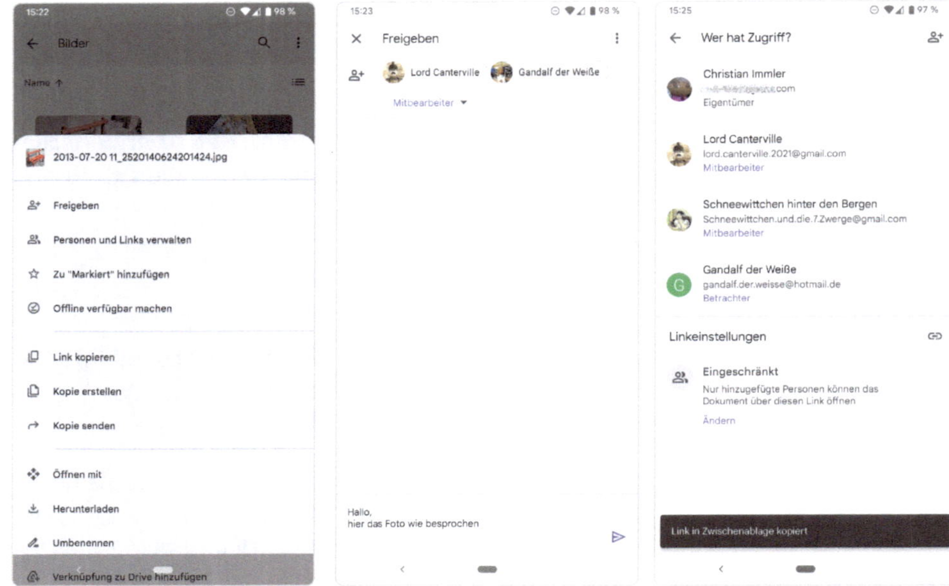

- Der Menüpunkt *Personen und Links verwalten* zeigt, wer bereits über eine Freigabe Zugriff auf die Datei hat. Hier wird eine Liste mit kompletten Namen und E-Mail-Adressen angezeigt, in der Sie auch die einzelnen Zugriffsrechte ändern können.

4.3 Dropbox

Dropbox (*www.dropbox.com*) war einer der ersten und auch lange Zeit der bekannteste kostenlose Cloudspeicherdienst, bis die aktuellen Einschränkungen kamen und Dropbox durch die sehr gute Integration von OneDrive in Windows 10 und 11 an Popularität verlor.

Dropbox-Bonus und -Einschränkungen

Dropbox stellt jedem neuen Nutzer 2 GByte kostenlosen Speicherplatz zur Verfügung. Melden Sie sich bei Dropbox über den Link *www.dropbox.com/referrals/AAAWgj8ugLtZhMUD0zTt3nJQTYqLeitWglE* an, bekommen Sie zusätzliche 500 MByte Willkommensbonus. Dropbox lässt nur noch drei Geräte gleichzeitig für ein kostenloses Benutzerkonto zu, was den Nutzen dieses Cloudspeichers erheblich einschränkt. Seit dieser Änderung funktioniert der automatische Upload von Fotos vom Smartphone aus auch nur noch, wenn Dropbox auf mindestens einem PC zur automatischen Synchronisation eingerichtet ist.

Dropbox-Desktop-App

Dropbox bietet ein Windows-Desktopprogramm an, das ähnlich wie OneDrive auf einfache Weise ein Verzeichnis der lokalen Festplatte automatisch im Hintergrund mit Dropbox synchronisiert.

- Laden Sie sich bei *dropbox.com* die Dropbox-Desktop-App herunter und installieren Sie sie.

Dropbox-Desktop-App herunterladen.

- Nach der Installation melden Sie sich mit Ihrem Dropbox-Konto an oder erstellen in der Desktop-App ein neues Konto. Möchten Sie einen Bonuslink nutzen, müssen Sie darüber zuerst im Browser ein Benutzerkonto anlegen und sich dann mit diesem in der Desktop-App anmelden.
- Die Dropbox-Desktop-App startet mit einem Willkommensbildschirm. Wählen Sie hier die Option *Dateien lokal speichern*, da die andere Option nur bei kostenpflichtigen Dropbox-Plus-Konten verfügbar ist. Klicken Sie dann auf *Basic behalten*, um ein kostenloses Konto zu nutzen.
- Im nächsten Schritt können Sie die Standardordner *Desktop*, *Dokumente* und *Downloads* automatisch auf Dropbox sichern. Diese Einstellung können Sie jederzeit später immer noch vornehmen, sodass Sie es hier mit einem Klick auf *Später* überspringen und damit sofort starten können.

Einstellungen zur Synchronisation mit Dropbox.

Dropbox automatisch mit lokalem Ordner auf der Festplatte synchronisieren

Dropbox legt automatisch einen gleichnamigen Ordner im eigenen Benutzerprofil an, der mit dem Cloudspeicher synchronisiert wird. Dieser Ordner wird im Navigationsbereich des Explorers direkt angezeigt, ohne dass erst durch die Ordnerstruktur des Benutzerprofils gesprungen werden muss.

Wenn Sie Daten oder andere Ordner in den *Dropbox*-Ordner auf der Festplatte kopieren, werden diese automatisch auf Dropbox hochgeladen und bleiben auch als Kopie auf der Festplatte. Umgekehrt werden Dateien, die von anderen Computern in Ihren persönlichen *Dropbox*-Ordner hochgeladen wurden, auch automatisch auf die lokale Festplatte dieses Computers in den *Dropbox*-Ordner kopiert, sodass sie danach offline zur Verfügung stehen und mit jeder beliebigen Anwendung bearbeitet werden können. Kurz nach dem lokalen Speichern sind die bearbeiteten Dateien dann wieder online verfügbar.

In den Einstellungen können Sie im Bereich *Synchronisierung* auswählen, ob alle Unterordner der Dropbox oder nur ausgewählte mit der lokalen Festplatte synchronisiert werden sollen. An dieser Stelle können Sie außerdem den lokalen *Dropbox*-Ordner aus dem eigenen Benutzerprofil an eine andere Stelle, zum Beispiel auf ein anderes Laufwerk, verschieben.

- Die Dropbox-Einstellungen erreichen Sie mit einem Klick auf das Dropbox-Symbol in der Taskleistenecke. Klicken Sie im nächsten Fenster oben rechts auf Ihr Profil und dann auf den Menüpunkt *Einstellungen*.

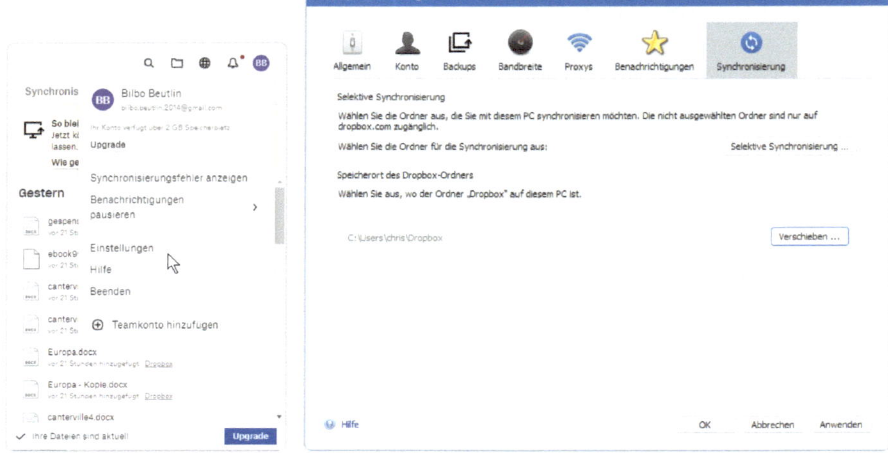

Die Einstellungen von Dropbox.

- Achten Sie darauf, dass in den Einstellungen unter *Allgemein* der Schalter *Dropbox beim Systemstart starten* aktiviert ist, damit Dropbox immer auf dem aktuellen Stand ist.

Zusätzliche Symbole an jeder Datei und jedem Unterordner im *Dropbox*-Ordner im Windows-Explorer zeigen an, ob die Datei mit der Version auf Dropbox synchron ist.

Dokumente und Bilder automatisch auf Dropbox speichern

Wechseln Sie regelmäßig zwischen mehreren PCs und möchten dabei sehr einfach auf die gleichen Daten zugreifen? Dann können Sie festlegen, dass die Standardordner für Bilder, Dokumente, Musik und Videos sowie der Desktop oder der Downloadordner, die im Schnellzugriffsbereich des Explorers angezeigt werden, auf Dropbox gespeichert werden statt nur auf der lokalen Festplatte.

- Klicken Sie in den Einstellungen der Dropbox-Desktop-App im Bereich *Backup* auf *Einrichten*.
- Wählen Sie hier die Ordner aus, die automatisch auf Dropbox gesichert werden sollen. Die in diesen Ordnern enthaltenen Dateien bleiben lokal auf der Festplatte erhalten.

Sicherungseinstellungen speichern persönliche Standardordner auf Dropbox.

- Unter *Kamera-Uploads* legen Sie fest, ob Fotos oder Videos beim Anschließen einer Kamera oder einer Speicherkarte automatisch von Dropbox importiert und synchronisiert werden sollen.

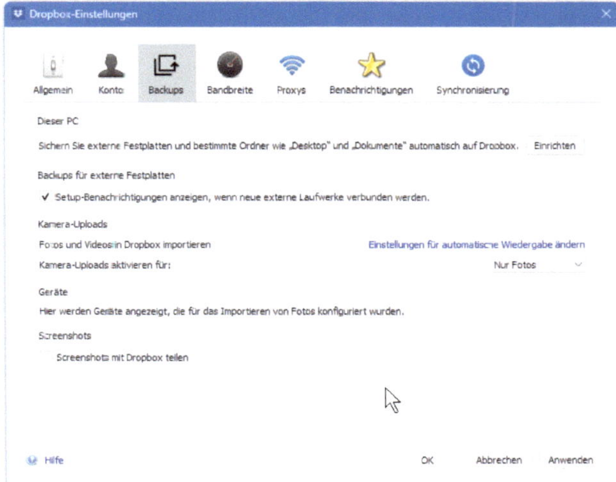

Fotos angeschlossener Kameras automatisch auf Dropbox hochladen.

Daten an Freunde oder Teamkollegen freigeben

Auch Dropbox bietet die Möglichkeit, größere Datenmengen mit einem einfachen Link für Freunde freizugeben. Diese können die Daten herunterladen, wann sie möchten. Es müssen nicht beide beteiligten PCs gleichzeitig online sein. Selbst innerhalb eines lokalen Netzwerks, in dem verschiedene Benutzerkonten verwendet werden, sind solche Freigaben oft komfortabler als klassische Netzwerkfreigaben.

Jede auf Dropbox hochgeladene oder synchronisierte Datei ist zunächst standardmäßig nur für Sie selbst und für niemand anderen sichtbar und nutzbar. Dabei gibt es eine Ausnahme: Kopieren Sie eine Datei in einen Ordner, der bereits für andere Personen freigegeben ist, wird die neue Datei automatisch für dieselben Personen freigegeben. Sie übernimmt die Freigabeeinstellungen des Ordners.

- Die Datei oder der Ordner muss in einem Unterordner von Dropbox auf der lokalen Festplatte liegen. Dann wird sie oder er automatisch mit Dropbox synchronisiert.
- Klicken Sie mit der rechten Maustaste auf die gewünschte Datei im Explorer und wählen Sie im Kontextmenü *Dropbox/Teilen*.

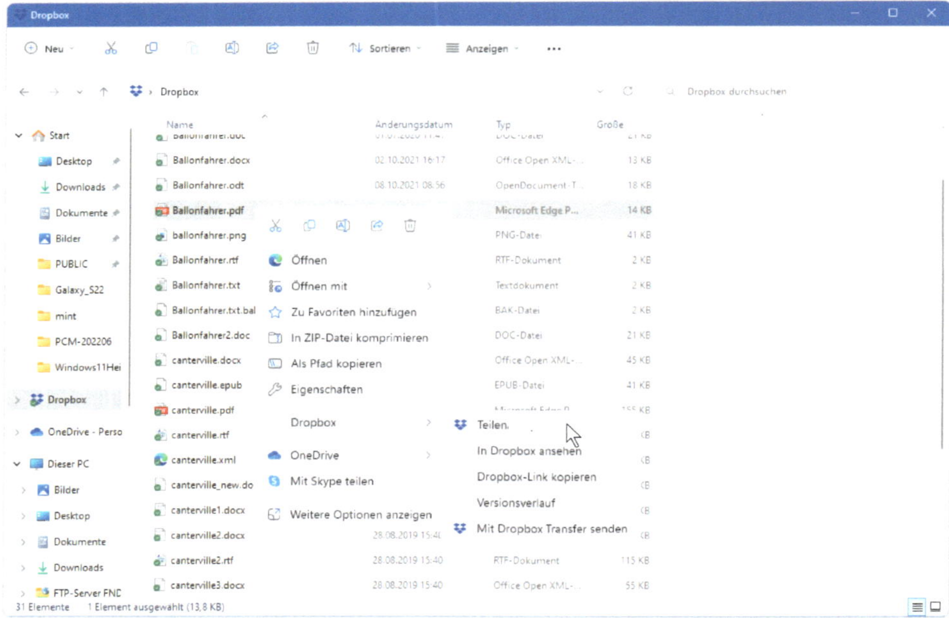

Datei über das Kontextmenü von Dropbox teilen.

- Im einfachsten Fall tragen Sie im nächsten Dialogfeld die E-Mail-Adresse des Empfängers ein und schreiben eine kurze Nachricht. Sie können auch mehrere Empfänger eintragen.

- Nach einem Klick auf *Teilen* erhält der Empfänger eine E-Mail mit einem Link auf die Datei. Diese E-Mail selbst ist sehr klein, da sie keinen Dateianhang enthält. In der E-Mail ist das bei Dropbox angemeldete Konto als Antwortadresse eingetragen, sodass Sie als Empfänger dem Absender direkt antworten können.

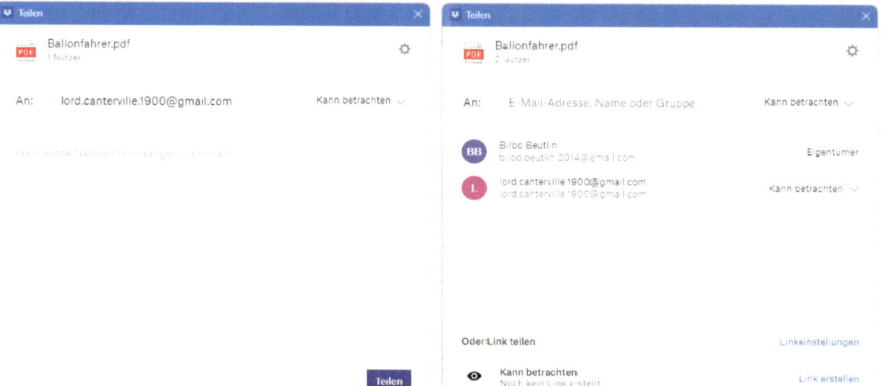

E-Mail mit Dropbox-Freigabelink erstellen.

- Im Listenfeld neben jeder berechtigten Person legen Sie fest, ob dieser Nutzer die Datei nur betrachten oder herunterladen oder aber auch direkt auf Dropbox bearbeiten können soll, wobei die geänderte Version dann automatisch auch auf Ihren PC synchronisiert wird.
- Anstatt den Freigabelink mit einer automatisch generierten E-Mail zu versenden, können Sie ihn auch mit einem Klick auf *Link kopieren* in die Zwischenablage kopieren, um ihn in ein beliebiges Programm oder Dokument einzufügen.
- Bei Bedarf können Sie geteilte Freigabelinks später wieder ungültig machen, um bestimmten Personen den Zugriff auf die Datei oder den Ordner wieder zu verwehren. Klicken Sie dazu auf das Listenfeld rechts neben einer Person im Dialogfeld *Teilen*. Hier ändern Sie Zugriffsrechte für bestimmte Personen oder löschen Freigabelinks.

Dropbox im Browser nutzen

Wenn Sie nicht an Ihrem eigenen PC sitzen, in dem die Dateien von Dropbox automatisch synchronisiert werden, können Sie Dropbox auch im Browser über *www.dropbox.com* nutzen. Melden Sie sich dort mit Ihrem Dropbox-Konto an.

Auch können Sie Ihre persönliche Dropbox über das Dropbox-Symbol in der Taskleistenecke im Browser öffnen. Klicken Sie dazu im Statusfenster von Dropbox oben auf das Weltkugelsymbol.

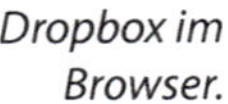

Dropbox im Browser.

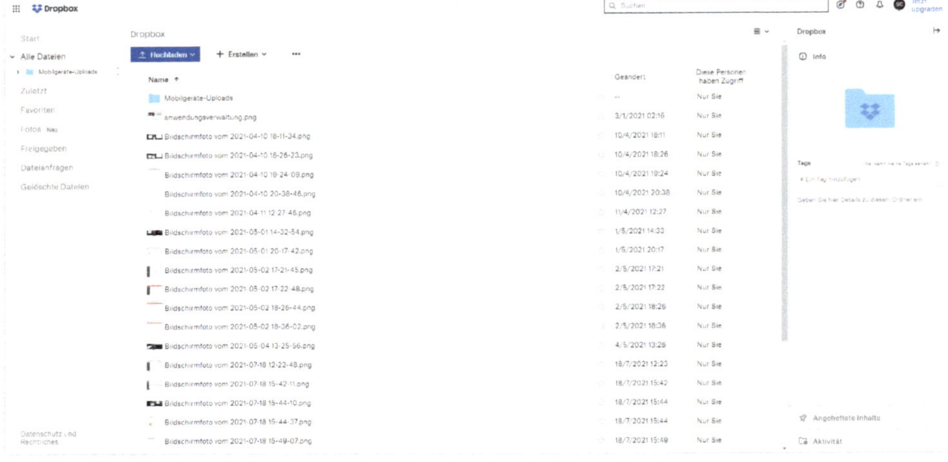

Einfache Dropbox-Dateiverwaltungsfunktionen in der Browseranzeige.

Dropbox bietet im Browser einen einfachen Dateimanager. Markieren Sie die gewünschten Dateien mit den Häkchen bei jeder Datei oder ganz links in der Listenansicht. Jetzt erscheinen oben eine Symbolleiste und ein Menü mit verschiedenen Optionen zum Kopieren und Verschieben der Dateien innerhalb von Dropbox. Bilder können in Dropbox in JPG oder PDF umgewandelt werden. Hier können Sie die Dateien auch auf den lokalen PC herunterladen. Fahren Sie mit der Maus über eine Datei, erscheint rechts ebenfalls ein Menü mit Dateiverwaltungsfunktionen.

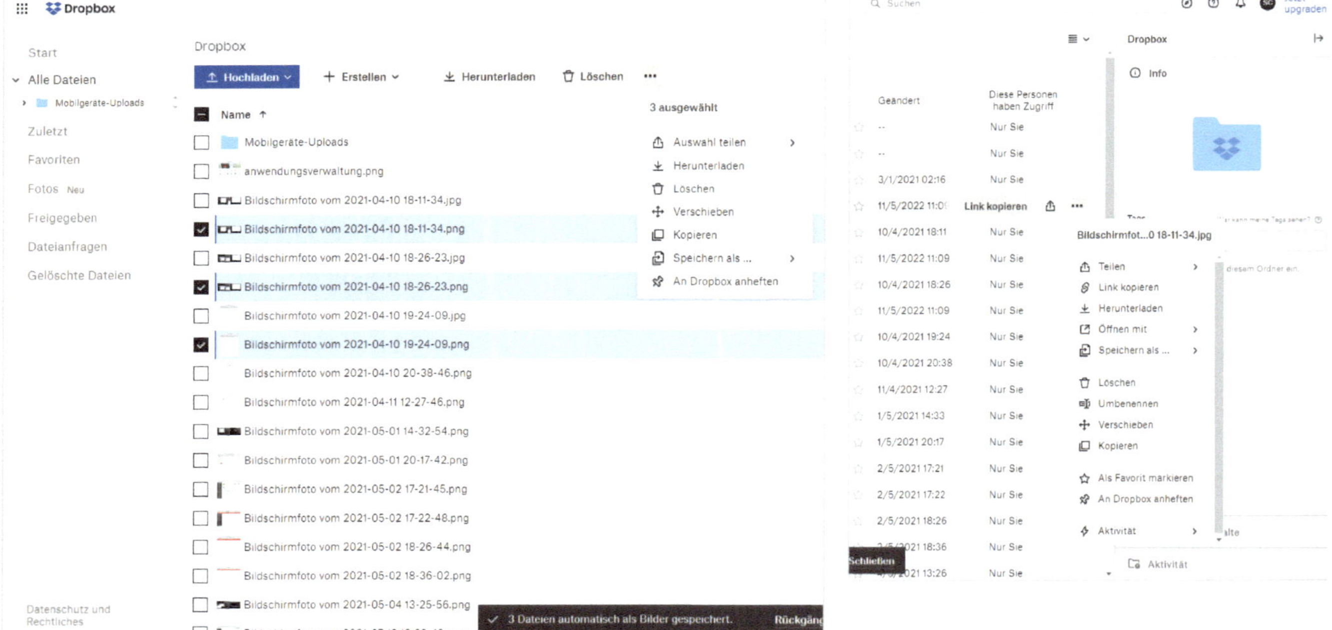

> **Dateien im Browser auf Dropbox hochladen**
> Mit dem Symbol *Hochladen* oben links können Sie Dateien oder Ordner vom PC auf Dropbox hochladen. Wechseln Sie dazu im Browser in den gewünschten *Dropbox*-Ordner und wählen Sie dann die Dateien oder Ordner aus den lokalen Laufwerken aus. Nach dem Hochladen werden die Dateien automatisch mit allen mit diesem Dropbox-Konto verbundenen PCs synchronisiert.

- Das *Teilen*-Symbol bei jeder Datei bietet die Möglichkeit, auch aus dem Browser heraus Dateien auf Dropbox mit Freunden zu teilen. Hier können Sie einen Link zur Datei kopieren, um diesen auf anderen Wegen weiterzugeben.

Dateien aus Dropbox im Browser mit Freunden teilen.

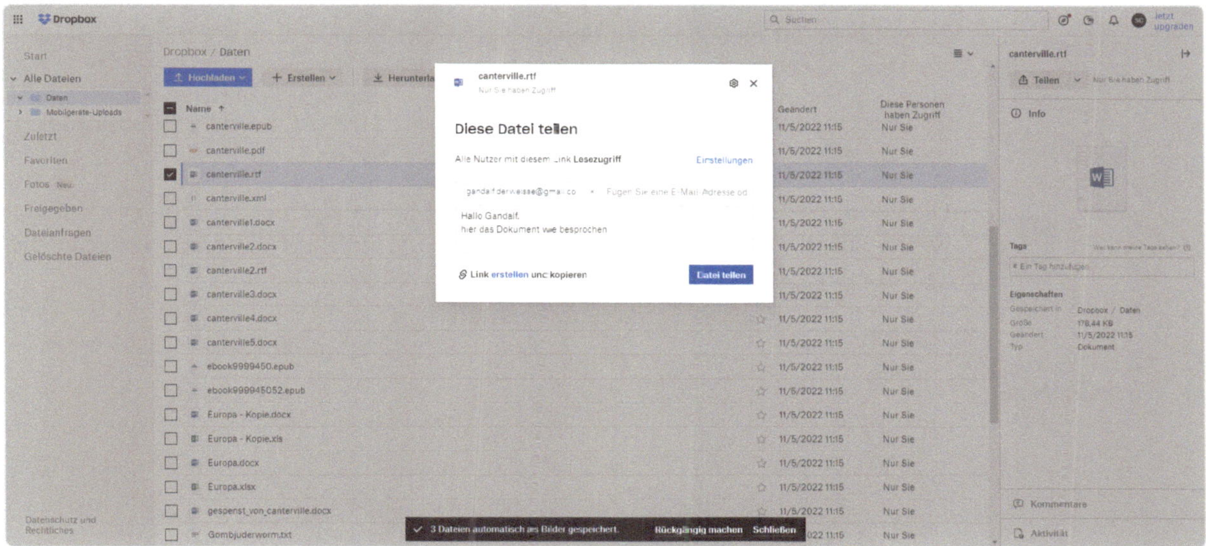

Dropbox-Speicherplatz voll – was tun?

Der kostenlose Speicherplatz auf Dropbox ist immer knapp. Umso wichtiger ist es, regelmäßig aufzuräumen und überflüssige Dateien zu löschen. Geht der Speicherplatz zur Neige, zeigt Dropbox auf dem Taskleistensymbol, im Übersichtsfenster und auch im Browser auffällige Meldungen an – wie zu erwarten natürlich mit Werbung für kostenpflichtige Tarife mit mehr Speicherplatz.

Die Browseransicht zeigt oben rechts beim Klick auf das Profilbild die Auslastung des Dropbox-Speicherplatzes. In den Einstellungen unter *Abo* finden Sie eine sehr einfache grafische Übersicht der Speicherplatzbelegung. Leider zeigt Dropbox nicht auf einen Blick die größten Dateien, bei denen sich das Ausmisten zuerst lohnen würde.

Löschen Sie eine Datei auf Dropbox oder in einem synchronisierten Ordner auf einem PC, verschwindet sie automatisch auch auf den anderen synchronisierten Geräten. Dropbox verwendet einen eigenen Papierkorb, in dem diese Dateien noch 30 Tage im Cloudspeicher aufbewahrt werden, um sie im Notfall wiederherstellen zu können. Dieser Papierkorb wird zum belegten Speicherplatzkontingent hinzugezählt. Um Speicherplatz frei zu bekommen, lohnt es sich, den Papierkorb ab und an zu leeren.

Der Papierkorb ist im Seitenmenü von Dropbox im Browser unter *Gelöschte Dateien* zu finden. Hier können Sie gelöschte Dateien einzeln wiederherstellen oder auch endgültig löschen.

Die Dropbox-App für Smartphones

Dropbox liefert eine App, mit der Sie auch vom Smartphone aus auf Ihre Dateien auf Dropbox zugreifen und sie mit Freunden teilen können.

Zur Anmeldung wird das gleiche Dropbox-Konto wie auf dem PC benötigt, nicht das auf dem Smartphone angemeldete Google-Konto.

Die Dropbox-App zeigt die komplette Dropbox-Verzeichnisstruktur. Die Dateien werden nicht automatisch mit dem Smartphone synchronisiert, können aber einzeln zur Offlinenutzung verfügbar gemacht werden.

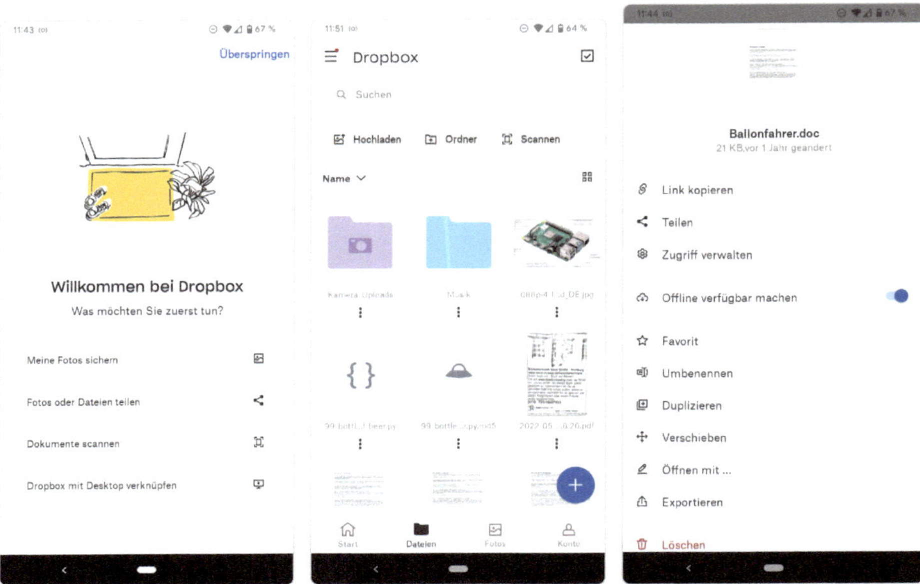

Die Dropbox-App für Smartphones.

- Mit dem Symbol *Dokumente scannen* scannen Sie ein Dokument mit der Kamera und speichern es direkt als PDF auf Dropbox ab.

- Über die Teilen-Funktion diverser Apps können Dateien auf Dropbox hochgeladen werden, wenn die Dropbox-App installiert ist. Dabei haben Sie jedes Mal die Möglichkeit, einen Ordner auszuwählen.
- Über das *Teilen*-Symbol im Menü mit den drei Punkten neben jeder Datei oder in den Symbolleisten der Dateibetrachter können Sie Links auf eigene Dateien bei Dropbox leicht mit Freunden teilen und dabei festlegen, welche Personen die Datei nur sehen dürfen und wer sie auch bearbeiten darf.

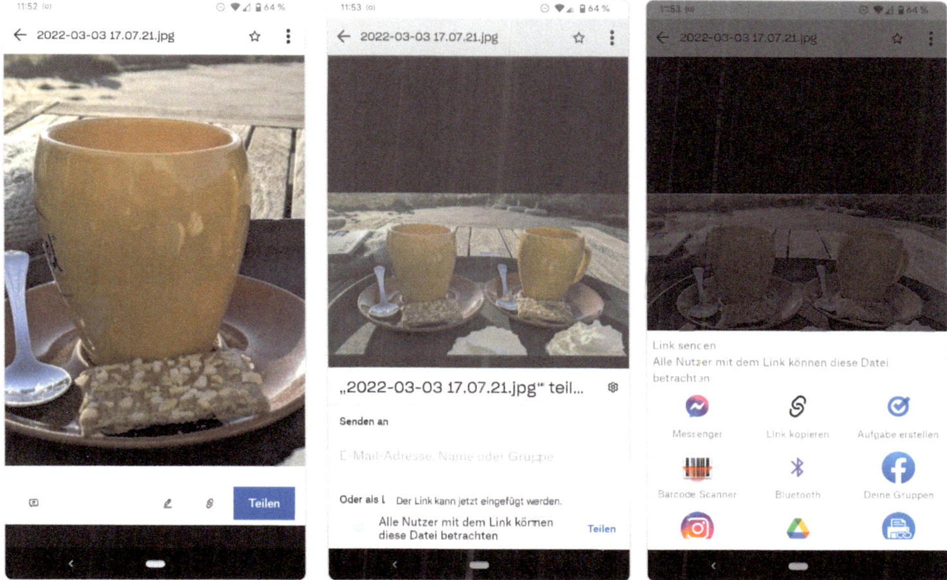

Datei aus der Dropbox-App mit Freunden teilen.

4.4 MEGA

MEGA (*mega.nz*) gilt zwar als einer der unbekannteren Anbieter von Cloudspeicher, zählt aber, was die technischen Möglichkeiten angeht, zu den besten. Alle Daten werden auf den PCs oder Smartphones der Nutzer verschlüsselt und wieder entschlüsselt. Das bedeutet, sie liegen also immer in verschlüsselter Form auf den Cloudservern. Deshalb dürfen Sie auf keinen Fall das Passwort vergessen, da dies zur Verschlüsselung benötigt wird.

Kostenloser Speicherplatz

MEGA bietet neuen Nutzern zurzeit zwar nur noch 20 GByte kostenlosen Speicherplatz an, liegt damit aber immer noch im oberen Bereich, verglichen mit anderen Cloudspeicherdiensten. Über verschiedene Aktionen können Sie mehr Speicherplatz bekommen. Nutzer, die MEGA schon seit einiger Zeit nutzen, haben bis zu 50 GByte freien Speicherplatz, der auch nicht verloren geht.

MEGA-Desktop-App

MEGA bietet eine Desktop-App an, mit der sich Ordner beliebiger lokaler Festplatten mit dem Cloudspeicher MEGA automatisch im Hintergrund synchronisieren lassen.

- Laden Sie sich bei *mega.nz/desktop* die MEGA-Desktop-App herunter und installieren Sie sie.

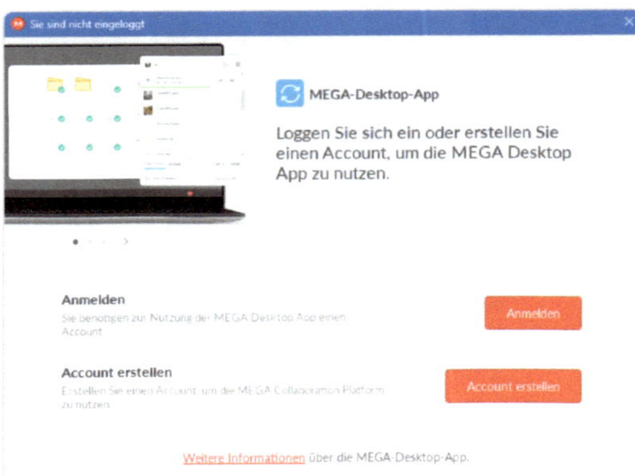

MEGA-Desktop-App installieren.

- Nach der Installation melden Sie sich mit Ihrem MEGA-Konto an oder erstellen in der Desktop-App ein neues Konto.
- MEGA bietet zwei verschiedene Optionen zur Synchronisation des Cloudspeichers mit dem lokalen PC. Wählen Sie eine davon aus.

Zwei Möglichkeiten zum Sync

MEGA ist beim Synchronisieren wesentlich besser personalisierbar als andere Cloudspeicher, bei denen oft nur die Möglichkeit besteht, einzelne Ordner von der Synchronisation auszunehmen.

- *Vollsynchronisierung* synchronisiert den kompletten Cloudspeicher mit einem Ordner auf dem PC, vergleichbar mit OneDrive, Dropbox und anderen.
- *Ordnersync* synchronisiert beliebige Ordner auf dem Cloudspeicher mit beliebigen Ordnern auf lokalen Laufwerken. Dabei können die lokalen Ordner auch auf unterschiedlichen Laufwerken liegen.

- Wählen Sie die gewünschte Installationsart aus. In den meisten Fällen ist *Ordnersync* die interessantere Variante, besonders wenn Sie mehrere PCs mit dem gleichen MEGA-Cloudspeicher synchronisieren.

- Beim *Ordnersync* legen Sie anschließend gleich das erste Synchronisationspaar an, indem Sie den vorinstallierten Ordner *MEGAsync* auf dem Cloudspeicher mit einem frei wählbaren Ordner auf dem PC synchronisieren.

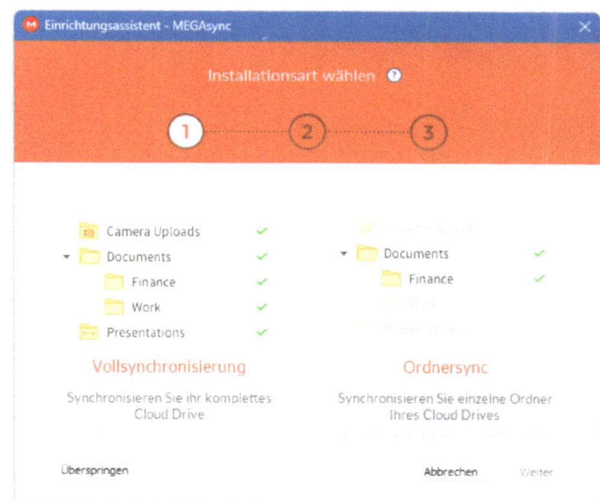

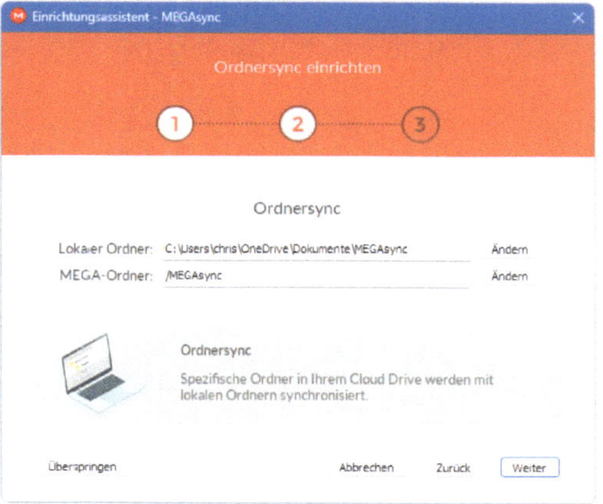

Installationsoptionen in der MEGA-Desktop-App.

MEGA automatisch mit lokalen Ordnern auf der Festplatte synchronisieren

Bei der *Vollsynchronisierung* legt MEGA automatisch einen Ordner im eigenen Benutzerprofil an, der mit dem Cloudspeicher MEGA synchronisiert wird. Dieser Ordner wird im Navigationsbereich des Explorers direkt angezeigt, ohne dass erst durch die Ordnerstruktur des Benutzerprofils gesprungen werden muss.

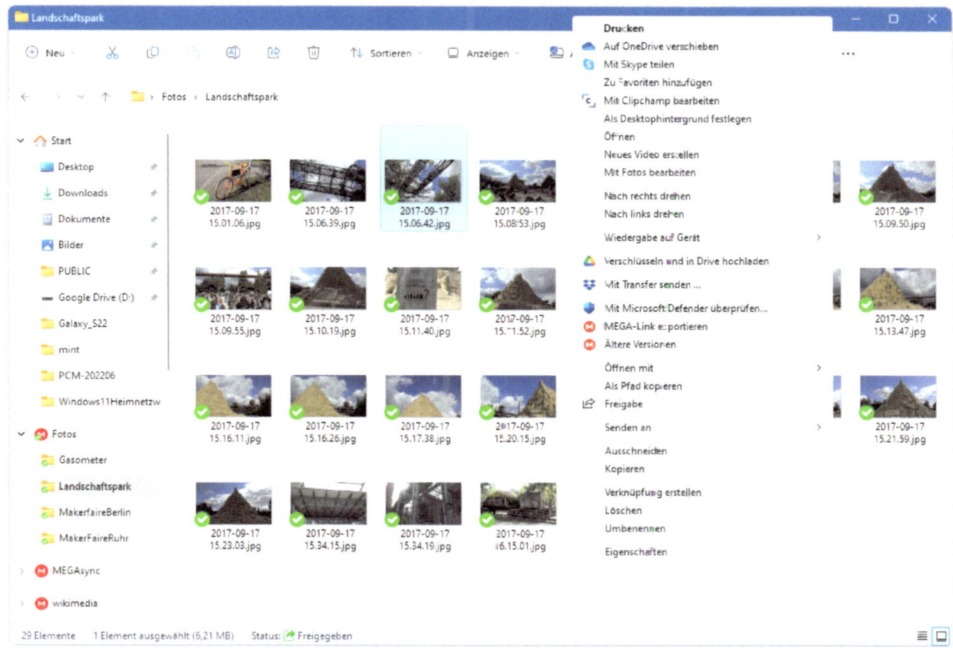

Mehrere MEGA-Sync-Ordner im Explorer.

Beim *Ordnersync* können Sie beliebige Ordner auf beliebigen lokalen Laufwerken mit Ordnern auf dem Cloudspeicher synchronisieren. Da diese Ordner im Explorer sonst schwer zu finden sind, wird für jeden dieser lokalen Ordner – bei MEGA als *Sync* bezeichnet – eine Verknüpfung im Navigationsbereich des Explorers angelegt.

So legen Sie neue Syncs an:

- Klicken Sie auf das *MEGA*-Symbol in der Taskleistenecke. Damit erscheint das Statusfenster von MEGA, das die letzten Dateitransfers zeigt. Um eine Datei hochzuladen, können Sie diese direkt auf dieses Fenster ziehen.
- Klicken Sie oben rechts auf das Ordnersymbol, werden alle bereits eingerichteten Syncs angezeigt, und Sie können schnell einen der Ordner im Explorer öffnen.
- Klicken Sie auf *Sync hinzufügen* und wählen Sie einen Ordner auf einem lokalen Laufwerk und einen Ordner auf MEGA aus, die miteinander synchronisiert werden sollen. Im Auswahldialog können Sie auf MEGA auch einen neuen Ordner für den Sync anlegen.
- Alle Syncs erscheinen automatisch in der Liste im Statusfenster und als Verknüpfung im Navigationsbereich des Explorers.

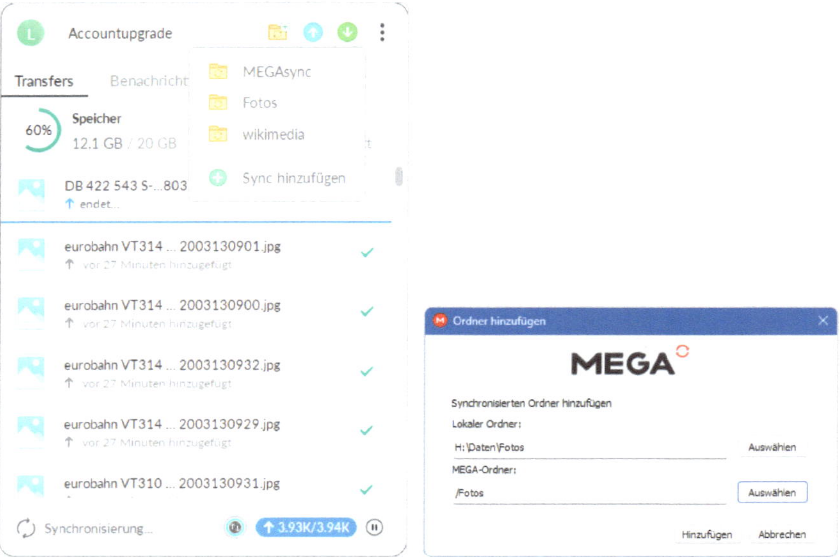

Syncs anzeigen und neuen Sync anlegen.

Wenn Sie Daten oder andere Ordner in einen Sync-Ordner auf der Festplatte kopieren, werden diese automatisch auf MEGA hochgeladen und bleiben auch als Kopie auf der Festplatte. Umgekehrt werden Dateien, die von anderen Computern in einen synchronisierten Ordner auf MEGA hochgeladen wurden, automatisch auf die lokale Festplatte dieses Computers in den entsprechenden synchronisierten-Ordner kopiert, sodass sie danach offline zur Verfügung stehen und mit jeder beliebigen Anwendung bearbeitet werden können. Kurz nach dem lokalen Speichern sind die bearbeiteten Dateien auch wieder online verfügbar.

- In den Einstellungen können Sie im Bereich *Ordner* auswählen, ob alle Dateien und Unterordner in einem Sync-Ordner mit der lokalen Festplatte synchronisiert werden sollen. Sie können über Namensmuster Temporärdateien, `desktop.ini`, `Thumbs.db` oder besonders kleine Dateien wie Icons oder auch sehr große Dateien automatisch von der Synchronisation ausnehmen.

  Darüber hinaus können Sie an dieser Stelle den Standardordner von MEGA aus dem eigenen Benutzerprofil an eine andere Stelle, zum Beispiel ein anderes Laufwerk, verschieben. Die selbst angelegten Sync-Ordner können auf beliebigen Laufwerken liegen.

- Die Einstellungen von MEGA erreichen Sie mit einem Rechtsklick auf das *MEGA*-Symbol in der Taskleistenecke oder über den Menüpunkt *Einstellungen* im Statusfenster von MEGA.

Die Einstellungen von MEGA.

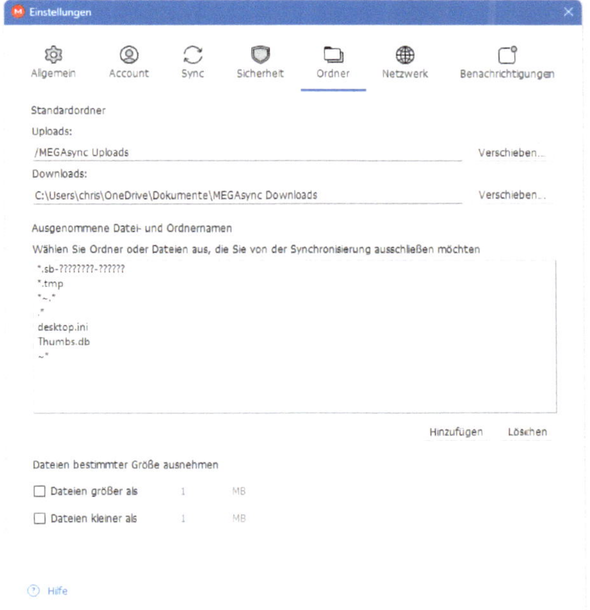

- Achten Sie darauf, dass in den Einstellungen unter *Allgemein* das Kontrollkästchen *Bei Anmeldung starten* aktiviert ist, damit MEGA immer auf dem aktuellen Stand ist.

- Zusätzliche Symbole an jeder Datei und jedem Unterordner in den Sync-Ordnern im Windows-Explorer zeigen an, ob die Datei mit der Version auf MEGA synchron ist. Dazu muss in den Einstellungen unter *Allgemein* das Kontrollkästchen *Overlay-Icons aktivieren* eingeschaltet sein.

Speicherplatz auf der Festplatte freigeben

Wird der Speicherplatz auf der Festplatte knapp, können Sie die lokalen Synchronisationskopien von Dateien in einzelnen Sync-Ordnern löschen, um Speicherplatz freizugeben.

- Dazu müssen Sie vorher den entsprechenden Sync in den Einstellungen im Bereich *Sync* deaktivieren. Die Dateien bleiben auf MEGA erhalten und werden neu heruntergeladen, wenn der Sync wieder aktiviert wird. Wird der Sync vorher nicht deaktiviert, wird der leere Ordner synchronisiert, und damit werden die Dateien auf MEGA auch gelöscht.
- Zusätzlich legt MEGA bei der Synchronisation einen lokalen Cache im Ordner *Rubbish* an, der nach 30 Tagen automatisch gelöscht wird. Um lokalen Speicherplatz zu sparen, können Sie diesen Ordner in den Einstellungen im Bereich *Allgemein* jederzeit auch selbst löschen.

Dokumente und Bilder automatisch auf MEGA speichern

Wechseln Sie regelmäßig zwischen mehreren PCs und möchten dabei sehr einfach auf die gleichen Daten zugreifen? Dann können Sie festlegen, dass die Standardordner für Bilder und Dokumente, die im Schnellzugriffsbereich des Explorers angezeigt werden, auf MEGA synchronisiert werden, statt nur auf der lokalen Festplatte gespeichert zu werden.

- Dank der sehr flexiblen Ordnerstruktur von MEGA brauchen Sie die Standardordner nicht an einen anderen Ort zu verschieben. Legen Sie einfach zwei neue Syncs an, die die bestehenden Ordner *Dokumente* und *Bilder* mit zwei neu angelegten Ordnern auf MEGA synchronisieren.

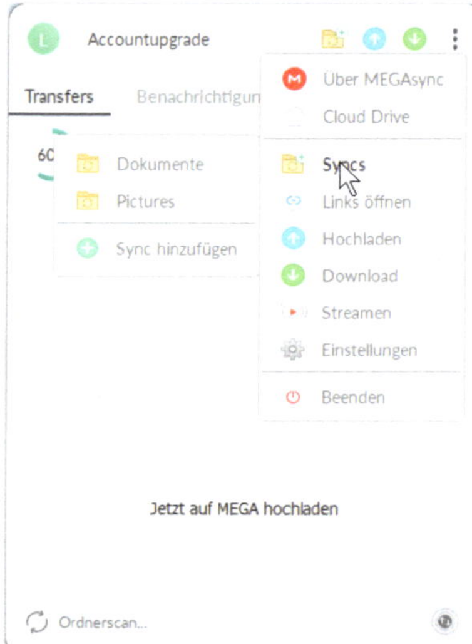

Persönliche Standardordner auf MEGA sichern.

Daten an Freunde oder Teamkollegen freigeben

Jede auf MEGA hochgeladene oder synchronisierte Datei ist zunächst standardmäßig nur für Sie selbst und für niemand anderen sichtbar und nutzbar. Dabei gibt es eine Ausnahme: Kopieren Sie eine Datei in einen Ordner, der bereits für andere Personen freigegeben ist, wird die neue Datei automatisch für dieselben Personen freigegeben. Sie übernimmt die Freigabeeinstellungen des Ordners.

- Die Datei oder der Ordner muss in einem synchronisierten Ordner auf der lokalen Festplatte liegen. Dann wird sie automatisch mit MEGA synchronisiert.
- Klicken Sie mit der rechten Maustaste auf die gewünschte Datei im Explorer und wählen Sie im Kontextmenü *Weitere Optionen anzeigen/MEGA-Link exportieren*.

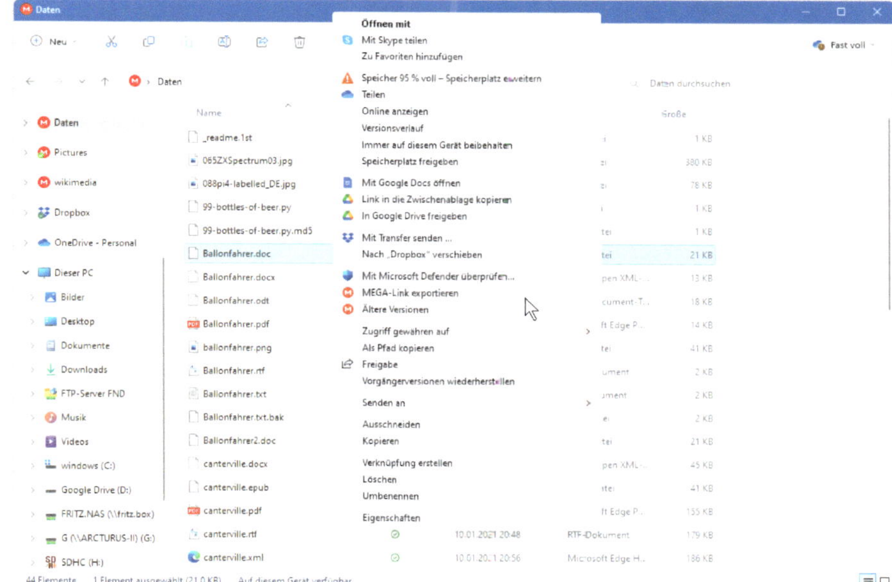

Datei über das Kontextmenü von MEGA teilen.

- MEGA kopiert den Link in die Zwischenablage, von wo Sie ihn in eine E-Mail, einen Chat oder ein beliebiges Dokument einfügen und zur Verfügung stellen können.

Der Empfänger kann den Link direkt im Browser öffnen und sich die Datei herunterladen. Noch komfortabler funktioniert es mit der MEGA-Desktop-App:

- Klicken Sie mit der rechten Maustaste auf das *MEGA*-Symbol in der Taskleistenecke und wählen Sie *Link öffnen*. Den gleichen Menüpunkt finden Sie auch im Menü der MEGA-Desktop-App.

- Fügen Sie den Link aus der Zwischenablage in das Fenster ein und klicken Sie auf *Abschicken*.
- Jetzt können Sie festlegen, wohin Sie die Datei herunterladen möchten, und sie auch in Ihrem eigenen MEGA-Cloudspeicher ablegen.

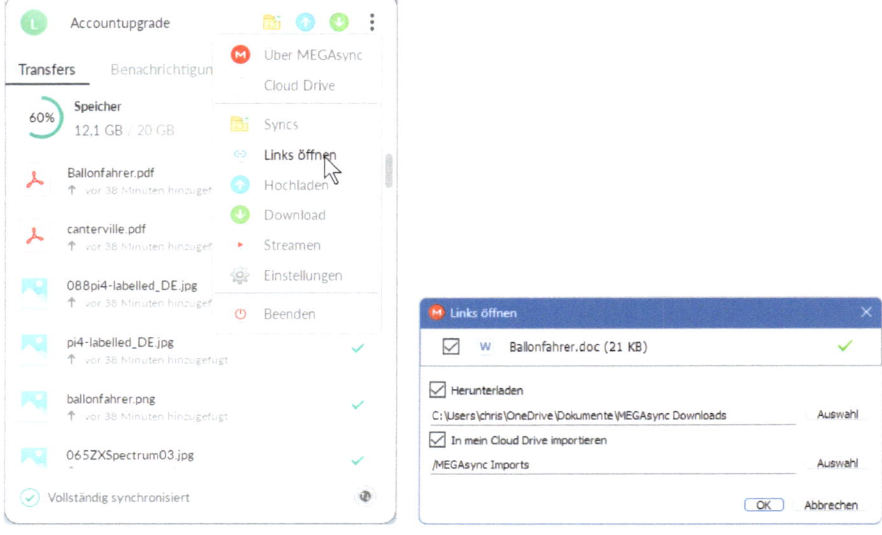

Freigegebenen MEGA-Link öffnen und Datei speichern.

MEGA im Browser nutzen

Wenn Sie nicht an Ihrem eigenen PC sitzen, in dem die Dateien von MEGA automatisch synchronisiert werden, oder wenn Sie nicht alle Ordner automatisch synchronisieren möchten, können Sie MEGA auch im Browser über *mega.nz* nutzen. Melden Sie sich dort mit Ihrem MEGA-Konto an.

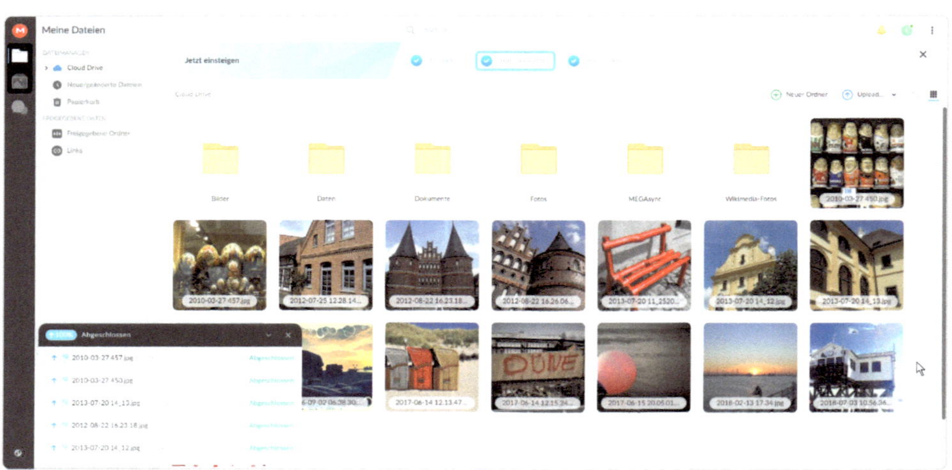

MEGA im Browser.

Und Sie können auch Ihren persönlichen MEGA-Cloudspeicher über das *MEGA-sync*-Symbol in der Taskleistenecke im Browser öffnen. Wählen Sie im Menü *Cloud Drive*.

Dateien im Browser auf MEGA hochladen

Mit dem Symbol *Upload* rechts oben können Sie Dateien oder Ordner vom PC auf MEGA hochladen. Wechseln Sie dazu im Browser in den gewünschten MEGA-Ordner und wählen Sie dann die Dateien oder Ordner aus den lokalen Laufwerken aus. Nach dem Hochladen werden die Dateien automatisch mit allen mit diesem MEGA-Konto verbundenen PCs synchronisiert. Noch einfacher können Sie Dateien und Ordner aus dem Explorer direkt auf die MEGA-Seite im Browser ziehen. Sie werden dann in den gerade geöffneten Ordner hochgeladen.

MEGA bietet im Browser einen einfachen Dateimanager. Beim Klick auf das Symbol mit den drei Punkten bei jeder Datei erscheint ein Menü mit Optionen zum Kopieren oder Verschieben der Dateien innerhalb von MEGA. Hier können Sie die Dateien ebenfalls auf den lokalen PC herunterladen – mehrere markierte Dateien auch als ZIP.

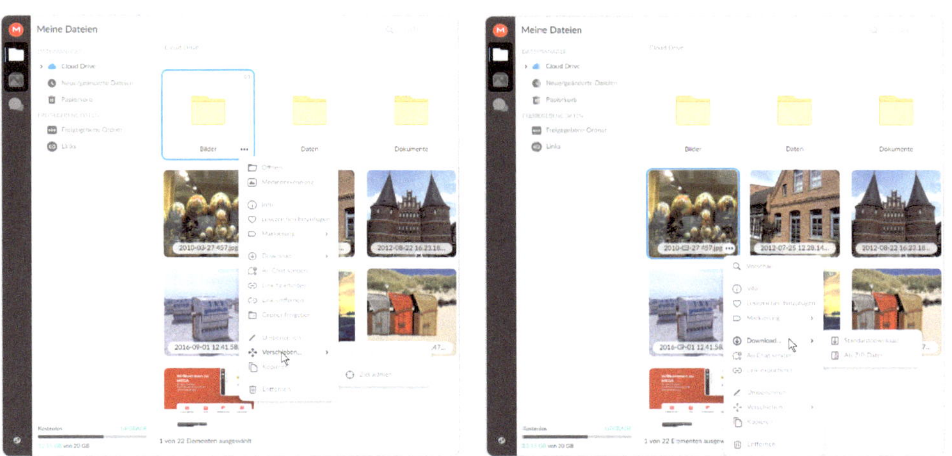

Einfache Dateiverwaltungsfunktionen in MEGA im Browser.

Der Menüpunkt *Link exportieren* bietet die Möglichkeit, auch aus dem Browser heraus Dateien auf MEGA mit Freunden zu teilen. Auch hier wird der Link in die Zwischenablage kopiert. Später können Sie über *Link bearbeiten* den Link nochmals kopieren oder über *Link entfernen* die Freigabe wieder löschen.

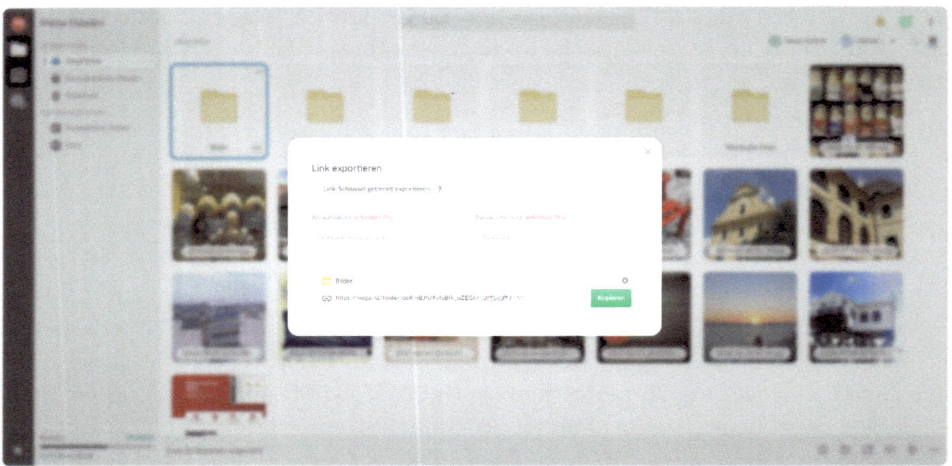

Dateien aus MEGA im Browser mit Freunden teilen.

MEGA-Speicherplatz voll – was tun?

Der kostenlose Speicherplatz auf MEGA ist zwar vergleichsweise umfangreich, aber dennoch immer knapp. Umso wichtiger ist es, regelmäßig aufzuräumen und überflüssige Dateien zu löschen. Geht der Speicherplatz zur Neige, zeigt MEGA auf dem Taskleistensymbol, im Übersichtsfenster und auch im Browser auffällige Meldungen an – wie zu erwarten natürlich mit Werbung für kostenpflichtige Tarife mit mehr Speicherplatz.

Die Browseransicht zeigt unten links die Auslastung des MEGA-Speicherplatzes. Die MEGA-Desktop-App verdeutlicht in zwei Kreisgrafiken den verbrauchten Speicherplatz und das verbrauchte Transfervolumen, das bei kostenlosen MEGA-Konten ebenfalls beschränkt ist, wenn auch sehr großzügig. Klicken Sie auf die Speicheranzeige, sehen Sie, wie viel Speicherplatz tatsächlich durch Dateien belegt ist und wie viel durch den Papierkorb und gespeicherte ältere Dateiversionen.

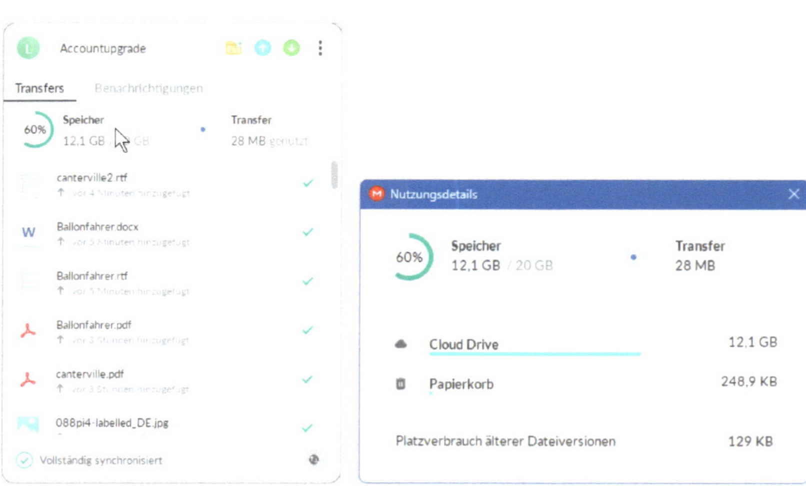

Übersicht über das Speicherplatzkontingent auf MEGA.

Löschen Sie eine Datei auf MEGA oder in einem synchronisierten Ordner auf einem PC, verschwindet sie automatisch auch auf den anderen synchronisierten Geräten. MEGA verwendet einen eigenen Papierkorb, in dem diese Dateien noch 30 Tage im Cloudspeicher aufbewahrt werden, um sie im Notfall wiederherstellen zu können. Dieser Papierkorb wird zum belegten Speicherplatzkontingent hinzugezählt. Um Speicherplatz frei zu bekommen, lohnt es sich, den Papierkorb ab und an zu leeren.

Der Papierkorb ist im Seitenmenü von MEGA im Browser zu finden. Hier können Sie gelöschte Dateien einzeln wiederherstellen oder auch alle zusammen oder den Papierkorb ganz leeren.

Eine weitere Möglichkeit, Speicherplatz zu gewinnen, ist das Löschen des Cloud-Cache. Dieser wird in den Einstellungen der MEGA-Desktop-App im Bereich *Allgemein* angezeigt. Hier können Sie ihn auch leeren.

An der gleichen Stelle können Sie den durch ältere Dateiversionen, die online weiterhin verfügbar bleiben, belegten Speicherplatz löschen. Allerdings können Sie dann nicht mehr auf einen älteren gesicherten Versionsstand einer Datei zugreifen, wenn Sie eine fehlerhafte Änderung gespeichert haben.

Die MEGA-App für Smartphones

MEGA liefert eine App, mit der Sie auch vom Smartphone aus auf Ihre Dateien auf MEGA zugreifen und sie mit Freunden teilen können.

Zur Anmeldung wird das gleiche MEGA-Konto wie auf dem PC benötigt, nicht das auf dem Smartphone angemeldete Google-Konto.

Die MEGA-App zeigt die komplette Verzeichnisstruktur von MEGA. Die Dateien werden nicht automatisch mit dem Smartphone synchronisiert, können aber einzeln zur Offlinenutzung verfügbar gemacht werden.

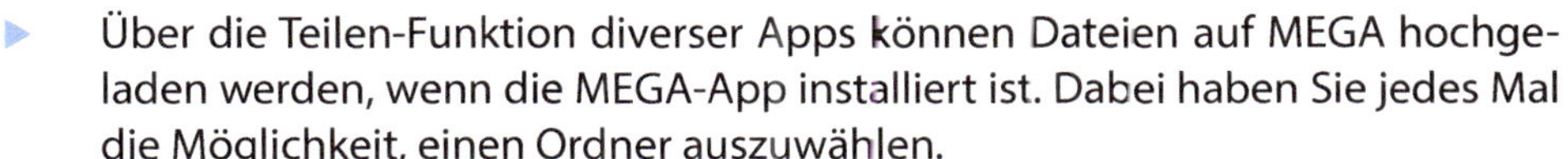

- Über die Teilen-Funktion diverser Apps können Dateien auf MEGA hochgeladen werden, wenn die MEGA-App installiert ist. Dabei haben Sie jedes Mal die Möglichkeit, einen Ordner auszuwählen.

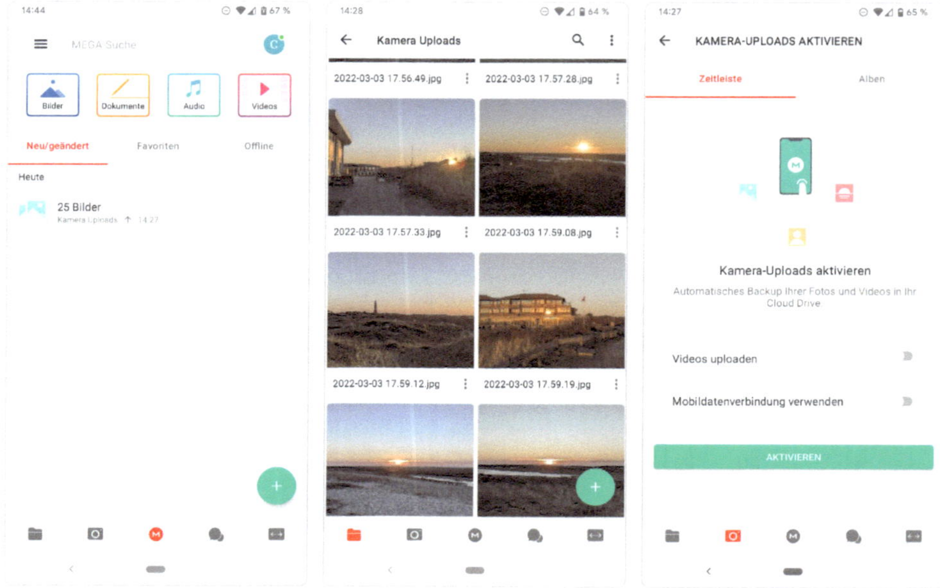

Die MEGA-App für Smartphones.

- Über das Symbol *Link erstellen* im Menü mit den drei Punkten neben jeder Datei oder in den Menüs der Dateibetrachter können Sie Links auf eigene Dateien bei MEGA erstellen und leicht über installierte Kommunikations-Apps mit Freunden teilen.

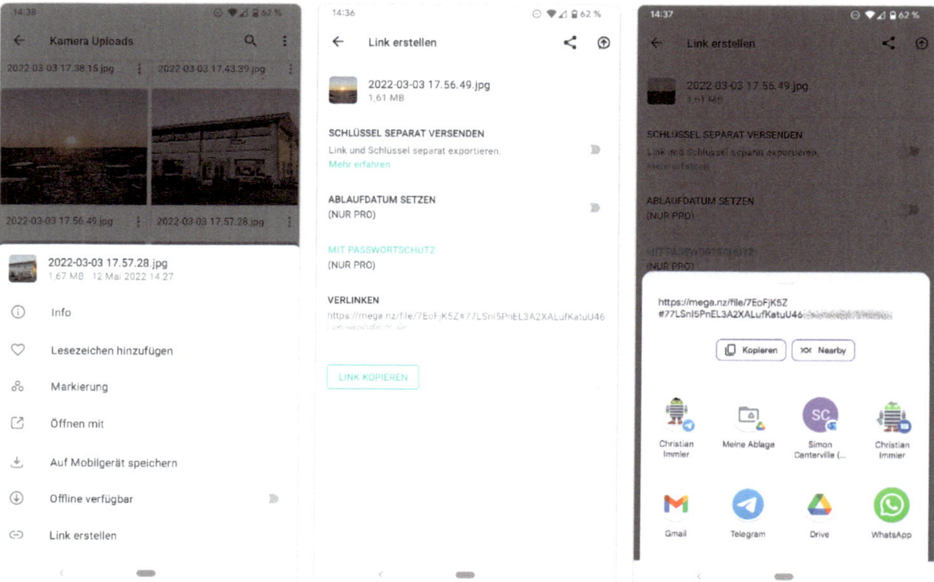

Datei aus der MEGA-App mit Freunden teilen.

4.5 MagentaCLOUD

MagentaCLOUD (*www.magentacloud.de*) ist der Cloudspeicherdienst der Telekom, der allen Nutzern einer E-Mail-Adresse bei *t-online.de* zur Verfügung steht. Man muss dazu kein Telekom-Kunde sein.

Kostenloser Speicherplatz
MagentaCLOUD stellt jedem neuen Nutzer 3 GByte kostenlosen Speicherplatz zur Verfügung. Bis vor wenigen Jahren war es noch deutlich mehr. Langjährige Nutzer können ihre bis zu 25 GByte weiterhin ohne Einschränkungen nutzen.

MagentaCLOUD-Sync-Software

MagentaCLOUD bietet ein Windows-Desktopprogramm an, das auf einfache Weise ein Verzeichnis der lokalen Festplatte automatisch im Hintergrund mit MagentaCLOUD synchronisiert.

- Laden Sie sich bei *cloud.telekom-dienste.de/software-apps* die MagentaCLOUD-Software herunter und installieren Sie sie.
- Nach der Installation öffnet sich ein Browserfenster. Melden Sie sich dort mit Ihrem Telekom-Log-in an. Nach erfolgreicher Anmeldung können Sie das Browserfenster schließen. Starten Sie den PC einmal neu, wenn ein entsprechendes Hinweisfenster der MagentaCLOUD-Software erscheint.
- Die MagentaCLOUD-Software startet mit Hinweisen für Umsteiger von älteren Softwareversionen. Diese müssen hier den bisherigen Sync-Ordner aus der früheren Version auswählen. Bei der Erstinstallation ohne vorherige Version wird automatisch ein Ordner *MagentaCLOUD* im eigenen Benutzerprofil angelegt.

MagentaCLOUD automatisch mit lokalem Ordner auf der Festplatte synchronisieren

MagentaCLOUD legt automatisch einen gleichnamigen Ordner im eigenen Benutzerprofil an, der mit dem Cloudspeicher synchronisiert wird. Dieser Ordner wird im Navigationsbereich des Explorers direkt angezeigt, ohne dass erst durch die Ordnerstruktur des Benutzerprofils gesprungen werden muss.

Wenn Sie Daten oder andere Ordner in den *MagentaCLOUD*-Ordner auf der Festplatte kopieren, werden diese automatisch auf MagentaCLOUD hochgeladen und bleiben auch als Kopie auf der Festplatte. Umgekehrt werden Dateien, die von anderen Computern in Ihren persönlichen *MagentaCLOUD*-Ordner hochgeladen wurden, nicht automatisch auf die lokale Festplatte dieses Computers in den *MagentaCLOUD*-Ordner kopiert, sondern nur als Platzhalter angezeigt.

Beim Klick auf solche Dateien werden diese automatisch heruntergeladen, sodass sie danach offline zur Verfügung stehen und mit jeder beliebigen Anwendung bearbeitet werden können. Kurz nach dem lokalen Speichern sind die bearbeiteten Dateien auch wieder online verfügbar.

- Im Explorer können Sie mit einem Rechtsklick auf eine Datei oder einen Ordner in MagentaCLOUD diesen immer offline verfügbar machen, um ihn auf einem Laptop ohne Internetverbindung zu nutzen.
- Umgekehrt machen Sie einen offline verfügbaren Ordner mit einem Klick auf *Lokalen Speicherplatz freigeben* nur online verfügbar und geben damit den Speicherplatz auf der lokalen Festplatte wieder frei.

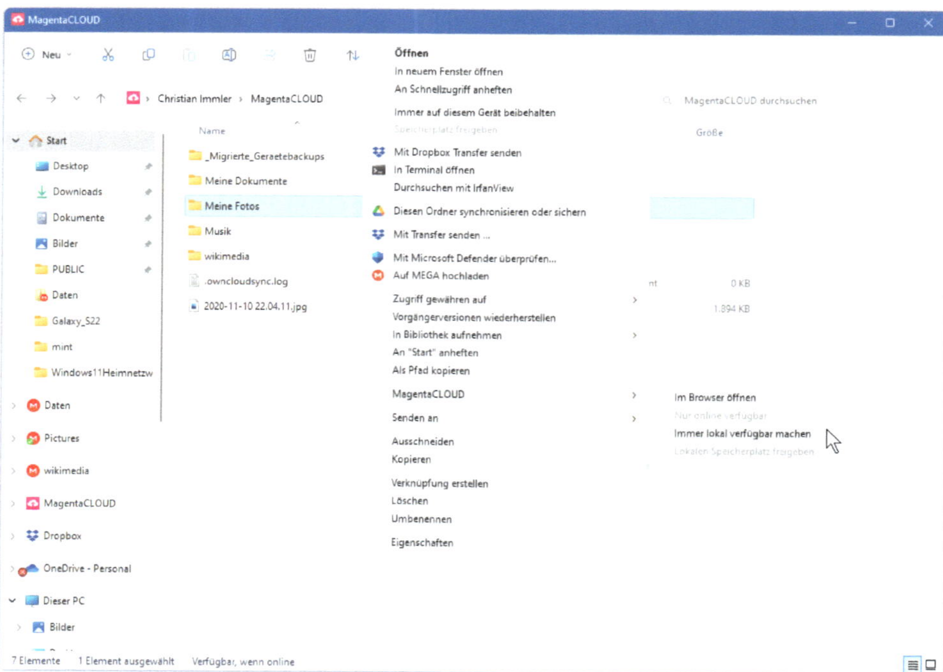

MagentaCLOUD-Ordner im Explorer.

- Ein Klick auf das *MagentaCLOUD*-Symbol in der Taskleistenecke zeigt das Statusfenster mit den letzten Synchronisierungen und Synchronisierungsfehlern. Klicken Sie in diesem Fenster oben auf Ihr Profil und dann auf den Menüpunkt *Einstellungen*, um die Einstellungen zu öffnen. Hier sehen Sie alle synchronisierten Ordner und können diese ebenfalls bei Bedarf lokal verfügbar machen.

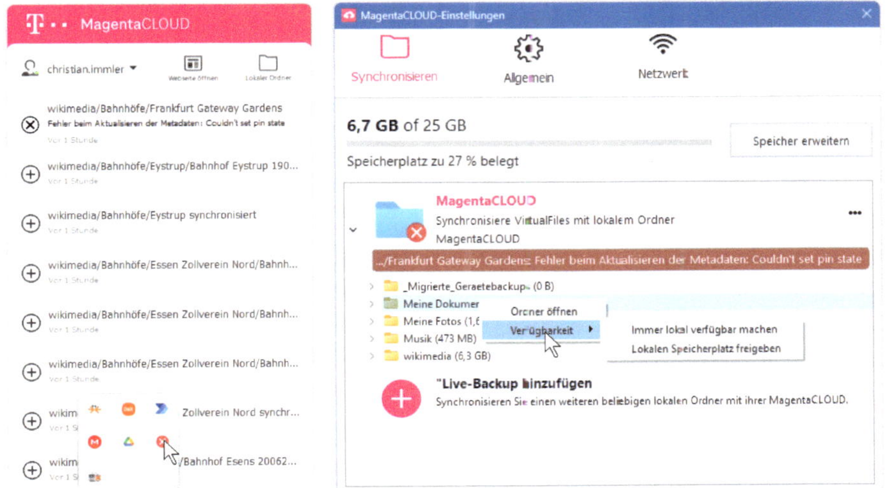

Die Einstellungen von MagentaCLOUD.

- Achten Sie darauf, dass in den Einstellungen unter *Allgemein* der Schalter *Beim Systemstart starten* aktiviert ist, damit MagentaCLOUD immer auf dem aktuellen Stand ist.

Zusätzliche Symbole an jeder Datei und jedem Unterordner im *MagentaCLOUD*-Ordner im Windows-Explorer zeigen an, ob die Datei mit der Version auf MagentaCLOUD synchron ist.

Dokumente und Bilder automatisch auf MagentaCLOUD speichern

Wechseln Sie regelmäßig zwischen mehreren PCs und möchten dabei sehr einfach auf die gleichen Daten zugreifen? Dann können Sie festlegen, dass die Standardordner für Bilder und Dokumente – aber auch der Desktop oder der Downloadordner –, die im Schnellzugriffsbereich des Explorers angezeigt werden, auf MagentaCLOUD gespeichert werden statt nur auf der lokalen Festplatte.

- Klicken Sie im Hauptfenster von MagentaCLOUD auf *Live-Backup hinzufügen*. Hier können Sie Ordner außerhalb des *MagentaCLOUD*-Ordners auf dem PC mit MagentaCLOUD synchronisieren.
- Wählen Sie hier mit *Ordner auswählen* einen lokalen Ordner aus, der automatisch auf MagentaCLOUD gesichert werden soll. Die in diesem Ordner enthaltenen Dateien bleiben lokal auf der Festplatte erhalten.
- Im nächsten Schritt wählen Sie den gewünschten Ordner auf *MagentaCLOUD* zur Synchronisation aus oder legen dort direkt einen neuen Ordner an, hier den Ordner *Meine Dokumente*.

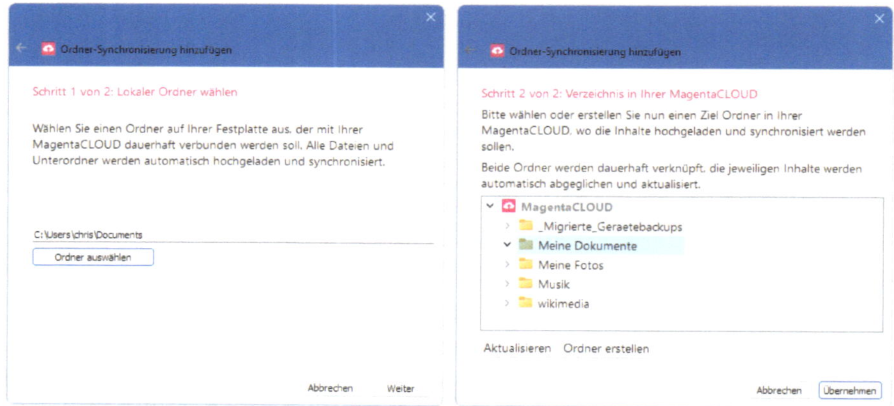

Ordner zum Live-Backup auf MagentaCLOUD.

- Auf die gleiche Weise legen Sie noch weitere Ordnerpaare an, die automatisch synchronisiert werden sollen.

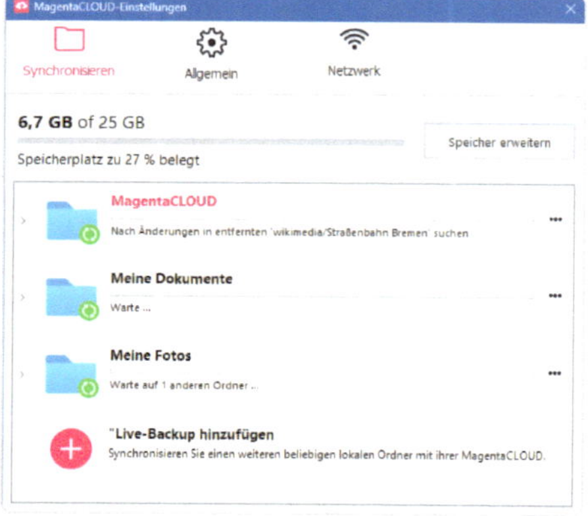

Mehrere Live-Backup-Ordner auf MagentaCLOUD.

MagentaCLOUD im Browser nutzen

Wenn Sie nicht an Ihrem eigenen PC sitzen, in dem die Dateien von MagentaCLOUD automatisch synchronisiert werden, können Sie MagentaCLOUD auch im Browser über *www.magentacloud.de* nutzen. Melden Sie sich dort mit Ihrem Telekom-Log-in an. Einige Funktionen, wie unter anderem das Teilen von Links auf Dateien, sind bei MagentaCLOUD nur im Browser, aber nicht im Explorer verfügbar.

- Zudem können Sie auch am lokalen PC Ihre persönliche MagentaCLOUD über das *MagentaCLOUD*-Symbol in der Taskleistenecke im Browser öffnen. Klicken Sie dazu im Statusfenster oben auf das Symbol *Webseite öffnen*.

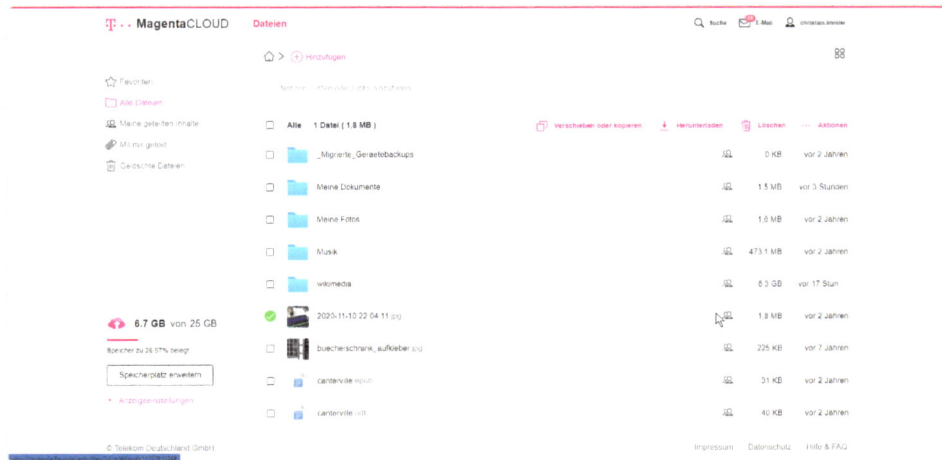

MagentaCLOUD im Browser.

Dateien im Browser auf MagentaCLOUD hochladen

Mit dem Symbol *Hinzufügen* oben links oberhalb der Liste mit Ordnern und Dateien können Sie Dateien vom PC auf MagentaCLOUD hochladen. Wechseln Sie dazu im Browser in den gewünschten *MagentaCLOUD*-Ordner und wählen Sie dann die Dateien aus den lokalen Laufwerken aus. Nach dem Hochladen werden die Dateien automatisch mit allen mit diesem MagentaCLOUD-Konto verbundenen PCs synchronisiert.

▶ MagentaCLOUD bietet im Browser einen einfachen Dateimanager an. Markieren Sie die gewünschten Dateien jeweils mit einem Häkchen bei jeder Datei oder ganz links in der Listenansicht. Jetzt erscheinen oben eine Symbolleiste und ein Menü mit verschiedenen Optionen zum Kopieren oder Verschieben der Dateien innerhalb von MagentaCLOUD. Hier können Sie die Dateien auch auf den lokalen PC herunterladen.

Einfache Dateiverwaltungsfunktionen in MagentaCLOUD im Browser.

Daten an Freunde oder Teamkollegen freigeben

Auch MagentaCLOUD bietet die Möglichkeit, größere Datenmengen mit einem einfachen Link an Freunde freizugeben. Diese können die Daten herunterladen, wann sie möchten. Es müssen nicht beide beteiligten PCs gleichzeitig online sein. Selbst innerhalb eines lokalen Netzwerks, in dem verschiedene Benutzerkonten verwendet werden, sind solche Freigaben oft komfortabler als klassische Netzwerkfreigaben.

Jede auf MagentaCLOUD hochgeladene oder synchronisierte Datei ist zunächst standardmäßig nur für Sie selbst und für niemand anderen sichtbar und nutzbar. Dabei gibt es eine Ausnahme: Kopieren Sie eine Datei in einen Ordner, der bereits für andere Personen freigegeben ist, wird die neue Datei automatisch für dieselben Personen freigegeben. Sie übernimmt die Freigabeeinstellungen des Ordners.

Das Personensymbol bei jeder Datei im Browser bietet die Möglichkeit, Dateien auf MagentaCLOUD mit Freunden zu teilen. Hier können Sie auch einen Link zur Datei kopieren, um diesen auf anderen Wegen weiterzugeben.

- Markieren Sie die gewünschte Datei im Browser und klicken Sie auf das *Teilen*-Symbol. Wurde die Datei bereits einmal geteilt, wird das an dieser Stelle angezeigt.
- Tragen Sie die E-Mail-Adresse des Empfängers ein, dem Sie die Datei freigeben möchten. Klicken Sie danach auf *Link erstellen*.
- Ist der Empfänger ebenfalls MagentaCLOUD-Nutzer – in den meisten Fällen an einer E-Mail-Adresse *@t-online.de* erkennbar –, können Sie wählen, ob dieser die Datei nur betrachten oder herunterladen oder aber auch direkt auf MagentaCLOUD bearbeiten darf, wobei die geänderte Version dann automatisch auch auf Ihren PC synchronisiert wird.
- In den erweiterten Berechtigungen können Sie den Download-Button verbergen, sodass Empfänger die Dateien nur anzeigen können. Des Weiteren sind ein Passwortschutz und ein Ablaufdatum für die Links möglich.
- Schreiben Sie noch eine kurze Nachricht, damit der Empfänger mit dem Link etwas anzufangen weiß.
- Nach einem Klick auf *Teilen* erhält der Empfänger eine E-Mail mit einem Link auf die Datei. Diese E-Mail selbst ist sehr klein, da sie keinen Dateianhang enthält. In der E-Mail ist das bei MagentaCLOUD angemeldete Konto als Antwortadresse eingetragen, sodass Sie als Empfänger dem Absender direkt antworten können.
- Anstatt den Freigabelink mit einer automatisch generierten E-Mail zu versenden, können Sie ihn auch mit einem Klick auf das Symbol *Zwischenablage*

in die Zwischenablage kopieren, um ihn in ein beliebiges Programm oder Dokument einzufügen.

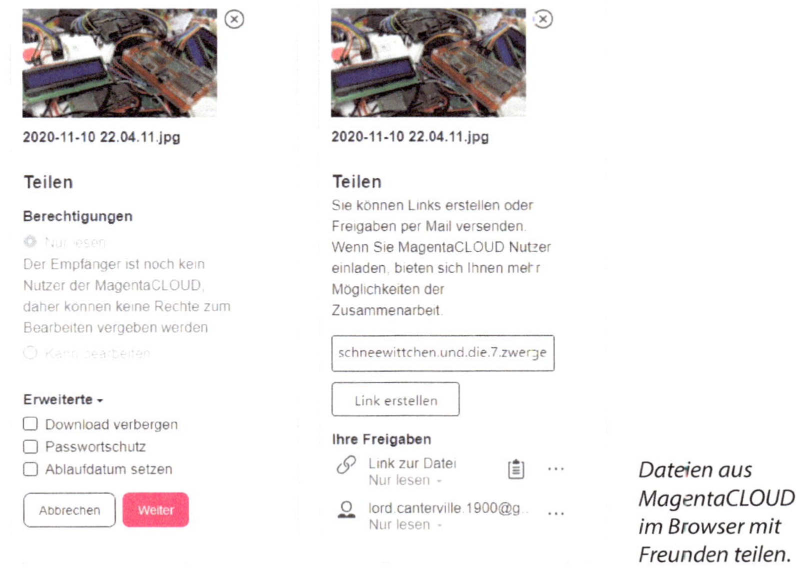

Dateien aus MagentaCLOUD im Browser mit Freunden teilen.

- Bei Bedarf können Sie geteilte Freigabelinks später wieder ungültig machen, um bestimmten Personen den Zugriff auf die Datei oder den Ordner wieder zu verwehren. Klicken Sie dazu auf das Symbol mit den drei Punkten rechts neben einem Freigabelink im Seitenfenster *Teilen*. Hier ändern Sie Zugriffsrechte für bestimmte Personen oder löschen Freigabelinks.
- Im Bereich *Meine geteilten Inhalte* im Seitenbalken links finden Sie eine Übersicht aller geteilten Dateien, in der Sie ebenfalls jederzeit Freigabelinks bearbeiten oder löschen können. Der Bereich *Mit mir geteilt* zeigt Dateien, die Sie über Freigabelinks von Freunden oder Teamkollegen zur Verfügung gestellt bekommen haben.

MagentaCLOUD-Speicherplatz voll – was tun?

Der kostenlose Speicherplatz auf MagentaCLOUD ist immer knapp. Umso wichtiger ist es, regelmäßig aufzuräumen und überflüssige Dateien zu löschen. MagentaCLOUD zeigt im Programmfenster und links unten im Browser die aktuelle Speicherauslastung an – wie zu erwarten auch mit Werbung für kostenpflichtige Tarife mit mehr Speicherplatz.

Leider zeigt MagentaCLOUD nicht direkt die größten Dateien, bei denen sich das Ausmisten zuerst lohnen würde.

Löschen Sie eine Datei auf MagentaCLOUD oder in einem synchronisierten Ordner auf einem PC, verschwindet sie automatisch auch auf den anderen synchronisierten Geräten. MagentaCLOUD verwendet einen eigenen Papierkorb, in dem diese Dateien noch 30 Tage im Cloudspeicher aufbewahrt werden, um sie im Notfall wiederherstellen zu können. Dieser Papierkorb wird zum belegten Speicherplatzkontingent hinzugezählt. Um Speicherplatz frei zu bekommen, lohnt es sich, den Papierkorb ab und an zu leeren.

Der Papierkorb ist im Seitenmenü von MagentaCLOUD im Browser unter *Gelöschte Dateien* zu finden. Hier können Sie gelöschte Dateien einzeln wiederherstellen oder auch endgültig löschen.

Die MagentaCLOUD-App für Smartphones

MagentaCLOUD liefert eine App, mit der Sie auch vom Smartphone aus auf Ihre Dateien auf MagentaCLOUD zugreifen und sie mit Freunden teilen können.

Zur Anmeldung wird das gleiche Telekom-Log-in wie auf dem PC benötigt, nicht das auf dem Smartphone angemeldete Google-Konto.

Die MagentaCLOUD-App zeigt die komplette Verzeichnisstruktur von MagentaCLOUD. Die Dateien werden nicht automatisch mit dem Smartphone synchronisiert, können aber einzeln zur Offlinenutzung heruntergeladen werden.

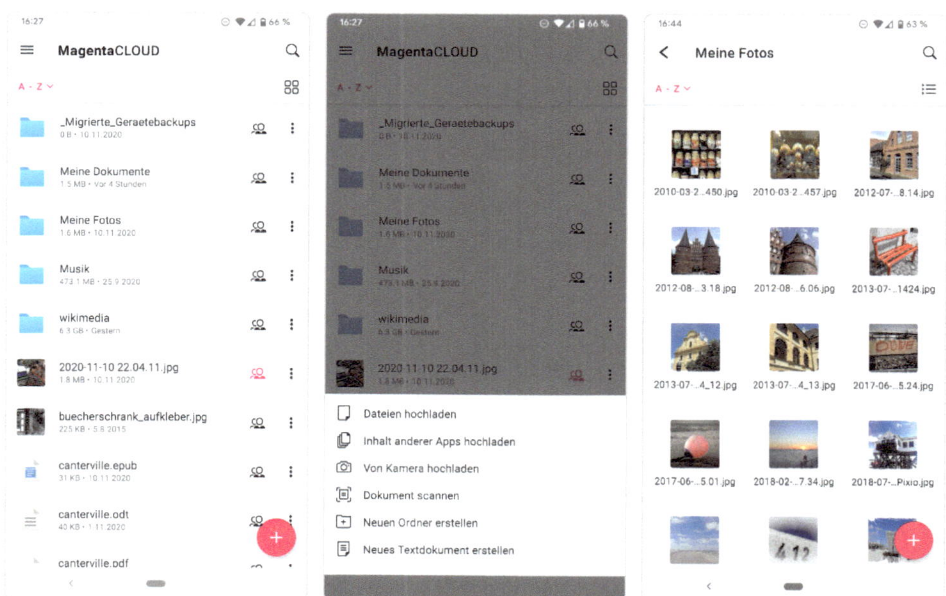

Die MagentaCLOUD-App für Smartphones.

- Über die Teilen-Funktion diverser Apps können Dateien auf MagentaCLOUD hochgeladen werden, wenn die MagentaCLOUD-App installiert ist. Dabei haben Sie jedes Mal die Möglichkeit, einen Ordner auszuwählen.
- Über den Menüpunkt *Teilen* im Menü der App können Sie Links auf eigene Dateien bei MagentaCLOUD leicht mit Freunden teilen und dabei festlegen, welche Personen welche Zugriffsrechte auf die Datei bekommen sollen. Diese Freigabelinks sind dann auch im Browser bei MagentaCLOUD zu sehen.

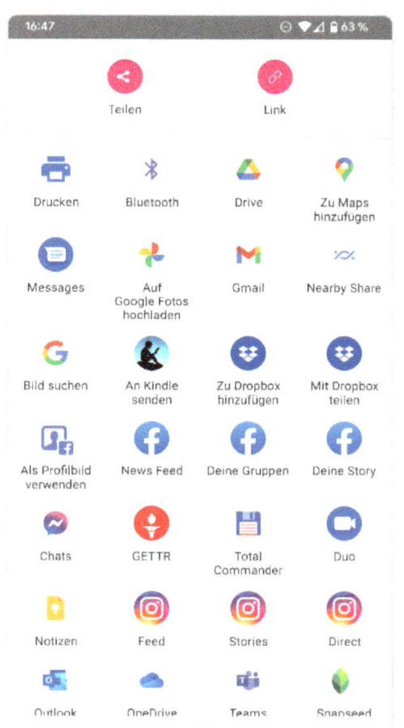

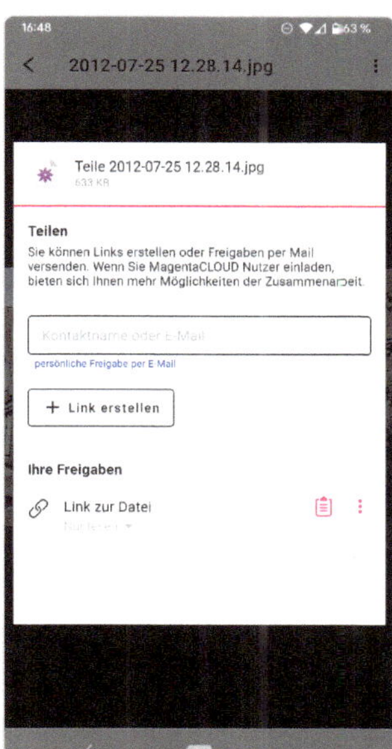

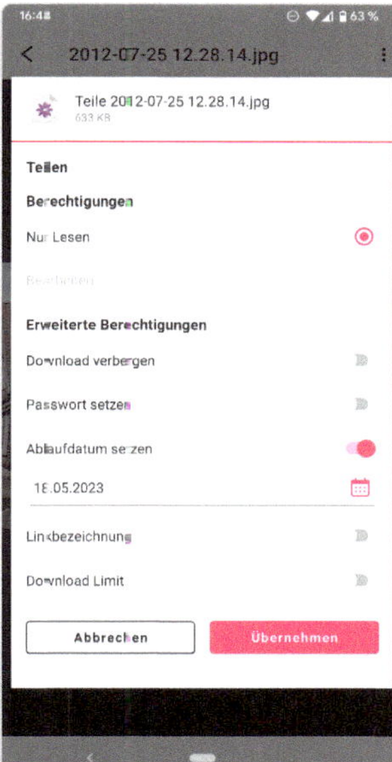

Datei aus der MagentaCLOUD-App mit Freunden teilen.

4.6 GMX/Web.de Cloud

GMX (*www.gmx.net/cloud*) und Web.de (*web.de/online-speicher*) bieten ihren Nutzern einen Cloudspeicher an, der, vergleichbar mit den großen Anbietern, über den Browser oder mit einer Desktopanwendung, die einen lokalen Ordner synchronisiert, genutzt werden kann. Zusätzlich gibt es eine Smartphone-App. Über die E-Mail-Apps oder die Webmail-Seite lassen sich Dateianhänge von E-Mails direkt in der Cloud speichern. Ein Online-Office ermöglicht es, Dateien direkt im Browser zu bearbeiten.

> **Kostenloser Speicherplatz**
> *GMX* und *Web.de* bieten allen Nutzern ihrer E-Mail-Dienste 2 GByte kostenlosen Speicherplatz an. Dies gilt auch für kostenlose E-Mail-Adressen. Kostenpflichtige Tarife erweitern wie bei allen Anbietern den Speicherplatz.

GMX-/Web.de-Desktop-App

GMX und Web.de bieten Windows-Desktopprogramme an, die auf einfache Weise den Cloudspeicher auf dem PC zur Verfügung stellt.

- Laden Sie sich bei *www.gmx.net/cloud/windows* oder *web.de/online-speicher/windows* die Desktop-App herunter und installieren Sie sie.
- Nach der Installation starten Sie Windows neu. Starten Sie danach das zuvor installierte Desktopprogramm von GMX oder Web.de.
- Beim ersten Start melden Sie sich mit Ihrem Benutzerkonto von GMX oder Web.de an. Dazu wird ein Browserfenster geöffnet. Bestätigen Sie hier, dass diese Webseite die Cloud öffnen darf.

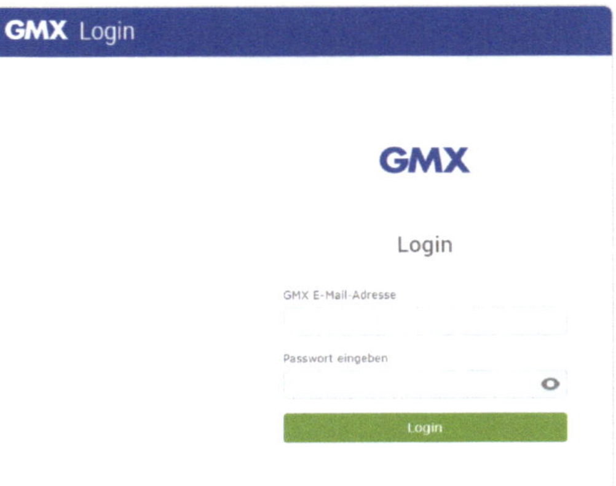

In GMX Cloud anmelden.

- Die Desktop-App erscheint als Symbol in der Taskleistenecke. Ein Rechtsklick darauf öffnet ein Menü, das den Aktivitätsstatus anzeigt. Der Menüpunkt *GMX Cloud* öffnet die GMX oder Web.de Cloud im Explorer.
- Diese legt ein eigenes virtuelles Laufwerk an, über das Sie online auf die in der Cloud gespeicherten Dateien zugreifen und auch eigene Dateien vom PC auf dieses Laufwerk kopieren können. Dabei werden sie automatisch in der Cloud gespeichert.

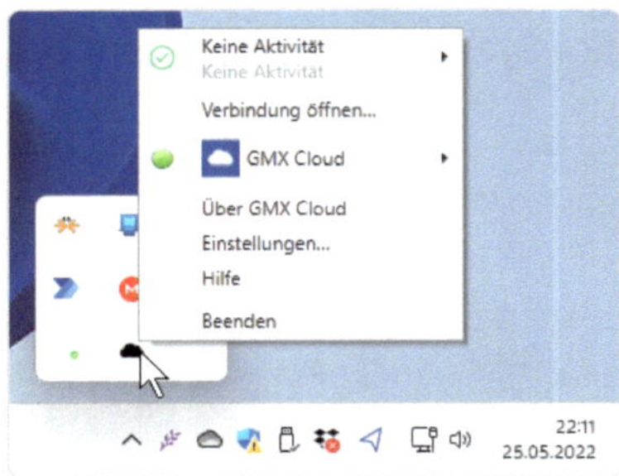

GMX-Cloud-Desktop-App in der Taskleistenecke.

GMX oder Web.de Cloud automatisch mit lokalem Ordner auf der Festplatte synchronisieren

GMX und Web.de Cloud zeigen im Explorer nur Platzhalter für die Dateien an. Es werden erst einmal keine Dateien auf die Festplatte kopiert. Die Dateien werden nur dann auf die Festplatte heruntergeladen, wenn sie benötigt werden.

Die Cloud legt dazu ein virtuelles Laufwerk mit eigenem Laufwerkbuchstaben an, das im Explorer auf der Seite *Dieser PC* bei den Laufwerken erscheint. Dateien, die Sie mit dem Explorer auf das Cloudlaufwerk kopieren oder dort bearbeiten, werden automatisch auf den Cloudspeicher zurückkopiert, damit sie auch auf anderen Geräten genutzt werden können.

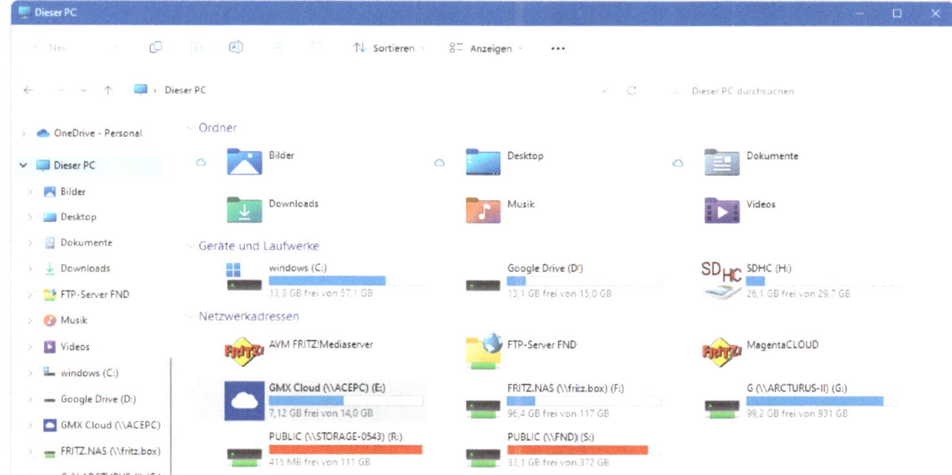

GMX Cloud im Explorer.

Die Einstellungen der GMX- und Web.de-Cloud-Desktop-App erreichen Sie mit einem Rechtsklick auf das Cloudsymbol in der Taskleistenecke. Klicken Sie im Kontextmenü auf den Menüpunkt *Einstellungen*.

In den Einstellungen können Sie im Bereich *Sync* die intelligente Synchronisierung auswählen. Dabei werden Dateien, die verwendet wurden, in einem lokalen Cache gespeichert, um nicht jedes Mal wieder neu heruntergeladen werden zu müssen. An dieser Stelle können Sie auch den lokalen Zwischenspeicherordner aus dem eigenen Benutzerprofil an eine andere Stelle, zum Beispiel auf ein anderes Laufwerk, verschieben.

Sollte die Cloud den Netzwerkverkehr zu stark ausbremsen, können Sie im Bereich *Bandbreite* der Einstellungen die zu nutzende Bandbreite für die Desktop-App reduzieren.

Die Einstellungen der GMX-Cloud-Desktop-App.

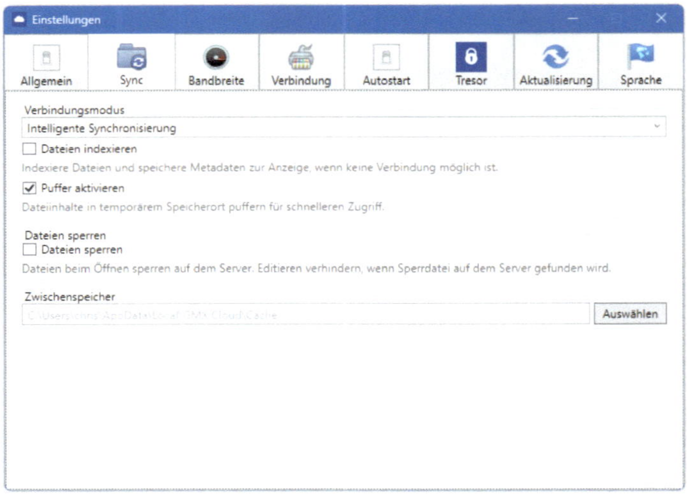

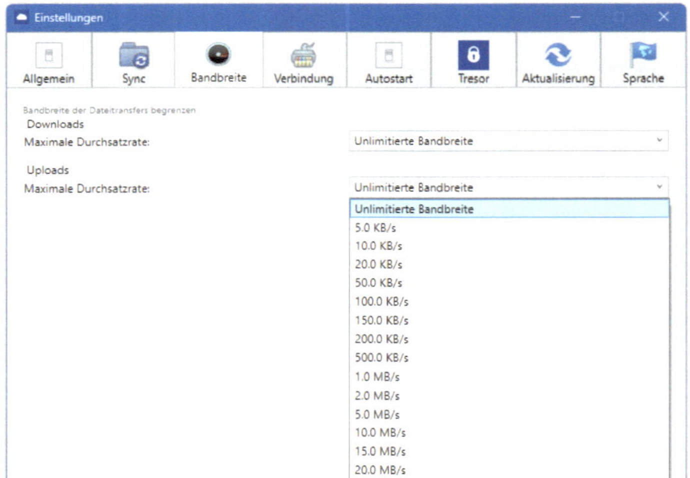

- Achten Sie darauf, dass in den Einstellungen unter *Autostart* der Schalter *Mit Betriebssystem starten* aktiviert ist, damit die Cloud im Explorer immer erreichbar ist.
- Zusätzliche Symbole an jeder Datei und jedem Unterordner im Cloudlaufwerk im Windows-Explorer zeigen an, ob die Datei offline verfügbar ist. Um eine Datei oder einen Ordner offline verfügbar zu machen, klicken Sie im Explorer mit der rechten Maustaste darauf und wählen im Kontextmenü *Weitere Optionen anzeigen/GMX Cloud/Offline verfügbar machen*.

Dokumente und Bilder automatisch in der GMX oder Web.de Cloud speichern

Wechseln Sie regelmäßig zwischen mehreren PCs und möchten dabei sehr einfach auf die gleichen Daten zugreifen?

Dann können Sie in vielen Cloudspeicherdiensten festlegen, dass die Standardordner für Bilder, Dokumente, Musik und Videos sowie der Desktop oder der Downloadordner, die im Schnellzugriffsbereich des Explorers angezeigt werden, in der jeweiligen Cloud gespeichert werden statt nur auf der lokalen Festplatte.

Die Desktop-Apps von GMX und Web.de bieten diese Möglichkeit nicht an. Mit einem Trick funktioniert es aber trotzdem, da in Windows der Pfad der Standardordner frei gewählt werden kann.

- Klicken Sie auf der Startseite des Explorers mit der rechten Maustaste auf den Ordner *Dokumente* oder *Bilder* und wählen Sie im Kontextmenü *Eigenschaften*.

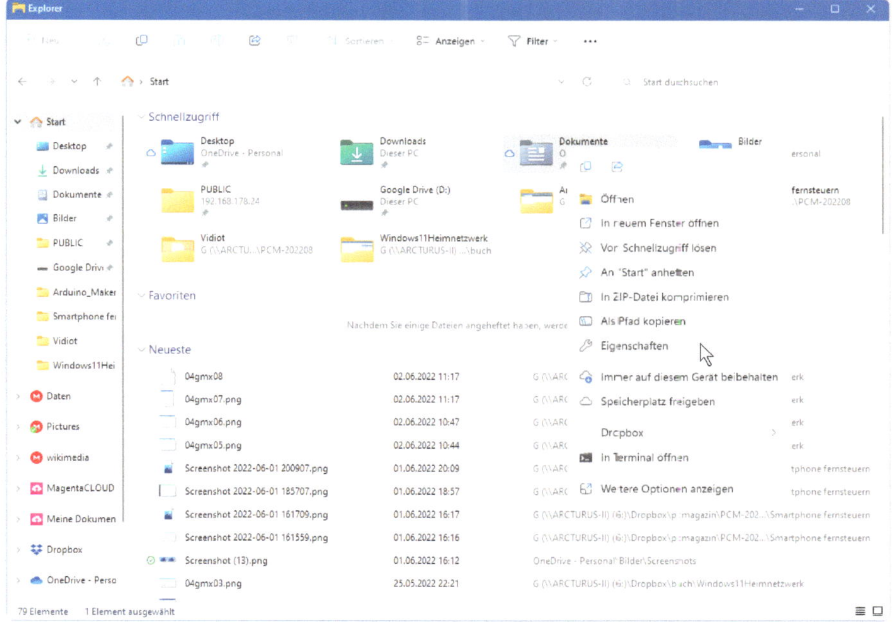

Kontextmenü des Dokumente-Ordners im Explorer.

- Auf der Registerkarte *Pfad* wird der aktuelle Ordnerpfad angezeigt. Klicken Sie hier auf *Verschieben* und wählen Sie den Ordner *Meine Dokumente* oder *Meine Bilder* auf dem Cloudlaufwerk aus. Klicken Sie anschließend auf *Übernehmen*.

- Jetzt erscheint eine Abfrage, ob Sie alle vorhandenen Dateien in den neuen Ordner verschieben möchten. Klicken Sie hier auf *Ja*. Die lokal im *Dokumente* oder *Bilder*-Ordnergespeicherten Dateien werden automatisch in die Cloud von GMX oder Web.de verschoben.

Persönliche Standardordner in der Cloud von GMX oder Web.de sichern.

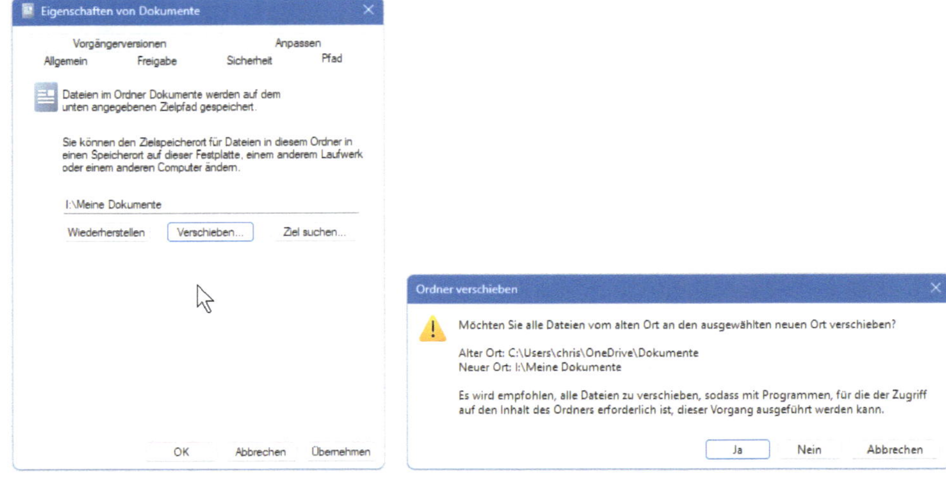

Daten an Freunde oder Teamkollegen freigeben

Auch die Cloudspeicher von GMX und Web.de bieten die Möglichkeit, größere Datenmengen mit einem einfachen Link für Freunde freizugeben.

Datei über das Kontextmenü der die GMX Cloud teilen.

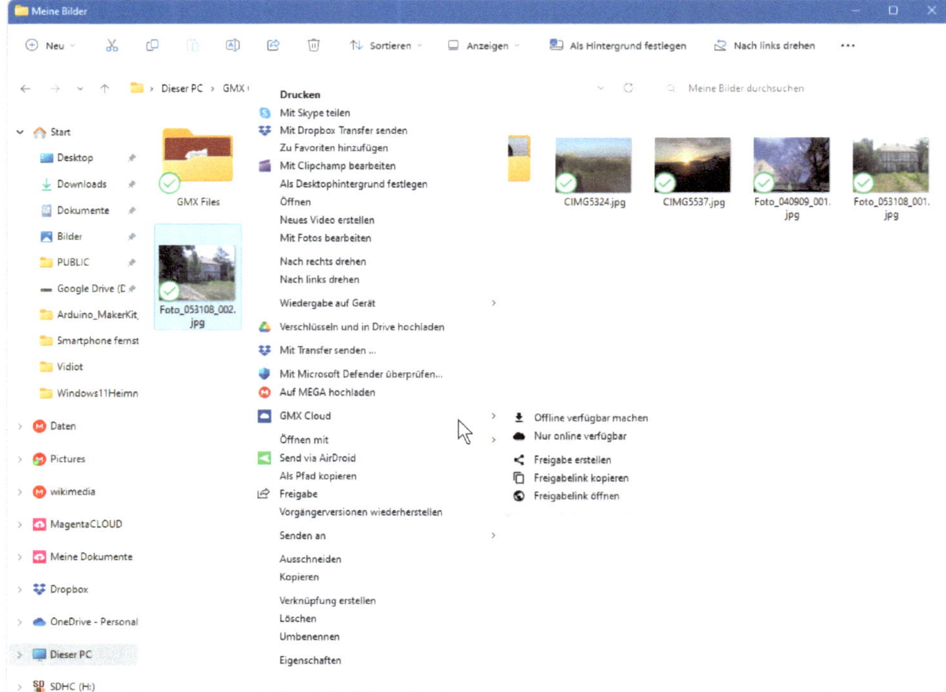

Jede in die Cloud von GMX oder Web.de hochgeladene oder synchronisierte Datei ist zunächst standardmäßig nur für Sie selbst und für niemand anderen sichtbar und nutzbar. Dabei gibt es eine Ausnahme: Kopieren Sie eine Datei in einen Ordner, der bereits für andere Personen freigegeben ist, wird die neue Datei automatisch für dieselben Personen freigegeben. Sie übernimmt die Freigabeeinstellungen des Ordners.

- Die Datei oder der Ordner muss in einem Unterordner des Cloudlaufwerks liegen. Klicken Sie mit der rechten Maustaste auf die gewünschte Datei im Explorer und wählen Sie im Kontextmenü *Weitere Optionen anzeigen/GMX Cloud/Freigabe erstellen*.
- Jetzt erscheint ein Link, den Sie direkt in die Zwischenablage kopieren können, um ihn in ein beliebiges Programm oder Dokument einzufügen.

Freigabelink kopieren.

- Ist ein Freigabelink einmal erstellt, können Sie diesen über das Kontextmenü jederzeit noch mal kopieren oder auch direkt öffnen.

Cloudspeicher von GMX und Web.de im Browser nutzen

Wenn Sie nicht an Ihrem eigenen PC sitzen, in dem die Dateien der Cloud automatisch synchronisiert werden, können Sie den Cloudspeicher von GMX und Web.de auch im Browser über *www.gmx.net/cloud* und *web.de/online-speicher* nutzen. Melden Sie sich dort mit Ihren Benutzerdaten an.

Dateien im Browser auf den Cloudspeicher hochladen

Mit dem Symbol *Hochladen* oben links können Sie Dateien oder Ordner vom PC auf den Cloudspeicher hochladen. Wechseln Sie dazu im Browser in den gewünschten Ordner und wählen Sie dann die Dateien oder Ordner aus den lokalen Laufwerken aus. Nach dem Hochladen werden die Dateien automatisch auf allen mit diesem Benutzerkonto verbundenen PCs angezeigt.

GMX Cloud im Browser.

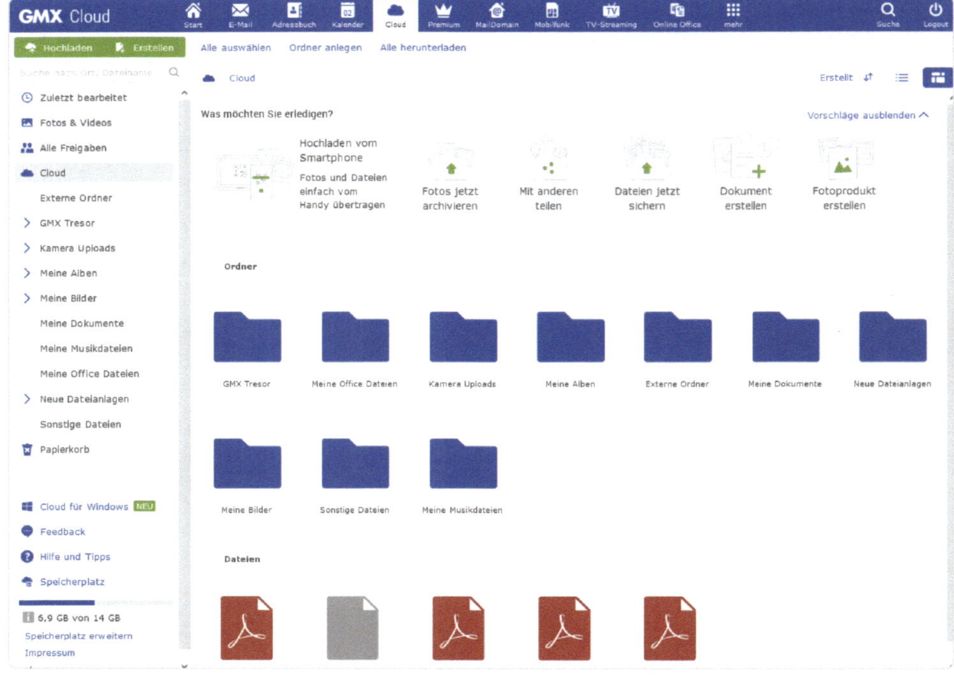

Die Cloudspeicher von GMX und Web.de bieten im Browser einen einfachen Dateimanager. Markieren Sie die gewünschten Dateien mit den Häkchen bei jeder Datei. Jetzt erscheinen oben eine Symbolleiste und ein Menü mit verschiedenen Optionen zum Kopieren und Verschieben der Dateien innerhalb des Cloudspeichers.

Das Symbol *Freigeben* in der Symbolleiste oben bietet die Möglichkeit, auch aus dem Browser heraus Dateien im Cloudspeicher von GMX und Web.de mit Freunden zu teilen.

Dateien aus der Cloud von GMX oder Web.de im Browser mit Freunden teilen.

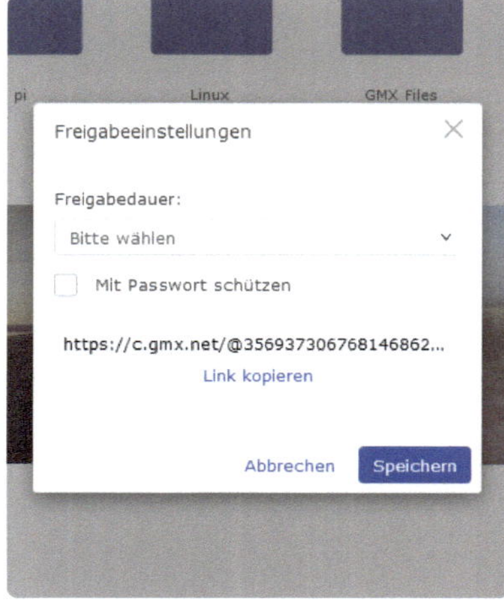

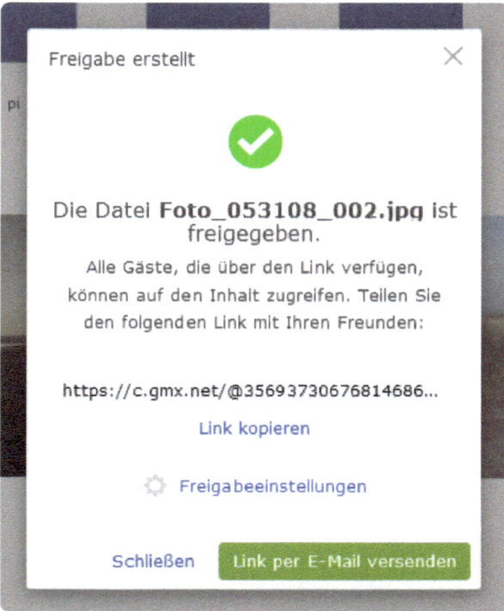

Hier können Sie einen Link zur Datei kopieren, um diesen auf anderen Wegen weiterzugeben. Dabei lässt sich der Gültigkeitszeitraum des Freigabelinks einstellen. Im Menü mit den drei Punkten rechts in der Symbolleiste finden Sie eine Option, eine vorhandene Freigabe wieder zu beenden, was über die Desktop-App im Explorer leider nicht möglich ist.

Cloudspeicherplatz voll – was tun?

Der kostenlose Speicherplatz ist in allen Cloudspeichern immer knapp. Umso wichtiger ist es, regelmäßig aufzuräumen und überflüssige Dateien zu löschen. Die Cloudspeicher von GMX und Web.de zeigen in der Browseransicht unten links die aktuelle Speicherauslastung an – wie zu erwarten auch mit Werbung für kostenpflichtige Tarife mit mehr Speicherplatz. Ein Klick auf die Zeile *Speicherplatz* zeigt eine einfache grafische Übersicht der Speicherplatzbelegung. Allerdings gibt es keine Möglichkeit, direkt die größten Dateien zu finden, um sie bei Bedarf zu löschen.

Löschen Sie eine Datei im Cloudspeicher oder in einem synchronisierten Ordner auf einem PC, verschwindet sie automatisch auch auf den anderen synchronisierten Geräten. Die Cloudspeicher von GMX und Web.de verwenden einen eigenen Papierkorb, in dem diese Dateien noch 30 Tage im Cloudspeicher aufbewahrt werden, um sie im Notfall wiederherstellen zu können. Dieser Papierkorb wird zum belegten Speicherplatzkontingent hinzugezählt. Um Speicherplatz frei zu bekommen, lohnt es sich, den Papierkorb ab und an zu leeren.

Der Papierkorb ist im Seitenmenü im Browser zu finden. Hier können Sie gelöschte Dateien einzeln wiederherstellen oder auch endgültig löschen.

Die Apps von GMX und Web.de für Smartphones

GMX und Web.de liefern Apps, mit denen Sie vom Smartphone aus Ihre E-Mails bei diesen Anbietern bearbeiten und auf Ihre Dateien der Cloudspeicher zugreifen können, um diese mit Freunden teilen zu können.

Zur Anmeldung wird das gleiche Benutzerkonto wie auf dem PC benötigt, nicht das auf dem Smartphone angemeldete Google-Konto.

Die Apps zeigen die komplette Verzeichnisstruktur des Cloudspeichers. Die Dateien werden nicht automatisch mit dem Smartphone synchronisiert, können aber einzeln heruntergeladen werden.

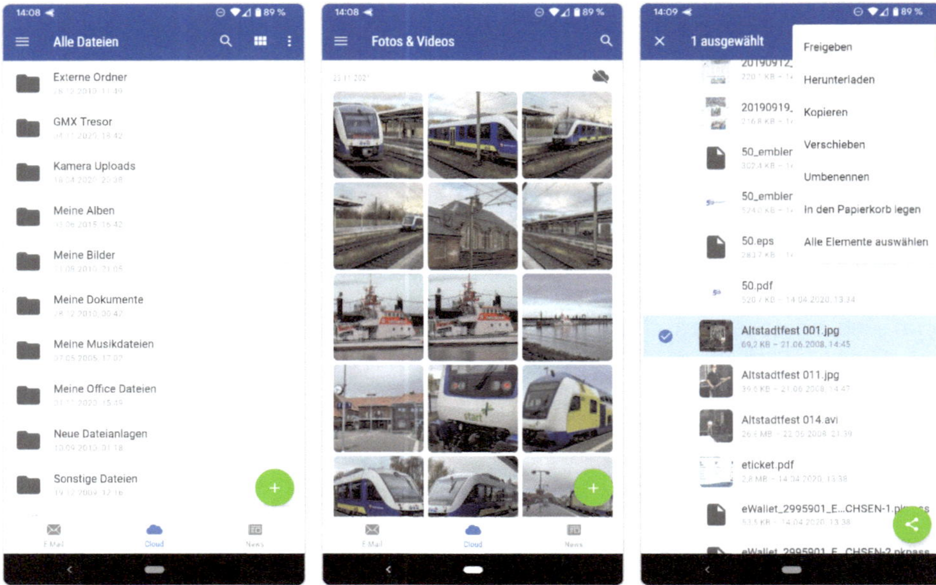

Die GMX-App für Smartphones.

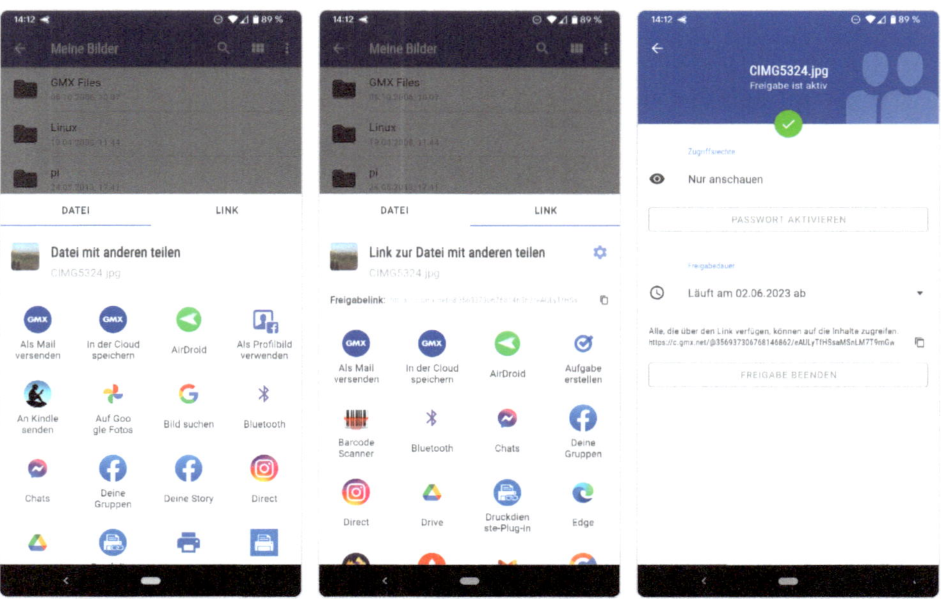

Datei oder Freigabelink aus der GMX-App mit Freunden teilen.

Anhänge aus E-Mails können direkt auf dem Cloudspeicher abgelegt werden, ohne sie auf das Smartphone herunterladen zu müssen. In Kombination mit der Desktop-App für Windows ist das sehr praktisch. Sie lesen eine E-Mail auf dem Smartphone und speichern den Anhang. Dieser landet anschließend automatisch auf Ihrem PC.

- Über die Teilen-Funktion diverser Apps können Dateien in den Cloudspeicher hochgeladen werden, wenn die App von GMX oder Web.de installiert ist. Dabei haben Sie jedes Mal die Möglichkeit, einen Ordner auszuwählen.
- Über das *Teilen*-Symbol können Sie eine Datei selbst oder einen Freigabelink auf die Datei im Cloudspeicher leicht mit Freunden teilen und dabei ein Passwort oder auch eine Freigabedauer festlegen, nach der der Link automatisch ungültig wird.

4.7 Der Tresor – private Daten sicher in der Cloud

Kreditkarten, Personalausweis und andere wichtige Dokumente möchte man jederzeit und überall im Zugriff haben. Allerdings soll niemand sonst unbefugt auf diese Daten zugreifen können. Einige Cloudspeicherdienste wie unter anderem OneDrive, GMX und Web.de bieten sogenannte Tresore an, in denen sich wichtige private Dokumente mit einem zusätzlichen Schutz speichern lassen.

Der Tresor bei OneDrive

OneDrive liefert einen Tresor mit, der in der kostenlosen Version aber nur drei Dateien beinhalten kann. Da die Größe der Dateien jedoch nicht festgelegt ist, können Sie einen ganzen Ordner mit wichtigen Dokumenten als ZIP-Archiv in den Tresor legen.

- Für den Zugriff auf den Tresor ist jedes Mal eine zusätzliche Autorisierung nötig. Dazu müssen Sie bei *account.microsoft.com* im Bereich *Sicherheit/Sicherheitskontaktinformationen* eine weitere E-Mail-Adresse oder eine Handynummer hinterlegen, an die ein Sicherheitscode gesendet wird. Alternativ können Sie auch die App *Microsoft Authenticator* nutzen.

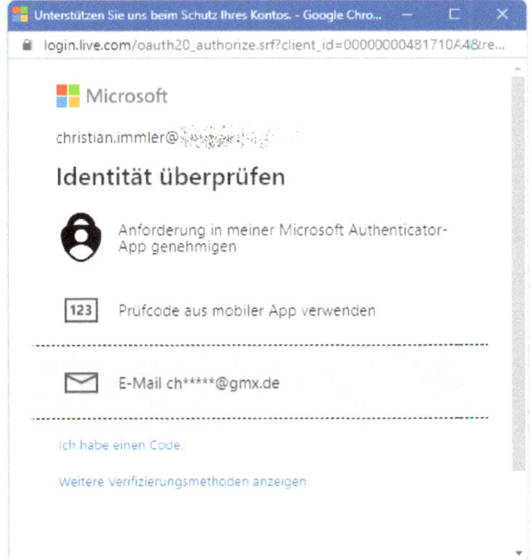

Identität zum Öffnen des Tresors prüfen.

- Nach Eingabe des Codes wird der Tresor geöffnet, und Sie sehen die dort abgelegten Dateien und können auch neue Dateien in den Tresor legen. Das Symbol des Tresors ändert sich je nachdem, ob er gerade geöffnet oder geschlossen ist. Nach 20 Minuten Inaktivität schließt sich der Tresor automatisch wieder.

Geschlossener und geöffneter Tresor.

- Im Explorer wird der Tresor zunächst als Verknüpfungsdatei angezeigt. Nach einem Doppelklick darauf ist wieder eine Autorisierung nötig. Erst danach wird der Tresor als Ordner im Explorer bereitgestellt, in dem Sie auf die dort abgelegten Dateien zugreifen oder neue in den Tresor legen können.
- Auch im Explorer wird der persönliche Tresor nach einer Inaktivitätszeit von 20 Minuten automatisch wieder geschlossen. Fünf Minuten vor diesem Zeitpunkt erscheint eine Benachrichtigung, in der Sie den Tresor sofort schließen oder aber weiter offen halten könne, um so die Inaktivitätszeit wieder neu zu beginnen. In den Einstellungen von OneDrive können Sie auf der Registerkarte *Konto* den Zeitraum bis zum automatischen Schließen des Tresors verlängern.

Der persönliche Tresor in der OneDrive-App.

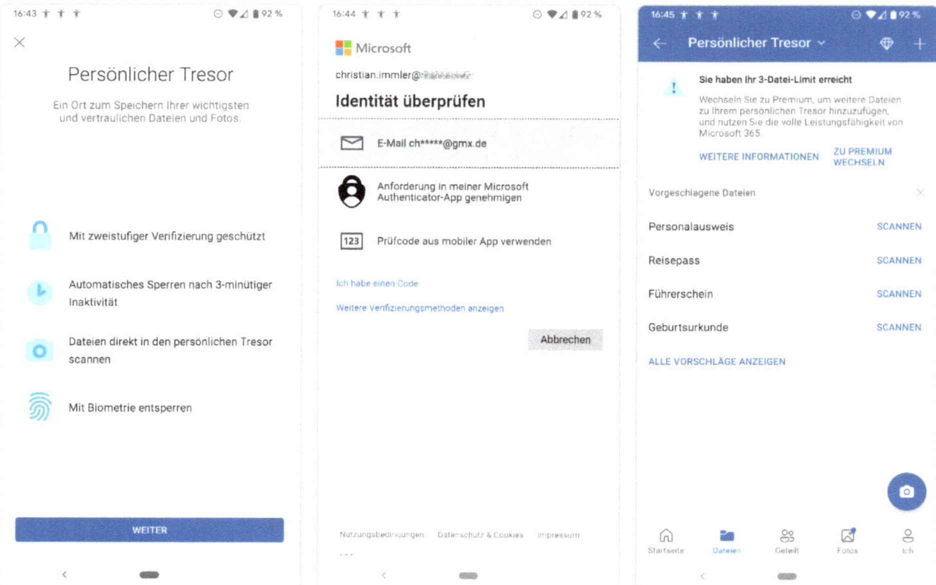

Der Tresor kann auch in der OneDrive-App auf dem Smartphone genutzt werden. Hier ist ebenfalls eine Autorisierung über eine E-Mail, SMS oder die App *Microsoft Authenticator* nötig, um den Tresor zu öffnen. Nach dem Öffnen des Tresors können Sie direkt mit der Kamera wichtige Dokumente scannen. Daten aus anderen *OneDrive*-Ordnern können über das Verschieben-Symbol in den Tresor verschoben werden, und zwar so, wie sie auch in andere *OneDrive*-Ordner verschoben würden.

Der Tresor bei GMX und Web.de

Die Cloudspeicherdienste von GMX und Web.de bieten ebenfalls einen Tresor für persönliche Daten an. Dieser ist im Gegensatz zu OneDrive nicht begrenzt und verwendet ein eigenes Passwort, das zur Verschlüsselung genutzt wird und nicht wiederhergestellt werden kann.

Zur Einrichtung des Tresors wird die App *GMX Tresor* oder *Web.de Tresor* benötigt. Diese App kann auch zum Zugriff auf die Daten im Tresor sowie zur Änderung des Tresor-Passworts verwendet werden. Die ehemaligen Windows-Programme GMX Tresor und Web.de Tresor werden nicht mehr unterstützt.

- Wechseln Sie im Windows-Explorer auf dem GMX-Cloudlaufwerk in den Ordner *GMX Tresor*, müssen Sie zunächst das Tresor-Passwort eingeben.

Passwort für GMX Tresor eingeben.

Vorsicht im Umgang mit den Daten im Tresor

Neben den Dateien, die Sie selbst im Tresor abgelegt haben, liegen dort noch Dateien namens *systemdaten*.** sowie Ordner, deren Namen nur aus einem Buchstaben bestehen. Diese Dateien werden zur Verschlüsselung und Dateiverwaltung benötigt und dürfen nicht gelöscht oder verändert werden. Verschieben Sie den Tresor auch nie und benennen Sie ihn nicht um. Dies führt zu unwiderruflichen Datenverlusten.

Erst danach haben Sie Zugriff auf die verschlüsselten Daten und können auch neue Dateien im Tresor ablegen.

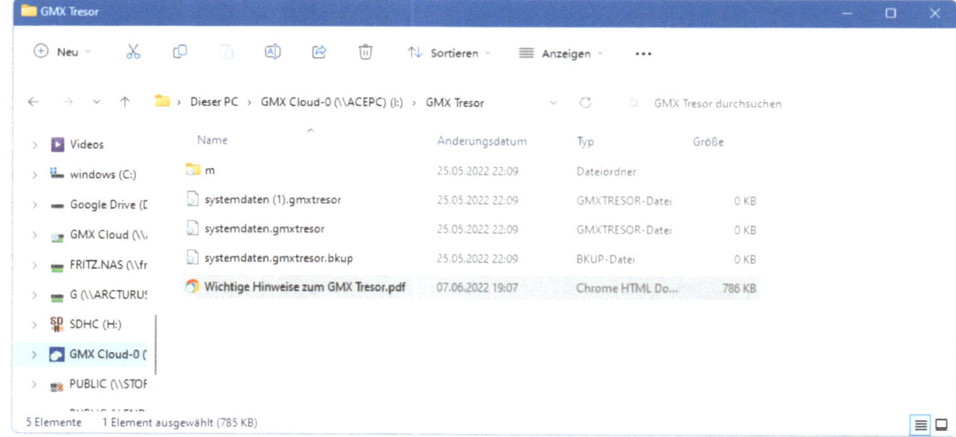

GMX Tresor im Explorer.

4.8 Cloudspeicher per WebDAV in Windows 11 einbinden

WebDAV ist ein offener Standard zur Bereitstellung von Dateien im Internet und eine der wichtigsten Alternativen zum klassischen FTP. Der WebDAV-Standard wird von einigen Cloudspeicheranbietern, wie GMX Cloud und Web.de Cloud, und auch von vielen Webservern unterstützt, um auf Onlinedateien zuzugreifen wie auf ein lokales Laufwerk unter Windows. Die bekannten Cloudanbieter OneDrive und Dropbox unterstützen WebDAV leider nicht.

WebDAV nutzt Port 80, der im Gegensatz zu den Ports für FTP auf Firewalls immer freigegeben ist, sodass es bei der Datenübertragung nur in den seltensten Fällen Probleme mit Firewalls gibt.

WebDAV-Zugangsdaten bekannter Cloudanbieter

Cloudanbieter	WebDAV-Server	Benutzername
CloudMe	*https://webdav.cloudme.com/Benutzername*	Benutzername
Freenet	*https://webmail.freenet.de/webdav*	E-Mail-Adresse
GMX	*https://webdav.mc.gmx.net*	E-Mail-Adresse
MagentaCLOUD (Telekom)	*https://magentacloud.de/remote.php/webdav*	E-Mail-Adresse
Web.de	*https://webdav.smartdrive.web.de*	E-Mail-Adresse

Netzwerklaufwerk per WebDAV einrichten

Um einen Cloudspeicher über WebDAV als Netzwerklaufwerk einzurichten, gehen Sie ähnlich vor wie beim Verbinden eines Netzwerklaufwerks im lokalen Netzwerk.

- Klicken Sie im Navigationsbalken des Explorers mit der rechten Maustaste auf *Dieser PC* und wählen Sie im Kontextmenü *Netzlaufwerk verbinden*.

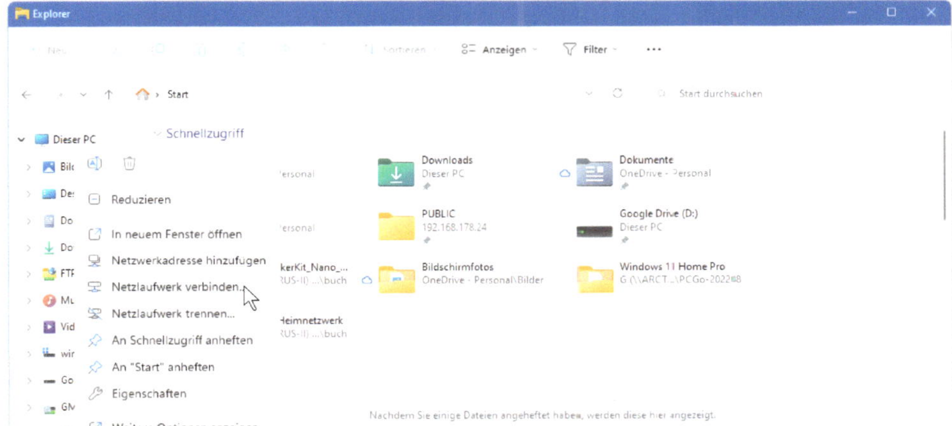

Netzwerklaufwerk im Explorer einrichten.

- Wählen Sie im nächsten Dialogfeld einen freien Laufwerkbuchstaben, der dem Cloudspeicher zugeordnet werden soll.
- Tragen Sie im Feld *Ordner* den Namen des WebDAV-Servers des Cloudspeichers ein. Die Namen finden Sie in der Tabelle.
- Setzen Sie die beiden Häkchen bei *Verbindung bei Anmeldung wiederherstellen* und *Verbindung mit anderen Anmeldeinformationen herstellen*. Klicken Sie danach auf *Fertig stellen*.

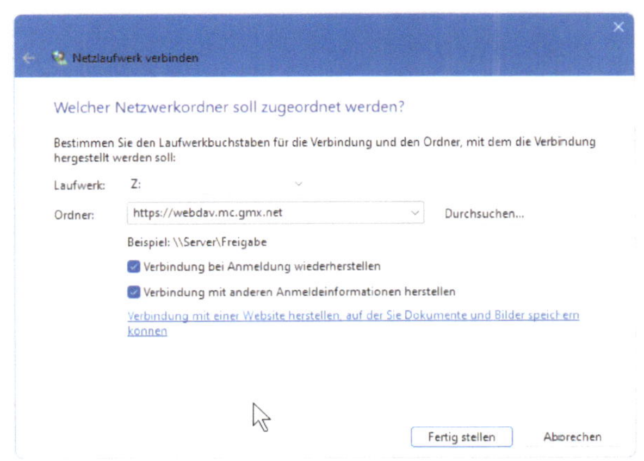

Laufwerkbuchstaben und WebDAV-Ordner für das Netzwerklaufwerk festlegen.

- Geben Sie im nächsten Dialogfeld Ihre Zugangsdaten ein. Bei den meisten Anbietern ist der Benutzername die E-Mail-Adresse. CloudMe verwendet eigene Benutzernamen. Aktivieren Sie *Anmeldedaten speichern*.

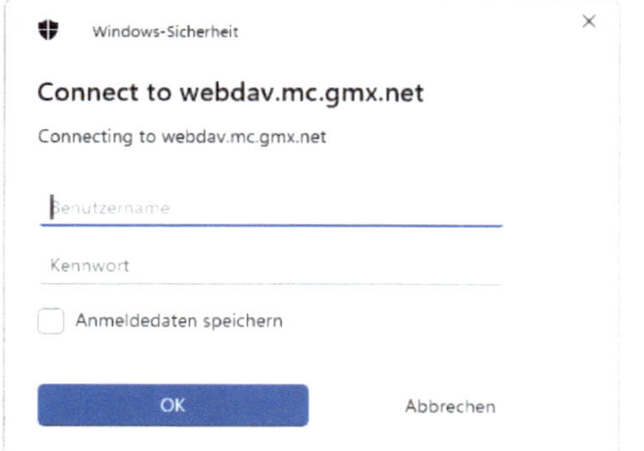

Anmeldedaten eintragen.

- Jetzt wird der Cloudspeicher bei den Laufwerken angezeigt und kann wie ein Netzwerklaufwerk genutzt werden. Allerdings stimmen die Füllstandsanzeige des Laufwerks und die Maximalgröße nicht.

Das WebDAV-Netzwerklaufwerk im Explorer.

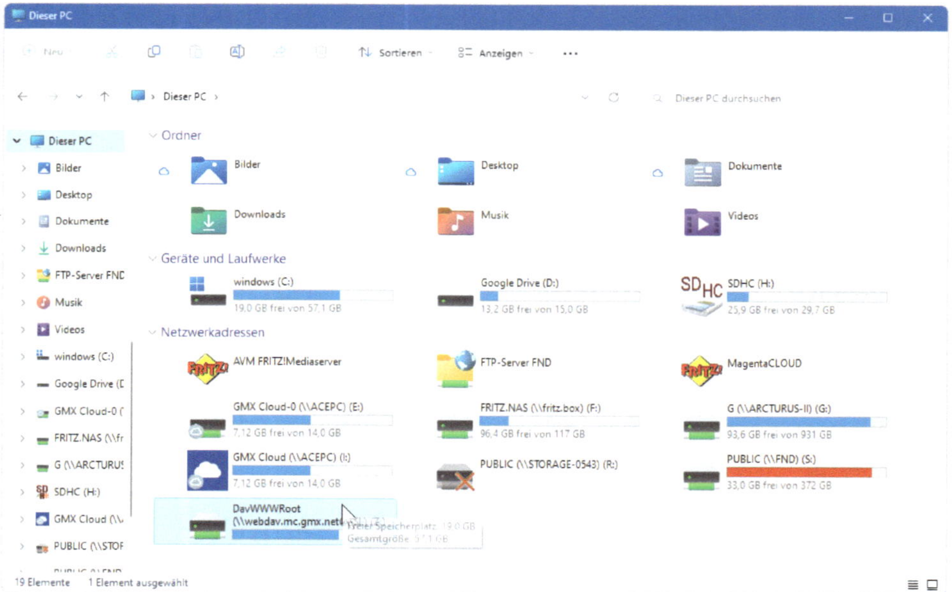

4.9 Cloudspeicher automatisch mit FRITZ!NAS synchronisieren

Besonders bei langsamen Internetverbindungen und großen Datenmengen empfiehlt es sich, Clouddatenspeicher automatisch mit einem NAS-Laufwerk zu synchronisieren, um so nicht bei jedem Dateizugriff eine WebDAV-Verbindung zu benötigen. Die Daten liegen dann auf einem USB-Stick oder einer externen Festplatte und werden im Hintergrund automatisch über das WebDAV-Protokoll mit dem Cloudspeicherdienst synchronisiert.

FRITZ!Boxen bieten die Möglichkeit, den Speicher FRITZ!NAS automatisch mit einem WebDAV-Server zu synchronisieren. Dazu muss ein USB-Stick oder eine externe Festplatte am Router angeschlossen sein. Der Speicherplatz muss mindestens so groß sein wie der gesamte zu synchronisierende Speicherplatz auf dem WebDAV-Server.

- Aktivieren Sie auf der FRITZ!Box unter *Heimnetz/USB-Speicher/Geräte und Heimnetzfreigabe* den Schalter *Online-Speicher aktiv* und wählen Sie den verwendeten WebDAV-Anbieter aus.

Einstellungen für den Onlinespeicher auf der FRITZ!Box.

- Dann brauchen Sie nur noch Ihren Benutzernamen und das Passwort einzutragen. Der Servername wird automatisch eingefügt.

- FRITZ!NAS legt automatisch einen Ordner *Online-Speicher* im Hauptverzeichnis des NAS an, der einschließlich aller Unterordner mit dem WebDAV-Server synchronisiert wird.
- Kopieren Sie Daten auf das FRITZ!NAS-Laufwerk, werden diese automatisch mit dem WebDAV-Server synchronisiert.

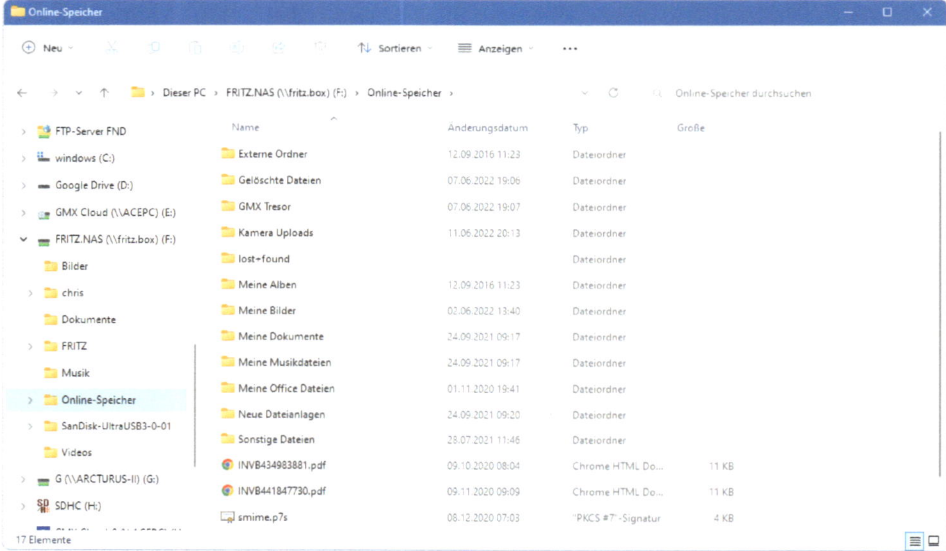

Synchronisierter WebDAV-Speicher auf FRITZ!NAS.

4.10 Eigenes NAS zum Datenaustausch über das Internet nutzen

NAS-Laufwerke sind in ihrer Grundeinstellung nur innerhalb des lokalen Netzwerks erreichbar. Mit den passenden Einstellungen kann ein NAS auch als FTP-Server über das Internet angesprochen werden, um auf diesem Weg Dateien für Freunde und Teamkollegen zur Verfügung zu stellen oder selbst von außerhalb auf seine eigenen Dateien zugreifen zu können.

Damit das NAS von außen über das Internet erreichbar ist, muss es ständig eingeschaltet sein, und ein paar Voraussetzungen müssen erfüllt sein:

- Auf dem NAS läuft ein FTP-Server.
- Der Router leitet FTP-Zugriffe von außen auf das NAS weiter.
- Der Router ist über einen festen Namen im Internet erreichbar.

Die folgenden Schritte zeigen anhand typischer Hardwarekonfiguration, wie Sie einen über das Internet erreichbaren FTP-Server auf Ihrem NAS einrichten:

- Richten Sie auf dem NAS einen FTP-Server ein. Geben Sie dazu die lokale IP-Adresse des NAS oder den Netzwerknamen in der Adresszeile des Browsers ein und melden Sie sich mit dem Administratorzugang an. Wenn Sie die IP-Adresse nicht kennen, finden Sie auf der FRITZ!Box-Benutzeroberfläche unter *Heimnetz/Netzwerk* alle Geräte im Netzwerk. Bei Geräten, die über eine Weboberfläche ansprechbar sind, ist der Gerätename in der Liste mit einem Link hinterlegt, der direkt auf die Konfigurationsseite führt.

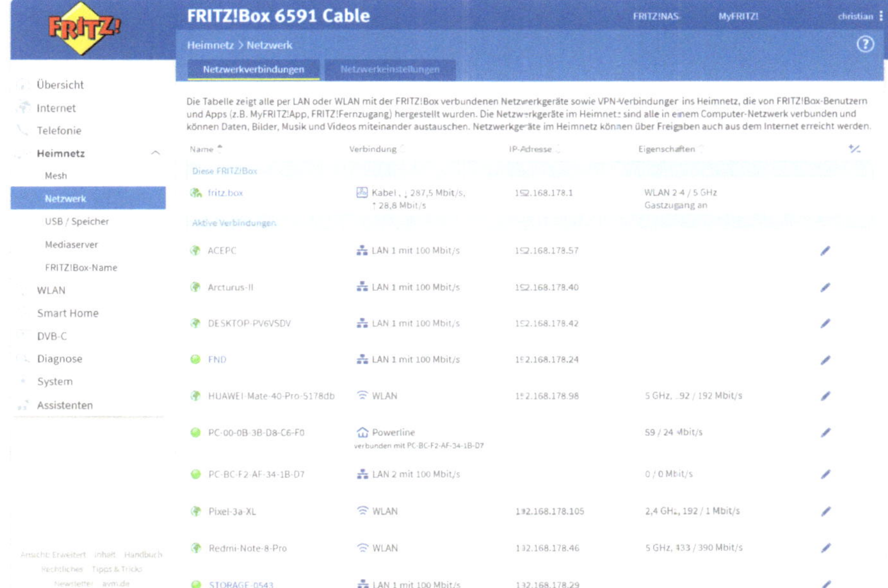

Übersicht der Netzwerkgeräte auf der FRITZ!Box.

- Die meisten NAS-Laufwerke haben auf ihrer Konfigurationsseite einen Bereich *FTP-Server*. Schalten Sie hier den FTP-Server ein. Solange nur ein FTP-Server im lokalen Netzwerk läuft, verwenden Sie den Standardport 21 für FTP-Verbindungen.

- Möchten Sie Daten öffentlich zum Download zur Verfügung stellen, schalten Sie den Anonymous-Zugang aktiv und legen ein Home-Verzeichnis für die anonymen Zugriffe fest.

- Legen Sie einen oder mehrere Benutzer an und geben Sie diesen Ordner auf dem NAS zum Zugriff frei. An dieser Stelle können Sie auch neue Ordner anlegen.

FTP-Server auf einem NAS einrichten.

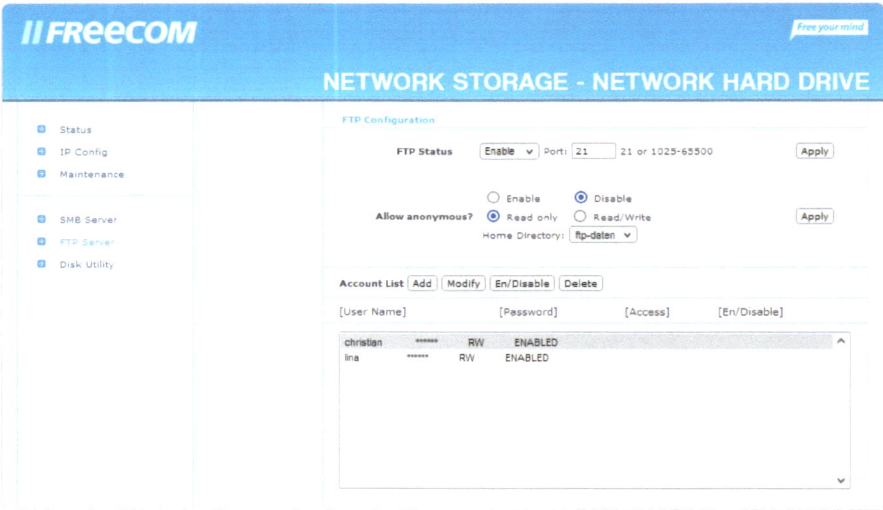

- Klicken Sie auf der FRITZ!Box-Benutzeroberfläche unter *Heimnetz/Netzwerk* auf das Stiftsymbol ganz rechts bei dem NAS-Laufwerk. Schalten Sie dort *Diesem Netzwerkgerät immer die gleiche IPv4-Adresse zuweisen* ein.
- Bei vielen NAS-Laufwerken reicht es für die Portfreigabe aus, wenn der Schalter *Selbstständige Portfreigaben für dieses Gerät erlauben* aktiviert ist. Andernfalls können Sie die Portfreigabe auch manuell einrichten. Klicken Sie dazu auf der FRITZ!Box-Benutzeroberfläche unter *Internet/Freigaben* auf *Gerät für Freigabe hinzufügen*.

Was sind Portfreigaben?

Portweiterleitung (engl. *Port Forwarding*) dient dazu, einen Dienst, der im lokalen Netzwerk angeboten wird, im Internet bereitzustellen. Eine Anfrage von außen auf einem bestimmten Port (wie z. B. FTP-Port 21) muss an ein bestimmtes Gerät im lokalen Netzwerk weitergeleitet werden, da alle Geräte im LAN nach außen hin unter derselben IP-Adresse erscheinen.

- Wählen Sie auf der nächsten Seite im Listenfeld *Gerät* das NAS aus und klicken Sie ganz unten auf *Neue Freigabe*.
- Schalten Sie auf dem nächsten Bildschirm auf *Portfreigabe* und wählen Sie im Listenfeld *Anwendung* den *FTP-Server* aus. Die Standardports werden automatisch eingetragen. Aktiveren Sie *Freigabe aktivieren* und bestätigen Sie mit *OK*. Verlassen Sie die Seite mit einem weiteren *OK*.

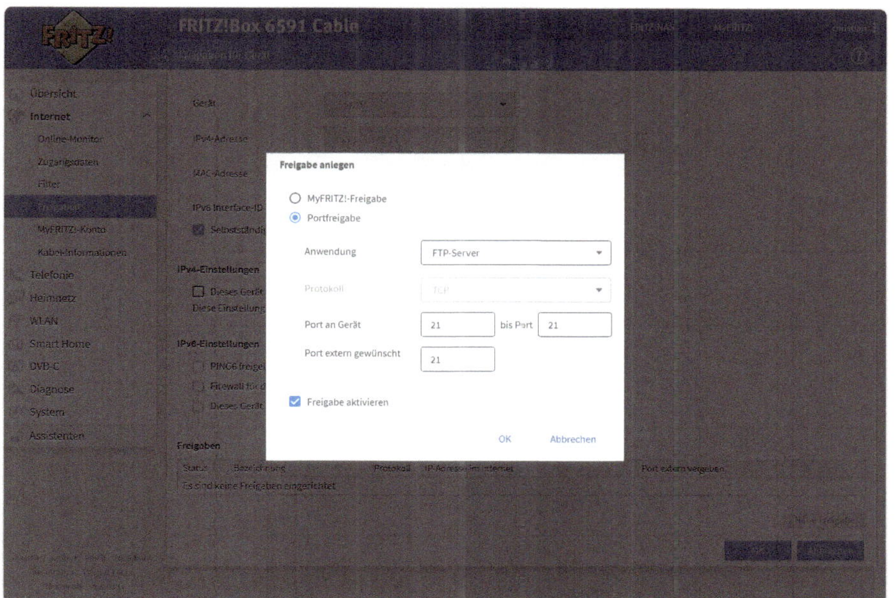

Portfreigabe einrichten.

- Wählen Sie auf der FRITZ!Box-Benutzeroberfläche unter *Internet/Freigaben/DynDNS* einen DynDNS-Anbieter, bei dem Sie bereits einen Zugang haben, und tragen Sie Ihre Zugangsdaten ein. Haben Sie noch keinen DynDNS-Domainnamen, können Sie sich nach Auswahl eines Anbieters mit dem Button *Neuen Domainnamen anmelden* auf der Seite des jeweiligen Anbieters neu registrieren.

DynDNS-Dienst auswählen und auf der FRITZ!Box anmelden.

Was ist DynDNS?

Über DynDNS können Anwendungen und Dienste, für die in der Router-Firewall Portfreigaben eingerichtet wurden, unter einem festen Domainnamen aus dem Internet erreicht werden, obwohl sich die öffentliche IP-Adresse des Routers mit jeder Interneteinwahl und bei vielen Anbietern auch automatisch jede Nacht ändert. Verschiedene Onlinedienste bieten DynDNS-Lösungen an, allerdings oft kostenpflichtig. Die Liste auf der FRITZ!Box-Benutzeroberfläche unter *Internet/Freigaben/DynDNS* zeigt, welche Anbieter von der FRITZ!Box unterstützt werden. Andere können über den Eintrag *Benutzerdefiniert* selbst hinzugefügt werden.

Der FTP-Server auf dem NAS ist dann über einen FTP-Client oder einen Browser von außerhalb unter dieser Adresse erreichbar: *ftp://DynDNS-Name:21*.

4.11 FRITZ!NAS über das Internet nutzen

Der Weg über DynDNS-Anbieter und FTP-Server zum Zugriff auf Daten eines NAS ist vergleichsweise umständlich zu konfigurieren. AVM bietet mit MyFRITZ! eine komfortable eigene Lösung an.

- Legen Sie auf der Benutzeroberfläche der FRITZ!Box unter *Internet/MyFRITZ!-Konto* ein solches Konto an, falls Sie noch keines nutzen. Der neue Benutzer muss zusätzlich zu den für MyFRITZ! nötigen Berechtigungen auch die Berechtigung zum Zugang aus dem Internet sowie die Zugriffsberechtigung auf die NAS-Inhalte haben.

- Melden Sie sich dann mit diesem Konto bei *www.myfritz.net* an. Hier finden Sie die MyFRITZ!-Adresse Ihrer FRITZ!Box, die Sie auf der FRITZ!Box unter *Internet/MyFRITZ!-Konto* eintragen müssen. Außerdem müssen *MyFRITZ! für diese FRITZ!Box aktiv* und *Internetzugriff auf die FRITZ!Box über HTTPS aktiviert* eingeschaltet sein.

- Speichern Sie sich Ihre persönliche MyFRITZ!-Adresse als Lesezeichen im Browser, um von PCs außerhalb Ihres lokalen Netzwerks aus auf die FRITZ!-Box zugreifen zu können. Über die MyFRITZ!-Adresse können Sie im Browser auf die Oberfläche der FRITZ!Box zugreifen. Hier finden Sie im Bereich *FRITZ!NAS* Ihre NAS-Inhalte und können Dateien hoch- oder herunterladen.

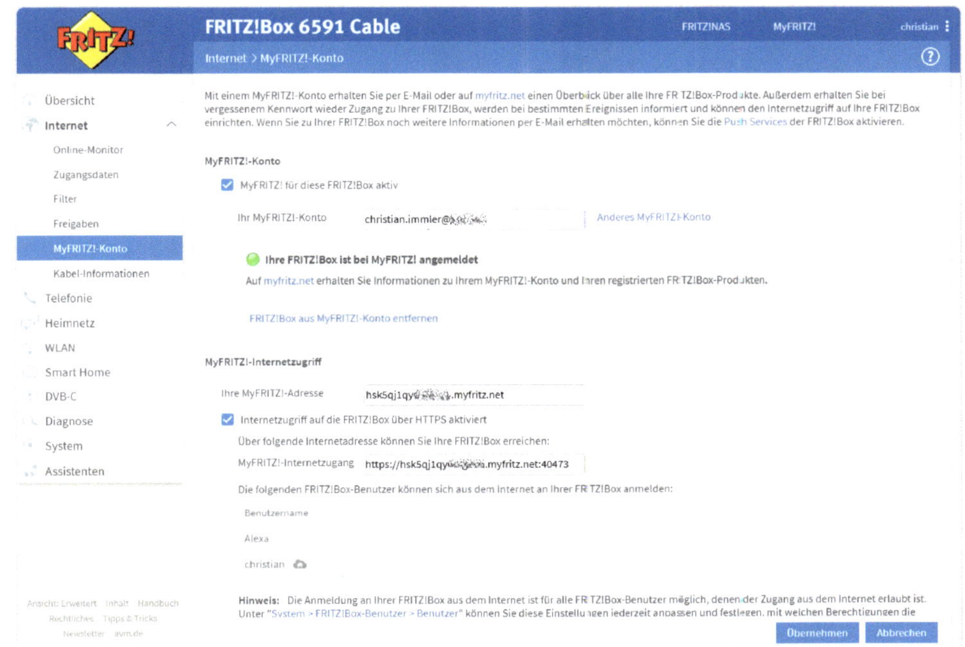

MyFritz!-Konto auf der FRITZ!Box anlegen.

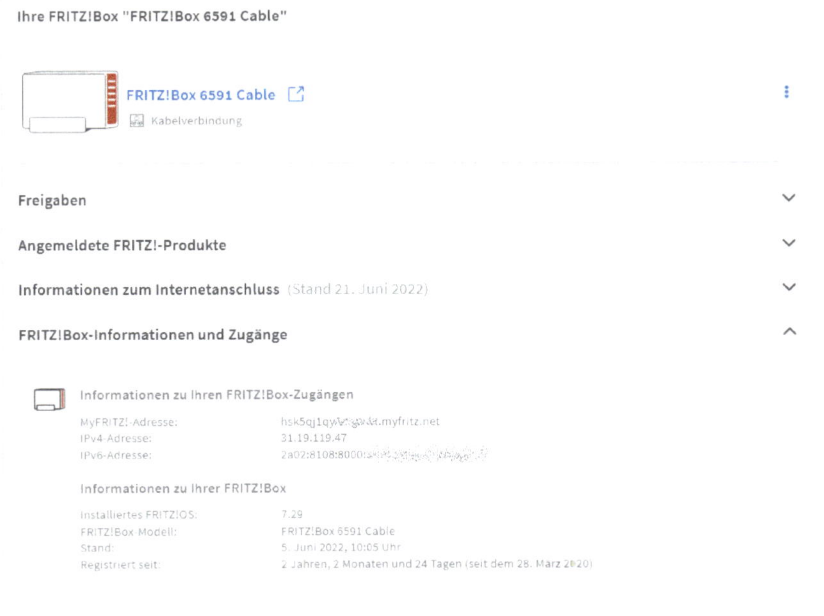

myfritz.net zeigt Daten der eigenen angemeldeten FRITZ!Boxen.

FRITZ!NAS über MyFRITZ! im Browser aufrufen.

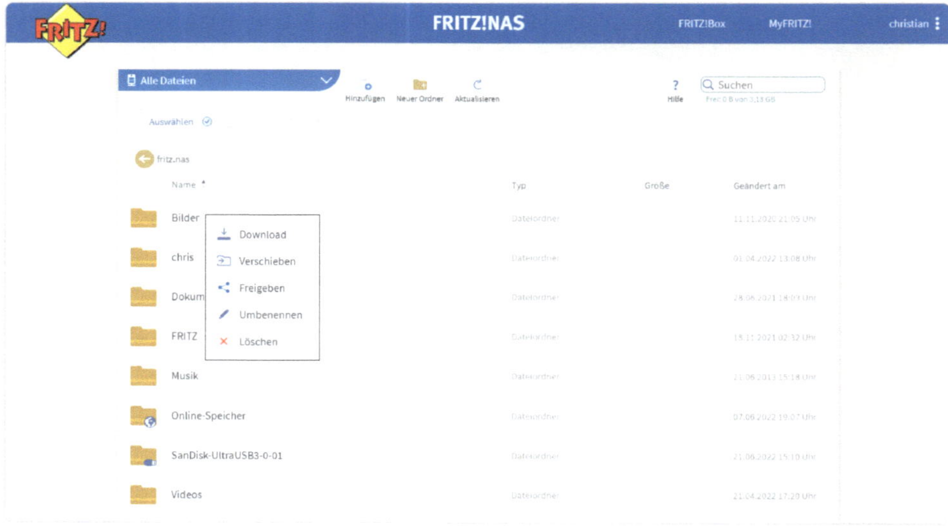

- Auch besteht die Möglichkeit, Freigabelinks für bestimmte Dateien oder Ordner zu generieren und diese an Freunde zu versenden, die dann ohne Anmeldung diese Dateien herunterladen können. Die Links lassen sich auf einen bestimmten Zeitraum oder eine maximale Anzahl an Zugriffen beschränken.

Datei über FRITZ!NAS freigeben.

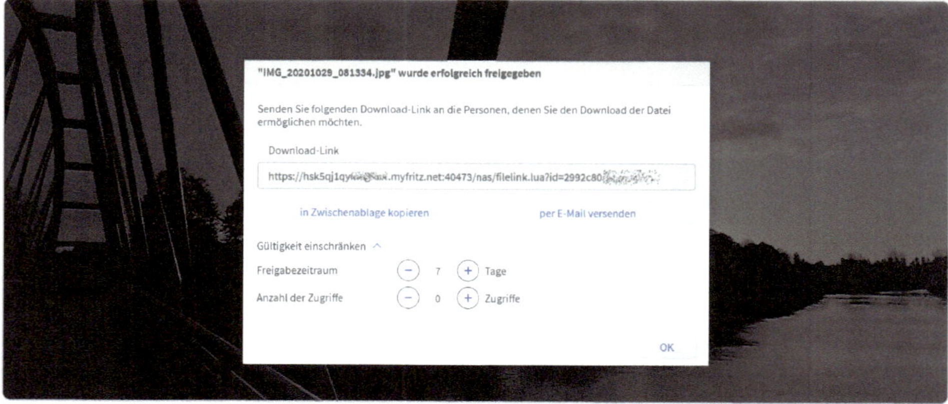

FRITZ!NAS als FTP-Server

Haben Sie FRITZ!NAS über ein MyFRITZ!-Konto eingeschaltet und auch einen oder mehrere Benutzer angelegt, die Zugang zu FRITZ!NAS haben, können Sie nicht nur über einen Browser, sondern auch per FTP auf Ihre Daten zugreifen.

- Aktivieren Sie auf der Benutzeroberfläche der FRITZ!Box unter *Internet/Freigaben/FRITZ!Box-Dienste* den Schalter *Internetzugriff auf Ihre Speichermedien über FTP/FTPS aktiviert*.

- Die FRITZ!Box verwendet für den FTP-Server standardmäßig Port 45093. Sie können diese Einstellung aber auf den bei FTP üblichen Port 21 ändern.
- Im Bereich *FTP-Adresse* werden drei Adressen angezeigt, über die der FTP-Server auf der FRITZ!Box erreichbar ist. Nur die erste Adresse, *ftp://xxxxx.myfritz.net*, funktioniert wirklich immer. Die anderen Adressen basieren auf IPv4- und IPv6-Adressen und können sich bei Neuverbindung der FRITZ!Box mit dem Internet ändern.
- Wenn Authentifizierung und Datenübertragung beim Zugriff aus dem Internet immer verschlüsselt werden sollen, schalten Sie *Nur sichere FTP-Verbindungen zulassen (FTPS)* ein. In diesem Fall müssen Sie ein FTP-Programm mit FTPS-Unterstützung verwenden.
- Klicken Sie zum Abschluss auf *Übernehmen*.

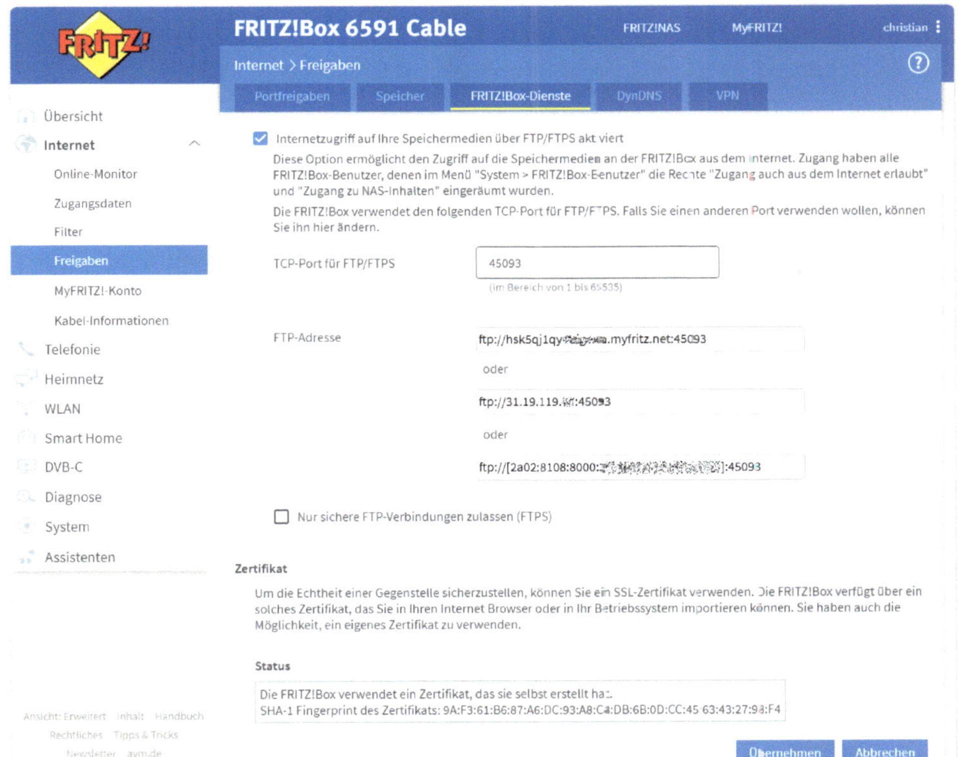

Internetzugriff auf FRITZ!NAS über FTP/FTPS aktivieren.

Jetzt können Sie über ein FTP-Programm aus dem Internet auf Ihr FRITZ!NAS zugreifen. Geben Sie dazu im FTP-Programm die erste der drei angezeigten FTP-Adressen ein.

4.12 Eigene Cloud mit Nextcloud

Cloudspeicherdienste sind zum Teilen von großen Dateien sehr beliebt. Allerdings sind die kostenlosen Speicherkontingente bei den Cloudanbietern begrenzt. In manchen Fällen sprechen auch Datenschutzbedenken gegen die Nutzung von OneDrive, Dropbox usw. Mit der Open-Source-Software *Nextcloud* kann sich jeder seine eigene Cloud einrichten – zu Hause auf einem ungenutzten PC oder Raspberry Pi oder, am einfachsten, auf einem Webspace bei einem Hostingdienst.

Der riesige Funktionsumfang von Nextcloud würde ein ganzes Buch füllen. Hier folgt nur ein kurzer Einblick in die Möglichkeiten, die eine eigene Cloud bietet.

Nextcloud auf eigenem Webspace installieren

Im besten Fall bietet der verwendete Hostingdienst selbst Nextcloud an. In diesen Fällen finden Sie auf der Konfigurationsoberfläche Ihres Webspace einen automatischen Scriptinstaller, um Nextcloud mit wenigen Klicks zu installieren.

Bietet der Webhoster diesen Service nicht, können Sie den Webinstaller von Nextcloud nutzen. In diesem Fall laden Sie sich bei *nextcloud.com/install* eine PHP-Datei herunter und übertragen diese per FTP auf Ihren Webspace. Diese Datei lädt dann die Nextcloud-Software herunter und installiert sie auf dem Webspace. Auf dem Server ist dazu mindestens PHP 7.4 erforderlich, PHP 8.0 wird empfohlen.

Bei der Installation müssen Sie in den ersten Schritten nur einen Verzeichnisnamen angeben sowie einen Administratorzugang anlegen. Alles Weitere erledigt das Installationsskript automatisch.

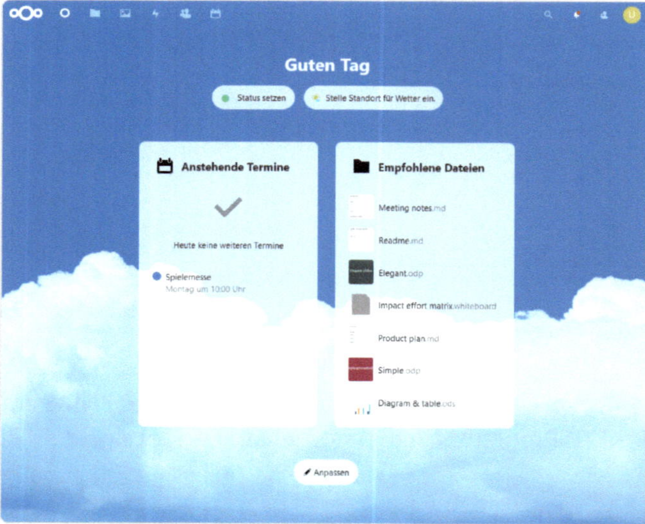

Die Startseite von Nextcloud im Browser.

Dateien im Browser auf Nextcloud hochladen und mit Freunden oder Teamkollegen teilen

Rufen Sie Ihr Nextcloud im Browser auf, erscheint nach der persönlichen Anmeldung eine übersichtliche Startseite mit häufig verwendeten Dateien. Das Ordnersymbol links oben führt zu einer Übersicht aller Ordner. Hier können Sie die Dateien ansehen oder herunterladen.

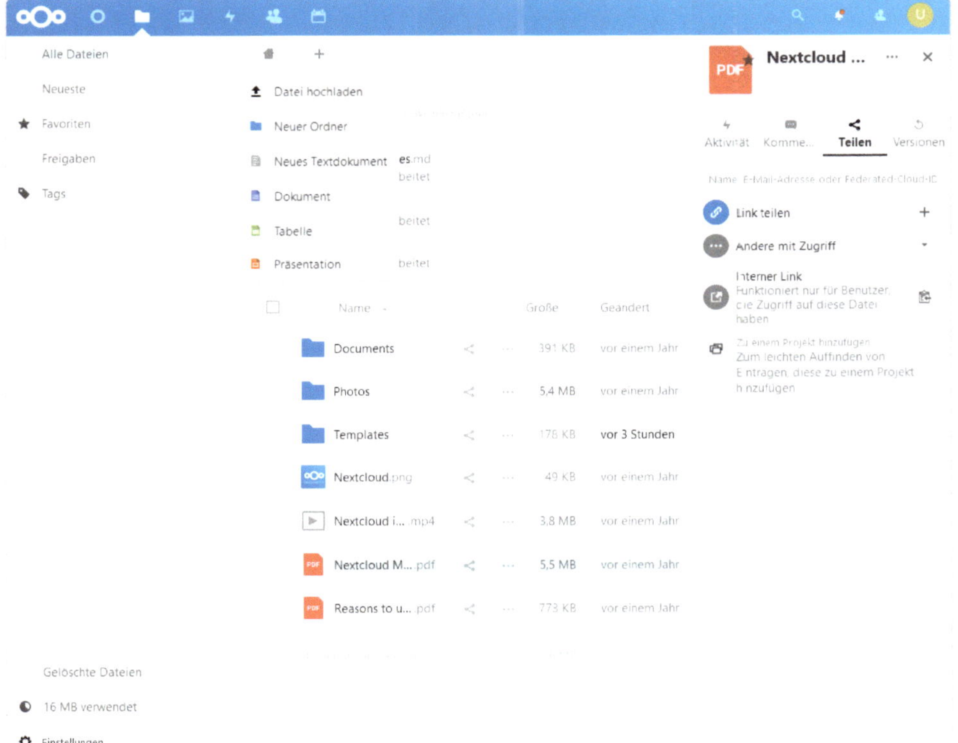

Dateien auf Nextcloud verwalten und teilen.

Mit dem Plussymbol oben links laden Sie neue Dateien auf Nextcloud hoch oder legen neue Ordner an. Neben jeder Datei finden Sie ein *Teilen*-Symbol. Hiermit erstellen Sie Links, um eine Datei oder einen Ordner mit Freunden oder Teamkollegen zu teilen.

Nextcloud mit dem PC synchronisieren

Nextcloud bietet ähnlich wie andere Cloudspeicherdienste ein Clientprogramm zur Synchronisation mit einem Ordner auf der Festplatte des PCs an (*nextcloud.com/install*).

- Beim ersten Start müssen Sie Ihre Nextcloud-Serveradresse angeben. Anschließend müssen Sie sich in einem Browserfenster anmelden und dem Windows-Programm Zugriff auf Ihre Nextcloud gewähren.
- Der Nextcloud-Ordner wird standardmäßig im eigenen Benutzerprofil angelegt. Bei der Installation legen Sie fest, ob die Dateien wirklich physisch kopiert werden sollen oder ob der Explorer zunächst nur virtuelle Dateien anzeigt, die erst bei Bedarf heruntergeladen werden.

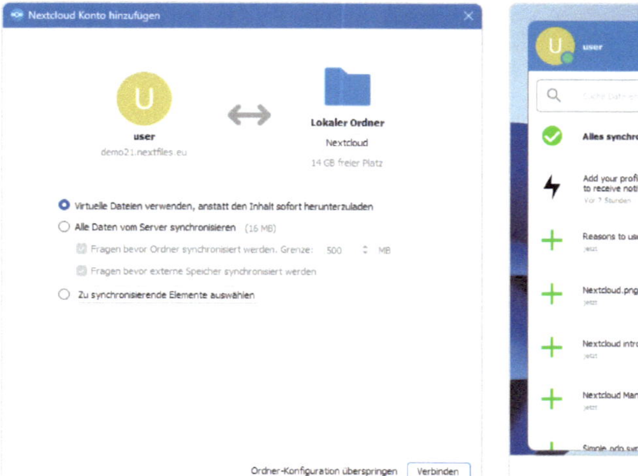

Nextcloud-Client auf dem Windows-PC einrichten.

- In der Taskleistenecke sehen Sie das Symbol der Nextcloud. Ein Klick zeigt aktuelle Aktivitäten. Im Explorer erscheint der Nextcloud-Ordner wie andere Cloudspeicherdienste direkt im Navigationsbalken.

Die Nextcloud-App für Smartphones

Nextcloud liefert eine App, mit der Sie auch vom Smartphone aus auf Ihre Dateien auf Nextcloud zugreifen und sie mit Freunden teilen können.

Zur Anmeldung wird das gleiche Nextcloud-Konto wie auf dem PC benötigt, nicht das auf dem Smartphone angemeldete Google-Konto. Bei der Installation müssen Sie der *Nextcloud*-App den Zugriff zum Verwalten aller Dateien gewähren, damit die App funktioniert.

Die Nextcloud-App zeigt die komplette Verzeichnisstruktur von Nextcloud. Die Dateien werden nicht automatisch mit dem Smartphone synchronisiert, können aber einzeln zur Offlinenutzung verfügbar gemacht werden.

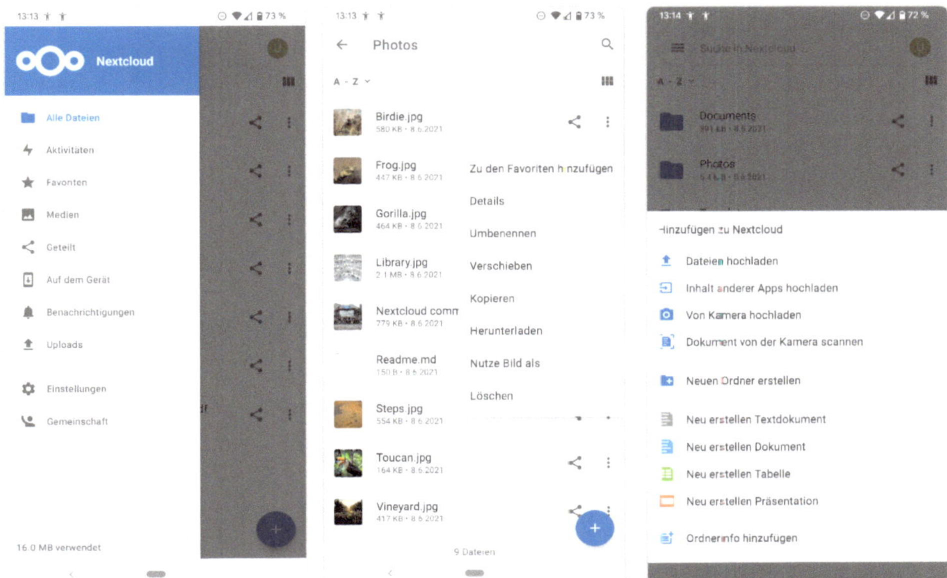

Die Nextcloud-App für Smartphones.

Über die Teilen-Funktion diverser Apps können Dateien auf Nextcloud hochgeladen werden, wenn die Nextcloud-App installiert ist. Dabei haben Sie jedes Mal die Möglichkeit, einen Ordner auszuwählen. Zusätzlich können Sie auch über das Plussymbol in der Nextcloud-App neue Dateien hochladen oder direkt auf Nextcloud anlegen.

Über das *Teilen*-Symbol neben jeder Datei oder in den Menüs der Dateibetrachter können Sie Links auf eigene Dateien bei Nextcloud leicht mit Freunden teilen.

4.13 Browserdaten im Netzwerk synchronisieren

Fast jeder ist heute regelmäßig mit verschiedenen Geräten im Internet unterwegs – Laptop und PC oder auch Smartphones und Tablets. Da bietet es sich an, Browserdaten wie Verlaufsliste und Lesezeichen zwischen den Geräten zu synchronisieren, um Gesehenes und Gespeichertes jederzeit griffbereit zu haben. Auch Anmeldedaten für Onlineshops, Webmail und soziale Netzwerke müssen dann nicht auf jedem Gerät erneut eingegeben werden. Alle modernen Browser bieten Funktionen, um Browserdaten zu synchronisieren.

Microsoft Edge

Der in Windows 11 vorinstallierte Browser Microsoft Edge synchronisiert persönliche Daten über das Microsoft-Konto. Auf allen Geräten muss im Browser das gleiche Microsoft Konto angemeldet sein.

Einstellungen zum Synchronisieren von Daten im Microsoft-Edge-Browser.

In den Einstellungen des Edge-Browsers legen Sie unter *Profile/Synchronisieren* genau fest, welche Daten zwischen den PCs mit dem eigenen Microsoft-Konto synchronisiert werden.

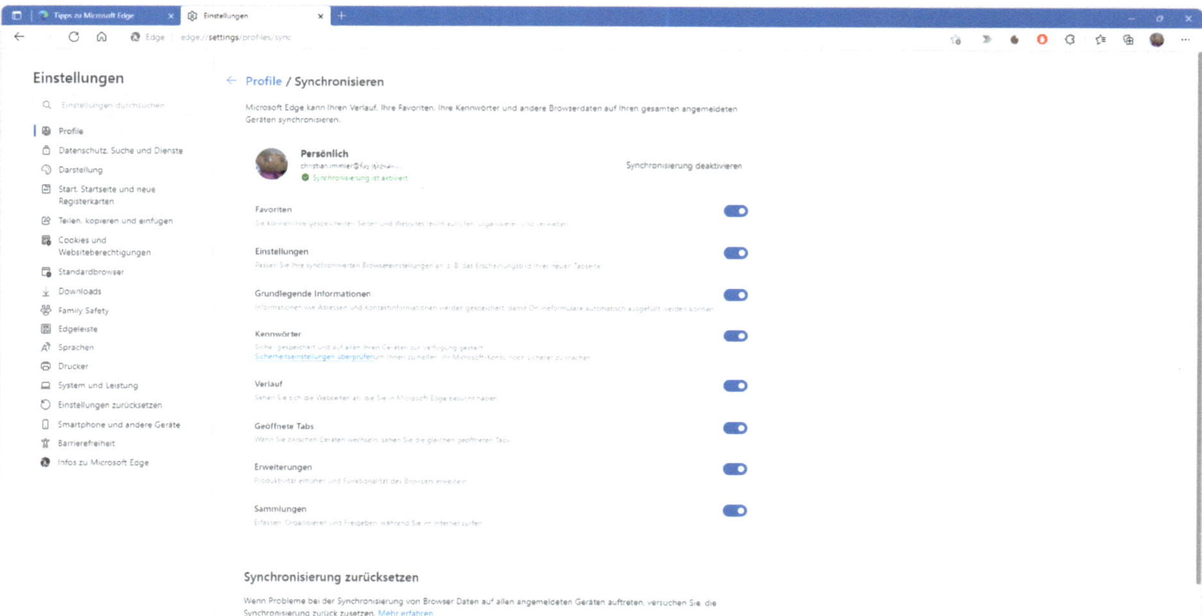

Microsoft Edge auf dem Smartphone

Microsoft bietet den Microsoft-Edge-Browser auch als App für Smartphones an. In den meisten Fällen braucht man auf dem Smartphone keinen zusätzlichen Browser zu installieren. Wer allerdings auf dem PC den Edge-Browser nutzt, kann seine Verlaufsliste, Lesezeichen, Passwörter und andere Browserdaten zwischen PC und Smartphone synchronisieren. Dazu muss im Edge-Browser auf dem Smartphone das gleiche Microsoft-Konto wie auf dem PC angemeldet sein.

- Tippen Sie unten in der Mitte auf der Startseite des Edge-Browsers auf das Menüsymbol und danach auf das Einstellungen-Symbol auf der Symbolpalette.
- Anschließend tippen Sie auf dem Einstellungen-Bildschirm auf Ihr persönliches Konto. Auf dem nächsten Bildschirm legen Sie unter *Synchronisierungseinstellungen* fest, welche Browserdaten mit den anderen Geräten mit dem gleichen Microsoft-Konto synchronisiert werden sollen.

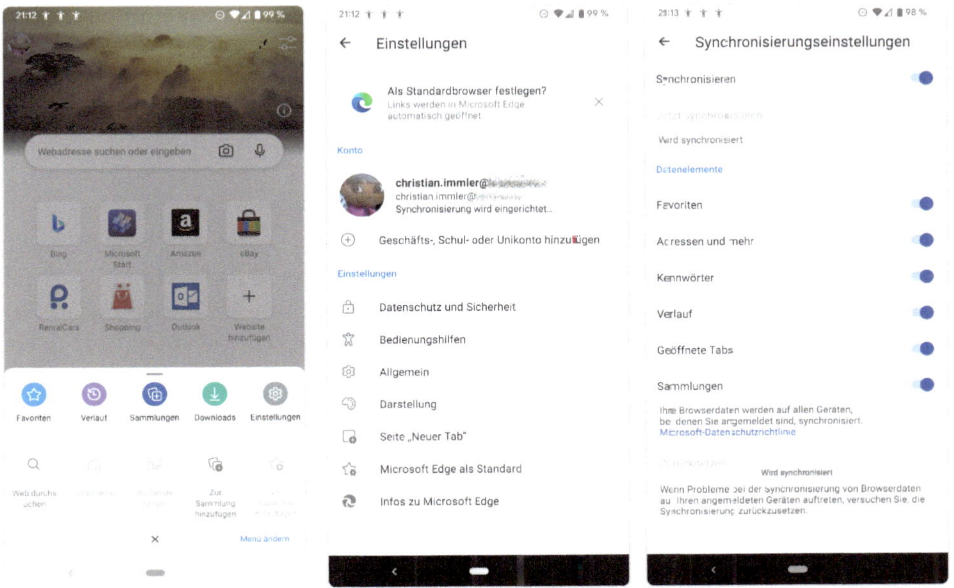

Synchronisation in Edge auf dem Smartphone einrichten.

Google Chrome

Google Chrome synchronisiert persönliche Daten über das Google-Konto. Auf allen Geräten muss im Browser das gleiche Google-Konto angemeldet sein.

- In den Einstellungen des Chrome-Browsers legen Sie unter *Google und ich/Synchronisierung und Google-Dienste/Verwalten, welche Daten synchronisiert werden* genau fest, welche Daten zwischen den PCs mit dem eigenen Google-Konto synchronisiert werden sollen.

Einstellungen zum Synchronisieren von Daten im Chrome-Browser.

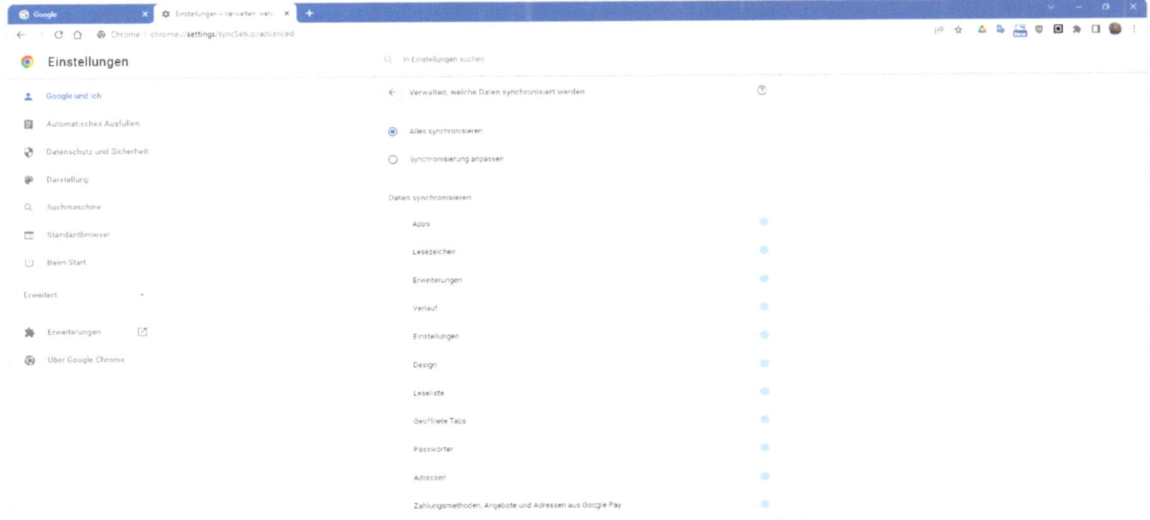

Google Chrome auf dem Smartphone

Der Chrome-Browser ist auf allen Android-Smartphones vorinstalliert und meldet sich automatisch mit dem bei der Einrichtung des Smartphones angemeldeten Google-Konto an. Somit ist die Synchronisation von Browserdaten mit dem PC sehr leicht möglich.

Tippen Sie im Chrome-Browser auf dem Smartphone oben rechts auf das Menüsymbol und wählen Sie *Einstellungen*. Auf dem nächsten Bildschirm sehen Sie, ob die Synchronisierung eingeschaltet ist. Tippen Sie auf diese Zeile, können Sie auf dem nächsten Bildschirm auswählen, welche Browserdaten mit den anderen Geräten mit dem gleichen Google-Konto synchronisiert werden sollen

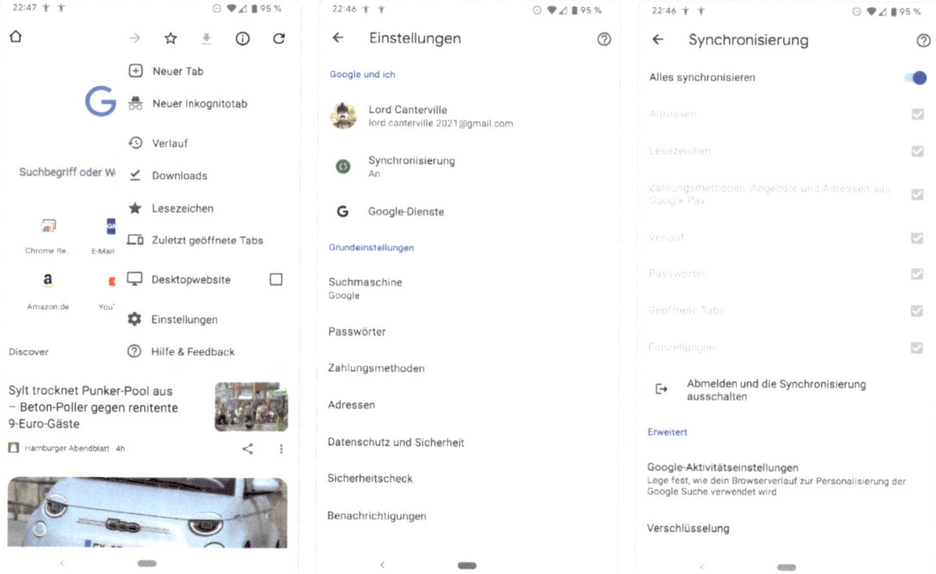

Synchronisation in Chrome auf dem Smartphone einrichten.

Firefox

Firefox verwendet eigene Benutzerkonten für die Synchronisation der Browserdaten. Auf allen Geräten muss im Browser das gleiche Firefox-Konto angemeldet und zur Synchronisation aktiviert sein.

- Klicken Sie in den Einstellungen des Firefox-Browsers unter *Synchronisation* auf *Zum Synchronisieren anmelden*. Wenn Sie bereits ein Firefox-Konto auf einem anderen PC nutzen, tragen Sie hier die E-Mail-Adresse ein. Andernfalls können Sie auf der gleichen Seite ein neues Konto anlegen. Nach der Anmeldung mit Ihrem Firefox-Konto erhalten Sie eine E-Mail mit einem Code, den Sie eingeben müssen, um die Synchronisation zu aktivieren.
- Anschließend legen Sie in den Einstellungen des Firefox-Browsers unter *Synchronisation* genau fest, welche Daten zwischen den PCs mit dem eigenen Firefox-Konto synchronisiert werden.

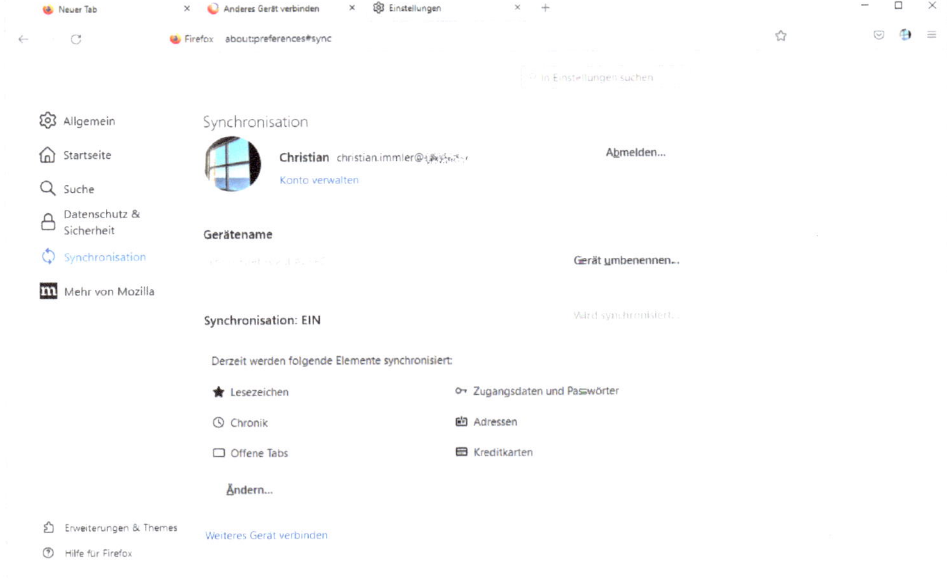

Einstellungen zum Synchronisieren von Daten im Firefox-Browser.

Firefox auf dem Smartphone

In der Firefox-App für Android melden Sie sich über den Menüpunkt *Zum Synchronisieren anmelden* mit Ihrem Firefox-Konto an. Am einfachsten ist es, auf einem PC die Seite *firefox.com/pair* zu besuchen. Dort wird ein QR-Code angezeigt, den Sie anschließend mit dem Smartphone scannen. Nun müssen Sie auf dem PC nur noch die Kopplung bestätigen. Danach wählen Sie in den Firefox-Einstellungen unter *Kontoeinstellungen* aus, welche Browserdaten synchronisiert werden sollen.

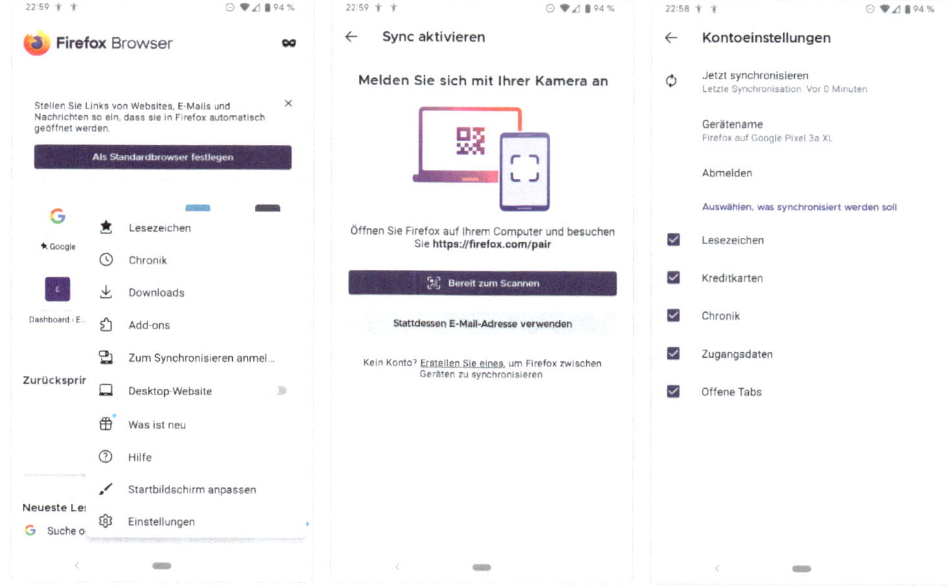

Synchronisation in Firefox auf dem Smartphone einrichten.

4.14 Cloudprobleme lösen

Kein Anbieter von Cloudspeicher ermöglicht mit seiner eigenen Software, mehrere kostenlose Konten auf einem PC zu nutzen. Stattdessen wird versucht, die Nutzer, die mehr Speicherplatz brauchen, zum Umstieg auf kostenpflichtige Tarifmodelle zu bewegen. Dies ist keine technische Einschränkung, sondern von den Anbietern so gewollt. Es gibt aber Tricks, trotzdem mehrere Nutzerkonten des gleichen Cloudanbieters auf einem PC zu verwenden.

Mehrere Cloudspeicherkonten über WebDAV nutzen

Bei Cloudanbietern, die das WebDAV-Protokoll unterstützen, wie GMX, Web.de, MagentaCLOUD, Freenet oder CloudMe, können Sie mehrere virtuelle Laufwerke anlegen, wovon jedes eigene Zugangsdaten verwendet. Speichern Sie diese Zugangsdaten zur automatischen Anmeldung, haben Sie sehr einfach alle Cloudspeicher im Blick. Die Softwaretools der jeweiligen Anbieter brauchen Sie in diesem Fall nicht.

Cloud-Plug-in Total Commander

Der *Total Commander*, einer der beliebtesten Dateimanager, lässt sich durch eine Vielzahl von Plug-ins erweitern, sodass weitere Dateisysteme neben klassischen Windows-Laufwerken unterstützt werden.

Das Cloud-Plug-in (*www.ghisler.com/cloudplugin.htm*) ermöglicht den direkten Zugriff auf Cloudspeicherdienste, ohne dass deren Synchronisationstools installiert sein müssen. Auf diese Weise lassen sich auch mehrere Konten eines Cloudspeicherdiensts auf einem PC nutzen. Dieses Plug-in funktioniert ebenfalls mit dem Open-Source-Dateimanager Double Commander (*doublecmd.sourceforge.io*).

- Nach der Installation des Plug-ins finden Sie in der Netzwerkumgebung des Total Commander einen neuen Eintrag *Cloud*.
- Legen Sie mit der Taste F7 eine neue Cloudverbindung an und geben Sie dieser im ersten Dialogfeld, *Neuer Ordner*, einen Namen.
- Wählen Sie im nächsten Dialogfeld den gewünschten Cloudanbieter aus. Tragen Sie Ihren Benutzernamen ein und schalten Sie *Logindaten speichern* ein. Das Cloud-Plug-in unterstützt Dropbox, Box, OneDrive, Google Drive, Yandex Disk und Microsoft Azure Data Lake.

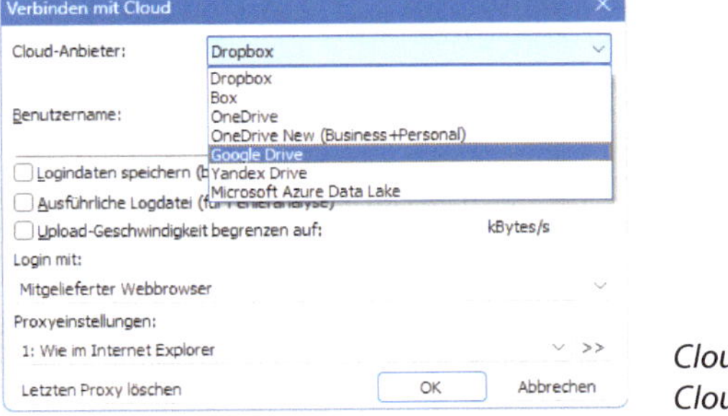

Cloudordner mit dem Cloud-Plug-in anlegen.

- Jetzt müssen Sie noch ein Hauptpasswort festlegen, damit der Total Commander die Anmeldedaten speichert.
- Nach einem Klick auf *OK* erscheint der Cloudspeicher als Ordner unterhalb des Cloudordners.
- Beim ersten Zugriff auf diesen Cloudordner müssen Sie sich je nach Cloudanbieter einmal über ein Browserfenster bei dem jeweiligen Anbieter anmelden und dem Cloud-Plug-in den Zugriff auf Ihren Cloudspeicher gewähren. Später ist dieser Schritt nicht mehr nötig. Haben Sie die Zugangsdaten im Browser gespeichert, erfolgt die Anmeldung weitgehend automatisch mit wenigen Klicks.

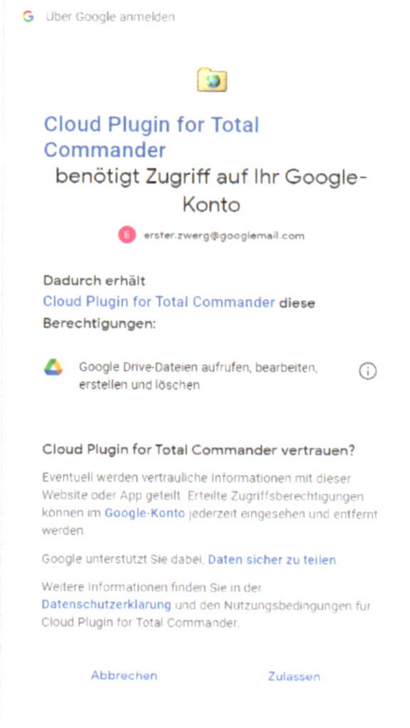

Autorisierung des Cloud-Plug-ins im Browser.

- Jetzt können Sie Dateien in beide Richtungen auf und von dem Cloudspeicher kopieren sowie auch die Synchronisation des Total Commander nutzen.
- Legen Sie für jeden Cloudanbieter und jedes Benutzerkonto, das Sie verwenden wollen, einen eigenen Cloudordner an. Die Softwaretools der jeweiligen Anbieter brauchen Sie in diesem Fall nicht.

Cloudordner in der Netzwerkumgebung im Total Commander.

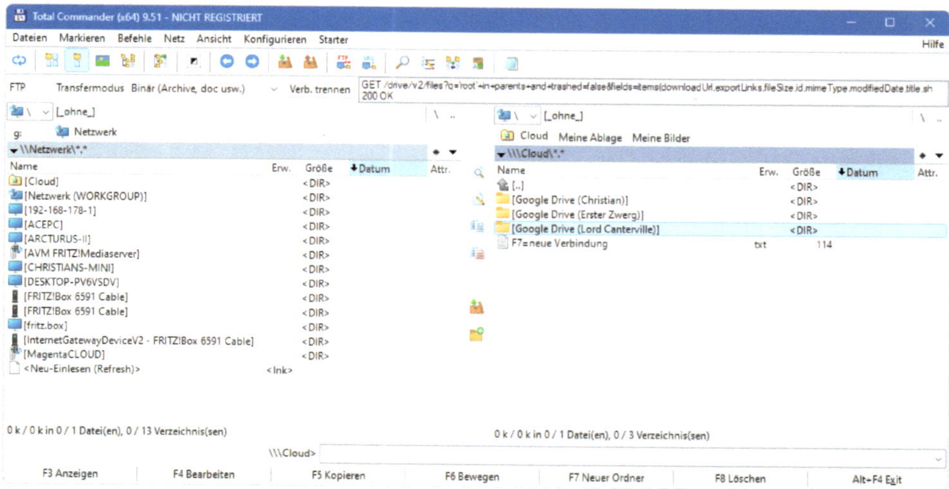

Multcloud

Der Onlinedienst *Multcloud* (*www.multcloud.com/de*) bietet die Möglichkeit, mehrere Cloudspeicherkonten bei verschiedenen Anbietern unter einer gemeinsamen Oberfläche im Browser zu nutzen. Der wirkliche Vorteil liegt in den Synchronisationsfunktionen zwischen den Cloudspeichern, ohne dass die Dateien auf den eigenen PC herunter- und zum anderen Speicheranbieter wieder hochgeladen werden müssen. Die Synchronisation kann über den Multcloud-Server laufen, ohne dass der eigene PC eingeschaltet sein muss.

Neben einer echten Synchronisation in beide Richtungen ist auch ein einseitiges Überschreiben möglich, zum Beispiel zur Datensicherung. Multcloud unterstützt alle gängigen Cloudspeicheranbieter, wie OneDrive, Google Drive, Dropbox, MEGA und weitere, wie auch beliebige FTP- und WebDAV-Server zum Datenaustausch.

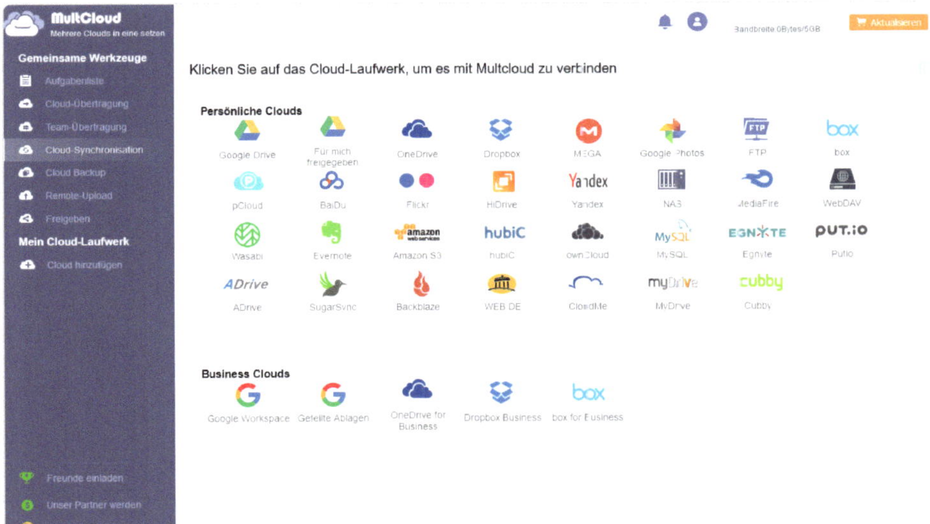

Multcloud kombiniert verschiedene Cloudspeicher unter einer Oberfläche.

Zugriff auf Google Fotos

Multcloud ermöglicht den direkten Zugriff auf Google Fotos und kann diese Fotos über eine Synchronisation auf einen anderen Cloudspeicher bringen, der dann direkt mit dem PC synchronisiert wird. Google selbst hat sein ehemaliges Synchronisationstool Backup & Sync eingestellt. Das neue Drive für Desktop bietet keinen Zugriff mehr auf Google Fotos, seit die Fotos von Google Drive abgekoppelt wurden.

5 Fernsteuerung und Fernwartung

5.1 Windows-Zwischenablage auf mehreren PCs

Ein lokales Netzwerk bietet weit mehr als nur einen gemeinsamen Internetzugang. Über eine gemeinsame Zwischenablage lassen sich leicht Texte und andere Daten geräteübergreifend austauschen. Des Weiteren kann ein PC von einem anderen ferngesteuert werden. Dabei verwendet man entweder Maus und Tastatur des ersten PCs und beobachtet den Monitor des zweiten, oder eine Fernsteuersoftware spiegelt den Monitor des zweiten PCs in ein Bildschirmfenster, sodass dieser auch außerhalb der Sichtweite stehen kann. Solche Fernsteuerungsprogramme lassen sich ebenfalls zur Fernwartung oder Hilfestellung für Kollegen im Firmennetzwerk oder auch über eine Internetverbindung im Homeoffice nutzen.

Windows 11 verwendet eine geräteübergreifende Zwischenablage. Diese kann nicht nur mehrere Elemente enthalten, es ist auch möglich, Daten von einem Computer auf einen anderen innerhalb eines lokalen Netzwerks zu übertragen.

- Kopieren Sie Text, Bilder oder ganze Dateien wie gewohnt über Kontextmenüs oder die Tastenkombination `Strg`+`C` in die Zwischenablage.
- Drücken Sie zum Einfügen in einem anderen Programm oder auch auf einem anderen Computer im lokalen Netzwerk die Tastenkombination `Win`+`V`. Ein Fenster zeigt die letzten kopierten Elemente in der Zwischenablage, aus denen Sie jetzt das gewünschte auswählen und einfügen können.

  Zur Auswahl können Sie statt der Maus auch die Pfeiltasten auf der Tastatur verwenden und das gewählte Element dann mit der `↵`-Taste einfügen. Diese erweiterte Zwischenablage ist auch über das Emoji-Eingabefeld `Win`+`.` mit dem Symbol ganz rechts zu erreichen.

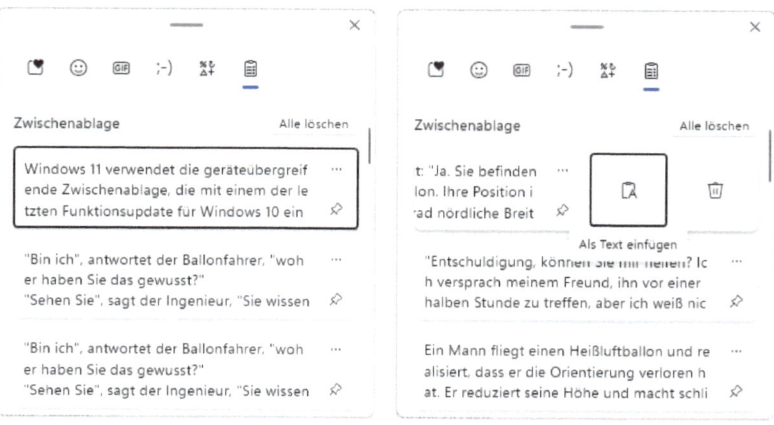

Die erweiterte Zwischenablage in Windows 11.

Die ältesten Elemente in der Zwischenablage rutschen irgendwann aus der Liste unten heraus. Mit dem Pin-Symbol können Sie Elemente anpinnen, die immer in diesem Fenster verfügbar bleiben sollen.

Das Symbol mit den drei Punkten bei jedem kopierten Element blendet zwei weitere Symbole ein, mit denen Sie das Element löschen oder einen formatierten Text als reinen Text ohne Formatierung einfügen können, was besonders bei Texten aus Textverarbeitungsprogrammen sehr nützlich ist.

- Damit die erweiterte Zwischenablage funktioniert, muss in den Einstellungen unter *System/Zwischenablage* der *Zwischenablageverlauf* eingeschaltet sein. Zur Synchronisation zwischen mehreren Geräten mit dem gleichen Microsoft-Konto schalten Sie zusätzlich *Auf allen Geräten synchronisieren* ein.

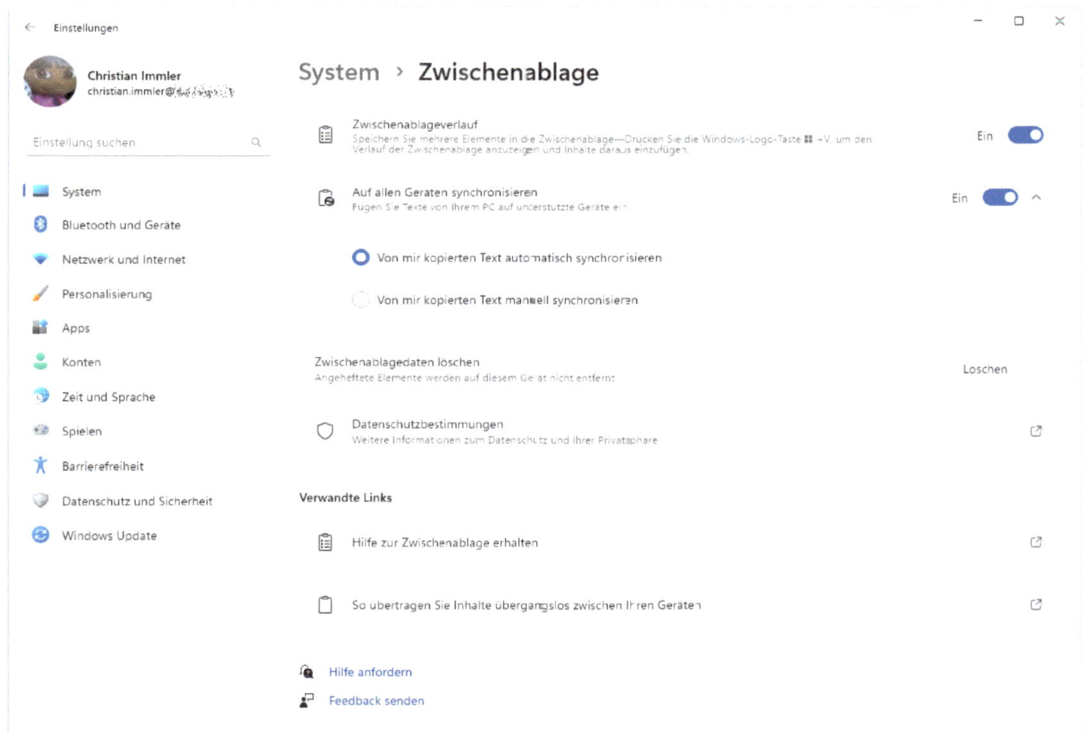

Einstellungen für die geräteübergreifende Zwischenablage.

5.2 Maus und Tastatur für mehrere PCs nutzen

Wer mehrere PCs nutzt, hat oft keinen Platz für viele Tastaturen. Und selbst wenn der Platz da wäre, ist es nicht gerade ergonomisch, ständig zwischen den Tastaturen zu wechseln und die passenden Mäuse für den jeweiligen PC zu suchen. Microsoft Garage, ein firmeninternes Kreativprojekt, liefert mit *Mouse without Borders* (*aka.ms/mm*) ein Tool, um mehrere PCs mit der gleichen Tastatur und Maus zu steuern.

Im Gegensatz zu ähnlichen Tools installieren Sie auf allen verwendeten PCs die gleiche Programmversion. Auf einem PC wird ein Sicherheitsschlüssel angezeigt, der auf den anderen eingetragen werden muss. Eine spezielle Netzwerkkonfiguration ist in den meisten Fällen nicht nötig. Zur Identifizierung der Geräte werden die PC-Namen aus dem Windows-Netzwerk verwendet.

- Ziehen Sie jetzt im Programmfenster die verwendeten PCs an die Positionen, auf denen sie sich auch tatsächlich befinden. Die Anordnung ist wichtig, damit die Maus am richtigen Bildschirmrand auf den nächsten PC springt. Jetzt können Sie mit der Maus aus dem eigenen Bildschirm heraus auf den anderen PC fahren.

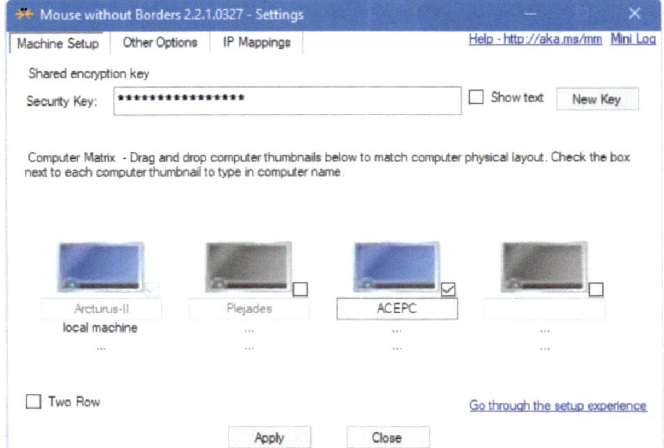

Mouse without Borders nutzt eine Maus und eine Tastatur für mehrere PCs.

- Unter *Other Options* im Einstellungsdialog können Sie das Verhalten der Maus noch weiter beeinflussen. Hier legen Sie Tastenkombinationen fest, um auf einen bestimmten PC zu springen. In diesem Fall können Sie die automatische Mausbewegung quer über alle Bildschirme auch abschalten, wenn Sie die Maus dabei aus den Augen verlieren.

Das Tool zeigt im Infobereich der Taskleiste ein Symbol, in dessen Kontextmenü Sie Screenshots des eigenen wie auch der anderen PCs erstellen können. Des Weiteren lassen sich Dateien zwischen den PCs per Drag-and-drop übertragen, und auch die Zwischenablage kann gemeinsam genutzt werden.

5.3 Fernsteuerung mit der Windows-Remotehilfe

Wenn man sich auch nur ein bisschen besser mit Windows auskennt als andere, wird man immer wieder um Hilfe gefragt. Am Telefon ist das oft problematisch, weil man nicht sieht, was der andere gerade vor sich auf dem Bildschirm sieht und weil man auch die genaue Bezeichnung der diversen Menüpunkte und Optionen nicht immer parat hat. Zur interaktiven Hilfe für einen anderen Benutzer bietet Windows 11 die Remotehilfe an.

Gehen wir vom üblichen Szenario aus: Ein Benutzer, nennen wir ihn „Schüler", braucht Hilfe an seinem PC und ruft deshalb den „Lehrer" an; dieser möchte über das lokale Netzwerk oder das Internet den PC des Schülers steuern. Nachdem sich beide telefonisch verständigt und ihre Computer eingeschaltet haben, gehen sie folgendermaßen vor:

Beide starten im Startmenü unter *Windows-Tools* das Programm *Remotehilfe*. Der Schüler klickt auf *Unterstützung anfordern*, der Lehrer auf *Unterstützung gewähren*.

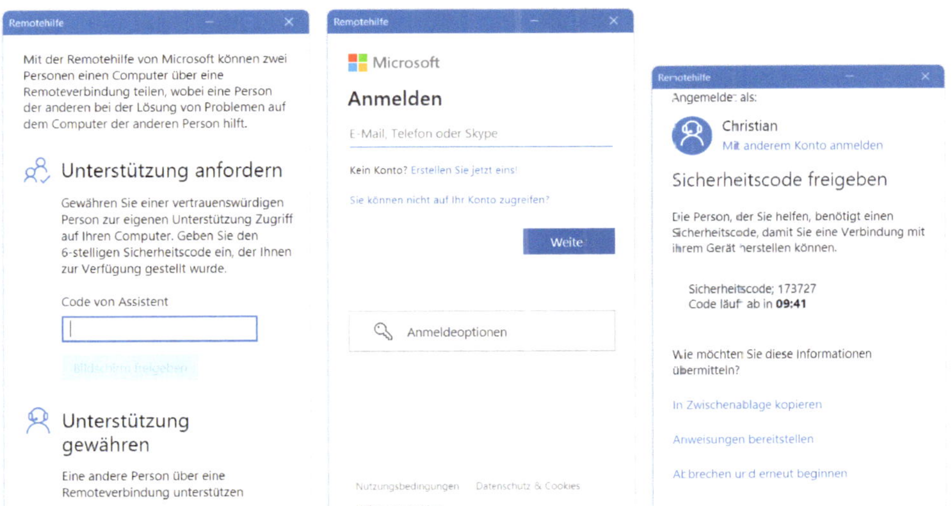

Die Remotehilfe in Windows 11.

Der Lehrer muss sich jetzt mit seinem Microsoft-Konto anmelden. Die Anmeldung kann gespeichert werden, um die Daten nicht jedes Mal eingeben zu müssen.

Der Lehrer bekommt einen Sicherheitscode angezeigt, der nur eine begrenzte Zeit gültig ist. Diesen Code teilt er jetzt dem Schüler mit, der ihn in der Remotehilfe eingeben muss.

Sobald der Code bestätigt ist, wählt der Lehrer die Option *Vollzugriff*, um den PC des Schülers steuern zu können.

Vollzugriff zulassen.

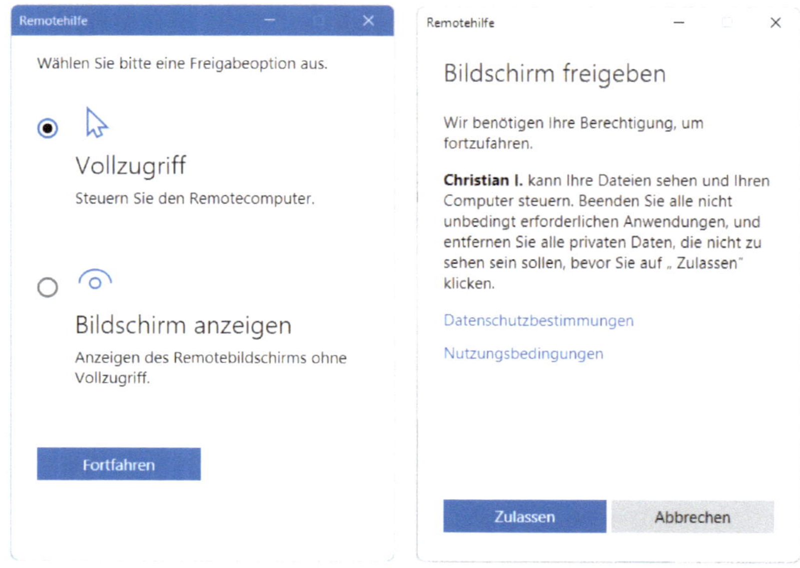

Jetzt braucht der Schüler nur noch auf *Zulassen* zu klicken, dann hat der Lehrer Zugriff auf den Computer des Schülers, der wiederum alle Aktionen auf dem Bildschirm mitverfolgen und auch jederzeit eingreifen kann.

Der Lehrer sieht und steuert den Bildschirm des Schülers …

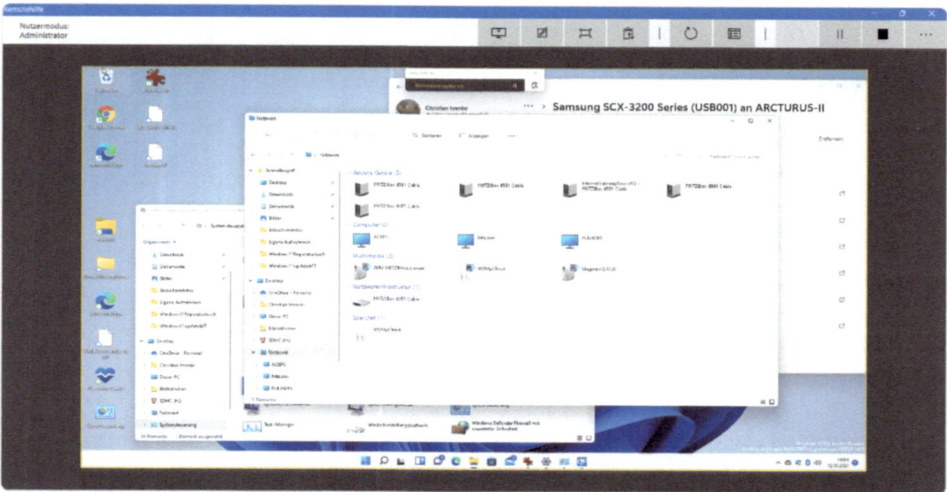

Der Schüler kann mit den Symbolleisten am oberen Bildschirmrand jederzeit die Bildschirmfreigabe anhalten, wenn er z. B. eine E-Mail beantworten möchte, die der Lehrer nicht sehen soll. Der Lehrer sieht so lange einen schwarzen Bildschirm, die Verbindung bleibt aber bestehen.

Der Lehrer kann mit den Symbolen am oberen Fensterrand den Computer des Schülers neu starten oder auch Kommentare auf dessen Bildschirm hinterlassen, um bestimmte Bildschirmobjekte zu zeigen.

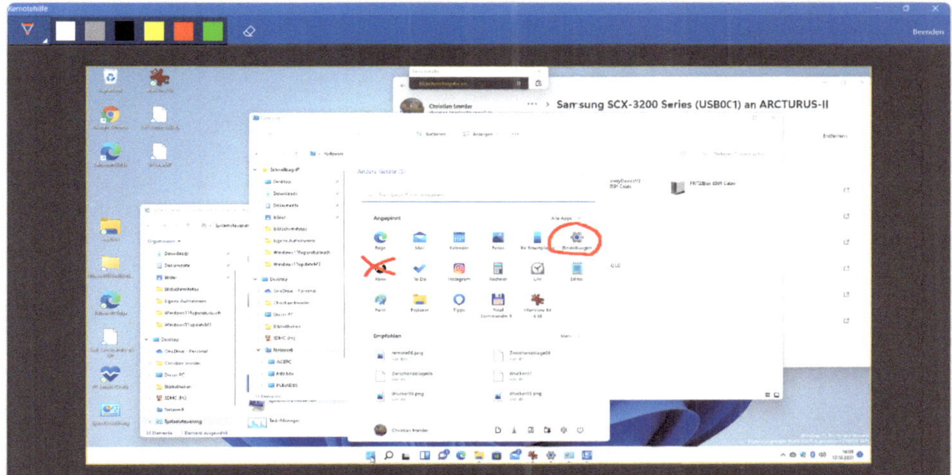

... und kommentiert dort bestimmte Elemente.

Die Remotehilfe funktioniert auch zwischen PCs mit Windows 11 und Windows 10.

5.4 Chrome Remote Desktop

Chrome Remote Desktop ist eine App für den Google-Chrome-Browser, mit der Sie Ihren PC von einem anderen PC oder vom Smartphone aus fernsteuern können. Auf beiden PCs ist dazu der Chrome-Browser erforderlich. Dort müssen Sie mit dem gleichen Google-Konto angemeldet sein. Besuchen Sie *g.co/crd* im Chrome-Browser.

Chrome Remote Desktop bietet zwei verschiedene Betriebsarten: Der *Remotezugriff* dient der Steuerung eigener PCs aus der Ferne. Dazu kann ein weiterer PC, ein Tablet oder ein Smartphone genutzt werden. Die *Remote-Unterstützung* ermöglicht es, einen fremden PC aus der Ferne zu steuern, um Hilfestellung bei Problemen zu leisten.

Für PCs wird im Chrome Web Store eine App angeboten, die mehr Tastenkombinationen anbietet als die Browserversion von Chrome Remote Desktop und ohne die Bedienelemente des Browsers auskommt.

- Klicken Sie im *Chrome Remote Desktop*-Fenster im Bereich *Dieses Gerät* auf *Remotezugriff einrichten*.

Remotezugriff in Chrome Remote Desktop einrichten.

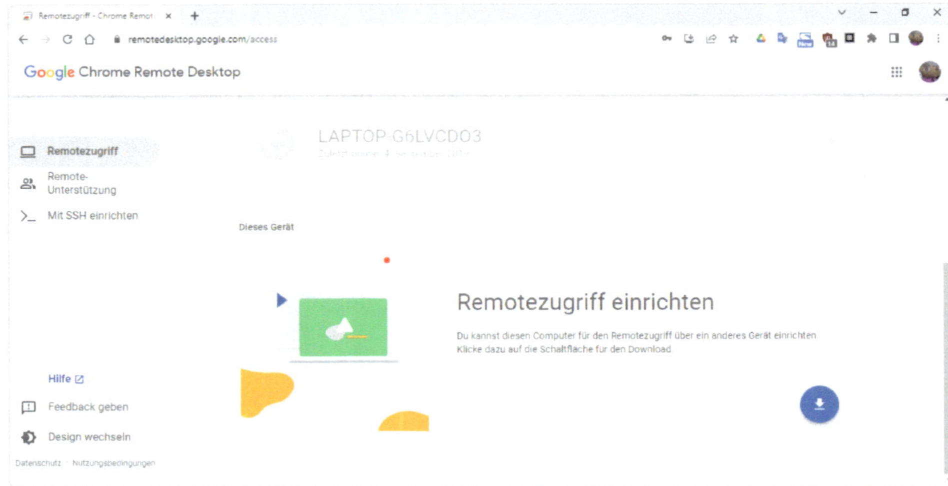

- Nur beim ersten Mal muss noch die Remote-Desktop-App heruntergeladen und installiert werden. Nach der Installation legen Sie einen Namen für den PC fest. Danach erstellen Sie eine mindestens sechsstellige PIN für den Zugriff auf den PC.

PIN für den Remotezugriff festlegen.

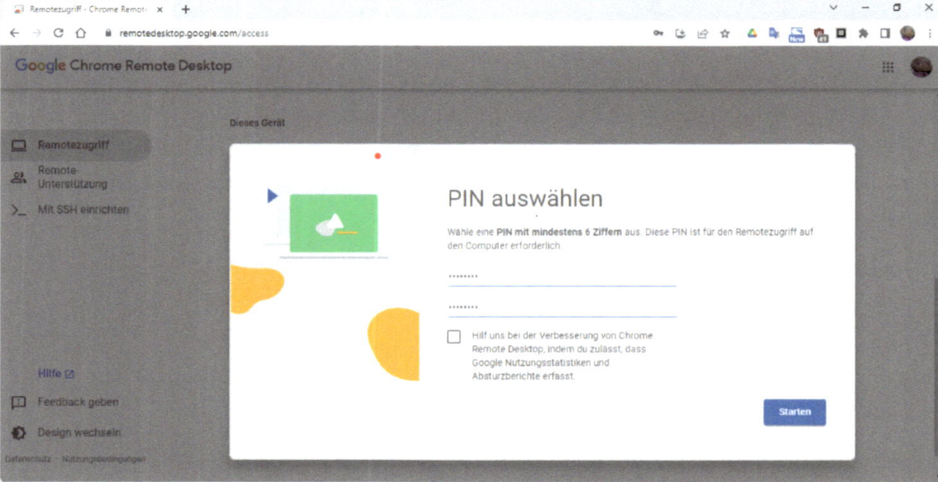

- Klicken Sie auf *Starten*, um den Remotezugriff auf diesen PC zuzulassen.
- Überprüfen Sie die Energieeinstellungen des PCs. Stellen Sie sicher, dass er nicht automatisch nach einer Inaktivitätszeit in einen Energiesparmodus schaltet. In diesem Fall wäre er aus der Ferne nicht erreichbar.

PC von einem anderen PC aus steuern

- Besuchen Sie *g.co/crd* im Chrome-Browser auf dem PC, von dem aus Sie einen anderen PC fernsteuern möchten. Wählen Sie in der Liste den gewünschten PC aus.

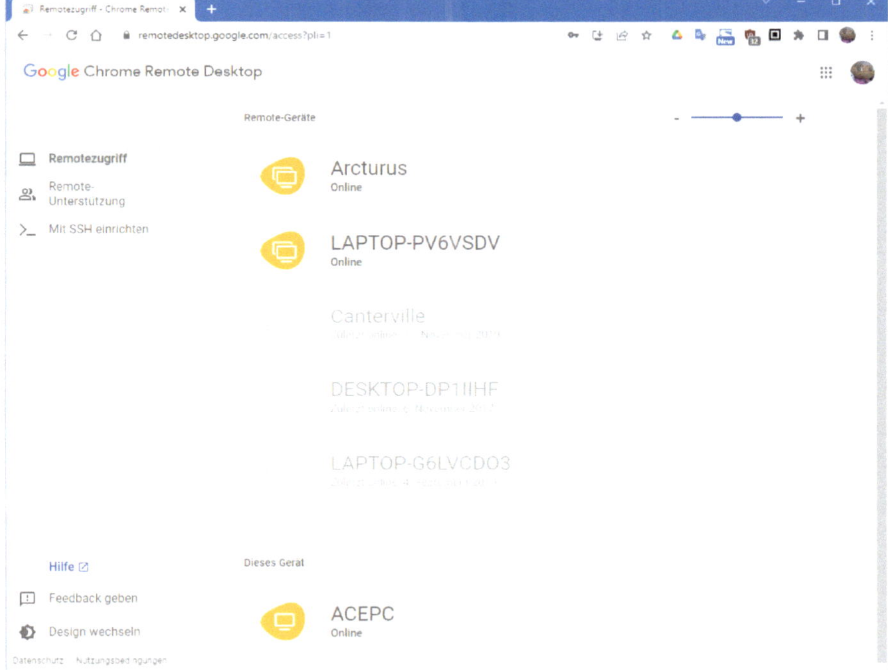

Zu steuernden PC in der Liste auswählen.

- Geben Sie die PIN ein. An dieser Stelle können Sie diese auch speichern, um sie in Zukunft nicht jedes Mal eingeben zu müssen.

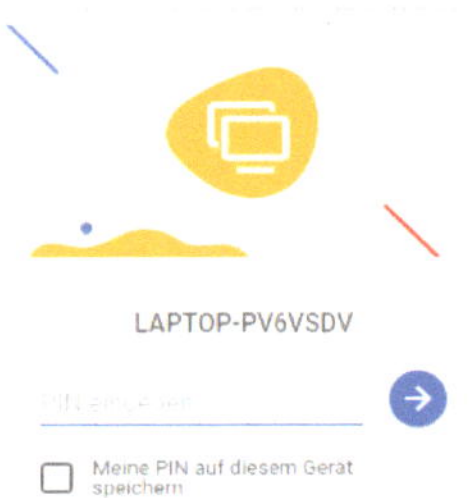

Eingabe der PIN.

- Jetzt erscheint der Desktop des anderen PCs im Browserfenster. Auf dem Remotecomputer brauchen Sie keine Eingaben vorzunehmen. Auf diese Weise können Sie einen eigenen PC mit gleichem Google-Konto völlig unbeaufsichtigt steuern. Mit der Fernsteuerung haben Sie Zugriff auf den kompletten

Desktop, nicht nur auf den Chrome-Browser. Auf dem ferngesteuerten PC können Sie jederzeit in die Fernsteuerung eingreifen und auch die Bildschirmfreigabe beenden.

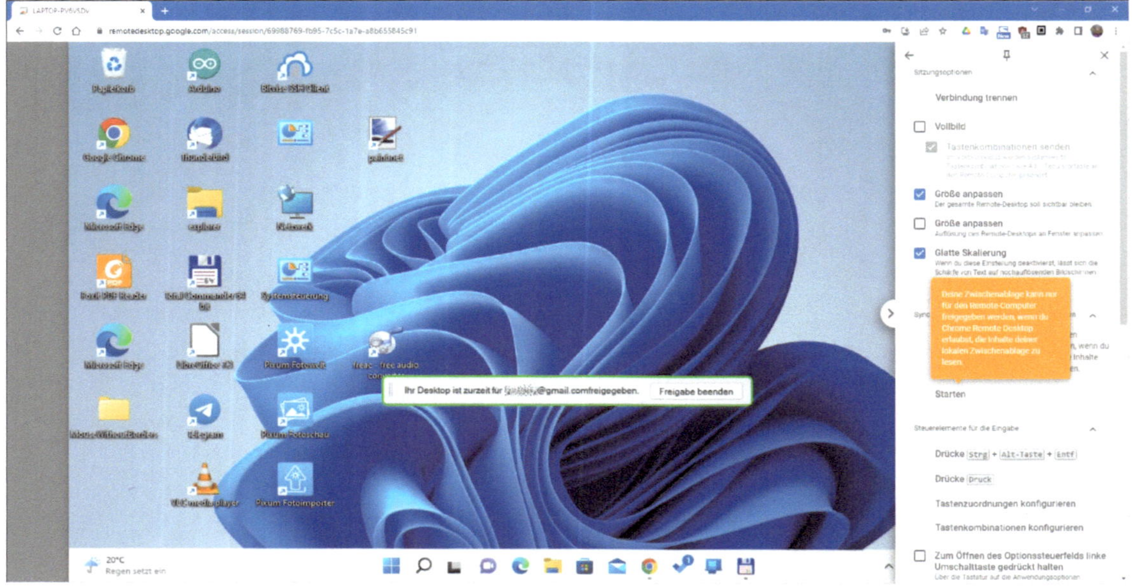

Fernsteuerung im Browserfenster.

- Im Seitenbalken rechts, den Sie mit einem Klick auf den kleinen Pfeil rechts in der Mitte jederzeit auch ein- und ausblenden, können Sie den Vollbildmodus für die Fernsteuerung aktivieren oder den Desktop auf die Größe des Browserfensters skalieren.
- Mit einem Klick auf den orangefarbenen Hinweis können Sie die Zwischenablage für den Remotecomputer freigeben, um Daten leicht zu übertragen. Weiter unten im Seitenbalken haben Sie auch die Möglichkeit, Dateien vom eigenen PC auf den Desktop des Remotecomputers hochzuladen oder Dateien von diesem auf den eigenen PC herunterzuladen.
- Sind am zu steuernden PC zwei Bildschirme angeschlossen, fällt die Steuerung oft schwer. Im Bereich *Bildschirme* des Einstellungsfelds können Sie einen der Bildschirme auswählen, der im Browserfenster dargestellt werden soll.

PC vom Smartphone aus steuern

Möchten Sie mit Chrome Remote Desktop vom Smartphone aus einen PC steuern, installieren Sie auf dem Smartphone die App Chrome Remote Desktop aus dem Google Play Store.

- Starten Sie Chrome Remote Desktop auf dem Smartphone. Beim ersten Start müssen Sie der App die angefragten Zugriffsberechtigungen geben. In der Liste erscheinen Ihre Geräte, auf denen Chrome Remote Desktop installiert ist. Manchmal dauert es einen Moment, bis hier ein neuer PC auftaucht. Tippen Sie in solchen Fällen auf das *Aktualisieren*-Symbol oben rechts.
- Wählen Sie den gewünschten PC aus und geben Sie die PIN ein.
- Jetzt erscheint der Desktop des PCs auf dem Smartphone-Bildschirm. Am besten halten Sie das Smartphone dazu quer. Hier können Sie mit einer Zweifingergeste zoomen. Die Symbole oben rechts schalten auf den Vollbildmodus und blenden eine Tastatur ein. Über das Menüsymbol oben rechts können Sie die Verbindung trennen.
- Achten Sie auch darauf, dass der Touch-Modus eingeschaltet ist, um den Mauszeiger auf dem Bildschirm des Smartphones ähnlich wie auf einem Touchpad zu bewegen.

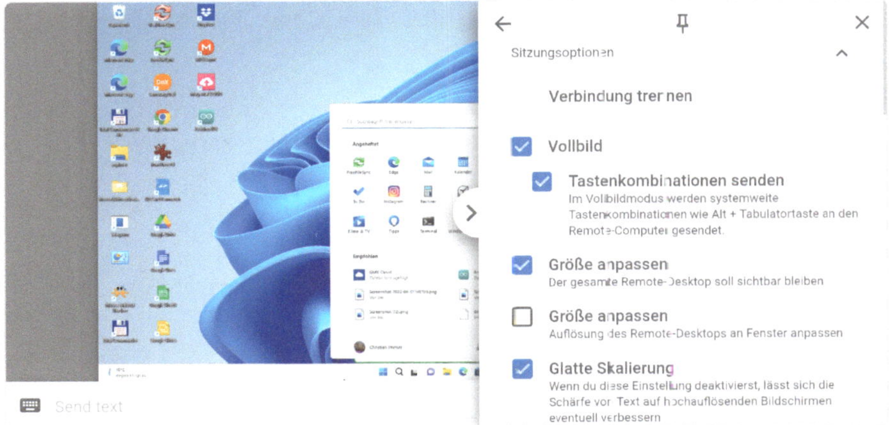

Chrome Remote Desktop auf dem Smartphone.

Remote-Unterstützung in Chrome Remote Desktop

Der Modus *Remote-Unterstützung* funktioniert mit fremden PCs und anderen Google Konten.

- Klicken Sie auf dem Remotecomputer, der ferngesteuert werden soll, auf der *Chrome Remote Desktop*-Seite im Chrome-Browser im Bereich *Remote-Unterstützung* unter *Diesen Bildschirm teilen* auf *Code generieren*. Beachten Sie, dass dieser Code zur Anmeldung nur fünf Minuten lang gilt.

Remote-Unterstützung in Chrome Remote Desktop.

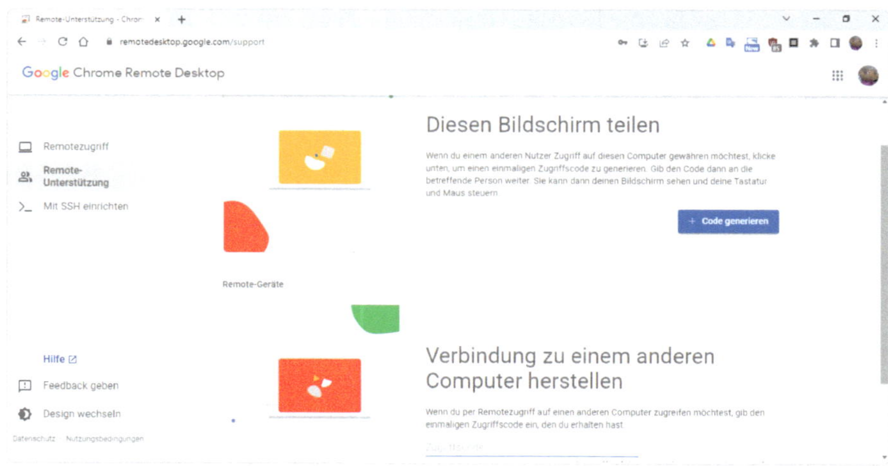

- Um mit einem PC auf einen fremden PC zuzugreifen, besuchen Sie im Chrome-Browser die Seite *g.co/crd*, wählen links oben *Remote-Unterstützung* und geben im Feld *Verbindung zu einem anderen Computer herstellen* den Zugriffscode ein.
- Der angemeldete Benutzer auf dem Remotecomputer muss die Freigabe bestätigen und kann die Verbindung auch jederzeit trennen.

5.5 TeamViewer: das Fernwartungssystem

TeamViewer ist eines der bekanntesten Fernwartungssysteme für PCs.

- Laden Sie sich bei *www.teamviewer.com/de* die kostenlose Desktopsoftware herunter und installieren Sie sie. Bei der Installation können Sie zwischen dem Standardmodus und einer Installation für den unbeaufsichtigten Zugriff wählen.
- Nach der Anmeldung mit einem kostenlosen Benutzerkonto werden auf dem PC eine persönliche ID sowie ein automatisch generiertes Passwort angezeigt, das selbstständig von Zeit zu Zeit wechselt.

Fernsteuerung ohne Softwareinstallation
Alternativ funktioniert die Fernsteuerung auch ohne Softwareinstallation im Browser über *start.teamviewer.com*, allerdings etwas träger und weniger komfortabel.

Verbindungsdaten in TeamViewer anzeigen und eingeben.

- Geben Sie diese Daten in TeamViewer auf dem anderen PC ein. Jetzt können Sie den Remotecomputer fernsteuern.
- Eine Symbolleiste am oberen Bildschirmrand bietet Funktionen zur Sitzungsaufzeichnung und Dateiübertragung sowie auch einen Chat mit dem am Remotecomputer angemeldeten Benutzer.

Anderen PC mit TeamViewer fernsteuern.

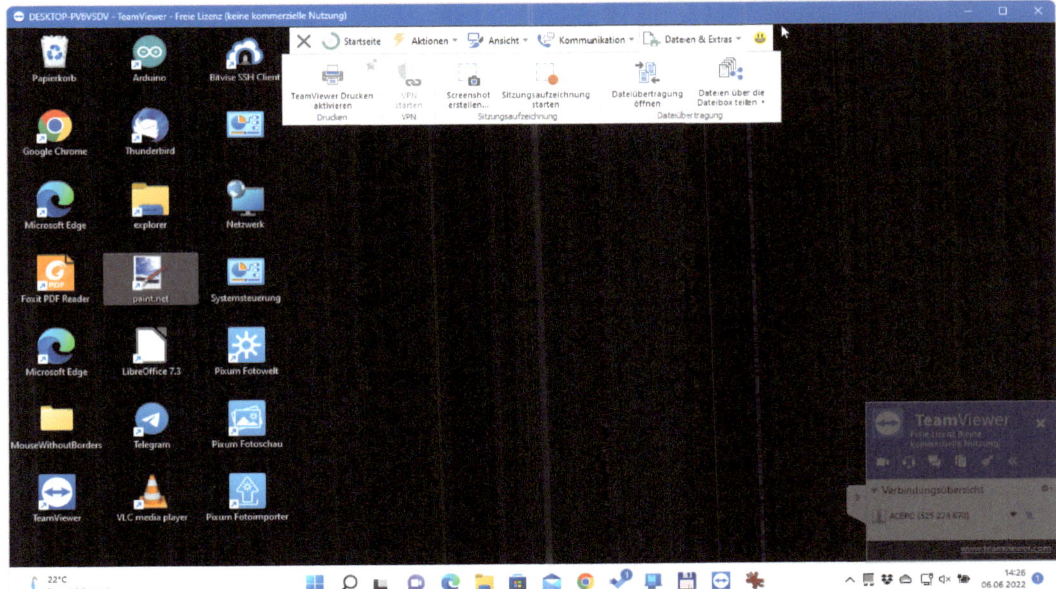

PC mit TeamViewer vom Smartphone aus steuern

TeamViewer arbeitet auch mit Smartphones. Installieren Sie die TeamViewer-App aus dem Google Play Store und auf dem PC die kostenlose TeamViewer-Software für Windows. Geben Sie die Zugangsdaten in der TeamViewer-App ein, können Sie den PC direkt vom Smartphone aus fernsteuern. Dies funktioniert nicht nur im lokalen Netzwerk, sondern auch über eine Internetverbindung.

Die App zeigt am unteren Bildschirmrand eine Symbolleiste, über die Sie zwischen mehreren Bildschirmen des PCs wechseln, die Tastatur einblenden und diverse Einstellungen vornehmen können. Um Platz zu gewinnen, kann die Symbolleiste jederzeit ausgeblendet und mit einer Wischgeste wieder eingeblendet werden.

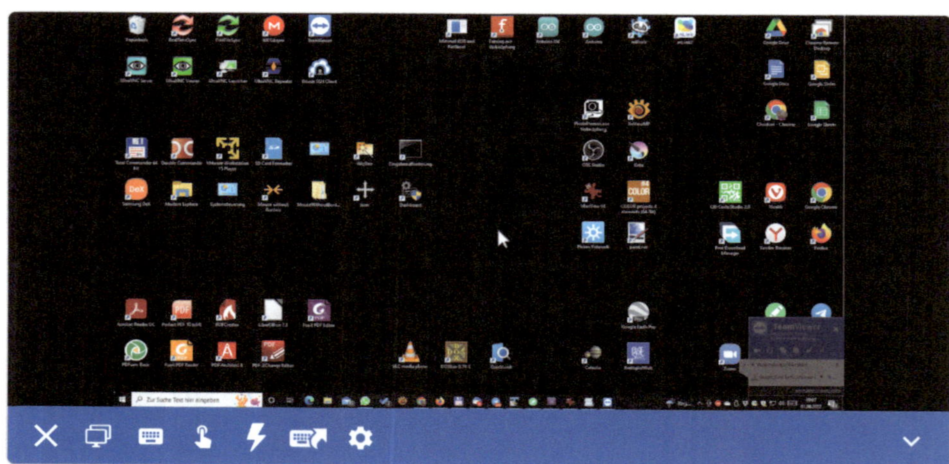

PC vom Smartphone aus mit TeamViewer fernsteuern.

TeamViewer QuickSupport für Smartphones

Umgekehrt lässt sich auch ein Smartphone mit der TeamViewer-Software vom PC oder auch von einem anderen Smartphone aus fernsteuern. Dazu benötigen Sie die App TeamViewer QuickSupport, die danach noch ein weiteres Add-on zur Steuerung herunterlädt. Diese App zeigt, wie TeamViewer auf dem PC eine eigene ID und ein Passwort generiert. Mit diesen Daten können Sie auf dem PC in TeamViewer die Verbindung herstellen.

TeamViewer zeigt für den QuickSupport auf dem PC ein eigenes Fenster an, in dem Sie mit dem Smartphone-Benutzer chatten, das Smartphone fernsteuern sowie einen Screenshot anfordern und auf den PC übertragen können. Das Dashboard präsentiert eine Systemübersicht mit Akku-, Speicher- und CPU-Auslastung des Smartphones.

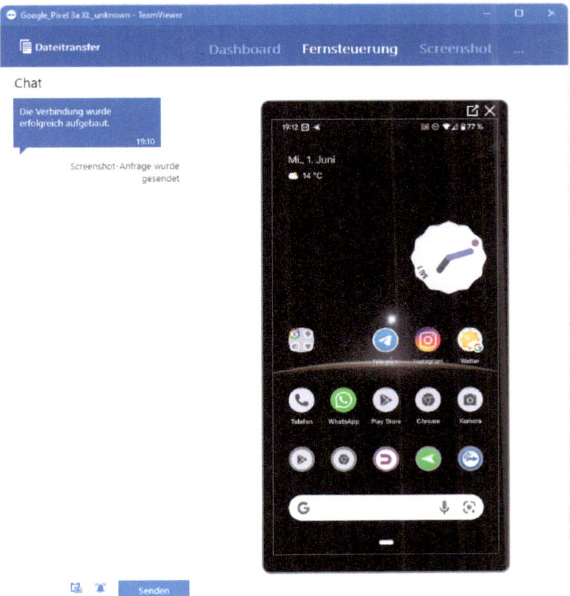

TeamViewer QuickSupport bietet Fernwartung für Smartphones.

5.6 Open-Source-Fernsteuerung VNC

Das Open-Source-System Virtual Network Computing (VNC) ist eine Technik, mit der man den kompletten Desktop eines Computers über das Netzwerk übertragen und dann darauf arbeiten kann. In einem Fenster auf dem PC ist der Desktop des anderen PCs zu sehen, der mit Maus und Tastatur gesteuert werden kann – egal ob dort Windows, Linux oder ein anderes Betriebssystem läuft. An dem entfernten Computer muss, nachdem VNC installiert ist, weder Tastatur noch Monitor oder Maus angeschlossen sein. Auf diese Weise lassen sich nicht nur Windows-PCs fernbedienen, sondern auch Server und andere Geräte, an denen niemand sitzt.

VNC benötigt zwei Komponenten: einen VNC-Server auf dem PC, der gesteuert werden soll, sowie einen VNC-Viewer auf dem PC, an dem man sitzt, um den anderen zu steuern. Eine komfortable Lösung für Windows ist die Freeware *UltraVNC* (*www.uvnc.com*).

- Bei der Installation können Sie beide Komponenten auf einmal installieren und auch festlegen, ob der Server als Systemdienst registriert und automatisch gestartet werden soll. Dies ist besonders dann nützlich, wenn der PC mit dem VNC-Server unbeaufsichtigt im Netzwerk läuft und sichergestellt sein soll, dass VNC auch bei einem unerwarteten Neustart immer wieder mitstartet.

- Nachdem auf dem fernzusteuerndn PC der VNC-Server gestartet wurde, zeigt ein Symbol im Infobereich der Taskleiste beim Darüberfahren mit der Maus die IP-Adresse dieses Computers im lokalen Netzwerk an.

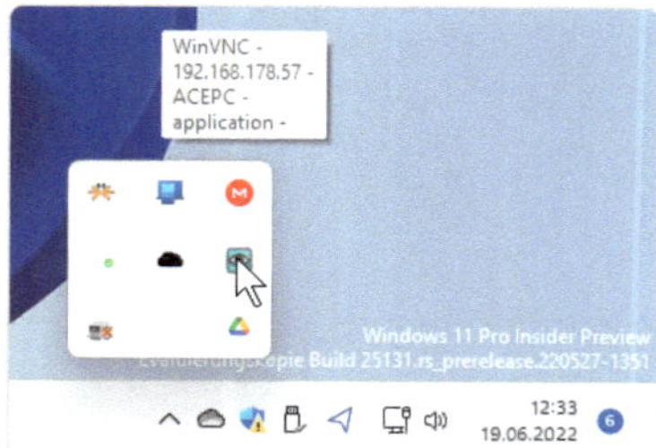

Ein Symbol in der Taskleistenecke zeigt die IP-Adresse des UltraVNC-Servers.

- Starten Sie anschließend das Modul *Admin Properties* und legen Sie ein VNC-Passwort fest.

- Starten Sie nun auf dem PC, von dem aus Sie den anderen steuern wollen, den UltraVNC-Client. Geben Sie hier die IP-Adresse des Servers ein und im nächsten Schritt das Passwort. Anschließend erscheint der Desktop des VNC-Servers auf dem Client in einem Fenster.

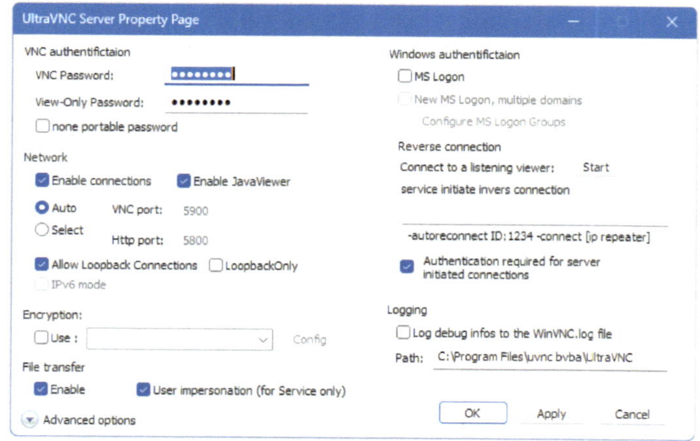

In den Eigenschaften des Servers wird das Passwort festgelegt.

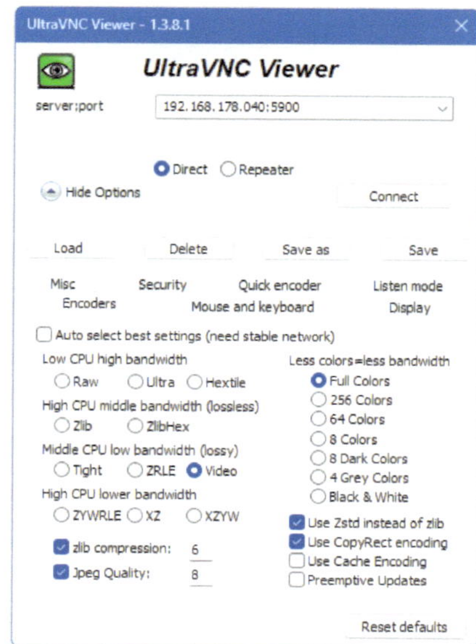

UltraVNC-Client mit Verbindungseinstellungen.

- Eine Symbolleiste am oberen Bildschirmrand bietet die Möglichkeit, spezielle Befehle an den VNC-Server zu senden. Hier können Sie den Desktop des Servers auch in den Vollbildmodus auf dem Client schalten. Über das Symbol *Show connection options* können Sie eine Skalierung wählen, wenn Server und Client unterschiedliche Auflösungen haben. Mit dem Symbol *Select full desktop/switch monitor* schalten Sie zwischen den Monitoren des VNC-Servers um.

Der Desktop eines anderen PCs im UltraVNC-Fenster.

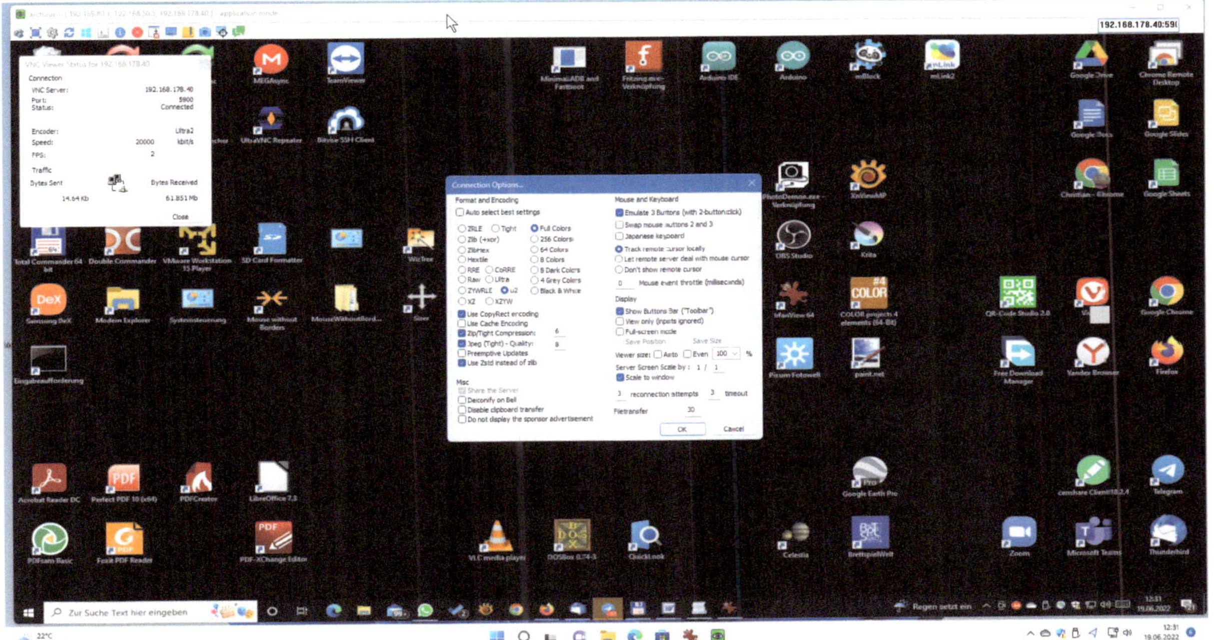

Dateiübertragung mit UltraVNC

UltraVNC bietet eine Funktion zum Dateitransfer zwischen VNC-Client und -Server. Hierzu wird ein Dateimanager mit zwei Fenstern genutzt – links der Client *LOCAL MACHINE*, rechts der Server *REMOTE MACHINE* –, zwischen denen Daten in beide Richtungen übertragen werden können.

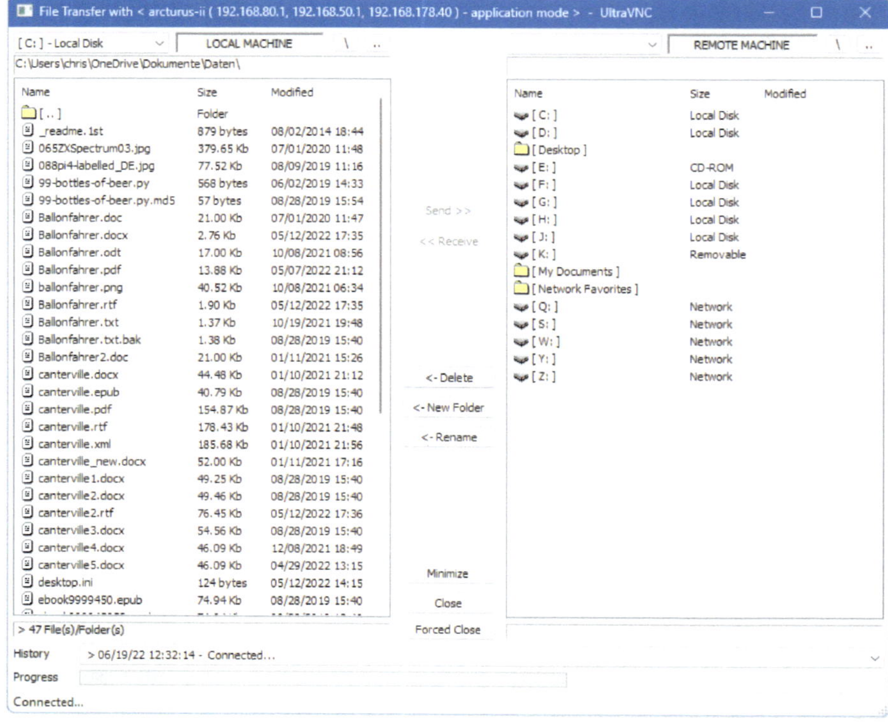

Dateiübertragung mit UltraVNC.

5.7 Fernsteuerungsprobleme lösen

Nicht immer funktioniert die Fernsteuerung im lokalen Netzwerk oder über das Internet wie erwartet. Die meisten Probleme lassen sich auf externe Firewalls zurückführen, in denen bestimmte Protokolle oder Gerätezugriffe blockiert sind. Die in Windows vorinstallierte Firewall Windows Defender funktioniert problemlos.

6 Medienstreaming im Heimnetzwerk

6.1 NAS-Laufwerke als DLNA-Server

Wer mehrere PCs oder andere Medienabspielgeräte im Netzwerk nutzt, sollte seine Medienbibliothek auf einem zentralen Server ablegen. So brauchen Sie nur eine Medienbibliothek zu verwalten und haben von allen DLNA-fähigen Geräten Zugriff darauf. Medien auf DLNA-Servern werden wie lokal gespeicherte Medien in Medienbibliotheken verwaltet und können dort nach verschiedenen Kriterien wie Liedtitel, Album oder Interpret gefunden werden. Klassische Ordnerstrukturen und Dateinamen sind nicht wichtig.

Der DLNA-Server im lokalen Netzwerk muss kein eigenständiger PC sein. Viele NAS-Laufwerke haben eine DLNA-Serversoftware vorinstalliert, die bei Bedarf nur über die Konfigurationsseite des NAS aktiviert werden muss. Beim ersten Start des DLNA-Servers kann es einige Zeit dauern, bis die Medienbibliothek komplett angelegt ist und die Medien auf den PCs im Netzwerk angezeigt werden.

- Auf der FRITZ!Box finden Sie den DLNA-Server unter *Heimnetz/Mediaserver*. Schalten Sie ihn aktiv und geben Sie ihm einen eindeutigen Namen oder übernehmen Sie einfach die Vorgabe. Im Bereich *Medienquellen* legen Sie fest, ob Medien von allen angeschlossenen Laufwerken wie auch dem internen Speicher der FRITZ!Box über den Mediaserver zur Verfügung gestellt werden sollen oder nur von einzelnen Laufwerken.

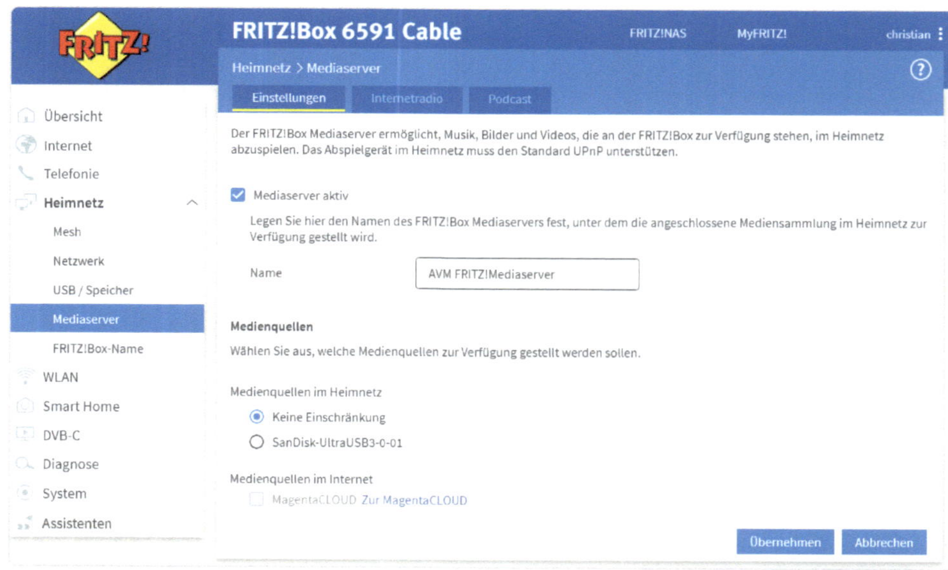

Mediaserver auf der FRITZ!Box einrichten.

- Im Bereich *FRITZ!NAS* auf der Konfigurationsoberfläche oder über ein verbundenes Netzwerklaufwerk können Sie die Medien auf den DLNA-Server kopieren.

> **Was ist DLNA?**
> Die Digital Living Network Alliance (DLNA) ist eine internationale Vereinigung von Computer- und Unterhaltungselektronikherstellern, deren Ziel es ist, allgemeine Standards zur Übertragung von Multimedia-Daten in Heimnetzwerken zu entwickeln. Der Name DLNA wird heute gleichbedeutend mit dem DLNA-Netzwerkstandard verwendet, der von zahlreichen Fernsehgeräten, PCs, Smartphones, Tablets und anderen Medienabspielgeräten unterstützt wird.

6.2 Streaming mit dem Windows Media Player

Der Windows Media Player ist in Windows 11 im Fenster *Windows-Tools* immer noch vorhanden. Dieser klassische Player kann im Gegensatz zur neuen Medienwiedergabe in Windows 11 auf Medienbibliotheken auf DLNA-Servern im lokalen Netzwerk zugreifen.

Der Windows Media Player erkennt DLNA-Server im lokalen Netzwerk automatisch und zeigt deren Medienbibliotheken im Bereich *Andere Medienbibliotheken* im Navigationsfenster links an.

Andere Medienbibliotheken links im Navigationsfenster des Windows Media Player.

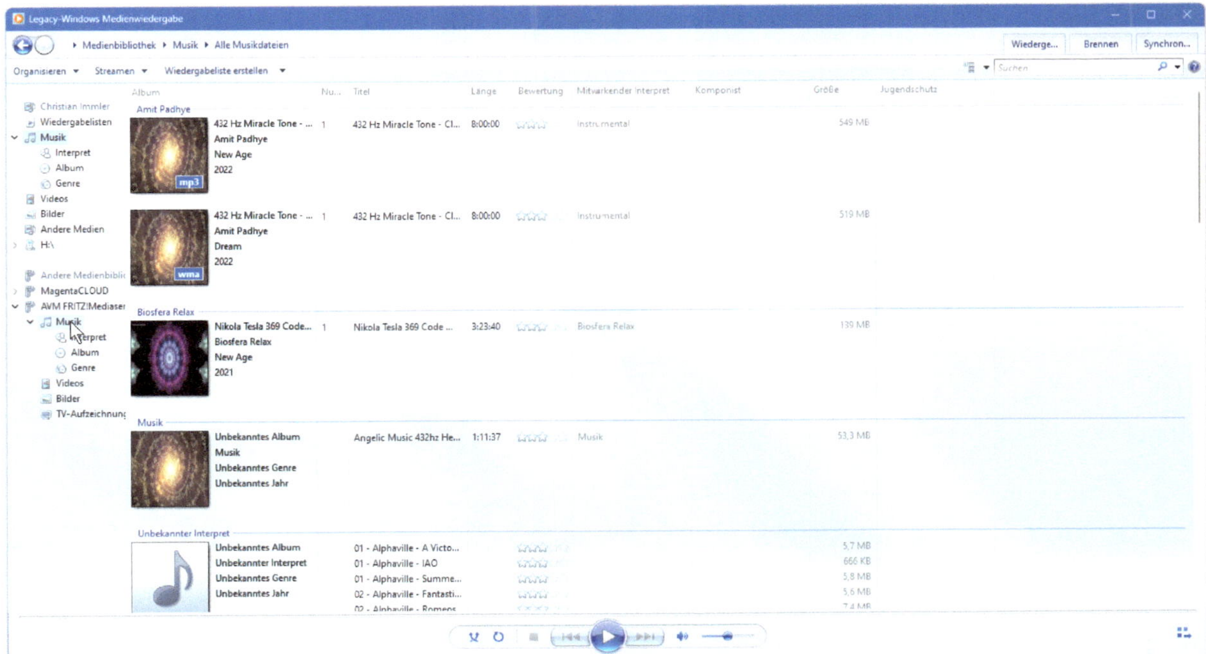

Der Windows-Explorer zeigt Medienserver im Bereich *Netzwerk/Multimedia* an. Aus dem Explorer können Sie an dieser Stelle nicht auf die Mediendateien des Medienservers zugreifen, dafür aber auf die Konfigurationsoberfläche, wenn der Server eine solche anbietet.

Windows Media Player als Streamingserver

Der Windows Media Player auf einem PC kann als DLNA-Server für andere Geräte im Netzwerk genutzt werden. So können Sie auch ohne Medienserver im Netzwerk Ihre auf dem PC gespeicherte Medienbibliothek auf DLNA-Clients wie Tablets, Smartphones oder TV streamen. Dazu muss das Medienstreaming auf dem PC einmalig aktiviert werden.

- Klicken Sie in der Systemsteuerung unter *Netzwerk und Internet/Netzwerk- und Freigabecenter* links auf *Medienstreamingoptionen*. Aktivieren Sie hier das Medienstreaming.
- Im nächsten Fenster wählen Sie aus, welche Geräte im Netzwerk diesen PC als Streamingserver auswählen können und Medien empfangen dürfen.

Medienstreaming aktivieren.

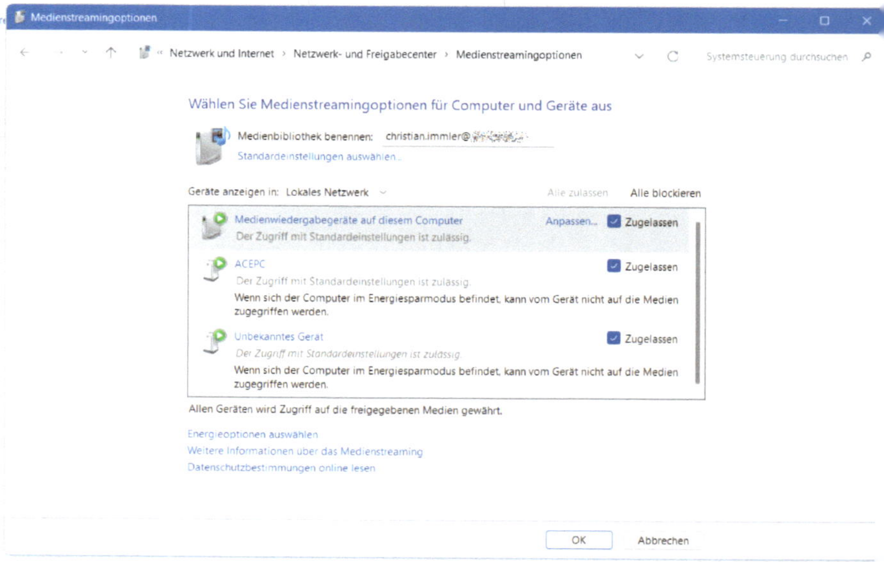

Geräte auswählen, die das Streaming von diesem PC nutzen dürfen.

6.3 Streaming mit dem VLC media player

Die Freeware VLC media player war schon in früheren Windows-Versionen dafür bekannt, nahezu jedes Video- oder Audioformat abspielen zu können, auch DVDs und SVCDs. Der VLC media player ist für Windows 11 als App im Microsoft Store verfügbar – verwenden Sie diese App jedoch nicht! Zum Abspielen von DVDs kann nur die klassische Version des VLC media player von *www.videolan.org* genutzt werden. Diese unterstützt auch Medienserver im lokalen Netzwerk. So finden Sie im VLC media player Medienserver im lokalen Netzwerk:

- Wählen Sie im Menü des VLC media player *Ansicht/Wiedergabeliste*.
- Im Navigationsbalken links finden Sie im Bereich *Lokales Netzwerk/Universal Plug'n'Play* die Medienserver im Netzwerk.
- Wählen Sie jetzt im Hauptfenster den gewünschten Medienserver aus. Hier können Sie nach *Interpreten*, *Alben* oder auch in Ordnern und Wiedergabelisten Ihre Lieblingstitel suchen und abspielen.

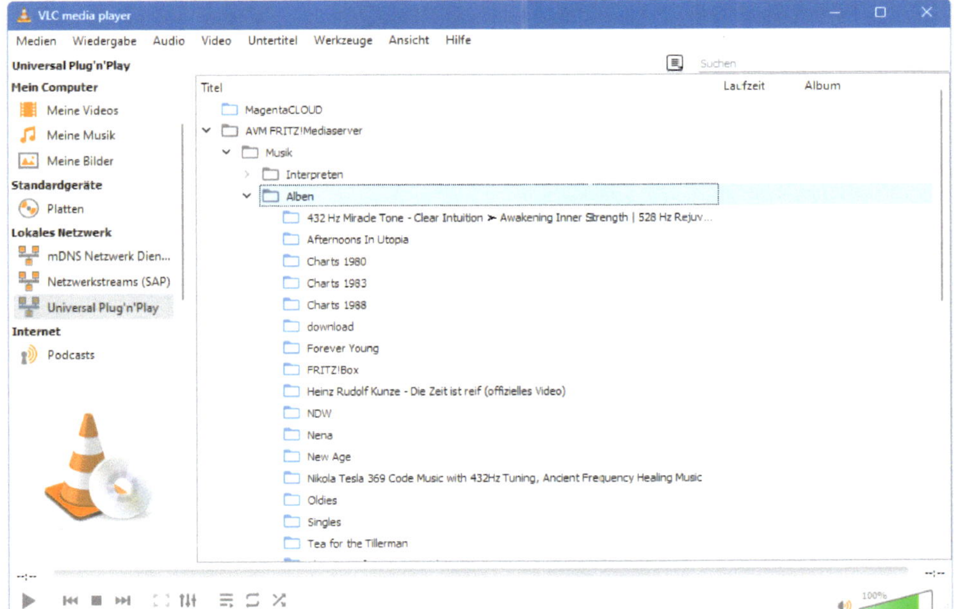

Der VLC media player spielt Medien von Medienservern im lokalen Netzwerk.

App für Smartphones – VLC media player

Der *VLC media player* ist auch als App für Android erhältlich und spielt so ziemlich jede Videodatei auf dem Smartphone ab – auch Formate, die der Standard-Videoplayer von Android nicht darstellen kann. Im WLAN spielt der VLC media player Videos von Medienservern ab.

- Wählen Sie auf der Startseite der App VLC media player im Bereich *Lokales Netzwerk* den gewünschten Medienserver aus. Medienserver besitzen üblicherweise das Logo des Herstellers. Alle Geräte, die mit dem *smb*-Logo angezeigt werden, sind dagegen einfache Windows-Freigaben. Hier können die Medien nur nach Ordnern und Dateinamen gefunden werden. Windows-Freigaben unterstützen auch kein Streaming. Die Medien müssen vor dem Abspielen auf das Smartphone heruntergeladen werden.
- Nach der Auswahl eines Medienservers wählen Sie den gewünschten Medientyp. Bei *Musik* können Sie wie üblich nach Interpret, Album und anderen Kriterien auswählen.
- Das Medium wird abgespielt. Im Menü jedes Mediums können Sie dieses einer Wiedergabeliste hinzufügen.

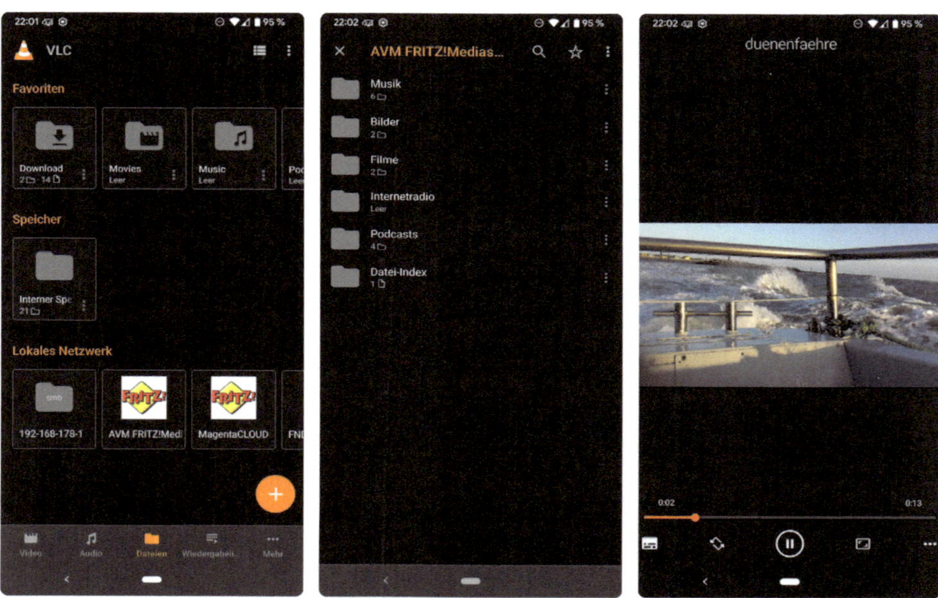

Die VLC media player-App spielt Medien über WLAN von DLNA-Servern im lokalen Netzwerk.

6.4 Kabel-TV mit der FRITZ!Box ins Netzwerk streamen

Wenn Sie für Ihre Internetverbindung einen Kabelanschluss nutzen, wie zum Beispiel von Vodafone oder einem der ehemaligen Kabelanbieter Kabel Deutschland oder Unitymedia, die mittlerweile auch zu Vodafone gehören, können Sie das Kabel-TV-Programm im lokalen Netzwerk nutzen.

So streamt die FRITZ!Box Cable die Programme über das lokale Netzwerk:

- Aktivieren Sie auf der FRITZ!Box im Bereich *DVB-C* das *Live-TV*. Auf dieser Seite sehen Sie später, welche Livestreams im Netzwerk genutzt werden. Bis zu vier Streams sind gleichzeitig möglich.
- Starten Sie auf der FRITZ!Box den *Sendersuchlauf* im Bereich *DVB-C*. Bei den großen Kabelanbietern findet die schnelle *Standard Sendersuche* in den meisten Fällen alle verfügbaren Sender.

Sendersuchlauf auf der FRITZ!Box Cable.

- Nach dem Sendersuchlauf wird die Senderliste im Bereich *DVB-C/Senderliste* getrennt nach SD, HD und Radio angezeigt.
- Ganz unten auf der Seite können Sie eine Senderliste für den VLC media player mit allen angezeigten Sendern erzeugen.

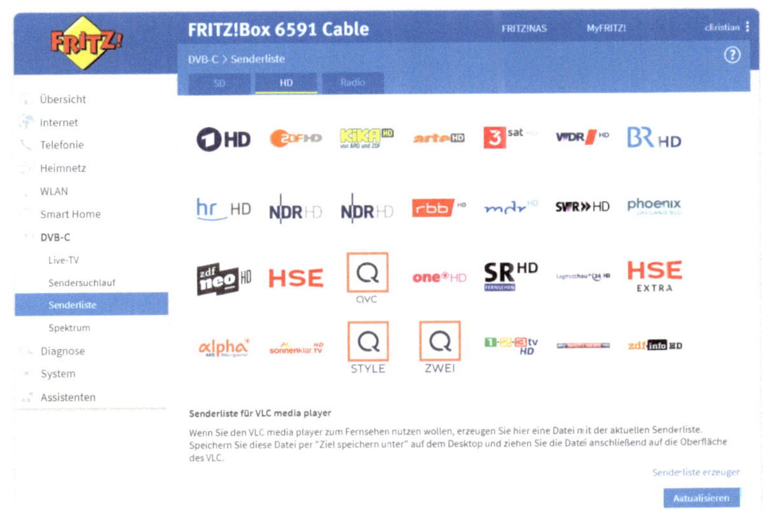

Senderliste auf der FRITZ!Box Cable.

- Öffnen Sie über den Menüpunkt *Medien/Datei öffnen* im VLC media player die M3U-Datei. Hier sehen Sie alle verfügbaren Sender. Wählen Sie den gewünschten Sender aus, um ihn abzuspielen.

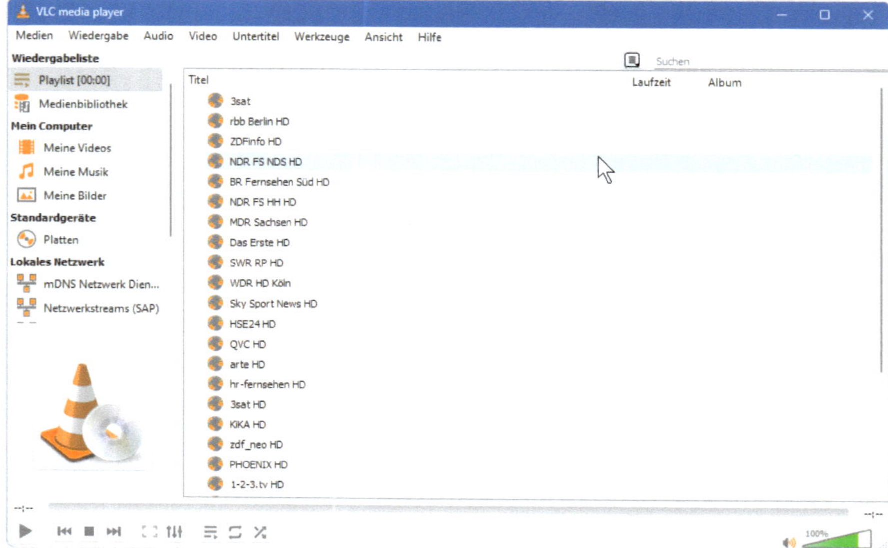

Senderliste im VLC media player.

- Hinter manchen Sendern in der Liste verbergen sich mehrere Programme. Über das Kontextmenü mit einem Rechtsklick in das laufende Bild schalten Sie über *Wiedergabe/Programm* zwischen den Sendern um. Sie können auch die Buttons *Vor* und *Zurück* unten links zum Blättern verwenden.

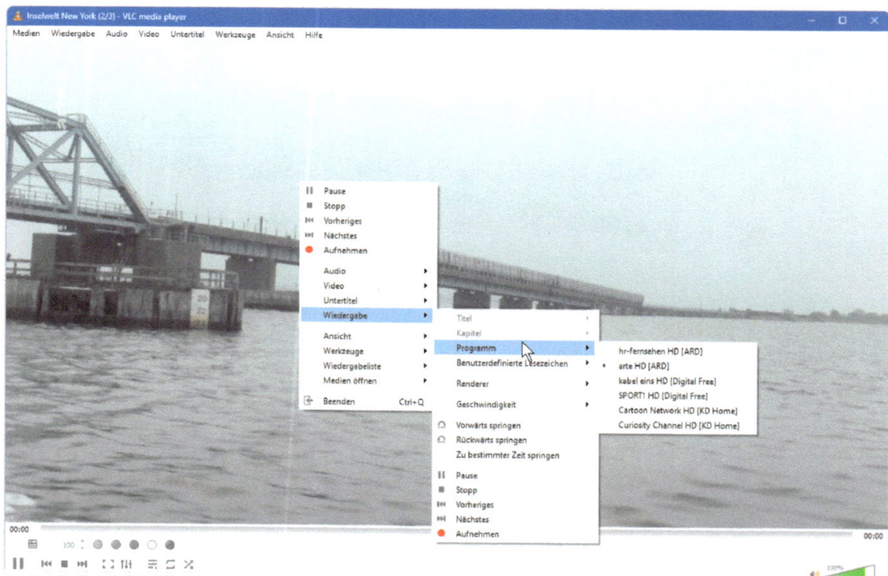

Laufendes TV-Programm und Kontextmenü im VLC media player.

Kabel-TV mit der App VLC media player

Auf einem Smartphone oder Tablet können Sie mit der App VLC media player das von der FRITZ!Box Cable ins lokale Netzwerk gestreamte Kabel-TV-Programm über WLAN nutzen.

- Übertragen Sie die im M3U-Format exportierte Senderliste auf das Smartphone. Am einfachsten ist es, sie auf dem PC in einen Ordner zu kopieren, der mit einem Cloudspeicher synchronisiert wird, und sie dann auf dem Smartphone wieder herunterzuladen.
- Tippen Sie auf die M3U-Datei, erscheint eine Auswahl an Apps, die derartige Dateien öffnen können. Öffnen Sie die Datei mit dem VLC media player.
- Jetzt wird der erste Sender in der Liste automatisch abgespielt. Mit den Steuerungstasten in der Mitte unter dem Bild blättern Sie zwischen verschiedenen Sendern hin und her. Das Listensymbol rechts oben zeigt die komplette Senderliste.

TV-Programm mit Steuerelementen und Senderliste in der App VLC media player.

Kabel-TV mit der FRITZ!App TV

Läuft im Netzwerk eine FRITZ!Box Cable mit aktiviertem Live-TV-Streaming, können Sie mit der App FRITZ!App TV auf einem Smartphone – oder noch besser auf einem Tablet – fernsehen. Diese App benötigt keine eigene Senderliste, sondern bezieht ihre Daten direkt aus der FRITZ!Box. Das Smartphone muss dazu im WLAN angemeldet sein.

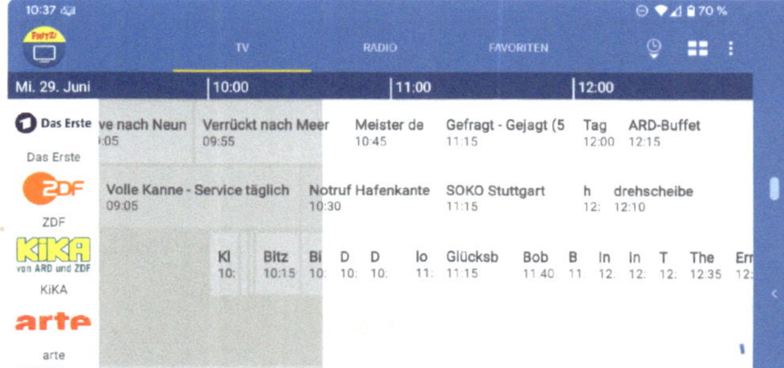

Kabel-TV in FRITZ!App TV.

Ein Symbol oben rechts zeigt das aktuelle Fernsehprogramm für den ganzen Tag auf allen Sendern. Hier können Sie schnell zu einem Sender springen.

6.5 KODI-Mediacenter

Die bekannte Mediacenter-Software KODI (*www.kodi.tv*), Nachfolger des legendären XBMC, wird auf vielen vorkonfigurierten Mediaplayern, unter anderem HDMI-Sticks oder auch Smart-TV-Geräten, ausgeliefert. KODI nutzt eine eigene Benutzeroberfläche, die ohne Tastatur, aber mit Maus oder, noch besser, mit einer Fernbedienung gesteuert werden kann.

- Die Bedienung von KODI erklärt sich weitgehend von allein. KODI ist über einen Seitenbalken links in verschiedene Bereiche gegliedert. In den Bereichen *Musik*, *Bilder* und *Videos* wählen Sie die abzuspielenden Medien aus und können auch persönliche Wiedergabelisten anlegen.

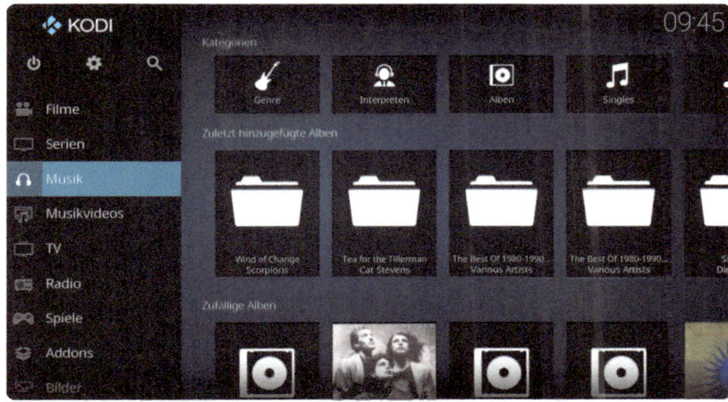

KODI-Mediacenter.

Medien über das Netzwerk vom PC auf KODI kopieren

KODI enthält einen eigenen SMB-Server, der Windows-Freigaben im Netzwerk zur Verfügung stellt. So können Sie leicht vom PC Mediendateien auf den KODI-Mediaplayer übertragen.

- Am einfachsten ist es, Sie aktivieren den SMB-Server direkt bei der Installation von KODI. Haben Sie das seinerzeit nicht getan, klicken Sie links oben im Seitenbalken von KODI auf das Einstellungen-Symbol und auf dem nächsten Bildschirm auf das Symbol von *LibreELEC* (oder einer anderweitigen KODI-Distribution) ganz unten.
- Deaktivieren Sie im Bereich *Dienste* den Schalter *Samba aktivieren*. Achten Sie darauf, dass der richtige Name der Arbeitsgruppe eingetragen ist.

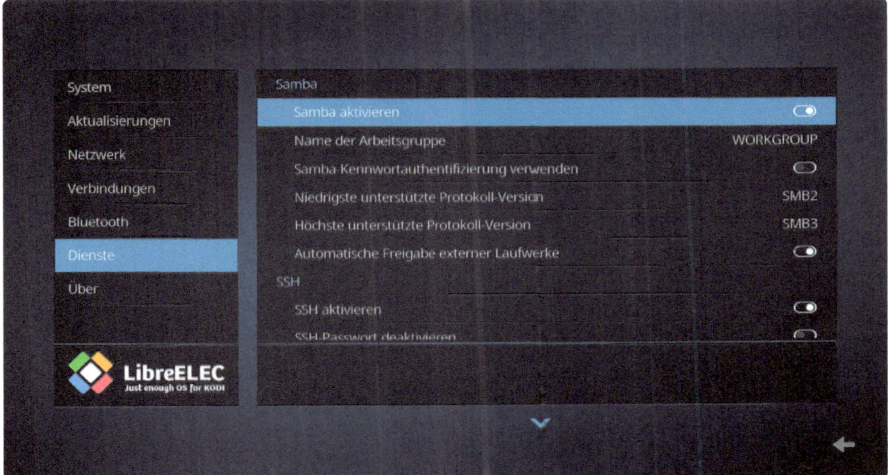

Samba-Einstellungen in KODI aktivieren.

- Bei Bedarf können Sie die Samba-Kennwortauthentifizierung verwenden. Dann müssen Sie sich bei der Verbindung von einem PC mit einem Benutzernamen und einem Passwort anmelden. Beide sind je nach Mediaplayer auf Standardwerte voreingestellt. Solange Sie Ihr Netzwerk nur selbst nutzen und keinem anderen lokalen Benutzer im Netzwerk den Zugang zu KODI gewähren möchten, können Sie diese Kennwortauthentifizierung auch ausgeschaltet lassen.
- Schalten Sie *Automatische Freigabe externer Laufwerke* ein, um auch auf angeschlossene USB-Sticks und externe Festplatten über das Netzwerk zugreifen zu können.
- Auf Windows-PCs taucht das KODI-Mediacenter in der Liste der Computer im Explorer unter *Netzwerk* auf.
- Ein Doppelklick zeigt alle Ordner auf KODI unterhalb von */storage*, in denen Mediendateien liegen und abgelegt werden können. Jetzt können Sie mit dem Windows-Explorer Dateien auf das KODI-Mediacenter kopieren und umgekehrt.

KODI-Mediacenter im Explorer von Windows 11.

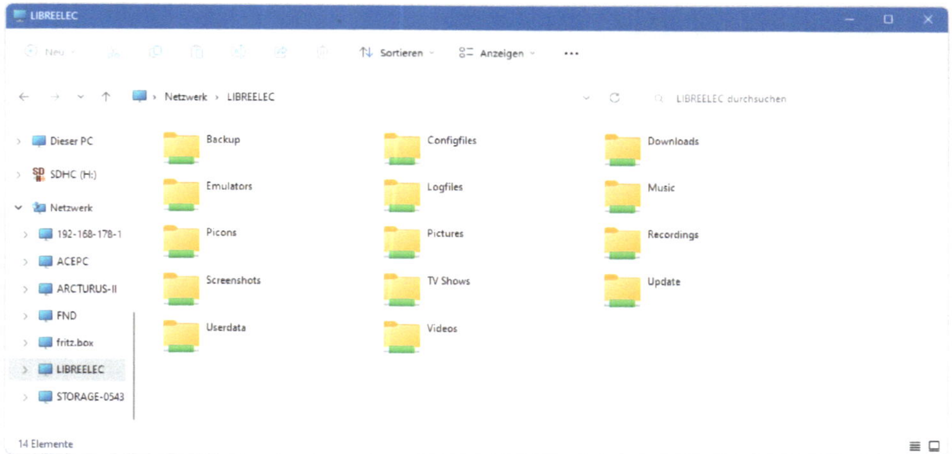

Medien von Netzwerklaufwerken in KODI abspielen

Die meisten NAS-Laufwerke unterstützen das bei Linux übliche *Network File System* (NFS) und können damit in KODI direkt als Datenquelle für Medien eingebunden werden.

- Wählen Sie den Bereich, in dem eine neue Medienquelle hinzugefügt werden soll, wie zum Beispiel *Videos*, *Musik* oder *Fotos*.
- Klicken Sie auf *Dateien*, um alle eingebundenen Datenquellen zu sehen. Klicken Sie im nächsten Bildschirm auf *... hinzufügen ...*

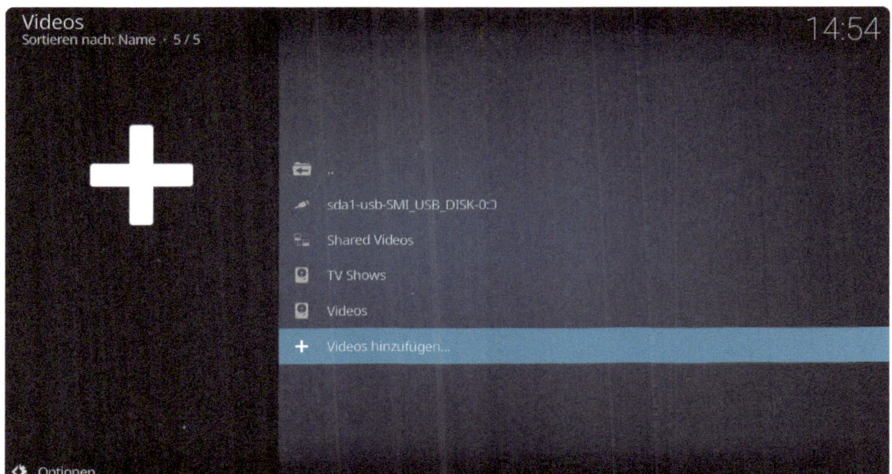

Datenquelle im Bereich Videos hinzufügen.

- Klicken Sie im nächsten Bildschirm auf *Durchsuchen* und dann auf *Netzwerk-Dateisystem (NFS)*.

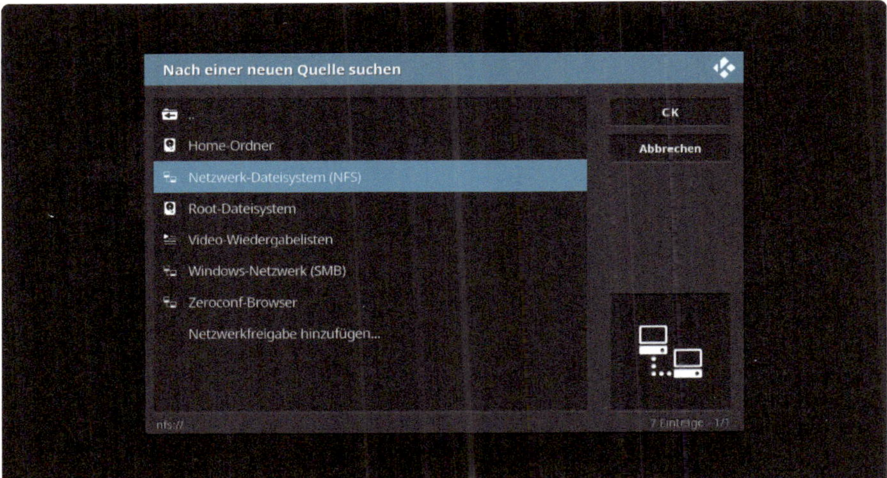

Neue Quelle im NFS suchen.

- Der folgende Bildschirm zeigt die IP-Adressen der verfügbaren NFS-Geräte im Netzwerk an. Wählen Sie das Gerät und danach das gewünschte Verzeichnis aus, das in KODI als Medienquelle dienen soll.
- Nach einem Klick auf *OK* sehen Sie den Speicherort im Netzwerkdateisystem. Geben Sie an dieser Stelle der Medienquelle noch einen aussagekräftigen Namen. Dieser gilt nur innerhalb von KODI und wird nicht auf das Netzwerkgerät geschrieben.

Neue Datenquelle benennen und einbinden.

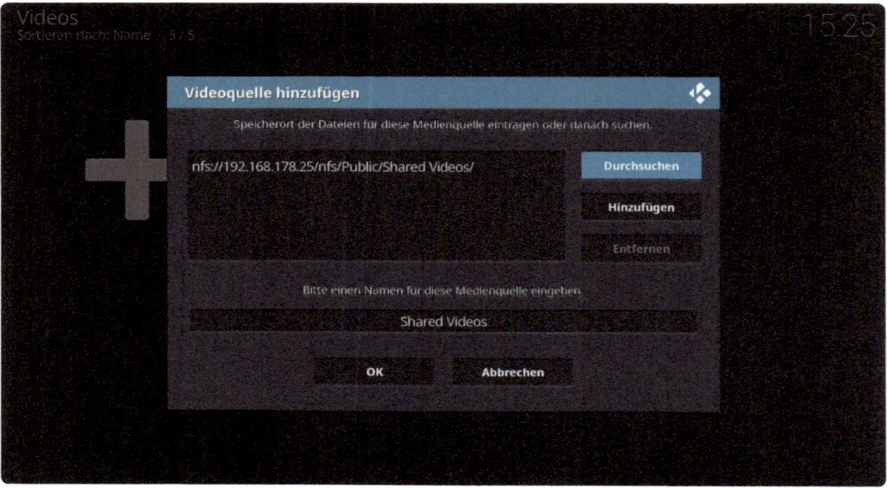

- Jetzt wird dieser Netzwerkordner automatisch in die Medienbibliothek aufgenommen.

Medien von Windows-Freigaben in KODI abspielen

Leider unterstützt noch nicht jedes Netzwerklaufwerk das deutlich performantere NFS. Windows-PCs wie auch einfachere Netzwerkfestplatten kennen nur die klassischen Windows-Freigaben nach dem erheblich langsameren SMB-Protokoll.

- KODI unterstützt keine kennwortgeschützten Freigaben. Schalten Sie deshalb als Erstes auf den PCs, deren Freigaben von KODI genutzt werden sollen, in den Windows-Einstellungen unter *Netzwerk und Internet/Erweiterte Netzwerkeinstellungen/Erweiterte Freigabeeinstellungen/Alle Netzwerke* das *Kennwortgeschützte Freigeben* aus.
- Gehen Sie anschließend in KODI prinzipiell genauso vor wie bei der Suche nach NFS-Laufwerken. Suchen Sie unter *Windows-Netzwerk (SMB)* ein freigegebenes Windows-Laufwerk, geben Sie bei Bedarf Benutzername und Passwort für den Zugriff ein und geben Sie zum Schluss der gespeicherten Freigabe einen Namen, über den Sie in KODI darauf zugreifen können.
- Leider zeigt KODI in einigen Windows-Netzwerken beim Durchsuchen keine Freigaben an. In diesen Fällen müssen Sie den Freigabenamen selbst eintragen. Klicken Sie dazu auf *Hinzufügen* und geben Sie ein: `smb://Servername/Freigabename`.

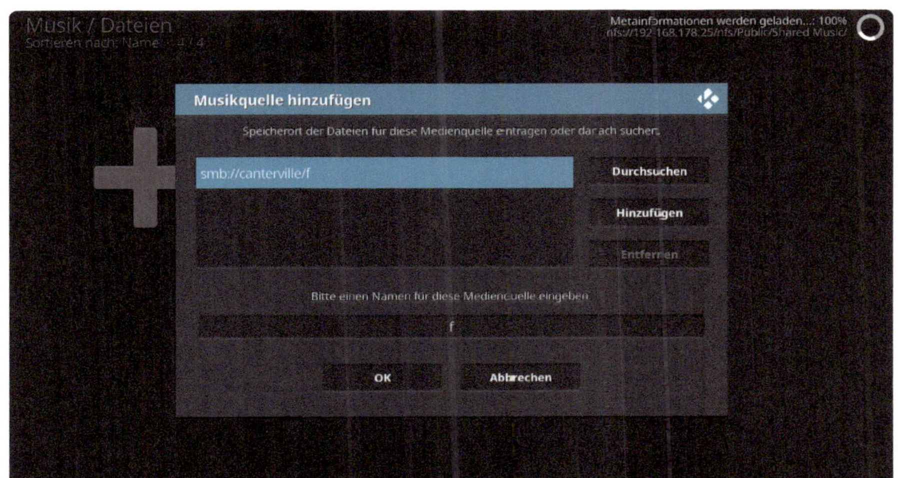

Windows-Netzwerkfreigabe als Medienquelle manuell hinzufügen.

- Im nächsten Bildschirm geben Sie den Benutzernamen und das Passwort für die gewählte Freigabe ein. Hier können Sie diese Daten speichern, um sie nicht jedes Mal erneut eingeben zu müssen.

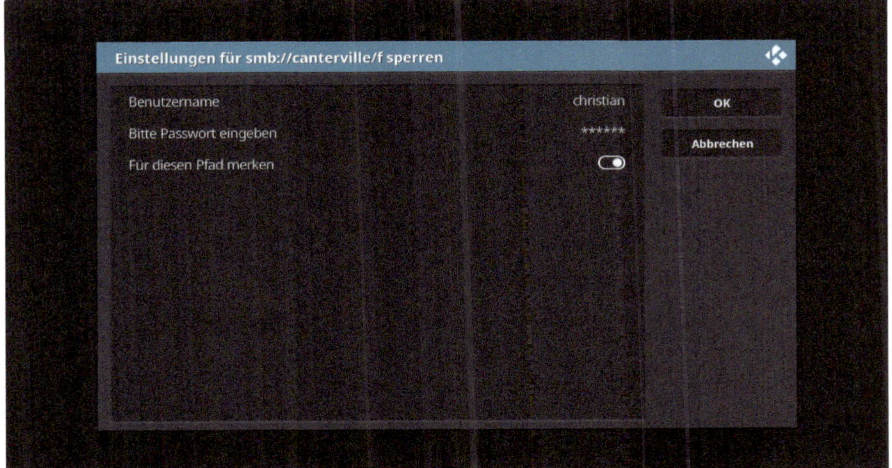

Benutzername und Passwort für eine Windows-Netzwerkfreigabe eintragen.

- Jetzt wird diese Netzwerkfreigabe automatisch in die Medienbibliothek aufgenommen.

6.6 Mediaboxen auf Android-Basis

Mediaboxen auf Basis des Android-Betriebssystems machen aus jedem HDMI-Monitor oder Fernseher einen netzwerkfähigen Medienplayer. Diese Mediaboxen werden mit einer drahtlosen Fernbedienung gesteuert und über ein Ethernet-Kabel oder WLAN mit dem Netzwerk verbunden.

Hauptbildschirm einer typischen Android-Mediabox.

Alle wichtigen Apps sind vorinstalliert. Mediaboxen mit Google-Diensten enthalten den Google Play Store mit einem umfangreichen Angebot an Apps. Einfachere Geräte bieten manchmal nur einen App Store des Geräteherstellers mit deutlich kleinerem Angebot, was aber oft nicht wichtig ist, da Medienplayer für Videos, Musik und Fotos sowie ein Browser und eine speziell zur Steuerung mit der Fernbedienung optimierte YouTube-App auf allen Mediaboxen vorinstalliert sind.

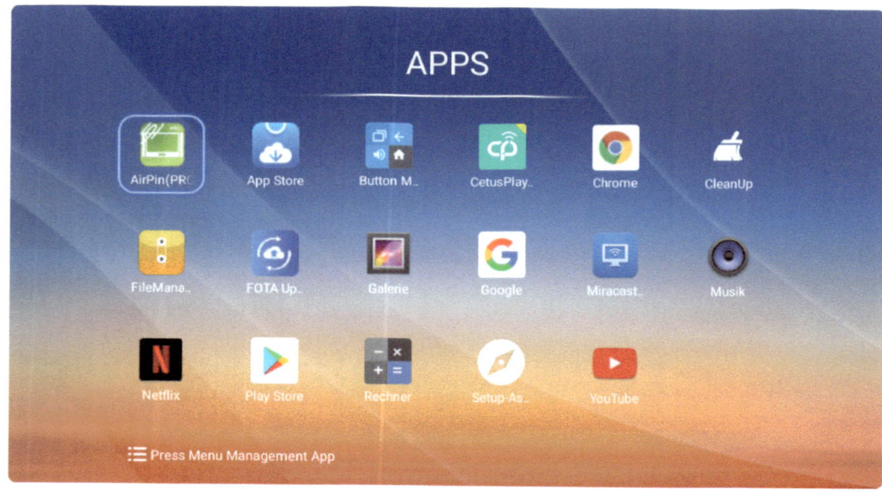

Typische Apps auf einer Android-Mediabox.

Über die SETTINGS-App richten Sie eine Netzwerkverbindung ein. Ethernet-Verbindungen werden üblicherweise automatisch erkannt. Für WLAN wählen Sie wie auf einem Smartphone das gewünschte WLAN aus und geben den Schlüssel ein. Zur Texteingabe blenden die Android-Mediaboxen eine Bildschirmtastatur ein, die mit den Pfeiltasten der Fernbedienung bedient wird. Achten Sie auch hier darauf, sich mit dem Hauptnetzwerk des Routers zu verbinden und nicht mit einem Gastnetzwerk, wenn Sie auf Streamingserver oder Netzwerkfreigaben im lokalen Netzwerk zugreifen möchten.

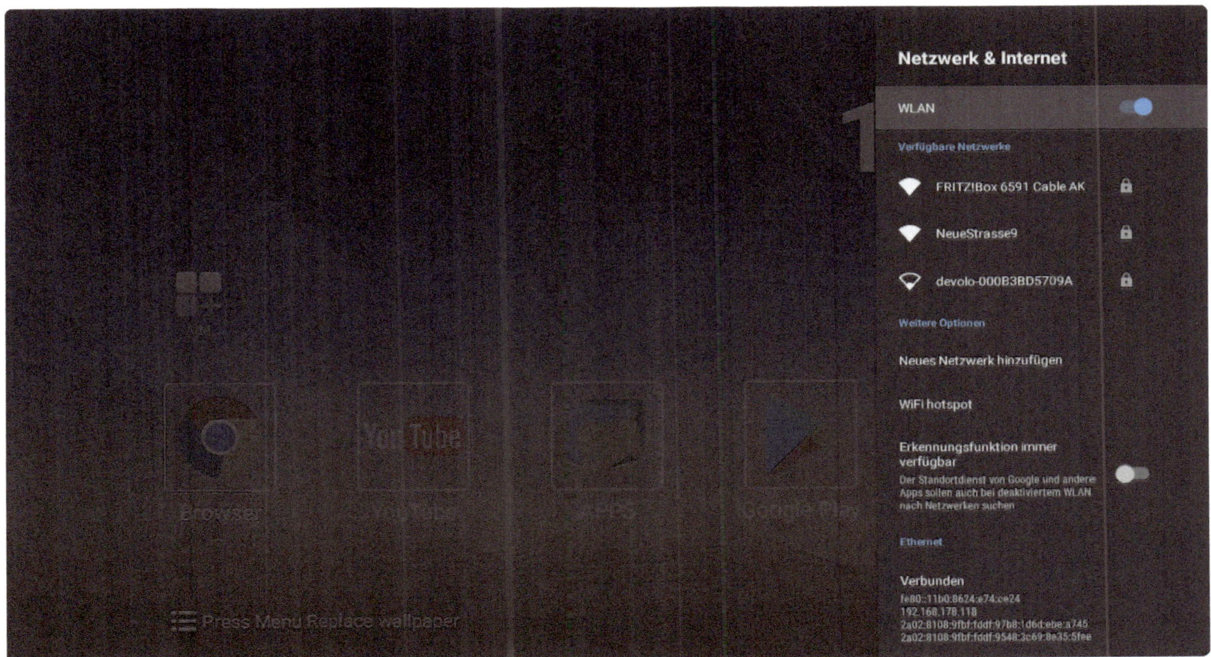

Netzwerkeinstellungen auf einer Android-Mediabox.

Die meisten Android-Mediaboxen verfügen über eine vorinstallierte Medien-App, die unter anderem auch Zugriff auf DLNA-Streamingserver, NAS-Laufwerke und Windows-Freigaben im lokalen Netzwerk bietet. Hier brauchen Sie nur den gewünschten Server oder die Freigabe auszuwählen und finden dann alle darauf angebotenen Medien. Diese Apps stammen von den Hardwareherstellern und können auf jeder Mediabox anders aussehen. Zusätzlich gibt es meistens noch einen Dateimanager zum Kopieren von Medien zwischen lokalen USB-Laufwerken und Netzwerkfreigaben.

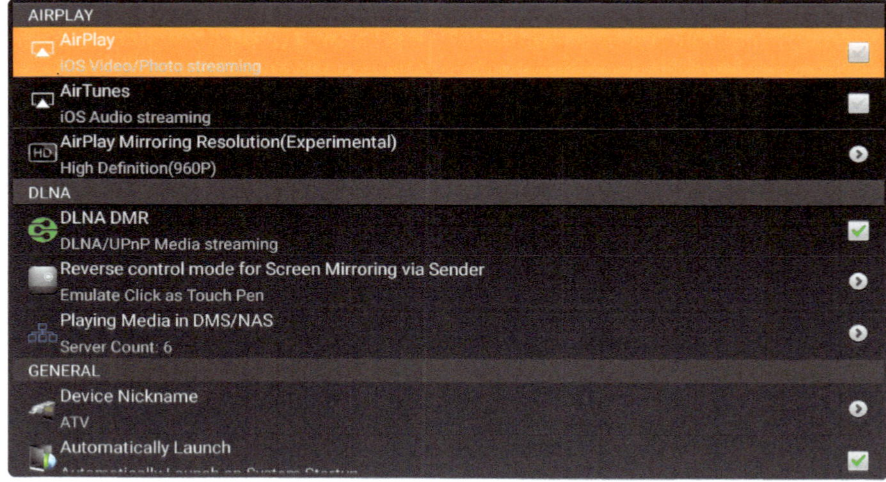

Medien-App mit Netzwerkfunktionen auf einer Android-Mediabox.

6.7 Streamingprobleme lösen

Nicht immer funktioniert das Medienstreaming im lokalen Netzwerk wie erwartet. Die meisten Probleme lassen sich auf externe Firewalls zurückführen, in denen Streamingprotokolle oder auch bestimmte Gerätezugriffe blockiert sind. Die in Windows vorinstallierte Firewall Windows Defender funktioniert problemlos. Einige andere Probleme lassen sich mit kleinen Tricks leicht lösen.

Medienstreaming funktioniert nicht

Wenn das Medienstreaming auf einem PC nicht funktioniert oder gar keine Streaminggeräte im Explorer angezeigt werden, ist das Medienstreaming in den meisten Fällen einfach nur deaktiviert.

- Klicken Sie in der Systemsteuerung unter *Netzwerk und Internet/Netzwerk- und Freigabecenter* links auf *Medienstreamingoptionen*. Aktivieren Sie hier das Medienstreaming.

Medienstreaming lässt sich nicht mehr abschalten

Einmal gestartet, bietet Windows 11 in der Systemsteuerung oder in den Einstellungen keinen Schalter, um das Medienstreaming wieder auszuschalten.

- Klicken Sie mit der rechten Maustaste auf das Windows-Logo und wählen Sie im Systemmenü *Computerverwaltung*.
- Navigieren Sie im linken Seitenfenster zu *Dienste und Anwendungen/Dienste*.
- Beenden Sie den Dienst *Windows Media Player Netzwerkfreigabedienst*. Damit wird das Medienstreaming abgeschaltet.

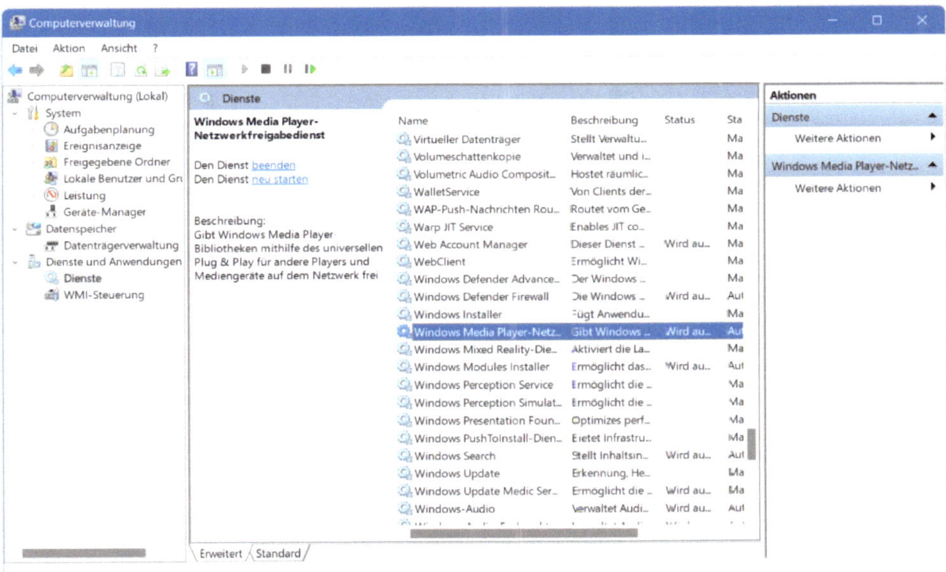

Windows Media Player-Netzwerkfreigabedienst beenden, um das Medienstreaming abzuschalten.

7 Heimnetzwerk für Homeoffice und Freiberufler

7.1 Videokonferenzen

Besonders Freiberufler und Menschen, die zumindest zeitweise im Homeoffice arbeiten, haben noch ganz andere Anforderungen an ihr Netzwerk. Hier geht es unter anderem darum, Konferenztools und Messenger vom PC zu nutzen und nicht nur, wie im privaten Bereich üblich, vom Smartphone. Außerdem möchte man regelmäßig Dateien, auch sehr große, mit Teamkollegen teilen, um gemeinsam daran zu arbeiten.

Videokonferenzen waren früher mit erheblichem technischem Aufwand verbunden. Heute enthält jeder Laptop die notwendige Hardware: Kamera, Mikrofon und Lautsprecher. Für PCs gibt es einfache Kamera für den USB-Anschluss. Bei der großen Menge an Softwarelösungen für Videokonferenzen haben sich auf dem PC Skype, Teams und Zoom durchgesetzt. Alle drei bieten auch Apps für Smartphones an.

Skype

Skype ist auf dem PC schon lange für kostenlose Telefonie im Internet bekannt. Seit Skype von Microsoft übernommen wurde, können Sie sich ganz einfach mit dem Microsoft-Konto anmelden, mit dem Sie bei Windows am PC angemeldet sind. Die vorher verwendeten Skype-Benutzerkonten funktionieren aber weiter.

Der Hauptbildschirm von Skype.

Tippen Sie auf einen Namen in der Skype-Kontaktliste, können Sie mit der Person chatten. Mit dem Telefonsymbol im Chat rufen Sie die Person an, mit dem Kamerasymbol auch mit Bild.

Videotelefonie mit Skype.

Bevor Sie das erste Videogespräch mit Skype beginnen, richten Sie Kamera, Mikrofon und Lautsprecher ein.

- Wählen Sie dazu im Menü mit den drei Punkten neben dem Benutzerprofil *Einstellungen* und schalten Sie im nächsten Fenster auf *Audio und Video*. Hier sehen Sie Ihr Kamerabild und können bei Bedarf einen Hintergrund auswählen, der anstatt des Raums, in dem Sie sich gerade befinden, angezeigt wird. Der Link *Webcam-Einstellungen* eröffnet Ihnen weitere Kameraeinstellungsmöglichkeiten, etwas für Helligkeit, Kontrast und Bildqualität.

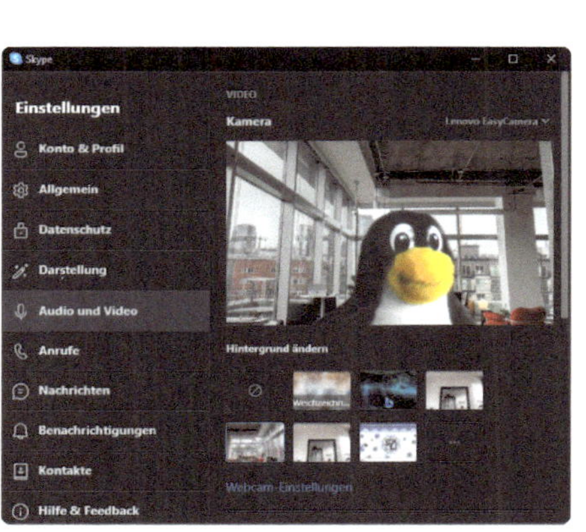

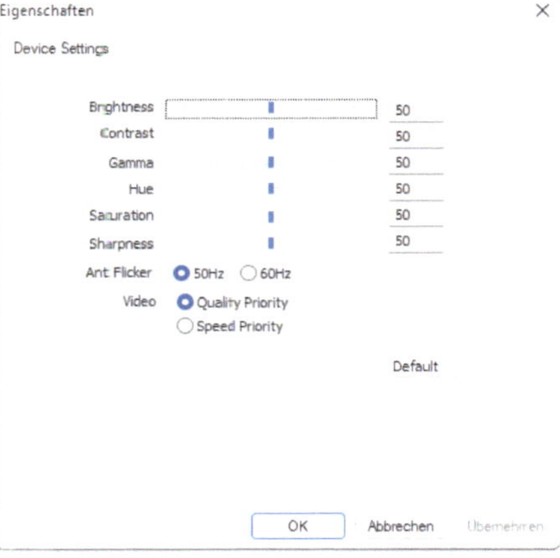

Video- und Audioeinstellungen in Skype.

Weiter unten stellen Sie Mikrofon und Lautsprecher ein und können auch einen Testanruf tätigen, in dem Sie Ihre eigene Stimme hören.

Mit Skype können Sie nicht nur mit anderen Skype-Nutzern kostenlos telefonieren, sondern auch zu sehr günstigen Preisen über das normale Telefonnetz in die meisten Länder der Welt. Dazu kaufen Sie ähnlich wie bei einer Prepaid-Karte online ein Skype-Guthaben und wählen dann in der App die Telefonnummer. Skype listet die Gebühren für Gespräche in verschiedene Länder unter *www.skype.com/de/rates* auf.

Skype ermöglicht Videokonferenzen mit mehreren Nutzern. Hier können Sie Ihre Skype-Kontakte direkt über die App einladen. Zusätzlich besteht über die Schaltfläche *Sofortmeeting* auch die Möglichkeit, spezielle Konferenzlinks an Personen zu schicken, die kein Skype nutzen. Diese können dann über den Browser an ihrem PC an der Konferenz teilnehmen.

Da Skype direkte Peer-to-Peer-Verbindungen zwischen den beteiligten Geräten herstellt, ist damit auch ein Versand sehr großer Dateien möglich. Es gibt keine Beschränkungen wie bei Cloudlinks, bei denen nur ein begrenzter Speicherplatz zum Zwischenlagern zur Verfügung steht.

Skype auf dem Smartphone

Skype wird auch als App angeboten, die weitgehend die gleichen Funktionen wie die PC-Version bietet. Die Anmeldung erfolgt mit dem gleichen Microsoft-Konto oder Skype-Benutzernamen wie auf dem PC.

- Die Skype-App zeigt zunächst nur Ihre persönlichen Skype-Kontakte an. Tippen Sie auf der Startseite der App auf Ihr Profilbild und wählen Sie dann *Einstellungen/Kontakte*. Schalten Sie *Kontakte synchronisieren* ein, um die Kontakte von Ihrem Smartphone und dem angemeldeten Google-Konto mit Skype abzugleichen. Sie werden erstaunt sein, wie viele Ihrer Kontakte Skype bereits nutzen.
- Tippen Sie auf einen Namen in der Skype-Kontaktliste, können Sie mit der Person chatten. Mit dem Kamera- oder Telefonsymbol oben rechts im Chat rufen Sie die Person an. Beim Versand von Dateien an App-Nutzer achten Sie darauf, dass diese auf dem Smartphone auch nutzbar sind.

Skype verwendet für Gespräche nicht das Mobilfunktelefonnetz, sondern eine Internetverbindung. Die App funktioniert am besten über WLAN, aber auch über Mobilfunkinternet. Hier braucht man allerdings eine umfangreiche Daten-Flatrate, da bei VoIP-Gesprächen ein erhebliches Datenvolumen anfallen kann.

- Skype kann in einem kleinen schwebenden Fenster auf dem Smartphone weiterlaufen, wenn Sie andere Apps nutzen. Damit dies funktioniert, lassen Sie diese Funktion in den Android-Systemeinstellungen unter *Apps/Spezieller App-Zugriff/Über anderen Apps einblenden* für Skype zu.

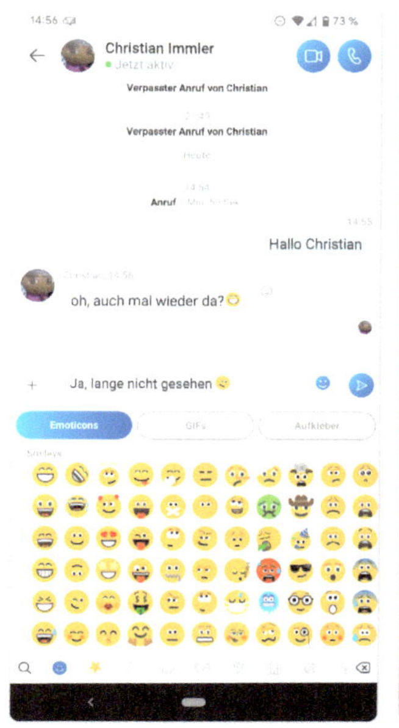

Chat, Videokonferenz und Telefonie ins Festnetz mit Skype.

Teams

Nach dem Ende des MSN-Messengers galt Skype lange Zeit als die von Microsoft favorisierte Plattform für Chats und Videotelefonie. Windows 11 bringt Teams vorinstalliert mit, das bei der Einrichtung empfiehlt, Chat-Kontakte aus Skype zu importieren. Skype ist standardmäßig nicht mehr vorinstalliert, wird aber beim Upgrade aus Windows 10 übernommen und funktioniert auch weiterhin.

Ein Klick auf das neue Chat-Symbol in der Taskleiste oder die ehemalige Cortana-Tastenkombination [Win]+[C] blendet eine Chat-Übersicht von Teams ein, aus der heraus sich auch direkt ein neuer Chat oder Videoanruf starten lässt.

Im unteren Bereich wird eine Liste von Kontakten angezeigt, die über das Microsoft-Konto synchronisiert wurden. Tippen Sie auf einen Namen in der Kontaktliste oder suchen eine Kontaktperson über das Suchfeld, können Sie mit der Person chatten. Mit dem Telefonsymbol im Chat rufen Sie die Person an, mit dem Kamerasymbol auch mit Bild.

- Klicken Sie unten auf *Microsoft Teams öffnen*, um das eigentliche Hauptfenster von Teams zu öffnen, nicht nur das schmale Chatfenster. Hier finden Sie eine Übersicht der letzten Chats und können auch eine Videokonferenz mit der Person aufbauen.

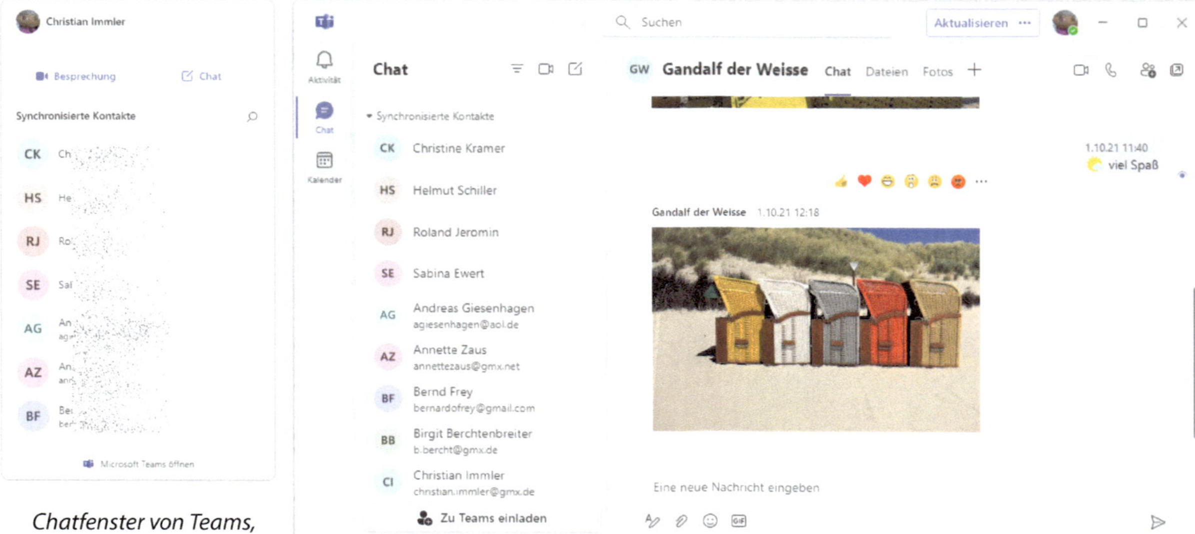

Chatfenster von Teams, aufrufbar über ein Taskleistensymbol.

Chat im Hauptfenster von Teams.

- Direkt aus dem kleinen Chatfenster wie auch aus einem Chat heraus können Sie eine Videokonferenz anlegen. Teams ermöglicht Videokonferenzen mit mehreren Nutzern. Hier können Sie Ihre Kontakte direkt über die App einladen. Zusätzlich besteht die Möglichkeit, spezielle Konferenzlinks an Personen zu schicken, die nicht in Ihrer Kontaktliste stehen. Diese können dann mit einem Klick auf den Link an der Konferenz teilnehmen.

Konferenz anlegen und Link versenden.

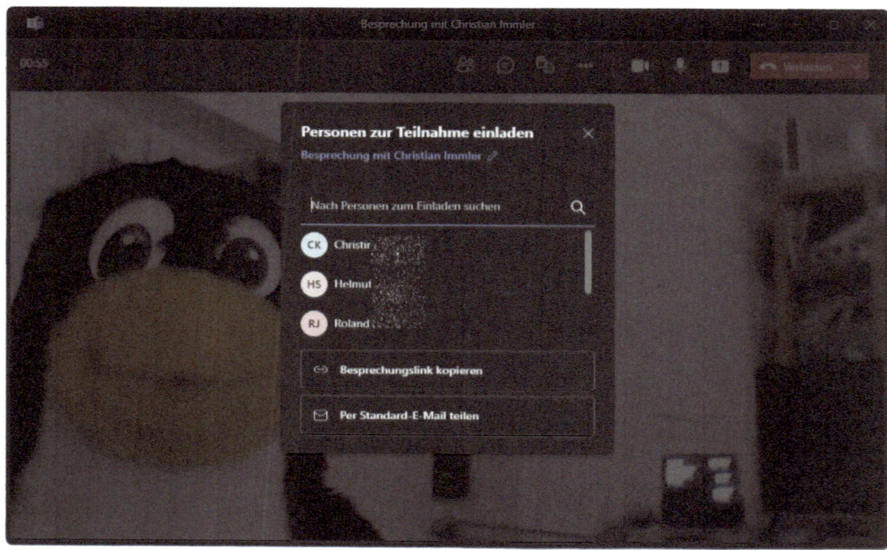

- Klicken Sie auf das Symbol mit den drei Punkten oben in der Mitte und wählen Sie im Menü *Geräteeinstellungen*. Hier wählen Sie die zu verwendenden Geräte – Lautsprecher oder Kopfhörer, Mikrofon und Kamera – aus. Eine Möglichkeit, die Hardware wie in Skype direkt zu testen und zu konfigurieren, besteht in Teams nicht.
- Im Menüpunkt *Hintergrundeffekte anwenden* sehen Sie Ihr Kamerabild und können einen Hintergrund auswählen, der anstatt des Raums, in dem Sie sich gerade befinden, angezeigt wird.
- Mit den Symbolen *Kamera* und *Mikrofon* in der Symbolleiste können Sie die Kamera oder das Mikrofon während der Konferenz zeitweise ausschalten.
- Mit dem Symbol *Inhalt freigeben* können Sie den ganzen Bildschirm oder bestimmte Fenster für die Konferenz freigeben, um Teilnehmern etwas zu präsentieren. Dabei kann auch der Computersound freigegeben werden, wenn Sie zum Beispiel ein Spiel vorführen möchten.

Bildschirm oder einzelne Fenster in Teams freigeben.

Teams auf dem Smartphone

Mit der passenden Teams-App können Sie auf dem Smartphone an Konferenzen teilnehmen und mit Freunden und Kollegen chatten. Zur Anmeldung wird das Microsoft-Konto genutzt, das Sie auch auf dem PC verwenden.

Zoom

Zoom wurde innerhalb kurzer Zeit ein beliebtes Tool für Videokonferenzen mit bis zu 100 Teilnehmern, hat aber auch sehr schnell wieder an Beliebtheit eingebüßt, seit die Funktionen kostenloser Benutzerkonten immer weiter eingeschränkt wurden. Die neueste Änderung beschränkt die Gesprächszeit von Einzelgesprächen auf 40 Minuten.

- Um Zoom zu nutzen, legen Sie sich zuerst bei *www.zoom.us* ein Benutzerkonto an. Laden Sie sich dort die Zoom-Software für Windows herunter. Bei der ersten Teilnahme an einer Videokonferenz kann diese Software aber auch automatisch heruntergeladen werden.
- Beim Start der Zoom-Software wählen Sie aus, ob Sie sich mit Ihrem Benutzerkonto anmelden möchten – womit Sie den vollen Funktionsumfang nutzen – oder nur mit einer Meeting-ID einem Meeting ohne Benutzerkonto beitreten wollen.

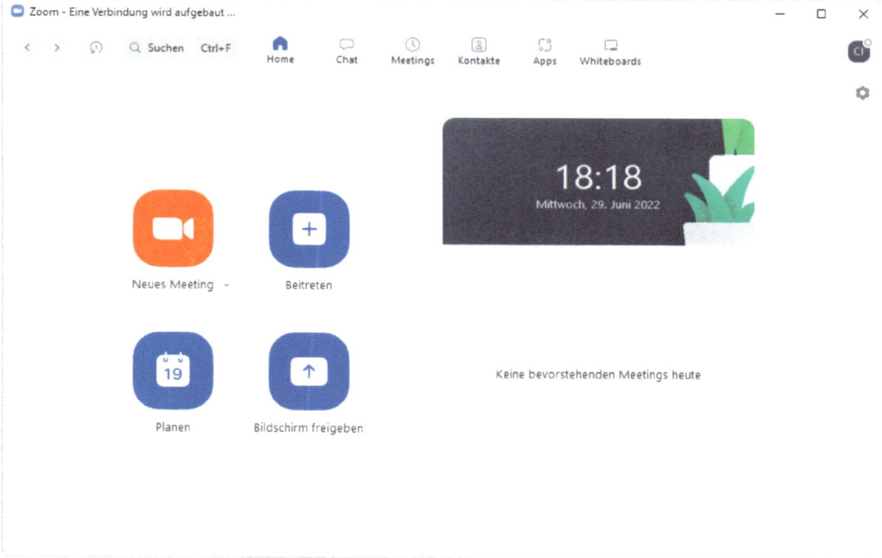

Die Übersicht in der Zoom-Software.

- Mit angemeldetem Benutzerkonto können Sie ein neues Meeting anlegen und dann über das Symbol *Teilnehmer* in der Symbolleiste weitere Teilnehmer einladen. Dazu können Sie eine E-Mail mit einem Link versenden, der einfach nur angeklickt werden muss, oder Sie geben den Teilnehmern auf beliebigem Weg eine Meeting-ID, die sie in der Zoom Software eintragen, um am Meeting teilzunehmen.

Weitere Teilnehmer zum Zoom-Meeting einladen.

Zoom auf dem Smartphone

Auch Zoom liefert eine App zur Teilnahme an Videokonferenzen oder Chats vom Smartphone aus. Hier können Sie ebenfalls über einen Einladungslink, den Sie per E-Mail oder Chat erhalten haben, von unterwegs an einem Meeting teilnehmen.

7.2 Messenger am PC nutzen

Die Kommunikation über Messenger ist im privaten Bereich mittlerweile deutlich wichtiger als E-Mail. Auf Smartphones haben die bekannten Messenger WhatsApp, Facebook Messenger und Telegram die SMS längst verdrängt. Aber auch im geschäftlichen Umfeld gewinnen Messenger an Bedeutung. Wer im Büro oder Homeoffice den ganzen Tag am PC sitzt, kann seine Lieblingsmessenger auch dort nutzen. Neben dem großen Bildschirm und der vollwertigen Tastatur profitiert ein Messenger auf dem PC auch vom Windows-Dateisystem. So lässt sich jede beliebige Datei leicht versenden, und empfangene Dateien können gleich am richtigen Ort gespeichert werden, ohne sie erst vom Smartphone über Clouddienste oder USB-Kabel übertragen zu müssen.

WhatsApp

Der beliebte Messenger WhatsApp bietet zwar im Gegensatz zu einigen anderen Messengern keine echte PC-Version an, kann aber zusammen mit einem Smartphone, auf dem WhatsApp läuft, am PC genutzt werden. Dieses Smartphone muss nicht mehr, wie noch vor einiger Zeit, gleichzeitig online sein. Auf diese Weise können bis zu vier PCs oder andere internetfähige Geräte mit einem Smartphone verknüpft werden.

Die Übermittlung des eigenen Standorts sowie das Verfolgen von Live-Standorten anderer werden auf dem PC nicht unterstützt.

- Besuchen Sie im Browser auf dem PC die Seite *web.whatsapp.com*.

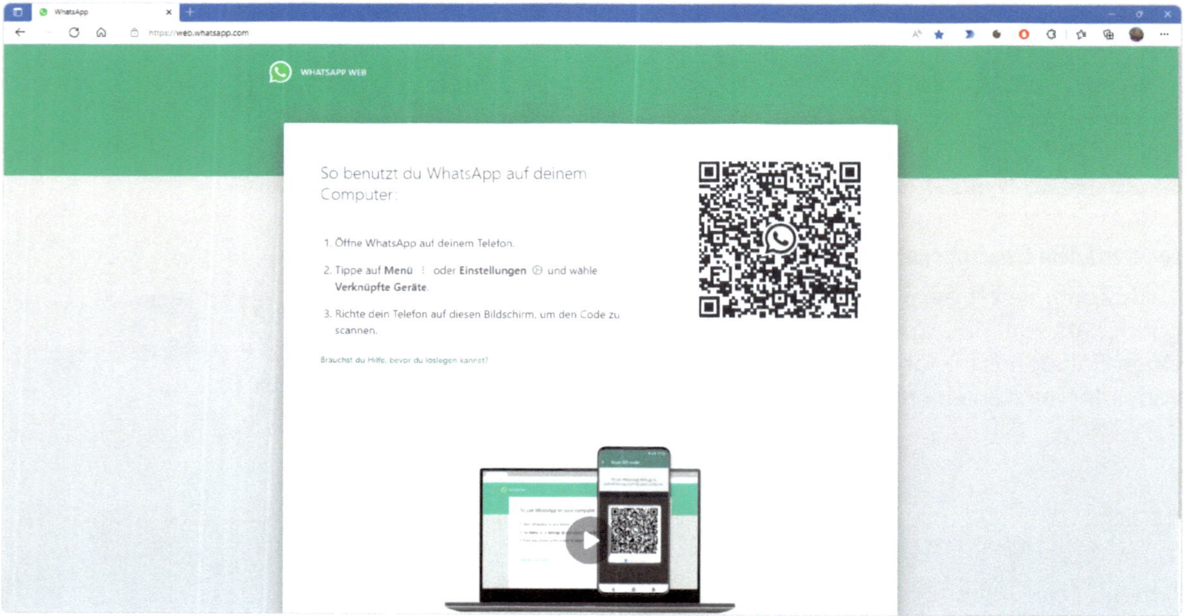

WhatsApp Web auf dem PC starten.

- Tippen Sie auf dem WhatsApp-Hauptbildschirm auf dem Smartphone auf das Menü rechts oben und wählen Sie *Verknüpfte Geräte*.
- Tippen Sie auf dem nächsten Bildschirm auf *Gerät hinzufügen*. Scannen Sie jetzt mit dem Smartphone den QR-Code, der auf dem PC angezeigt wird.
- Jetzt werden alle aktuellen Chats heruntergeladen, und Sie können WhatsApp wie vom Smartphone gewohnt auf dem PC nutzen.

Oberhalb der Kontaktliste links ist ein Suchfeld für Kontakte sowie ein Menü, das im Wesentlichen die Einstellungen des WhatsApp-Hauptmenüs auf dem Smartphone enthält.

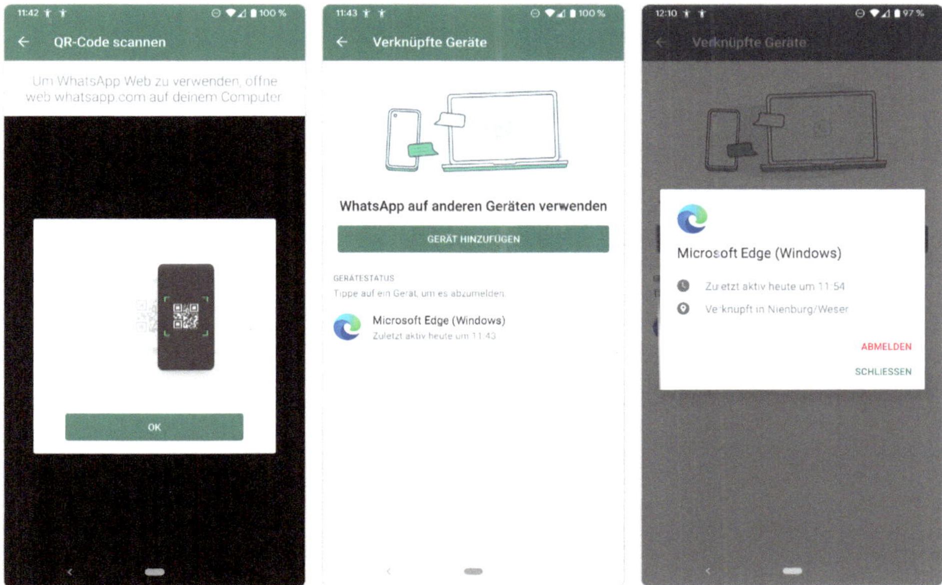

Weitere Geräte für WhatsApp mit dem Smartphone verknüpfen.

Beim ersten Start wird oberhalb der Kontaktliste ein blauer Balken eingeblendet. Hier lassen Sie Desktopbenachrichtigungen zu. WhatsApp informiert dann über das Info-Center von Windows, wenn neue Nachrichten eintreffen – selbst wenn das Browserfenster nicht im Vordergrund ist, sondern Sie gerade mit einem anderen Programm arbeiten. Diese Einstellung können Sie in den WhatsApp-Einstellungen unter *Benachrichtigungen* jederzeit ändern.

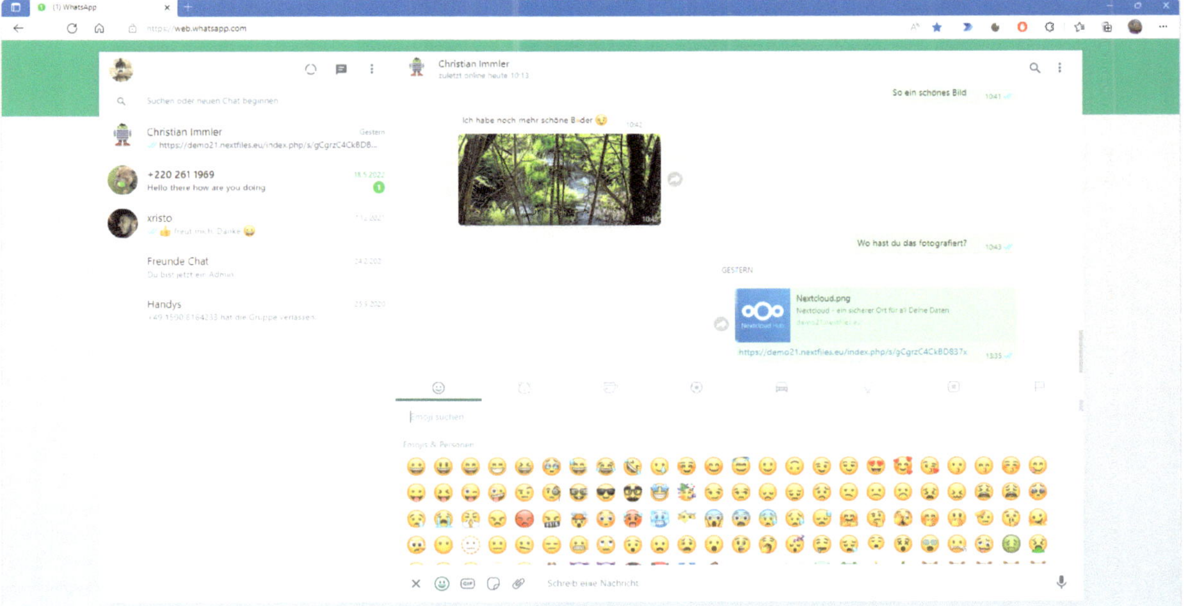

Chatten mit WhatsApp am PC.

Das Emoji-Symbol links unten neben der Texteingabezeile blendet eine eigene Emoji-Palette ein, wie sie auch WhatsApp auf dem Smartphone nutzt. Alternativ können Sie das Windows-Emoji-Eingabefeld mit der Tastenkombination [Win]+[.] verwenden. Über das Büroklammersymbol können Dateien vom PC per WhatsApp versendet werden. Sie können Fotos und andere Daten auch direkt aus dem Windows-Explorer in den Chat ziehen.

- Fahren Sie mit der Maus auf eine Nachricht, erscheint oben rechts ein kleiner Pfeil, der ein Menü mit Funktionen wie *Beantworten* und *Weiterleiten* enthält.
- WhatsApp lässt sich im Browser über vielfältige Tastenkürzel steuern. In den Einstellungen unter *Tastenkürzel* finden Sie eine Übersicht aller Tastenkombinationen.

Tastenkürzel für WhatsApp Web im Browser.

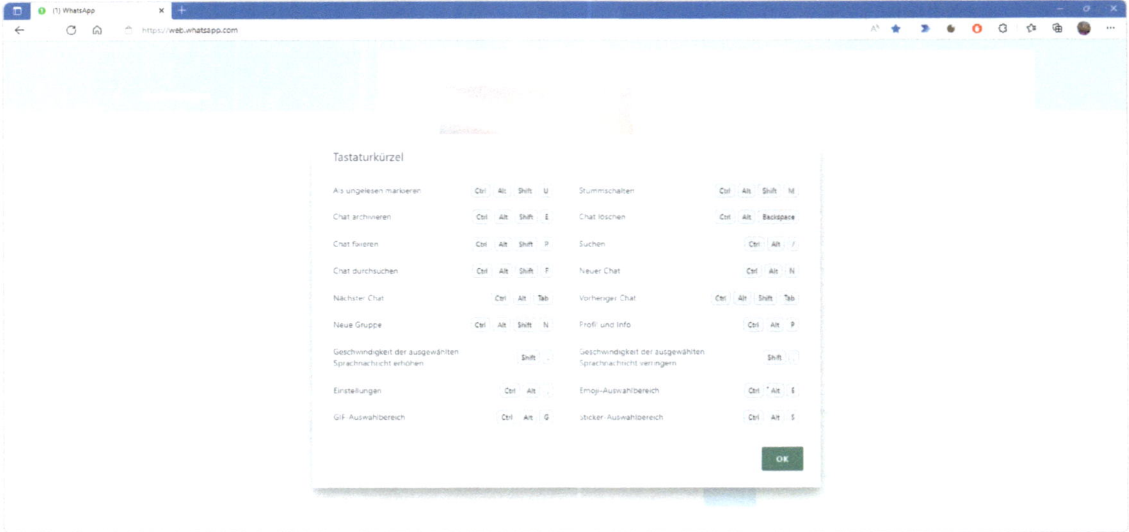

WhatsApp im Windows Store.

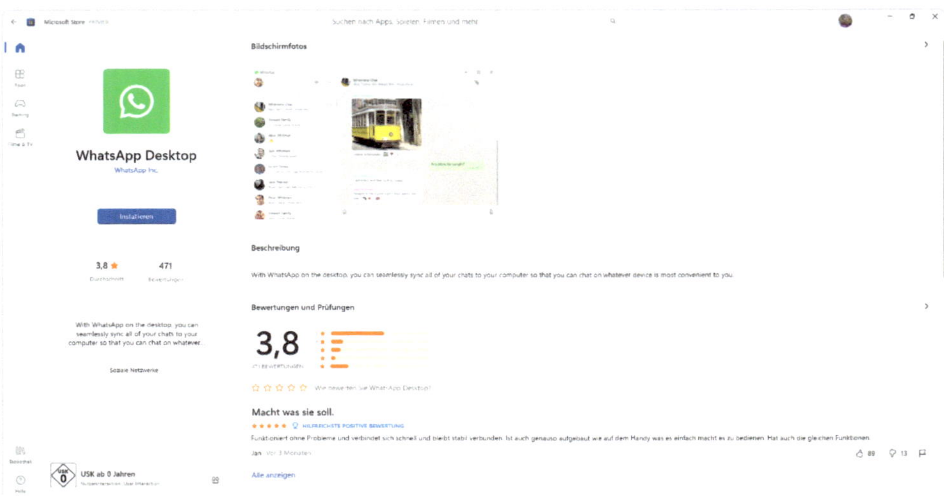

> **WhatsApp-Desktop-App für Windows**
> Im Windows Store wird die App *WhatsApp Desktop für Windows* angeboten. Diese entspricht in ihren Funktionen weitgehend der Browserversion. Auch hier wird die Verknüpfung mit dem Smartphone über einen QR-Code hergestellt.

Facebook Messenger

Facebook bietet wie fast jedes soziale Netzwerk die Möglichkeit, miteinander per Chat zu kommunizieren. Dafür enthält es einen eigenen Messenger. Dieser kann im Browser auch im Hintergrund laufen und den Benutzer bei eingehenden Chatnachrichten darüber informieren.

- Besuchen Sie im Browser *messenger.com* oder installieren Sie die Windows-App. Diese finden Sie mit einem Klick auf das eigene Profilbild oben links und dann auf *Messenger für Windows* im Menü oder auch im Microsoft Store.

Benutzeroberfläche und verfügbare Funktionen sind in beiden Varianten weitgehend gleich und deutlich an die Benutzeroberfläche des Messengers auf Smartphones angeglichen. Die Messenger-App kann beim Windows-Start automatisch gestartet werden und läuft dann im Hintergrund mit. Bei einer eingehenden Nachricht kann je nach Einstellung eine Systembenachrichtigung erscheinen.

Facebook Messenger im Browser.

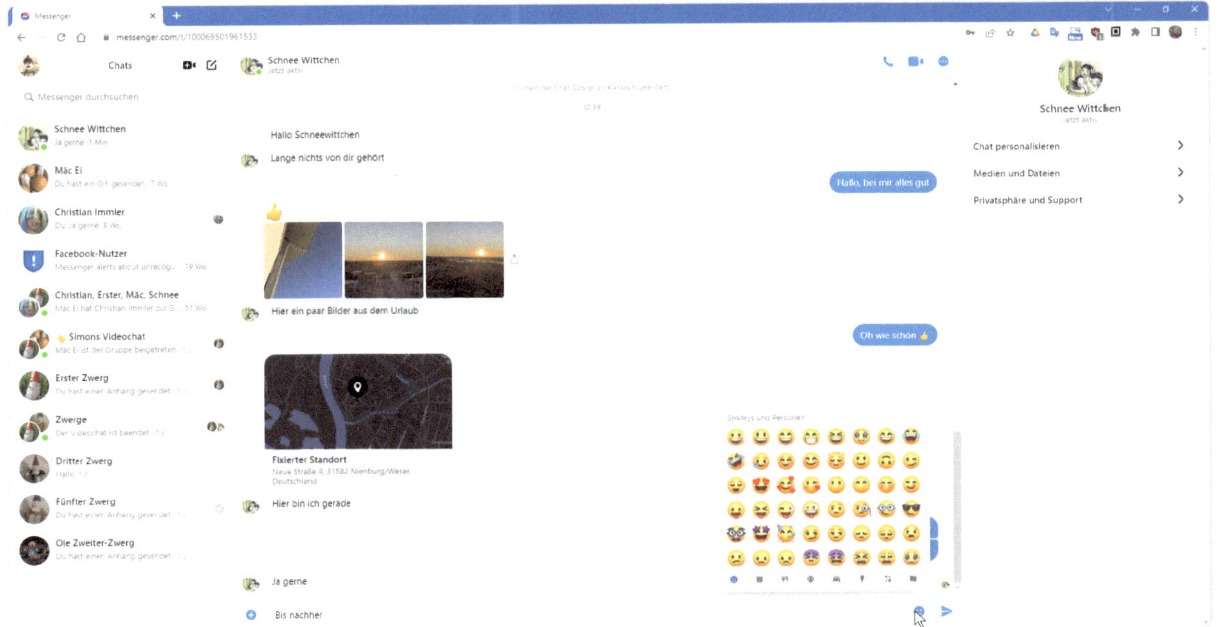

- Melden Sie sich einfach mit Ihrem Facebook-Konto an. Eine Geräteverknüpfung wie bei WhatsApp ist hier nicht nötig. Der Facebook Messenger läuft schon immer auf mehreren Geräten gleichzeitig mit dem gleichen Konto.

Telegram

Der beliebte Messenger WhatsApp war in den Medien wegen Datenschutzproblemen in Verruf geraten. Der Messenger Telegram bietet weitgehend die gleichen Funktionen, gilt aber als sehr sicher und auch zensurfrei. Anfangs war Telegram eher ein Spielzeug von Datenschutzfreaks, mittlerweile hat die App mehr als ein Viertel der Nutzerzahl von WhatsApp erreicht und dieses immer mal wieder von Platz eins der Downloadstatistik in der Kategorie *Kommunikation* im Google Play Store verdrängt.

Telegram bietet einige weitere Möglichkeiten, die über einen einfachen Messenger hinausgehen und Telegram zu einem vielfältig nutzbaren sozialen Netzwerk machen. Ähnlich wie bei Facebook kann man persönliche Kanäle erstellen, auf denen man Texte, Bilder oder auch Videos veröffentlicht, die andere Nutzer sehen und auch kommentieren können. Außerdem lassen sich sehr große Dateien mit mehreren Hundert MByte über Telegram versenden.

- Die Anmeldung bei Telegram erfolgt ähnlich wie bei WhatsApp über eine Identifizierung mit der Handynummer und einer SMS. Sobald Telegram auf einem Smartphone installiert ist, lässt es sich auf mehreren weiteren Geräten mit dem gleichen Benutzerkonto verwenden. Auf dem PC können Sie entweder von *desktop.telegram.org* ein Windows-Programm herunterladen oder sich bei *web.telegram.org* im Browser anmelden.

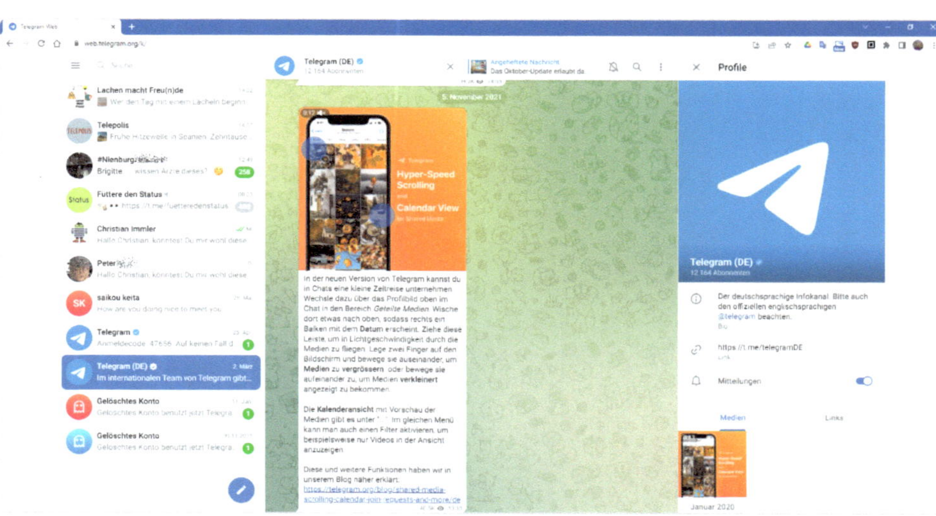

Telegram im Browser auf dem PC.

- In beiden Fällen wird ein QR-Code angezeigt. Wählen Sie im Menü der Telegram-App auf dem Smartphone *Einstellungen/Geräte* und scannen Sie dann den QR-Code vom PC-Bildschirm.
- Jetzt werden alle aktuellen Chats heruntergeladen, und Sie können Telegram wie vom Smartphone gewohnt auf dem PC nutzen.

7.3 Dateien mit Teamkollegen teilen

Windows 11 nimmt es mit der systemweiten Teilen-Funktion nicht mehr so genau. Mal heißt es *Teilen*, mal *Freigeben*, und auch das Symbol ist nicht immer an der gleichen Stelle in Apps zu finden. Meistens befindet es sich im Kontextmenü einer Datei oder, wie in der Fotos-App, im Menü des gerade geöffneten Bilds.

Windows 11 bietet überall dort, wo dieses Symbol auftaucht, ein Dialogfeld zum Teilen von Daten aus Apps an, das ähnlich wie auf Smartphones funktioniert und von immer mehr Apps unterstützt wird.

- Ein Klick auf das *Freigeben*-Symbol blendet ein Dialogfeld ein, in dem wichtige Kontakte und alle Apps aufgelistet sind, die sich zum Teilen des gewählten Inhalts eignen. Die bisherige Kontaktleiste in der Taskleiste ist mit Windows 11 verloren gegangen. Beim Klick auf ein Kontaktbild im *Teilen*-Dialog kann nur noch eine E-Mail versendet werden. Die Auswahl an Kontakt-Apps gibt es hier nicht mehr.

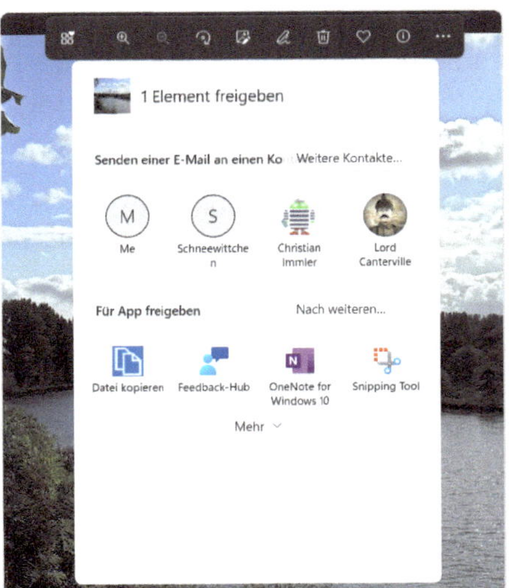

Das Dialogfeld zum Teilen eines Fotos in der Fotos-App.

- Haben Sie bei einer Person mehrere E-Mail-Adressen gespeichert, müssen Sie zunächst eine auswählen. Anschließend wählen Sie ein eigenes E-Mail-Konto, das für den Versand verwendet werden soll. Danach schreiben Sie die E-Mail direkt im *Teilen*-Fenster, ohne in die Mail-App wechseln zu müssen.

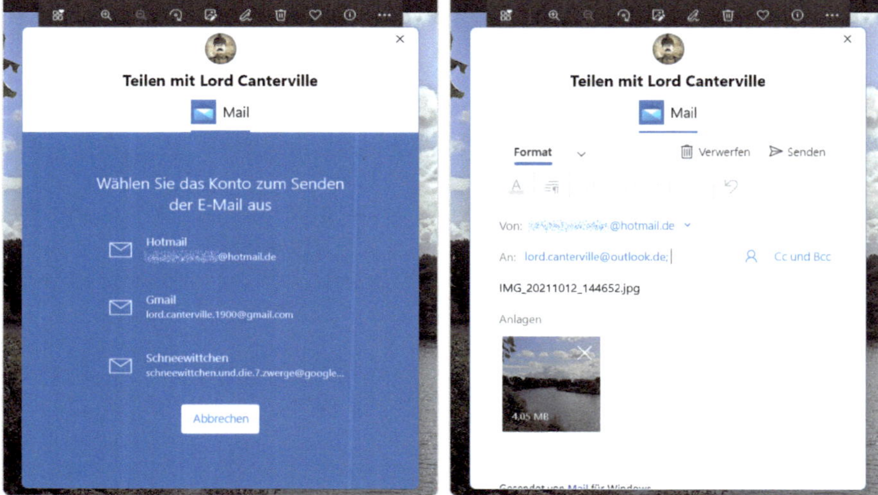

Absenderkonto auswählen und E-Mail schreiben.

Dateien über Cloudspeicherdienste teilen

Große Dateien als E-Mail-Anhang zu versenden, ist ein typischer Anfängerfehler. Als Richtwert für Dateigrößen gilt auch heute noch: Was früher nicht auf eine Diskette passte, gehört heute nicht in eine E-Mail.

Auch wenn es bei den meisten E-Mail-Anbietern heute technisch möglich ist, Dateianhänge deutlich größer als 1,4 MByte zu versenden, sprechen immer noch wichtige Argumente dagegen:

- Das Speicherkontingent für E-Mails ist bei vielen Anbietern eng begrenzt und könnte mit einer riesigen Mail aufgebraucht werden.
- Wer seine E-Mails auf dem Smartphone liest, verbraucht, ohne es beeinflussen zu können, viel Mobilfunkdatenvolumen. Bei einem Link dagegen kann man den Downloadzeitpunkt selbst festlegen, um ein WLAN dafür zu nutzen.
- Die Zustellung anderer – möglicherweise wichtiger – E-Mails kann, je nach Mailserver, während der Zustellung einer sehr große E-Mail um Minuten oder gar Stunden verzögert werden.

Verwenden Sie daher zum Teilen großer Dateien mit Teamkollegen Cloudspeicherdienste, wie in Kapitel 4 beschrieben. Viele Firmen bieten auch eigene Clouds oder FTP-Server zum Datenaustausch an.

Dateien per Bluetooth-Umgebungsfreigabe offline teilen

Steht unterwegs kein Netzwerk zur Verfügung, konnte man immer schon Dateien per Bluetooth von einem PC auf einen anderen übertragen. Diese Methode ist aber so umständlich und entspricht so ganz und gar nicht dem bekannten Look-and-feel von Windows, dass sie kaum benutzt wurde und viele Anwender sie nicht einmal kennen. Die Umgebungsfreigabe in Windows 11 und 10 erleichtert das Weitergeben von Dateien zwischen PCs in Bluetooth-Reichweite.

- Damit dies funktioniert, müssen auf beiden beteiligten Geräten in den Schnelleinstellungen die Schalter *Bluetooth* und *Umgebungsfreigabe* aktiviert sein.
- Klicken Sie jetzt in einer App oder im Explorer im Kontextmenü der freizugebenden Datei auf das Symbol *Teilen*. Automatisch werden Geräte in der Nähe gesucht. Klicken Sie auf das gefundene Gerät, um die Datei zu übertragen. Auf dem empfangenden Gerät erscheint eine Benachrichtigung, in der Sie den Empfang der Datei bestätigen müssen.

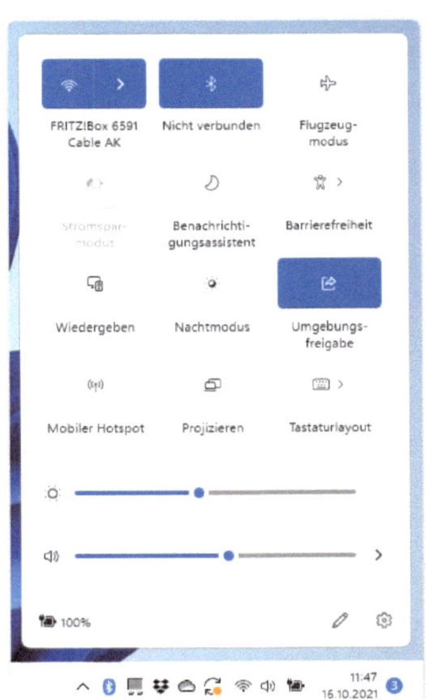

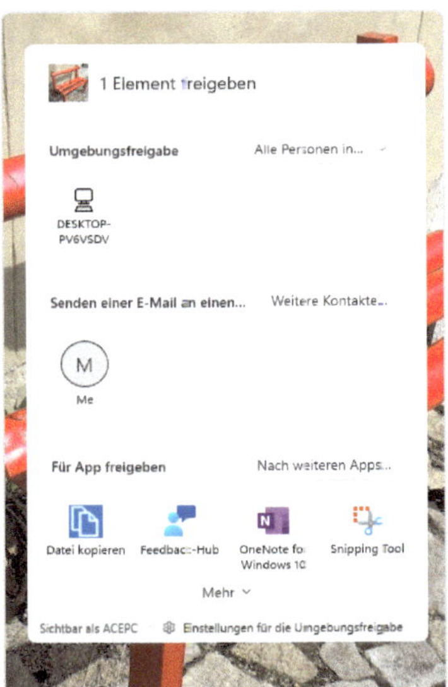

Dateien per Bluetooth an Geräte in der Nähe freigeben.

- Sollte kein Gerät gefunden werden, prüfen Sie die Einstellungen unter *System/In der Nähe freigeben*. Wählen Sie hier aus, ob Sie mit allen Personen in der Nähe kommunizieren möchten oder nur mit eigenen Geräten, die dasselbe Microsoft-Konto verwenden. Außerdem legen Sie noch ein Verzeichnis fest, in dem die empfangenen Dateien gespeichert werden sollen. Standardmäßig ist das Downloadverzeichnis im eigenen Benutzerprofil eingetragen.

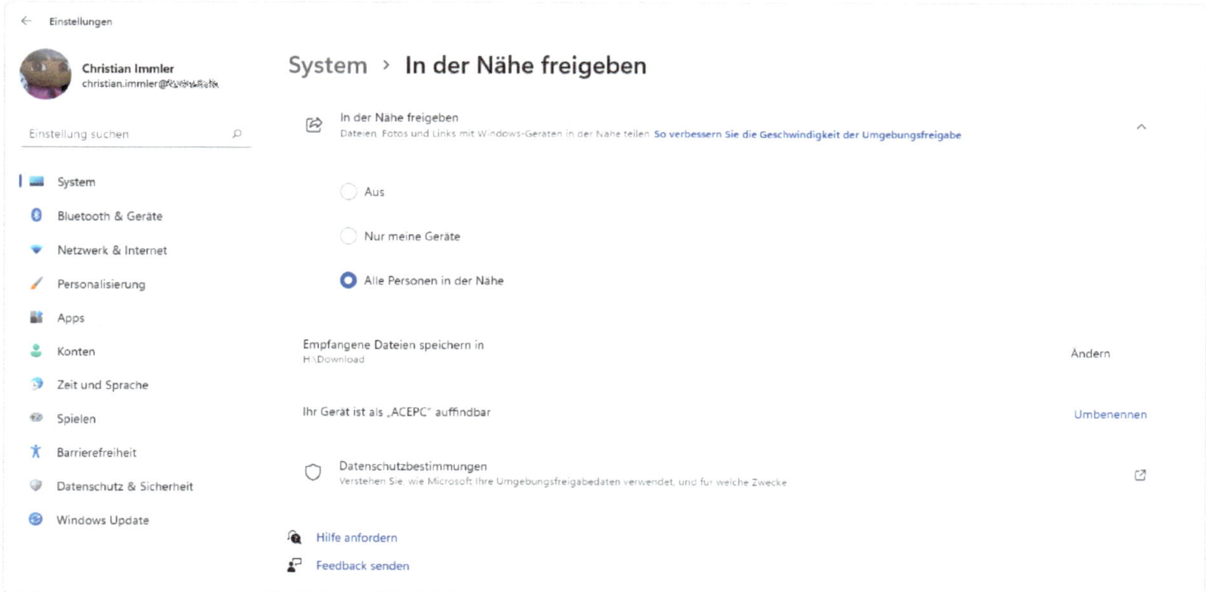

Einstellungen zur Bluetooth-Umgebungsfreigabe.

Die Umgebungsfreigabe benötigt spezielle Unterstützung durch die Bluetooth-Gerätetreiber. Windows 11 liefert für die meisten eingebauten Bluetooth-Module in Laptops und Tablets geeignete Treiber mit. Bluetooth-Sticks sind dagegen oft auf Treiberupdates der Hersteller angewiesen und funktionieren daher in der Regel erst nach manueller Installation eines geeigneten Treibers.

7.4 Per VPN ins Firmennetz

VPN steht für Virtual Private Network (virtuelles privates Netzwerk). Durch die VPN-Technik ist es möglich, zwei Unternehmensstandorte zu koppeln oder eine Verbindung zwischen einem Homeoffice und dem Firmennetzwerk herzustellen. Dabei wird das Internet nur als Trägermedium genutzt. Zunächst erfolgt über eine Internetverbindung eine Authentifizierung zwischen den beiden Standorten. Ist diese erfolgreich, wird ein durch Verschlüsselung (optional) gesicherter Tunnel zwischen den Teilnehmern aufgebaut, der einen abhörfreien Datentransfer gewährleistet.

- Windows 11 bietet in den Einstellungen unter *Netzwerk und Internet/VPN* die Möglichkeit, ohne Zusatzsoftware VPN-Verbindungen aufzubauen. Legen Sie hier nach den Angaben Ihres Firmennetzwerks eine VPN-Verbindung mit Servernamen, Benutzernamen und Kennwort an.

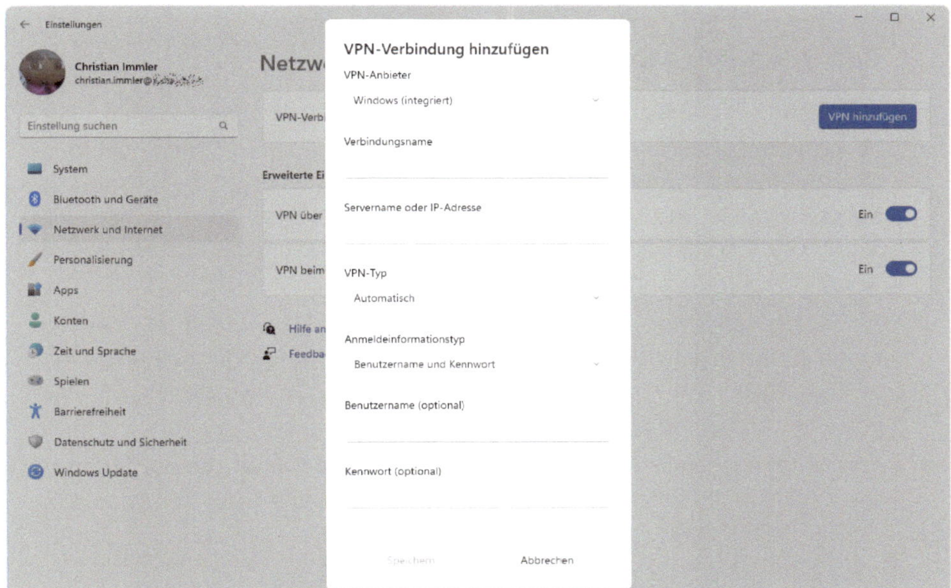

VPN in Windows 11 einrichten.

> **Anonymes Surfen über VPN**
>
> VPN kann auch zum anonymen Surfen im Internet genutzt werden oder um Geoblocking zu umgehen, also einen Standort in einem anderen Land vorzugaukeln. Hier kommen kostenpflichtige Anbieter ins Spiel, die VPN-Zugänge zu eigenen Rechenzentren anbieten, die dann die eigentlichen Internetverbindungen herstellen.

7.5 Passwörter verwalten

Wer zu Hause arbeitet, hat sich deutlich mehr Passwörter zu merken als Menschen, die das Internet nur privat nutzen. Hinzu kommt, dass beruflich genutzte Passwörter aufgrund von Richtlinien mancher Firmen relativ oft geändert werden müssen, was das Merken noch schwieriger macht.

Alle bekannten Browser bieten Möglichkeiten, Passwörter zu speichern und auch über mehrere Geräte, PCs und Smartphones hinweg zu synchronisieren. Ein einmal geändertes Passwort braucht dann auf den anderen genutzten Geräten nicht noch einmal geändert zu werden. Immer wenn man sich als Benutzer auf einer Seite anmeldet, stellt der Browser die Frage, ob die Benutzerdaten gespeichert werden sollen. Beim nächsten Mal erscheint dann automatisch ein Vorschlag, der automatisch in das Anmeldeformular übernommen werden kann.

Tipps für sichere Passwörter

- Verwenden Sie für keine zwei Webseiten das gleiche Passwort.
- Verwenden Sie keine offensichtlichen Passwörter wie den Namen der Freundin oder die der Kinder. Das sind die ersten, die ein unberechtigter Angreifer ausprobieren würde. Genauso wenig sollten Sie Ihren eigenen Namen oder Ihren Benutzernamen verwenden, was viele Webseiten sogar gleich bei der Anmeldung verhindern.
- Am sichersten sind zufällige Buchstaben-Zahlen-Kombinationen, die niemand errät, die sich aber auch niemand merken kann. Es bringt schon einiges an Sicherheit, wenn man in ein gut zu merkendes Passwort an irgendeiner Stelle eine Ziffer einfügt.
- Schwer zu erratende Passwörter lassen sich aus den Anfangsbuchstaben eines einfach zu behaltenden Satzes bilden. Zum Beispiel ergibt „Ich fahre morgens mit der U-Bahn-Linie 7 ins Büro" das Passwort `IfmmdUBL7iB`.

Passwörter im Microsoft-Edge-Browser

Im Microsoft-Edge-Browser finden Sie die gespeicherten Passwörter über das Menü oben rechts. Wählen Sie hier *Einstellungen*. Auf der Einstellungen-Seite *Profile* unter *Kennwörter* finden Sie die gespeicherten Passwörter.

Beim Zugriff auf diese Einstellungen müssen Sie sich noch einmal mit den Benutzerdaten des PCs anmelden, um zu verhindern, dass nicht autorisierte Personen, die Zugriff auf einen eingeschalteten PC haben, die Passwörter auslesen oder sogar ändern können.

Auf dieser Einstellungen-Seite können Sie das Speichern von Passwörtern auch abschalten. Dann erscheinen keine Anfragen zum Speichern mehr. Außerdem können Sie ein primäres Kennwort festlegen, das jedes Mal vor dem automatischen Ausfüllen eines Passworts eingegeben werden muss. Diese Methode bietet einen zusätzlichen Schutz, kann aber im Alltag schnell genauso lästig sein wie die manuelle Passworteingabe. Ein solches primäres Kennwort gilt nur für den verwendeten PC und wird nicht über das Microsoft-Konto synchronisiert.

Eine lange Liste liefert alle gespeicherten Passwörter. Über das Suchfeld oben können Sie eine bestimmte Webseite suchen, was schneller geht als das Durchscrollen.

Klicken Sie auf das Augensymbol, um das Passwort anzuzeigen. Das Symbol *Integrität* liefert einen Hinweis zur Sicherheit des gespeicherten Passworts. Über das Symbol mit den drei Punkten ganz rechts können Sie das gespeicherte Passwort bearbeiten, kopieren oder auch löschen. In den Einstellungen unter *Profile/Synchronisieren* legen Sie fest, ob die Passwörter zwischen mehreren Geräten mit dem gleichen Microsoft-Konto synchronisiert werden sollen.

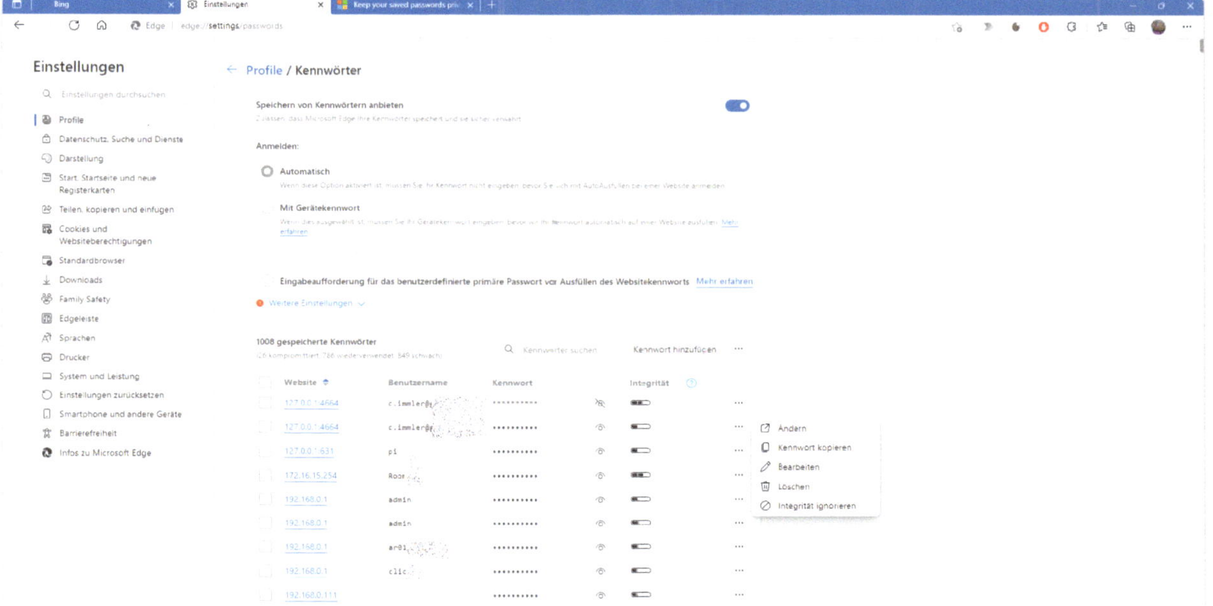

Passwortverwaltung im Edge-Browser.

Passwörter im Chrome-Browser

Im Google-Chrome-Browser finden Sie die gespeicherten Passwörter über das Menü oben rechts.

- Wählen Sie hier *Einstellungen*. Auf der Einstellungen-Seite *Automatisches Ausfüllen* unter *Passwörter* finden Sie die gespeicherten Passwörter. Auf dieser Einstellungen-Seite können Sie das Speichern von Passwörtern auch abschalten, dann erscheinen keine Anfragen zum Speichern mehr. Eine lange Liste liefert alle gespeicherten Passwörter. Im Suchfeld ganz oben auf der Seite suchen Sie eine bestimmte Webseite auf schnellere Weise als durch Scrollen.
- Klicken Sie auf das Augensymbol, um das Passwort anzuzeigen. Über das Symbol mit den drei Punkten ganz rechts können Sie das gespeicherte Passwort bearbeiten, kopieren oder auch löschen.
- Der Button *Passwörter prüfen* prüft alle gespeicherten Passwörter auf möglicherweise bekannte Datenlecks. Passwörter, die hier gefunden werden, sollten Sie schnellstmöglich ändern. Falls Sie das gleiche Passwort auch noch auf einer anderen Seite verwenden, ändern Sie es dort ebenfalls.

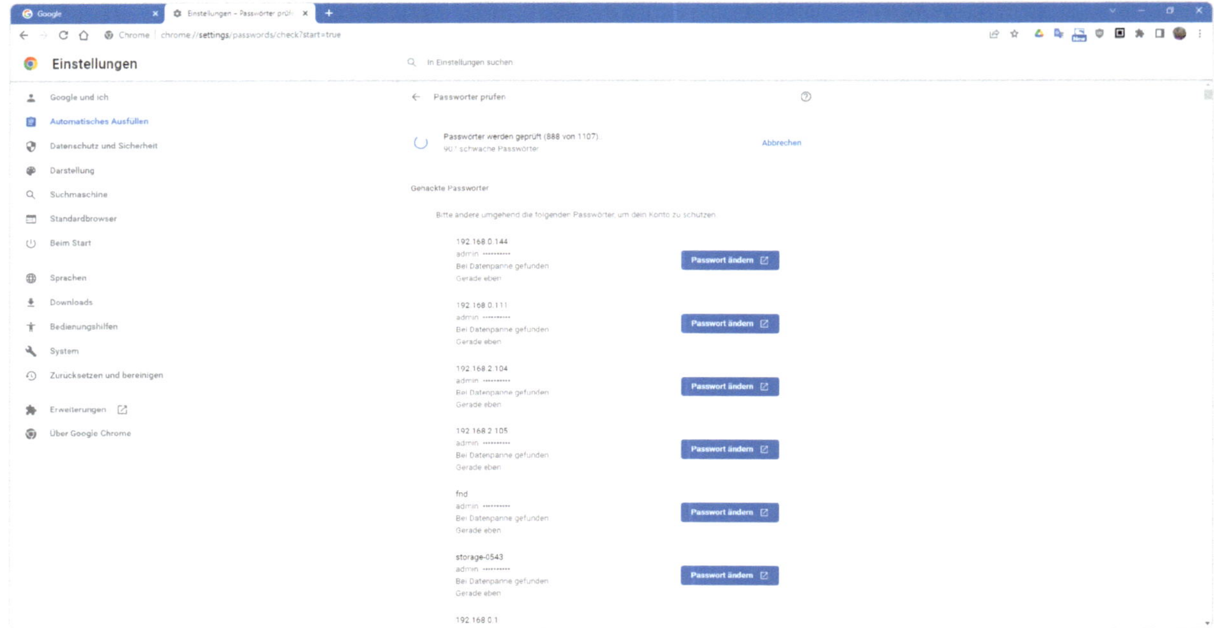

Die Passwortverwaltung im Chrome-Browser bietet auch eine Suche nach gehackten Passwörtern.

- In den Einstellungen unter *Google und ich/Synchronisierung und Google-Dienste/Verwalten, welche Daten synchronisiert werden* legen Sie fest, ob die Passwörter zwischen mehreren Geräten mit dem gleichen Google-Konto synchronisiert werden sollen.

Passwörter im Firefox-Browser

- Im Firefox-Browser finden Sie die gespeicherten Passwörter über das Menü oben rechts. Wählen Sie hier *Passwörter*.
- In den Einstellungen unter *Datenschutz & Sicherheit/Zugangsdaten und Passwörter* können Sie das Speichern von Passwörtern abschalten, damit keine Anfragen zum Speichern mehr erscheinen. Sie können das Speichern von Passwörtern auch generell zulassen, aber eine Liste mit Ausnahmen anlegen. Hier tragen Sie besonders sicherheitskritische Seiten wie zum Beispiel Banken ein, bei denen Passwörter nie gespeichert werden sollen.
- Eine lange Liste liefert alle gespeicherten Passwörter. Im Suchfeld ganz oben auf der Seite finden Sie eine bestimmte Webseite schneller als durch Scrollen. Die Liste lässt sich nach verschiedenen Kriterien sortieren, um bestimmte Passwörter besser zu finden.
- Klicken Sie auf das Augensymbol, um das Passwort anzuzeigen. Über das Symbol *Bearbeiten* (ganz oben) können Sie das gespeicherte Passwort bearbeiten.

Firefox prüft automatisch im Hintergrund alle gespeicherten Passwörter auf möglicherweise bekannte Datenlecks. Bei Datenlecks, die sehr viele Nutzer treffen, erscheinen direkt in der Passwortverwaltung auffällige Warnungen mit einem Hinweis, wie das Passwort zu ändern ist. Passwörter, die hier gefunden werden, sollten Sie schnellstmöglich ändern. Falls Sie das gleiche Passwort auch noch auf einer anderen Seite verwenden, ändern Sie es dort ebenfalls.

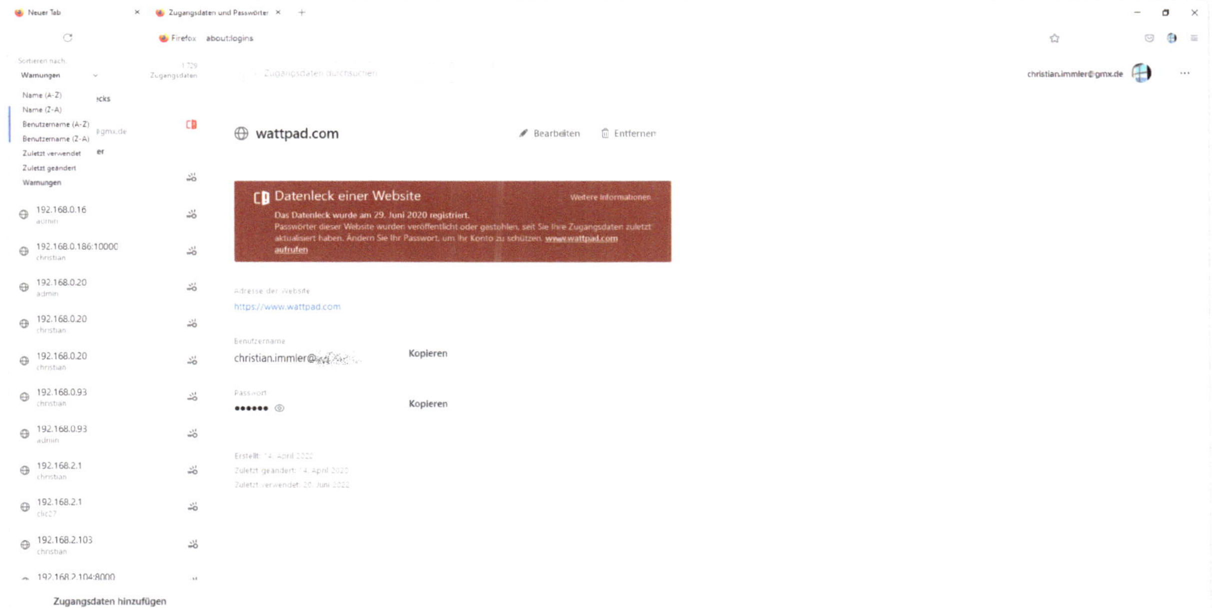

Die Passwortverwaltung im Firefox-Browser warnt auffällig bei bekannten Datenlecks und möglicherweise gehackten Passwörtern.

- In den Einstellungen unter *Synchronisation* legen Sie fest, ob die Passwörter zwischen mehreren Geräten mit dem gleichen Firefox-Konto synchronisiert werden sollen.

Passwortmanager KeePass

Wer der Speicherfunktion für Passwörter in den Browsern nicht traut oder wer oft verschiedene PCs nutzt und dort mit unterschiedlichen Benutzerkonten oder gar nicht angemeldet ist, kann einen externen Passwortmanager einsetzen. Dieser hilft auch, wenn Sie oft zwischen verschiedenen Browsern wechseln.

Da man auch hier nie sicher sein kann, wie die jeweiligen Softwarehersteller mit den gespeicherten Daten umgehen, empfiehlt sich eine Open-Source-Lösung wie *KeePass* (*keepass.info*). Durch die Kontrollmöglichkeit des Quellcodes in der Entwicklercommunity würde eine Sicherheitslücke in der Software sehr schnell auffallen. Hier können Sie sich Ihrer Daten eher sicher sein als bei einer kommerziellen Software.

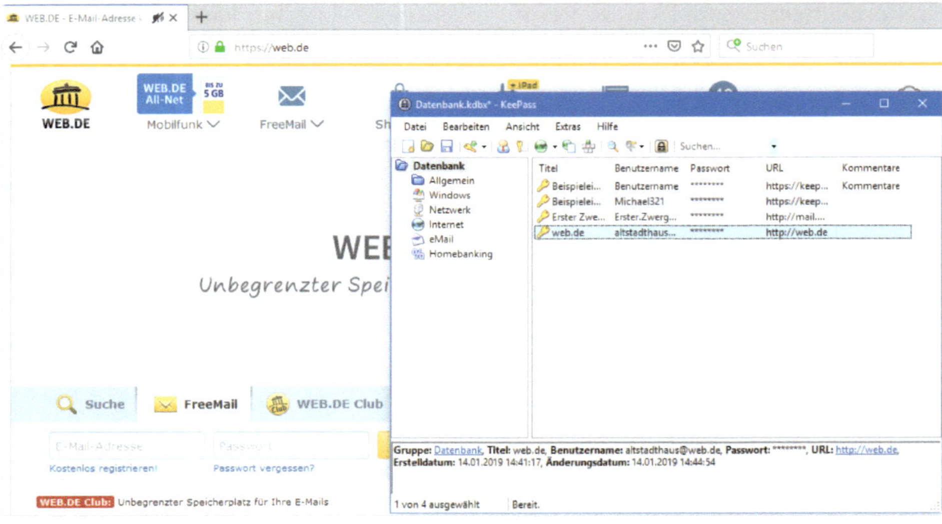

KeePass speichert Zugangsdaten zur Eingabe in verschiedenen Browsern.

Zur Installation benötigt KeePass Installationsrechte auf dem PC. Alternativ verwenden Sie die portable Version auf einem USB-Stick, die keinerlei Daten auf die Festplatte schreibt und deshalb auch keine Rechte benötigt. Die portable Version ist ebenfalls nützlich, wenn man regelmäßig an verschiedenen PCs arbeitet und überall seine Passwörter verfügbar haben möchte.

Beim ersten Start von KeePass legen Sie eine Datenbankdatei an, in der die Benutzernamen und Passwörter verschlüsselt gespeichert sind. Diese Datenbank kann in beliebigen Ordnern, auch auf einem USB-Stick, liegen. Legen Sie einen möglichst sicheren Hauptschlüssel fest und drucken Sie anschließend das Notfallblatt aus, auf dem Sie danach wichtige Informationen zum Zugriff selber eintragen und anschließend sicher verwahren. Da das Hauptpasswort im Programm nirgendwo im Klartext auftaucht, wird es auch nicht mit ausgedruckt.

Hauptschlüssel für Passwortdatenbank anlegen und Notfallblatt drucken.

- Mit dem Symbol *Eintrag hinzufügen* speichern Sie für jede Webseite Ihren Benutzernamen und das entsprechende Passwort. Diese Daten lassen sich später per Drag-and-drop in den Browser einfügen. Noch komfortabler ist die *Auto-Type*-Funktion von KeePass.
- Wählen Sie einen Eintrag in der Liste aus und klicken Sie auf das Browsersymbol. Dies öffnet die jeweilige Seite und trägt automatisch die Zugangsdaten ein. Haben Sie eine Seite bereits im Browser geöffnet, können Sie mit dem Auto-Type-Symbol das Anmeldeformular mit den Daten aus KeePass automatisch ausfüllen lassen.
- Die Auto-Type-Funktion geht davon aus, dass man, wie bei den meisten Webseiten, den Benutzernamen eingibt, nach Druck auf die [Tab]-Taste in das Passwortfeld gelangt und dieses mit [Enter] bestätigt. Sollte eine Seite mal anders aufgebaut sein, ändern Sie im Dialogfeld dieses Eintrags auf der Registerkarte *Auto-Type* die Auto-Type-Sequenz entsprechend.

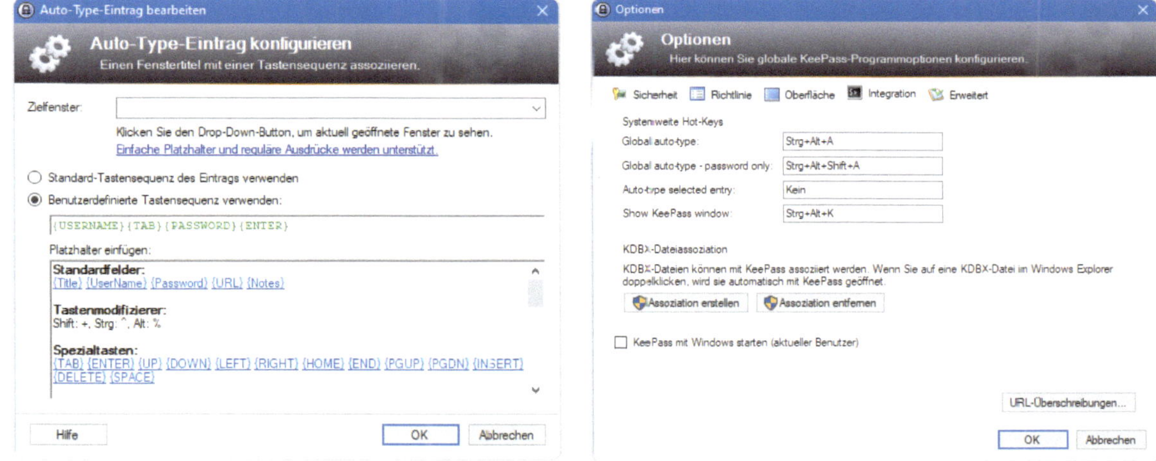

Auto-Type mit den Optionen in KeePass.

- Wurde KeePass einmal gestartet, kann das Fenster mit der Tastenkombination [Strg]+[Alt]+[K] jederzeit in den Vordergrund gebracht werden. Diese Tastenkombination lässt sich in den *Optionen* unter *Integration* ändern. An der gleichen Stelle können Sie auch festlegen, dass KeePass beim Windows-Start automatisch ebenfalls gestartet wird.

Passwörter mit kryptischen Zeichenfolgen erhöhen die Sicherheit. Allerdings kann sich die niemand merken, daher greifen die meisten Nutzer dann doch wieder auf gängige Passwörter zurück. Bei konsequenter Nutzung von KeePass brauchen Sie nie mehr ein Passwort manuell einzugeben. Beim Anlegen eines neuen Eintrags in der KeePass-Datenbank wird automatisch ein Passwort generiert, das Sie direkt übernehmen oder aber durch ein eigenes ersetzen können. Natürlich müssen Sie beim jeweiligen Onlinedienst dann das Passwort ändern, damit es in Zukunft funktioniert.

> **KeePass-Datenbank auf FTP- oder WebDav-Server**
> Damit Sie leicht von verschiedenen PCs aus auf Ihre Passwörter zugreifen können, ohne die Datenbank auf einem USB-Stick herumtragen zu müssen, der möglicherweise nicht überall anschließbar ist, speichern Sie sie auf einem FTP-Server oder einem WebDAV-fähigen Cloudserver wie GMX Cloud oder Web.de Cloud. Im *Datei*-Menü kann auf Dateipfade wie auch auf URLs zugegriffen werden.

7.6 Probleme lösen

Nicht immer funktionieren Freigaben und Konferenztools im lokalen Netzwerk oder über das Internet wie erwartet. Die meisten Probleme lassen sich auf externe Firewalls zurückführen, in denen bestimmte Protokolle oder Gerätezugriffe blockiert sind. Die in Windows vorinstallierte Firewall Windows Defender funktioniert problemlos. Einige andere Probleme lassen sich mit kleinen Tricks leicht lösen.

Bluetooth-Umgebungsfreigabe benachrichtigt nicht über eingehende Datei

Wenn Sie den Benachrichtigungsassistenten verwenden, achten Sie darauf, dass die Umgebungsfreigabe in der Prioritätsliste eingetragen ist, da Sie sonst keine Benachrichtigung erhalten, in der Sie eine Dateiübertragung akzeptieren können.

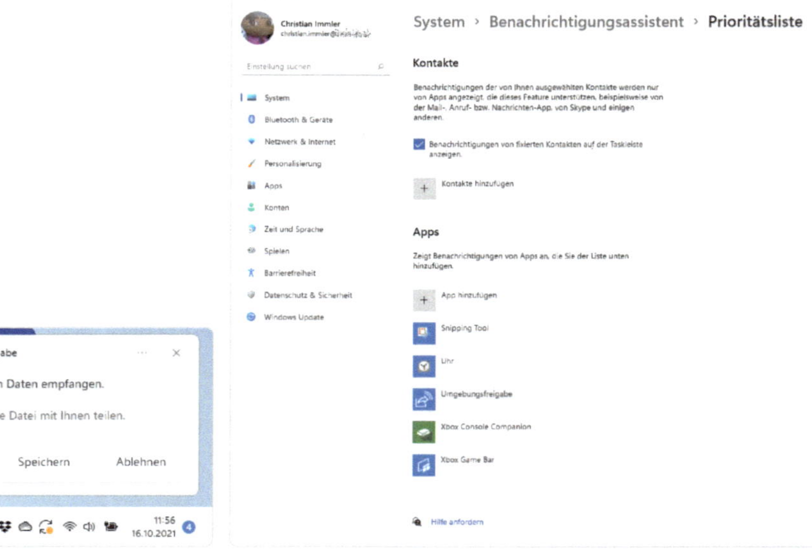

Benachrichtigungen für Bluetooth-Umgebungsfreigabe zulassen.

VPN-Verbindung funktioniert nicht

Leider halten sich nicht alle VPN-Server in Firmennetzwerken an die gängigen Standards, sodass manchmal die vorinstallierte VPN-Lösung von Windows versagt. In diesen Fällen brauchen Sie externe Tools wie *Cisco Anyconnect*, das üblicherweise vom Betreiber des VPN-Servers vorkonfiguriert geliefert wird.

Anderen Benutzer in Teams anmelden

Die vorinstallierte Chat-App Teams meldet sich beim ersten Start mit dem auf dem PC installierten Microsoft-Konto an. Sie haben aber später die Möglichkeit, ein anderes Konto anzumelden.

Klicken Sie unten auf *Microsoft Teams öffnen* und im nächsten Fenster oben rechts auf Ihr Profilbild. Klicken Sie dann auf *Abmelden*. Jetzt können Sie sich mit einem anderen Benutzerkonto bei Teams anmelden.

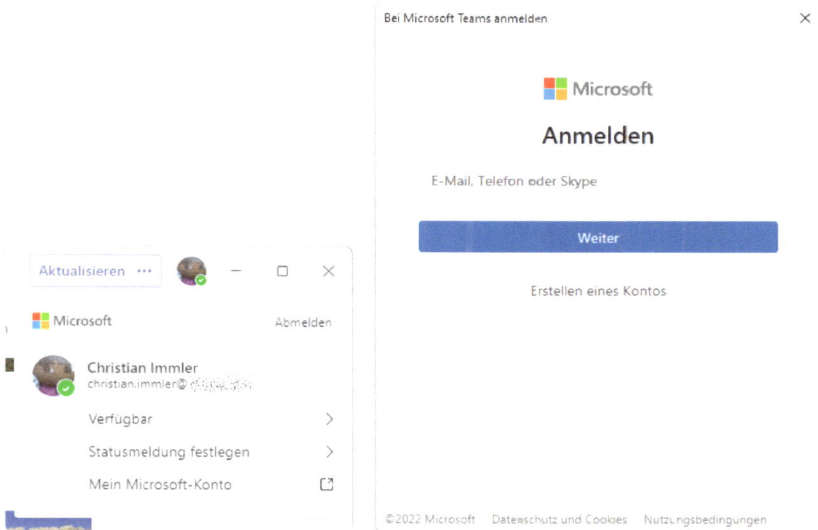

Benutzer in Teams abmelden und anderen Benutzer anmelden.

Vorinstalliertes Teams entfernen

Die meisten Windows 11-Anwender haben im Laufe der Zeit bereits ihre bevorzugte Chat-App gefunden, sei es Skype, Facebook Messenger, WhatsApp oder eine andere, und benötigen daher das ständig präsente Teams nicht. Um Ressourcen freizugeben, können Sie Teams deinstallieren.

- Deinstallieren Sie Microsoft Teams in den Einstellungen unter *Apps/Installierte Apps* mit einem Klick auf das Menüsymbol mit den drei Punkten. Wählen Sie hier *Deinstallieren*. Statt in der Liste zu blättern, können Sie Teams auch über das Suchfeld finden.

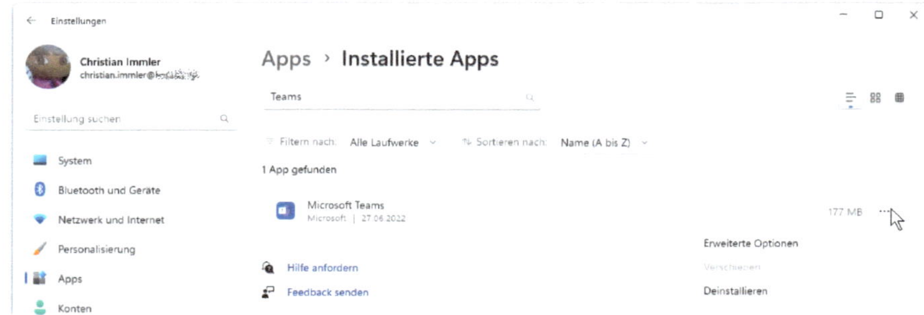

Microsoft Teams deinstallieren.

- Nach der Deinstallation entfernen Sie noch das Teams-Symbol aus der Taskleiste mit einem Rechtsklick auf einen leeren Bereich der Taskleiste. Wählen Sie den einzigen Menüpunkt *Taskleisteneinstellungen* und deaktivieren Sie dort den Schalter bei *Chat*.

Entfernte Teams-App reaktivieren

- Möchten Sie Teams zu einem späteren Zeitpunkt doch wieder nutzen, klicken Sie mit der rechten Maustaste auf die Taskleiste und wählen den einzigen Menüpunkt *Taskleisteneinstellungen*. Schalten Sie hier *Chat* wieder ein.

- Daraufhin erscheint erneut das Teams-Symbol in der Taskleiste. Beim ersten Klick darauf wird Teams automatisch wieder neu installiert.

8 Andere Geräte ins Heimnetzwerk einbinden

8.1 Smartphone und Tablet über WLAN im Heimnetzwerk

In einem Windows-Netzwerk lassen sich auch andere Geräte mit anderen Betriebssystemen einbinden. In den meisten Fällen nutzen diese nur den Internetzugang, ein gemeinsames Verwenden freigegebener Dateien ist aber mit den richtigen Einstellungen und passenden Apps ebenfalls möglich. Voraussetzung dafür ist, dass die Geräte im lokalen WLAN angemeldet sind und nicht über eine Mobilfunkverbindung, da in diesem Fall die freigegebenen Dateien aus dem Internet erreichbar sein müssten. Der Gastzugang der FRITZ!Box kann zum lokalen Dateizugriff nicht verwendet werden, denn der Sinn des Gastzugangs ist es ja, den Zugriff auf andere Computer im lokalen Netzwerk zu unterbinden.

Windows-Benutzernamen herausfinden

Andere Betriebssysteme verwenden nicht die einfache Windows-Anmeldung, die zum Zugriff auf Freigaben innerhalb des Windows-Netzwerks genutzt wird, sondern brauchen meistens den lokalen Benutzernamen, auch wenn man in Windows mit einem Microsoft-Konto angemeldet ist. Jedem Microsoft-Konto wird intern ein lokaler Benutzername zugewiesen.

Den lokalen Benutzernamen finden Sie mit dem Befehl `whoami` im Windows-Terminal heraus. In den meisten Fällen entspricht dieser Benutzername auch dem Namen des eigenen Profilordners unter *C:\users*.

Smartphones und Tablets eignen sich ideal für verschiedenste Internetanwendungen – der Zugang zu Daten im lokalen Netzwerk wird aber vom Betriebssystem nur mangelhaft unterstützt.

Der Total Commander ist auf dem PC einer der beliebtesten und funktionsreichsten Dateimanager, der mit ähnlichem Funktionsumfang auch als App angeboten wird. Damit lassen sich unter anderem Dateien kopieren, verschieben und umbenennen, packen und entpacken in verschiedenen Formaten und vieles mehr.

Ähnlich wie der klassische Norton Commander auf dem PC arbeitet der Total Commander ebenfalls mit zwei Fenstern, die verschiedene Verzeichnisansichten beinhalten können. Auf Smartphones schaltet man durch eine horizontale Wischbewegung auf das jeweils andere Fenster um, auf Tablets werden beide Fenster gleichzeitig auf dem Bildschirm angezeigt.

Dateien lassen sich von einem Fenster ins andere kopieren, verschieben oder als ZIP-Archiv packen. Die beiden Fenster können frei eingestellt werden. Dabei kann es sich um Verzeichnisse auf der Speicherkarte oder im Dateisystem des Smartphones handeln. Mithilfe einer Verlaufsliste und Lesezeichen lassen sich wichtige Verzeichnisse schnell wiederfinden.

Der Total Commander beinhaltet einen eigenen Texteditor und eine komfortable Suchfunktion für Dateien, die auch Suchbegriffe innerhalb von Textdateien findet. Ein integrierter Medienplayer spielt MP3-Dateien und andere Medien ab, ohne dass diese in einer Musikbibliothek eines großen Medienplayers abgelegt sein müssen.

Über Plug-ins können Netzwerklaufwerke, FTP-Server und die meisten gängigen Cloudspeicherdienste zum direkten Zugriff in den Total Commander eingebunden werden. Auf diese Weise ersparen Sie es sich, für jeden verwendeten Cloudspeicher eine eigene App zu installieren.

Das LAN-Plug-in für den Total Commander ermöglicht den direkten Zugriff auf Netzwerkfreigaben des Windows-Netzwerks. Vom Smartphone können Sie Dateien auf eine Windows-Freigabe hochladen oder auch auf das Smartphone herunterladen.

- Installieren Sie das LAN-Plug-in über den QR-Code oder über die Zeile *Erweiterungen hinzufügen* in der App Total Commander.
- Tippen Sie auf die neue Zeile *LAN (Windows-Freigaben)*. Hier werden alle bereits in der App eingerichteten Windows-Freigaben angezeigt, um leicht darauf zugreifen zu können.
- Tippen Sie auf die Zeile *Neuer Server*. Legen Sie zuerst einen Namen für die neue Freigabe fest und tragen Sie danach den Freigabepfad sowie gültige Benutzerdaten ein.

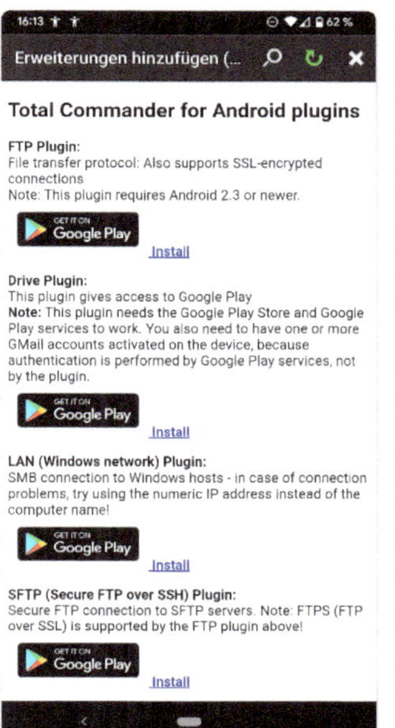

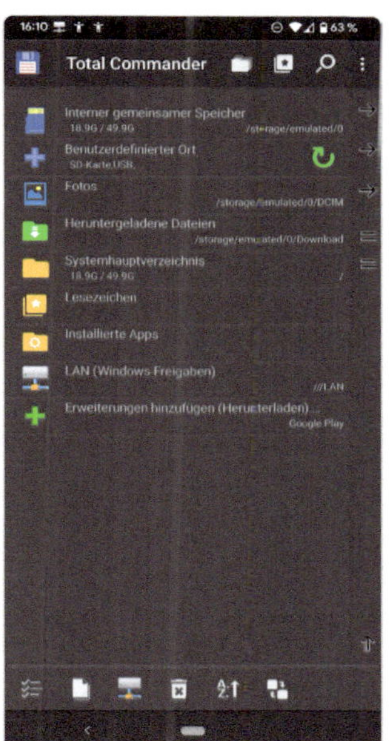

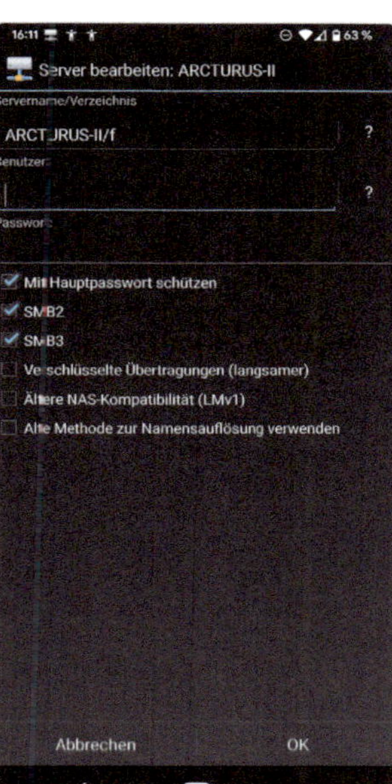

Total Commander zum Zugriff auf Windows-Freigaben über ein Smartphone.

- Der Zugriff kann über ein Hauptpasswort geschützt werden, um zu verhindern, dass Unbefugte, die Zugang zu Ihrem Smartphone erlangen, auch Zugriff auf das eigene Netzwerk bekommen.
- Jetzt sehen Sie die Ordner und Dateien des freigegebenen Laufwerks und können Daten mit dem Smartphone austauschen.

8.2 Mit dem Notebook über ein Smartphone ins Internet

Smartphones liefern zumindest in Großstädten mit guter LTE-Versorgung Datenübertragungsraten, die mit DSL über Telefonkabel durchaus mithalten können. Da bietet es sich an, unterwegs das Smartphone als mobilen Internetzugang für das Notebook zu nutzen. Dieses Verfahren wird als Tethering bezeichnet, abgeleitet von dem englischen Wort für „anbinden“.

Richten Sie auf dem Smartphone einen mobilen WLAN-Hotspot ein. Sie können sich dann mit anderen Geräten wie Laptops, Tablets, Spielkonsolen oder E-Book-Readern per WLAN am Smartphone anmelden und die Mobilfunkverbindung des Smartphones als Internetzugang nutzen.

Begrenzte Reichweite und Stromverbrauch
Bedenken Sie, dass die Reichweite des mobilen Hotspots bei Weitem nicht so groß ist wie die eines klassischen WLAN-Routers. Außerdem verbraucht die Nutzung sehr viel Strom des Smartphone-Akkus. Schließen Sie am besten das Smartphone die ganze Zeit über ans Ladegerät an und beenden Sie den mobilen WLAN-Hotspot, sobald Sie ihn nicht mehr benötigen.

- Tippen Sie in den Einstellungen unter *Netzwerk und Internet* auf *Hotspot und Tethering* oder halten Sie den Finger länger auf das Schnelleinstellungssymbol *Hotspot*.
- Schalten Sie die Option *WLAN-Hotspot* ein. Ein Symbol in der Statusleiste markiert den aktiven WLAN-Hotspot. Er wird sofort auf den anderen Geräten als verfügbar angezeigt.
- Der Konfigurationsdialog zeigt den Namen des Hotspots sowie einen zufällig generierten Schlüssel an, der auf den Geräten eingegeben werden muss. Als Verschlüsselungsverfahren wird standardmäßig *WPA2-Personal* verwendet. Tippen Sie auf *Passwort des Hotspots*, um das automatisch generierte Passwort zu sehen, damit Sie es auf den anderen Geräten eingeben können. An dieser Stelle können Sie auch selbst ein Passwort festlegen und bei Bedarf das Frequenzband umstellen.

- Tippen Sie auf das *QR-Code*-Symbol neben dem Namen des Hotspots. Hier erscheint ein QR-Code, den Sie mit einem anderen Smartphone oder Tablet nur noch zu scannen brauchen, um das Gerät mit diesem Hotspot zu verbinden. Alternativ können Sie den Zugang auch über *Nearby Share* teilen. Außerdem wird auf dieser Seite das Passwort im Klartext angezeigt.
- Jetzt können Sie sich mit anderen Geräten an diesem WLAN-Hotspot anmelden.

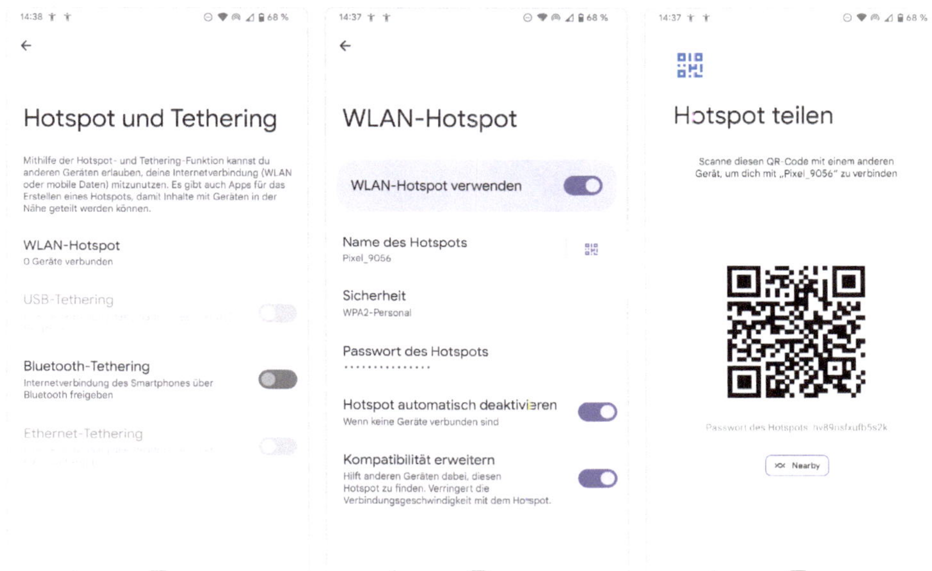

Mobilen Hotspot auf dem Smartphone einrichten.

8.3 Chromebooks

Chromebooks sind Laptops mit dem besonders schlanken und ressourcenschonenden Betriebssystem Chrome OS von Google.

Über den vorinstallierten Dateimanager auf dem Chromebook können Sie auf Netzwerklaufwerke im lokalen Netzwerk wie zum Beispiel NAS-Speicher oder auch freigegebene Ordner auf Windows-PCs zugreifen, Daten von dort lesen oder auch Daten auf das Speicherlaufwerk kopieren. Auch hier muss das Chromebook über WLAN im gleichen Netzwerk wie die PCs angemeldet sein und darf keinen Gastzugang nutzen.

Typischer Übersichtsbildschirm eines Chromebooks mit installierten Apps.

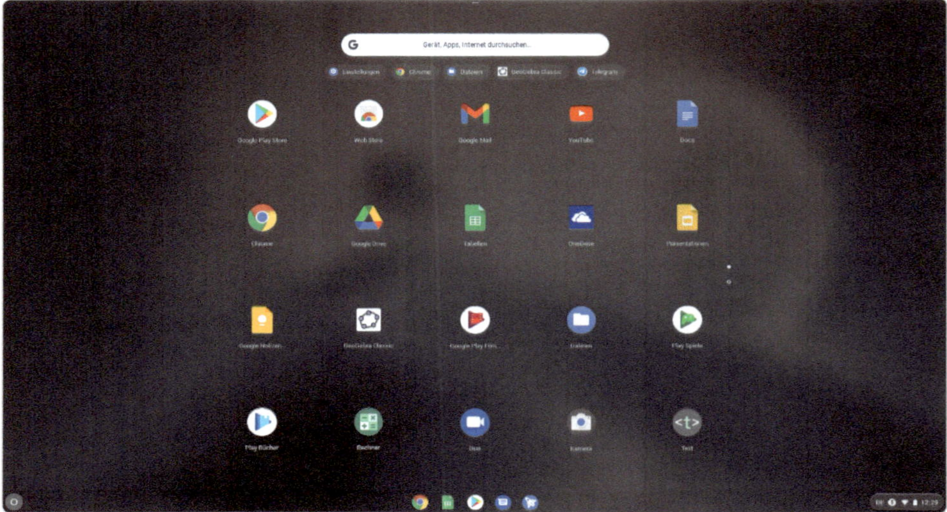

- Wählen Sie im Menü des Dateimanagers *Dienste/SMB-Netzwerkfreigabe*.
- Jetzt erscheint ein Fenster, in dem Sie im Listenfeld ganz oben die gewünschte Netzwerkfreigabe auswählen können. Wird die Freigabe hier nicht zur Auswahl angeboten, tragen Sie sie in dieser Form ein: *\\Laufwerkname\Freigabename*.
- Im Feld *Anzeigename* darunter tragen Sie den Namen ein, unter dem das freigegebene Laufwerk im Dateimanager erscheinen soll, oder Sie übernehmen einfach die Vorgabe.

Netzwerklaufwerk zur Verbindung auf dem Chromebook auswählen.

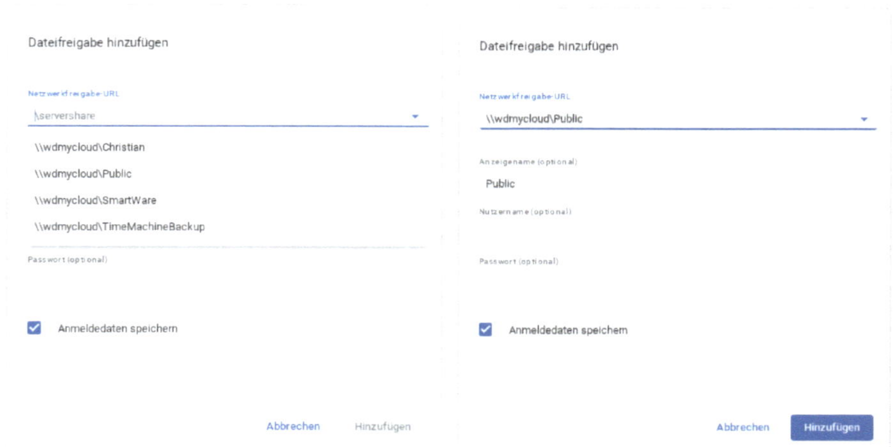

- Ist der Zugriff auf die Freigabe passwortgeschützt, tragen Sie in den unteren beiden Feldern noch den Benutzernamen und das Passwort ein und aktivieren das Kontrollkästchen *Anmeldedaten speichern*, um diese Daten nicht bei jeder Verbindung erneut eingeben zu müssen.

- Das Netzwerklaufwerk erscheint im Navigationsbalken des Dateimanagers. Jetzt können Sie Daten von diesem Laufwerk auf das Chromebook oder umgekehrt kopieren.

Netzwerklaufwerk im Dateimanager auf dem Chromebook.

8.4 Linux-PCs

Auch PCs mit Linux-Betriebssystem lassen sich in Windows-Netzwerke einbinden. Die meisten Linux-Distributionen unterstützen das SMB-Protokoll zum Zugriff auf Windows-Freigaben im lokalen Netzwerk.

Jede Linux-Distribution ist etwas anders. Für die folgenden Beispiele und Screenshots verwenden wir den beliebten Linux-Computer Raspberry Pi.

- Wählen Sie im Menü des Dateimanagers *Gehe zu/Netzwerk*, werden alle Geräte im lokalen Netzwerk aufgelistet, auf denen Freigaben existieren. Über das Symbol *Windows-Netzwerk* finden Sie alle Geräte mit Windows-Freigaben. Dies können NAS-Laufwerke oder Windows-PCs sein.
- Leider werden in vielen Fällen die Computer im Netzwerk nicht automatisch erkannt, und im Dateimanager erscheint nur ein leeres Fenster mit dem Eintrag `smb:///` in der Adresszeile. Auch in diesem Fall können Sie auf Windows-Freigaben im Netzwerk zugreifen. Sie müssen nur den Namen des Computers kennen, auf dem die Freigabe liegt. Diese Computernamen sehen Sie auf einem Windows-PC im Explorer im Bereich *Netzwerk*. Verwenden Sie eine FRITZ!Box, sehen Sie das eingebaute NAS-Laufwerk hier ebenfalls.

Windows-Netzwerk im Explorer von Windows 11.

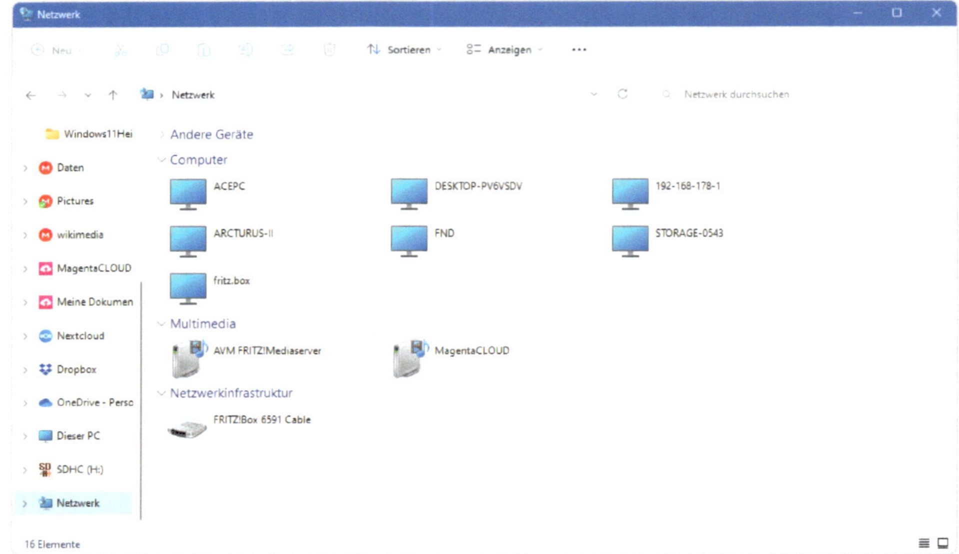

- Tragen Sie in der Adresszeile den Computernamen ein, zum Beispiel: `smb://MeinComputer`. Dabei fällt der dritte Schrägstrich bei `smb:///` weg.
- Zum Zugriff auf eine Windows-Freigabe brauchen Sie einen Benutzernamen und ein Passwort auf dem jeweiligen Computer oder NAS. Das SMB-Protokoll verlangt immer eine Eingabe bei *Domäne*. In Windows-Heimnetzwerken geben Sie hier den Arbeitsgruppennamen ein. Wenn Sie selbst in Ihrem Netzwerk noch nie einen solchen Namen vergeben haben, ist dies der Standardname *WORKGROUP*. Geben Sie diese Daten beim ersten Zugriff ein. Sie können sie anschließend speichern, um sie nicht jedes Mal wieder neu eingeben zu müssen. Wählen Sie dazu im Dialogfeld ganz unten die Option *Nie vergessen*.

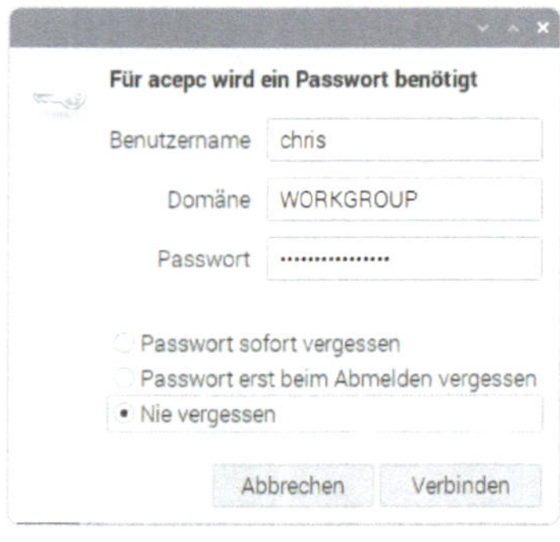

Anmeldung bei einer Windows-Freigabe im Netzwerk.

- Nach der Anmeldung auf einem PC oder einem anderen Netzwerkgerät erscheinen die auf diesem Gerät verfügbaren Freigaben.

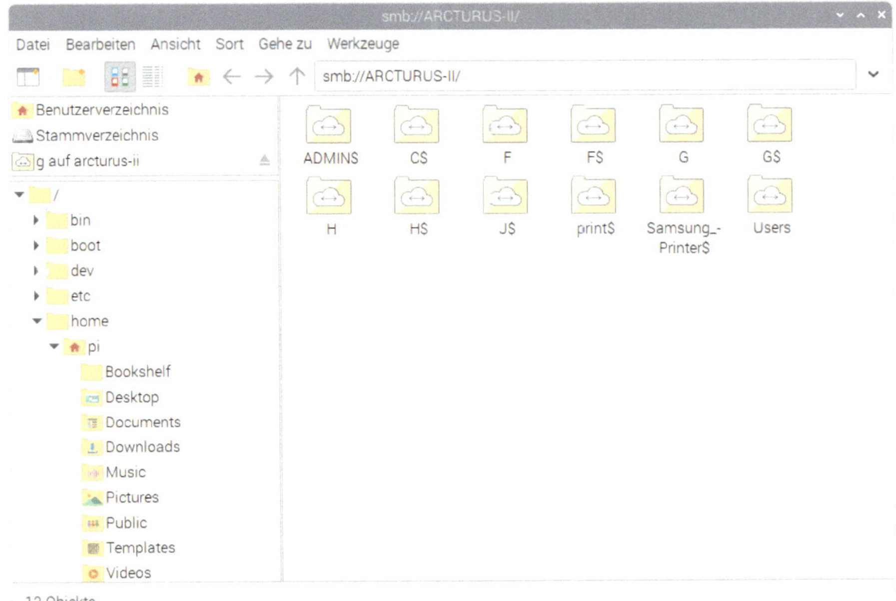

Windows-Freigaben auf einem PC im Netzwerk.

> **Versteckte Windows-Freigaben**
> Der Dateimanager von Raspberry Pi OS zeigt auch die administrativen Freigaben an, die auf Windows-PCs automatisch angelegt werden. Diese sind auf anderen Windows-PCs im Netzwerk nutzbar, werden aber in der Übersicht im Explorer nicht angezeigt.

- Der Dateimanager legt automatisch im Schnellzugriffsbereich oben links Verknüpfungen zu den verbundenen Netzwerkfreigaben an, um schneller darauf zugreifen zu können.
- Die angemeldeten Netzwerklaufwerke erscheinen zusätzlich als Verknüpfungen auf dem Desktop. Hier kann einfach darauf zugegriffen werden, auch ohne vorher den Dateimanager zu öffnen.

Desktopverknüpfungen für angemeldete Netzwerklaufwerke.

8.5 Mac-Computer

Mac-Computer können in Windows-Netzwerke eingebunden werden und mit Windows-PCs über das SMB-Protokoll Daten in beiden Richtungen austauschen.

Mit dem Mac auf Windows-Freigaben und NAS zugreifen

- Öffnen Sie den *Finder* auf dem Mac und wählen Sie im Menü *Gehe zu/Mit Server verbinden*.
- In den meisten Fällen werden im nächsten Fenster keine Computer angezeigt. Klicken Sie auf *Durchsuchen*.

Leere Liste im Netzwerk gefundener Server.

- Jetzt erscheint eine Liste von Computern, auf denen Windows-Freigaben existieren. Dies können Windows-PCs wie auch NAS-Laufwerke sein. Klicken Sie hier doppelt auf das gewünschte Gerät.

Liste der Netzwerkgeräte mit Windows-Freigaben.

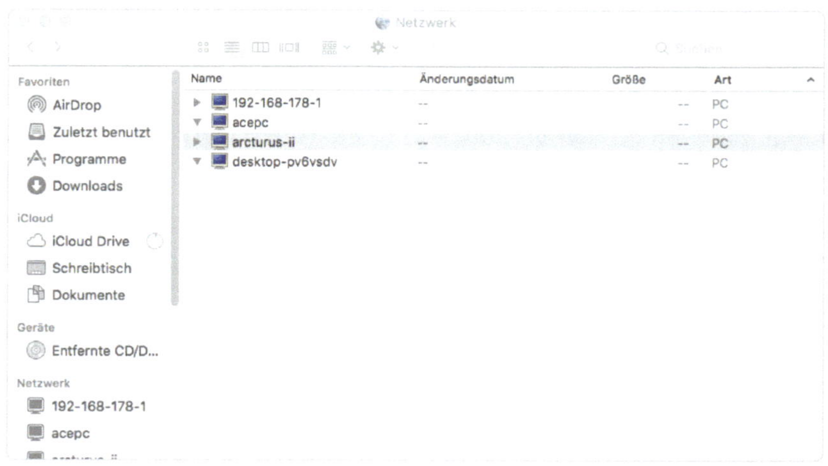

- Das nächste Fenster zeigt *Verbindung fehlgeschlagen*, da kein gültiger Benutzername angegeben wurde. Klicken Sie oben rechts auf *Verbinden als* und im nächsten Fenster auf *Verbinden*.

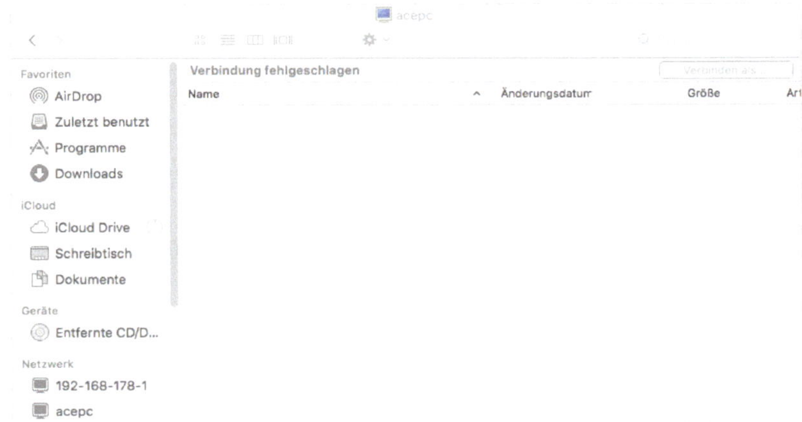

Versuch, sich mit einem der angezeigten Computer zu verbinden.

- Jetzt erscheint ein Fenster, in dem Sie gültige Benutzerdaten für diesen PC eintragen müssen. Schalten Sie dazu oben auf *Registrierter Benutzer*. Auch hier brauchen Sie bei Benutzern, die über ein Microsoft-Konto angemeldet sind, den wirklichen Benutzernamen, nicht die E-Mail-Adresse.

Mit Windows-Anmeldedaten an einem PC oder NAS anmelden.

- Danach sehen Sie im Finder die Freigaben auf diesem PC oder NAS. Im Navigationsbalken links erscheinen alle gefundenen Netzwerkgeräte. Haben Sie mehrere PCs mit dem gleichen Microsoft-Konto angemeldet, brauchen Sie auf dem Mac zur Anmeldung an den anderen Freigaben nicht noch einmal die Benutzerdaten einzugeben.

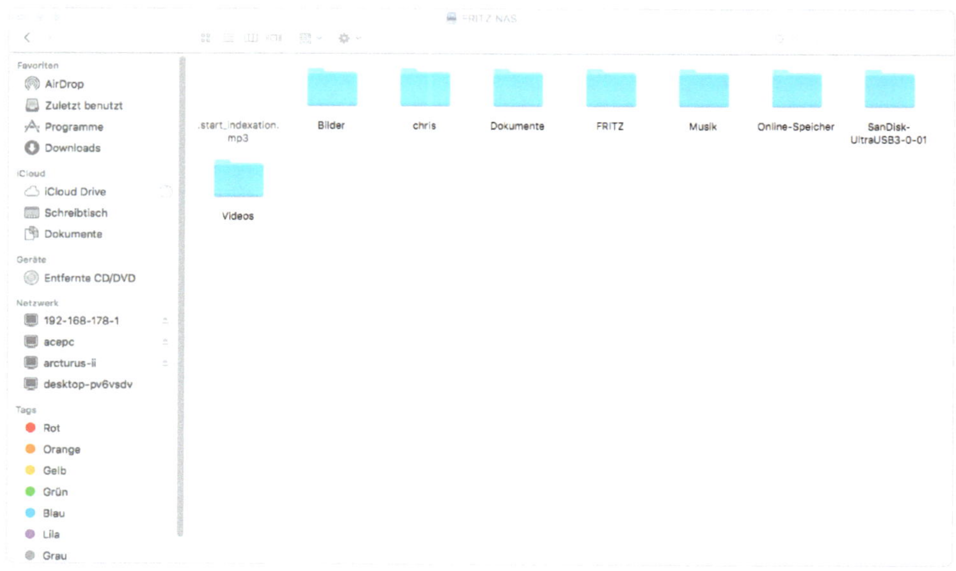

NAS mit Windows-Freigaben im Finder auf dem Mac.

Windows-Freigabe auf dem Mac einrichten

- Klicken Sie oben links auf das Apple-Symbol, um das Systemmenü aufzurufen. Klicken Sie dort auf *Systemeinstellungen* und im nächsten Fenster auf *Freigaben*.

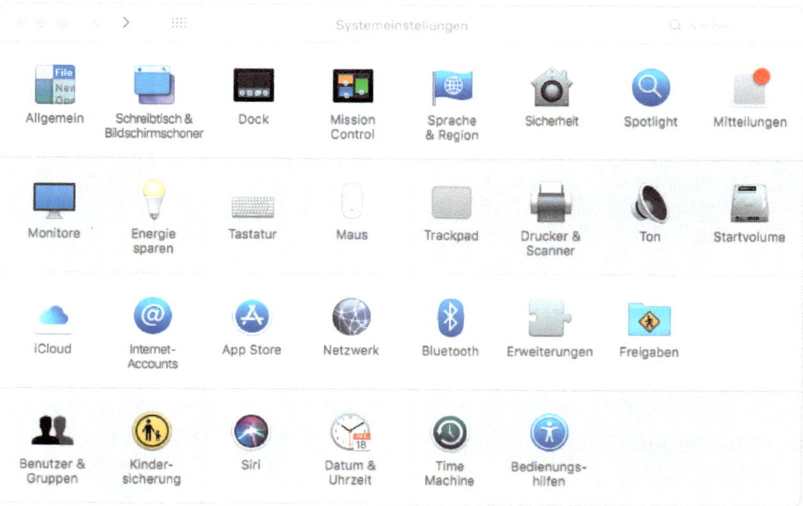

Systemeinstellungen auf dem Mac.

- Aktivieren Sie im linken Teilfenster den Schalter *Dateifreigabe* und klicken Sie auf *Optionen*.

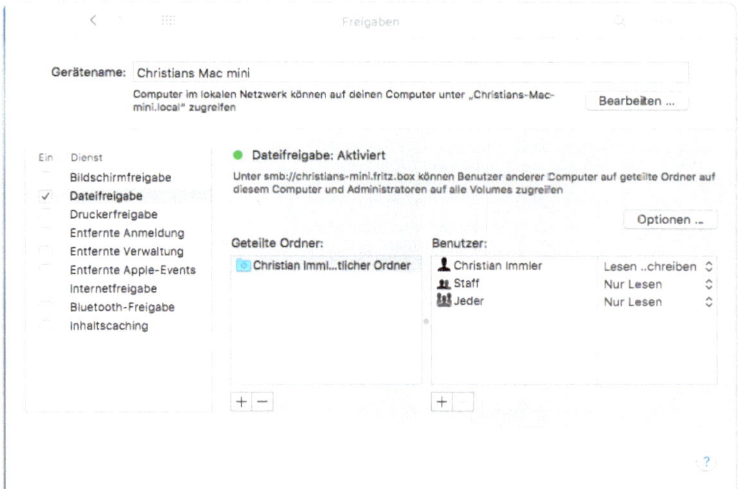

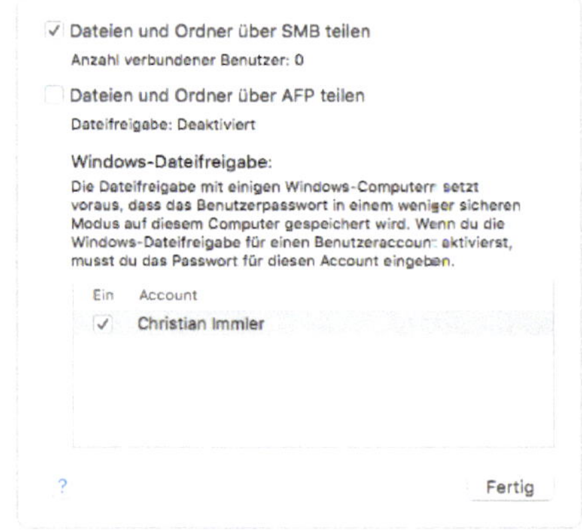

Einstellungen für Freigaben auf dem Mac.

- Schalten Sie im nächsten Fenster das Kontrollkästchen *Dateien und Ordner über SMB teilen* ein.
- Aktivieren Sie im gleichen Fenster den Schalter bei dem Benutzernamen, der von einem Windows-PC aus auf die Freigaben auf dem Mac zugreifen darf. Geben Sie das Passwort dieses Benutzers ein und verlassen Sie die Fenster mit *OK* und *Fertig*.
- Prüfen Sie, ob die richtige Arbeitsgruppe auf dem Mac eingetragen ist. Klicken Sie dazu im Fenster *Systemeinstellungen* auf *Netzwerk*.
- Wählen Sie im nächsten Fenster die verwendete Netzwerkverbindung aus und klicken Sie auf *Weitere Optionen*.

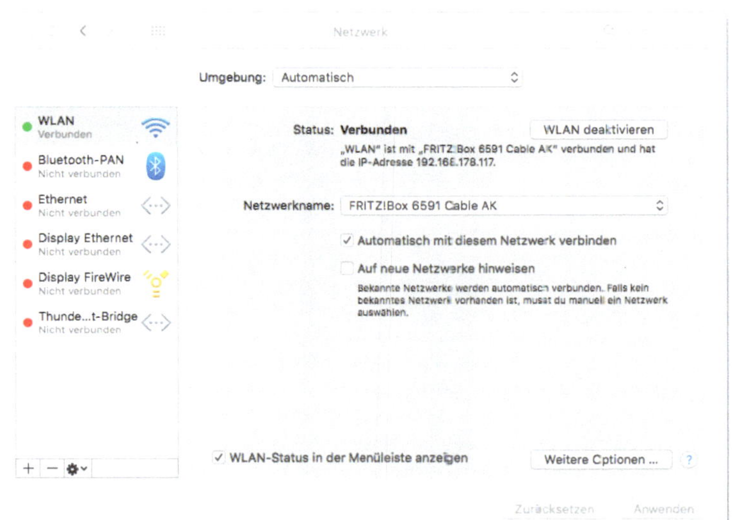

Netzwerkeinstellungen auf dem Mac.

- Wählen Sie im darauffolgenden Fenster auf der Registerkarte *WINS* die verwendete Arbeitsgruppe und verlassen Sie die Fenster mit *OK* und *Anwenden*.

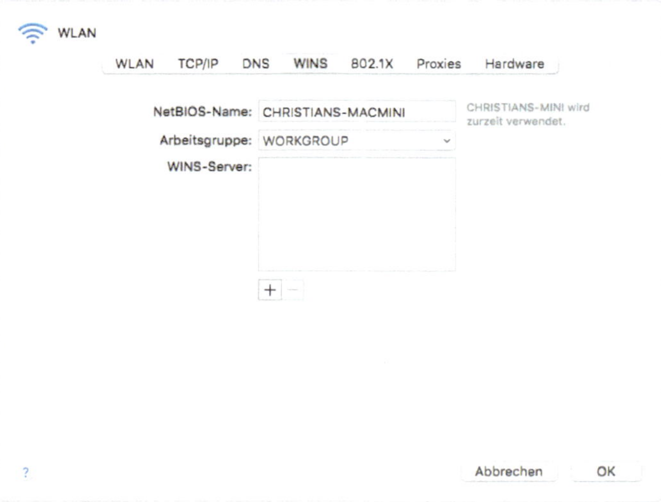

Arbeitsgruppe auf dem Mac eintragen.

- Auf dem Windows-PC finden Sie im Explorer unter *Netzwerk* den Mac. Klicken Sie doppelt darauf, geben Sie die Anmeldedaten des Benutzers für den Mac ein, nicht Ihre Windows-Anmeldedaten. Danach erscheinen automatisch angelegte Freigaben, von denen Sie Dateien auf den PC übertragen können.

Freigaben auf dem Mac im Explorer von Windows 11.

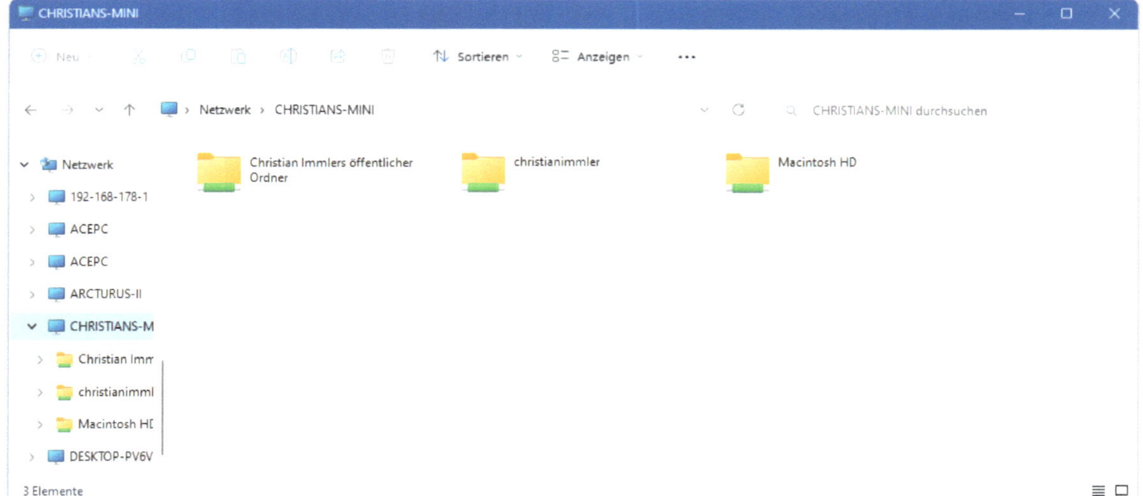

8.6 Alle Geräte im Netzwerk finden

Als Administrator sollte man immer alle Geräte im Blick haben, die im lokalen Netzwerk angemeldet sind, aber auswendig kennen braucht man sie nicht.

Das Freewaretool Advanced IP Scanner (*www.advanced-ip-scanner.com/de*) durchsucht das ganze Netzwerk oder auch nur einen bestimmten IP-Adressbereich und zeigt alle aktiven Geräte mit IP- und MAC-Adresse an. Dabei spielt es keine Rolle, ob die Geräte statische IP-Adressen verwenden oder per DHCP automatisch vergebene.

In großen oder unübersichtlichen Netzwerken können Administratoren Favoriten anlegen, um bestimmte PCs in den Listen schnell zu finden. Soweit die Geräte im Netzwerk dies unterstützen, kann das Programm direkt per Ping, Tracert, Telnet oder SSH Verbindung aufnehmen. Zu Servern im Netzwerk oder Netzwerkfestplatten lassen sich FTP-, HTTP- oder HTTPS-Verbindungen aufbauen.

Des Weiteren lassen sich Geräte im Netzwerk ferngesteuert herunterfahren oder auch per Wake on LAN aufwecken. Advanced IP Scanner unterstützt die Fernsteuerungssoftware Radmin (*www.radmin.de*), die die Steuerung eines PCs wie auch Telnet-Verbindungen, Dateiübertragungen oder Chat mit dem dort angemeldeten Benutzer ermöglicht, um über die Ferne Support zu leisten.

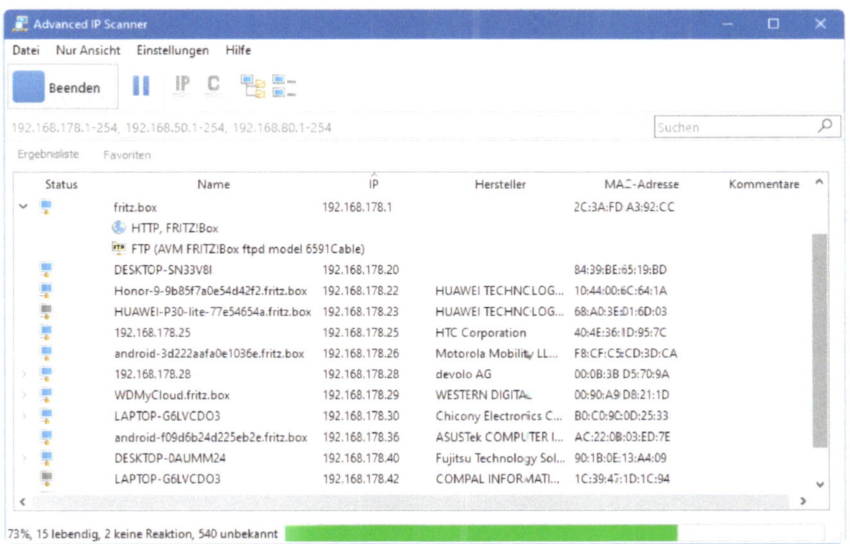

Advanced IP Scanner findet Geräte im Netzwerk.

8.7 Probleme lösen

Besonders bei Geräten, deren Betriebssystem auf Linux basiert – was abgesehen von Windows-PCs für fast alle sonstigen Netzwerkgeräte gilt –, gibt es ein paar typische Fehlerquellen, die sich leicht umgehen lassen.

Einschränkungen bei Dateinamen

Wer Dateien zwischen einem Gerät mit Linux-Betriebssystem und einem Windows-PC übertragen möchte, muss die Unterschiede bezüglich der Namensregeln kennen.

- Im Gegensatz zu Windows unterscheidet Linux bei Dateinamen zwischen Groß- und Kleinschreibung.
- Die Dateinamen sollten aussagekräftig sein, aber bei 256 Stellen kompletter Pfadlänge einschließlich der Verzeichnisnamen ist Schluss. Leerzeichen dürfen nicht verwendet werden.
- Windows nutzt zur Kennzeichnung von Dateitypen die entsprechende Dateiendung, die klassischerweise aus drei Zeichen besteht, durch einen Punkt vom eigentlichen Dateinamen getrennt. Bei Linux kann jeder beliebige Name für eine Datei verwendet werden. Es gibt keinen Unterschied zwischen Dateinamen und Dateiendung.
- Linux kennt das Backslash-Zeichen \ für Pfadangaben nicht. Zur Angabe von Verzeichnissen wird immer der normale Schrägstrich / verwendet.

Geräte finden sich gegenseitig nicht

Wenn sich unterschiedliche Geräte im Netzwerk nicht finden und deshalb kein Datenaustausch über Windows-Freigaben, in anderen Betriebssystemen oft als SMB-Protokoll bezeichnet, möglich ist, hat dies zwei häufig anzutreffende Ursachen:

- **Gastnetzwerk** – Über WLAN im Gastnetzwerk angemeldete Geräte können sich gegenseitig nicht sehen. Achten Sie darauf, immer das Hauptnetzwerk des Routers zu verwenden, wenn Sie Daten zwischen Geräten austauschen möchten.
- **Arbeitsgruppe** – Das SMB-Protokoll verlangt einen Arbeitsgruppennamen, den Windows selbst nur noch versteckt anzeigt, sodass viele Benutzer ihn gar nicht kennen. Achten Sie darauf, dass auf allen Geräten die gleiche Arbeitsgruppe verwendet wird, manchmal auch als *Domäne* bezeichnet. Klicken Sie in den Einstellungen von Windows 11 unter *System/Info* auf den Link *Domäne oder Arbeitsgruppe*, um den verwendeten Arbeitsgruppennamen zu sehen.

9 Sicherheit im Netzwerk

9.1 Authenticator-App zur Anmeldung nutzen

Gerade im Umfeld von Firmennetzen und Homeoffice, aber auch im privaten Bereich, wo sie oft vernachlässigt wird, ist Netzwerksicherheit ein wichtiges Thema. Private oder Firmendaten dürfen nicht in falsche Hände geraten. Dazu kommt das große Problem des Identitätsdiebstahls, wenn ein Fremder unter dem eigenen Namen oder einem Firmenaccount irgendetwas veröffentlicht und den eigentlichen Besitzer des Nutzerkontos aussperrt.

Anstatt sich beim Zugriff auf besonders vertrauliche Daten jedes Mal einen Code per E-Mail oder SMS zuschicken zu lassen und diesen manuell einzugeben, können Sie sich noch einfacher mit Ihrem Smartphone autorisieren.

Nach der Installation der App Microsoft Authenticator melden Sie sich in der App mit Ihrem Microsoft-Konto an. Bei jeder Anmeldung, die eine zusätzliche Sicherheitsautorisierung benötigt, erscheint auf dem Smartphone eine Benachrichtigung, in der Sie die Anmeldung genehmigen können. Sie brauchen dazu die App nicht zu starten. Zur erhöhten Sicherheit lässt sich die Microsoft Authenticator-App mit einer PIN oder einem Fingerabdruck vor unbefugter Nutzung sperren.

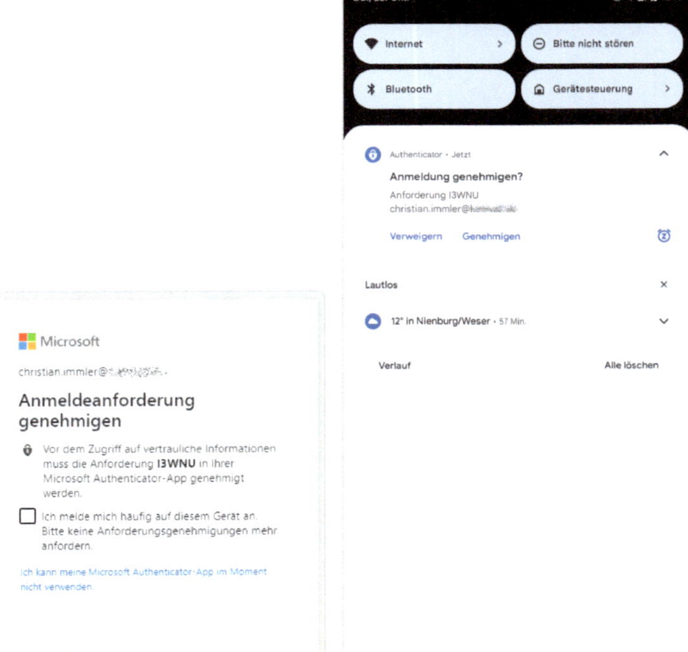

Autorisierung mit der App Microsoft Authenticator.

9.2 Sicherheitsinfos im Microsoft-Konto zum Schutz vor Passwortverlust

Ein nicht zu unterschätzender Vorteil eines Microsoft-Kontos gegenüber einem lokalen Benutzerkonto ist die unkomplizierte Lösung, ein vergessenes Kennwort zurückzusetzen – vorausgesetzt, Sie haben vorgesorgt und Sicherheitsinfos hinterlegt.

Besuchen Sie mit dem Edge-Browser die Seite *account.microsoft.com*. In den meisten Fällen werden Sie automatisch angemeldet, wenn Sie mit dem Microsoft-Konto in Windows angemeldet sind. Erscheint ein Anmeldeformular, melden Sie sich auf der Seite mit dem Microsoft-Konto an, das Sie auch zur Anmeldung am PC nutzen.

Wählen Sie auf der Verwaltungsseite für das Microsoft-Konto oben *Sicherheit* und dann *Erweiterte Sicherheitsoptionen*. Da Sie hier einen Bereich mit besonders sicherheitskritischen Informationen betreten, müssen Sie noch einmal Ihr Kennwort eingeben, auch wenn Sie automatisch angemeldet sind. Legen Sie hier eine alternative E-Mail-Adresse oder eine Handynummer fest, auf die Sie auch dann Zugriff haben, sollten Sie das Kennwort des Microsoft-Kontos einmal vergessen haben.

Im Microsoft-Konto hinterlegte Sicherheitsinformationen helfen, ein vergessenes Kennwort zurückzusetzen.

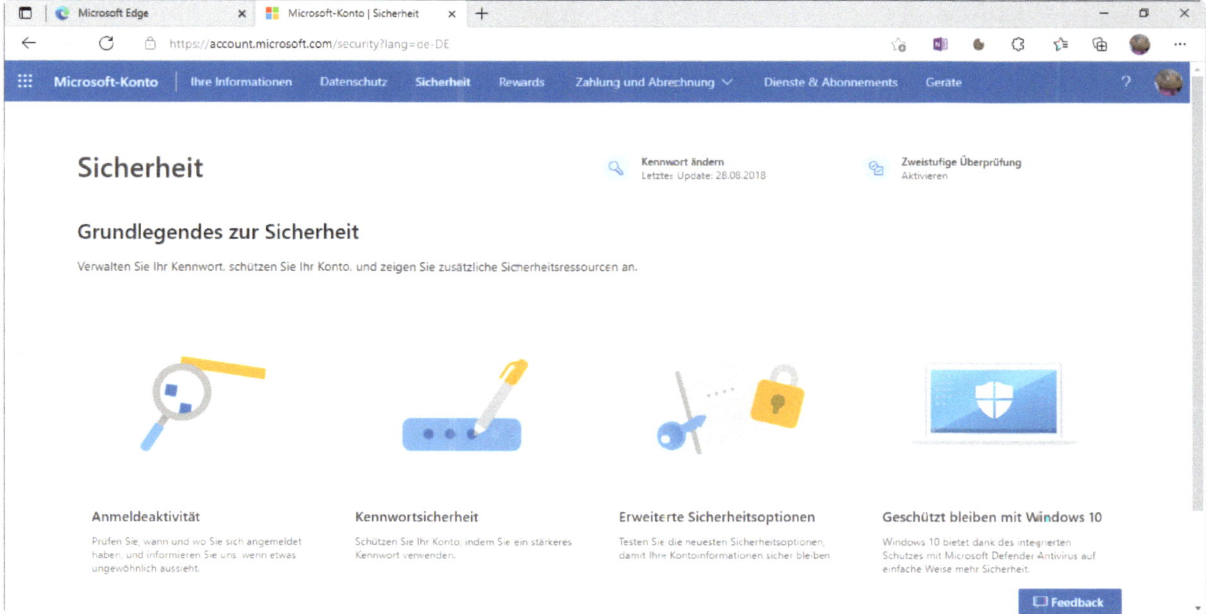

9.3 Angemeldete und unbekannte Benutzer auf dem eigenen PC finden

In privaten Netzwerken aus mehreren Computern verliert man oft die Übersicht über die Freigaben auf dem Computer, oder man möchte einfach nur wissen, wer gerade noch auf dem eigenen PC angemeldet ist.

Das Kommandozeilentool `net user` zeigt ohne weitere Parameter eine Liste aller Benutzer. Geben Sie als zusätzlichen Parameter einen Benutzernamen an, sehen Sie unter anderem, wann sich dieser Benutzer zum letzten Mal angemeldet hat und in welchen Benutzergruppen er Mitglied ist, woraus sich Zugriffsrechte ergeben. Benutzernamen mit Leer- oder Sonderzeichen müssen in Anführungszeichen eingegeben werden. Um Benutzer zu bearbeiten, muss dieser Befehl in einem Windows-Terminalfenster mit Administratorrechten ausgeführt werden.

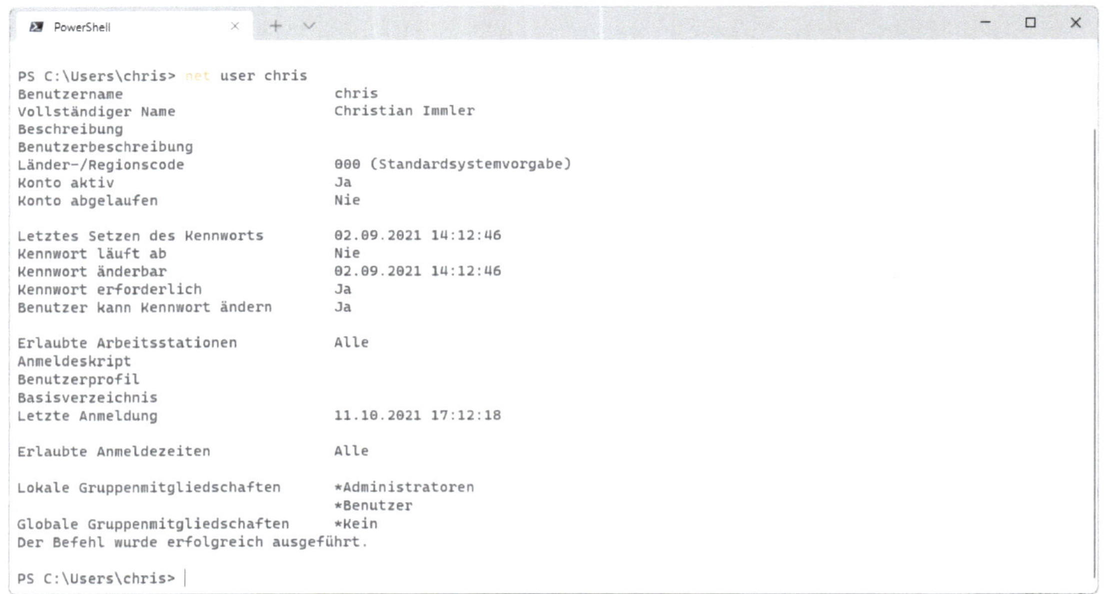

`net user` informiert über Benutzer auf dem PC.

Setzen Sie Benutzer, deren Sinn Sie nicht genau einschätzen können, erst einmal mit dem Parameter `/active:no` auf inaktiv, bevor Sie sie später löschen, da sie möglicherweise doch für bestimmte Systemaufgaben gebraucht werden. Deaktivieren Sie nie Ihren eigenen Benutzernamen.

Die Benutzer *Administrator*, *DefaultAccount*, *Gast* und *WDAGUtilityAccount* sind auf dem System vorinstalliert und standardmäßig alle inaktiv. Letzterer kann durch den Windows Defender Application Guard automatisch aktiviert werden. Löschen Sie diese Benutzer nicht, da sie vom System benötigt werden.

9.4 Kennwortrücksetzdatenträger als Schutz vor vergessenen Passwörtern

Windows 11 bietet eine Möglichkeit, mit dem Kennwortrücksetzdatenträger einen Nachschlüssel anzulegen, mit dem man sich im Fall eines verlorenen Passworts wieder am System anmelden kann.

- Klicken Sie in der Systemsteuerung unter *Benutzerkonten* auf *Kennwortrücksetzdiskette erstellen*. Hier ist zwar noch von Diskette die Rede, es werden aber selbstverständlich USB-Sticks unterstützt, da kein aktueller PC noch ein Diskettenlaufwerk hat. Die Kennwortrücksetzdatei belegt nur wenige KByte, und der USB-Stick braucht auch nicht bootfähig zu sein. Sie können einen kleinen Werbestick löschen und dafür verwenden.

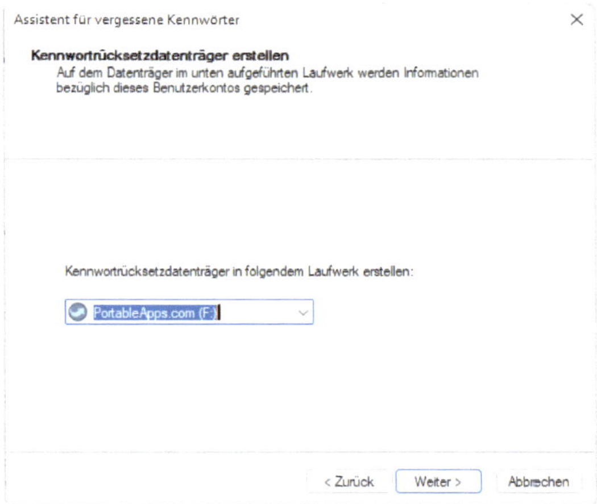

Der Kennwortrücksetzdatenträger sollte heute ein USB-Stick sein.

- Im Falle eines Falles – wenn Sie sich nicht mehr anmelden können – erscheint bei Eingabe eines falschen Passworts der Link *Kennwort zurücksetzen*. An dieser Stelle starten Sie den Kennwortrücksetzassistenten, stecken den USB-Stick ein und erstellen sich selbst ein neues Kennwort.

9.5 Probleme lösen

Gerade im Bereich der Sicherheit tauchen immer wieder typische Probleme auf. Diese reichen vom vergessenen Passwort bis dahin, dass man sich durch übertriebene Sicherheitsmaßnahmen selbst aussperrt.

Benutzerkontensteuerung meldet sich zu oft

Für alle systemkritischen Vorgänge fragt Windows explizit nach Ihrer Zustimmung. Sämtliche Funktionen in der Windows-Benutzeroberfläche, die eine solche Zustimmung erfordern können, sind mit einem farbigen Schildsymbol gekennzeichnet. Nerven Sie die ewigen Nachfragen der Benutzerkontensteuerung zu sehr, können Sie die Benutzerkontensteuerung entweder ganz deaktivieren oder sich zumindest seltener warnen lassen.

- Die Einstellungen dazu finden Sie in der Systemsteuerung unter *Benutzerkonten/Einstellungen der Benutzerkontensteuerung ändern*. Jede Änderung muss mit Administratorrechten bestätigt werden.

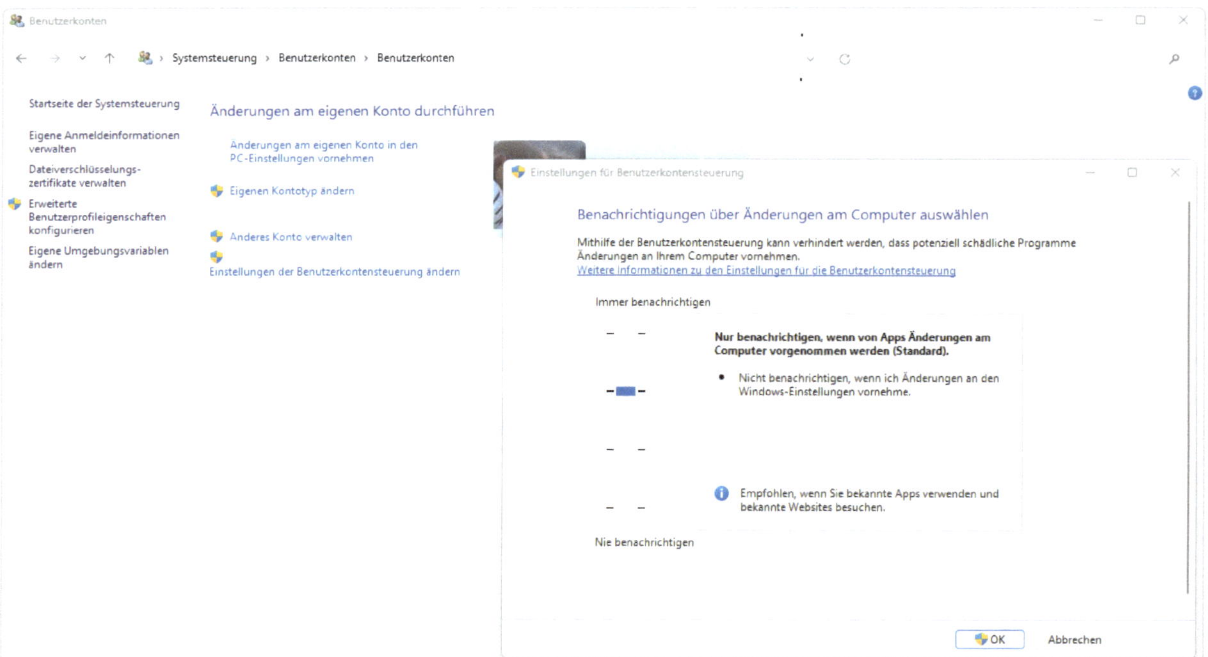

Die Benutzerkontensteuerung bietet vier verschiedene Stufen an – von Meldungen bei jeglicher Änderung bis hin zu der Einstellung, nie benachrichtigt zu werden.

Gerade kein Zugriff auf das Kennwort für das Microsoft-Konto

Sollte der Fall eintreten, dass Sie sich nicht anmelden können, aber wissen, dass Sie das Passwort auf einem anderen Gerät noch gespeichert haben, brauchen Sie es nicht zu ändern, da Sie es sonst auf allen Geräten, auf denen es gespeichert ist, ändern müssten. Besuchen Sie auf einem beliebigen PC oder Smartphone die Seite *account.microsoft.com* und klicken Sie dort auf *Anmelden*. Sollte auf dem verwendeten PC ein anderes Microsoft-Konto angemeldet sein, verwenden Sie ein anonymes Browserfenster.

Geben Sie im Anmeldefenster Ihr Microsoft-Konto ein und klicken Sie im Kennworteingabefeld auf den Link *Code per E-Mail an ...* Hier können Sie sich einen Code zur einmaligen Anmeldung an die zuvor gespeicherte E-Mail-Adresse oder Handynummer schicken lassen. Von dieser E-Mail-Adresse werden nur die ersten Zeichen angezeigt. Geben Sie zur Sicherheit die E-Mail-Adresse komplett ein. Erst dann wird der Code versendet.

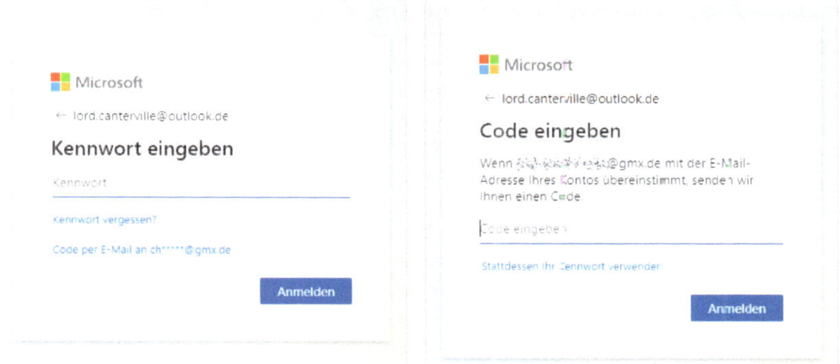

Code zur einmaligen Anmeldung am Microsoft-Konto anfordern und eingeben.

Kennwort für das Microsoft-Konto komplett vergessen

Sollte dieser Fall wirklich einmal eintreten, besuchen Sie auf einem beliebigen PC oder Smartphone die Seite *account.microsoft.com* und klicken dort auf *Anmelden*. Ist auf dem verwendeten PC ein anderes Microsoft-Konto angemeldet, nutzen Sie ein anonymes Browserfenster.

Geben Sie im Anmeldefenster Ihr Microsoft-Konto ein und klicken Sie im Kennworteingabefeld auf *Kennwort vergessen*. Hier können Sie sich einen Code zum Zurücksetzen des Kennworts an die zuvor gespeicherte E-Mail-Adresse oder Handynummer schicken lassen. Geben Sie auch hier zur Sicherheit die E-Mail-Adresse komplett ein. Erst dann wird der Code versendet. Nach Eingabe dieses Codes vergeben Sie ein neues Kennwort, mit dem Sie sich auch wieder an Ihrem eigenen PC anmelden können. Dieses Kennwort muss neu sein, es darf zuvor in diesem Microsoft-Konto noch nicht verwendet worden sein.

Unbekannte Internetzugriffe aufdecken

Manchmal erscheint die Internetverbindung deutlich langsamer als gewohnt. Das kann an äußeren Einflüssen beim Netzbetreiber liegen, aber auch Programme auf dem eigenen PC können die Verbindung unbemerkt stark auslasten. Sie werden sich wundern, wie viele Programme eine Internetverbindung im Hintergrund nutzen. Dabei muss es sich nicht einmal um bösartige Aktivitäten wie Botnetze oder Ähnliches handeln. Auch die Liste von Verbindungen, die ein Browser neben der eigentlich aufgerufenen Adresse aufruft, wird bei modernen Webseiten immer länger.

Im Protokoll Ihres Routers sehen Sie alle Adressen, mit denen Verbindungen bestehen, Sie sehen aber nicht, welches Programm diese verursacht hat, sondern nur die IP-Adresse des Geräts im lokalen Netz, von dem die Verbindung ausging. Die Freeware *CurrPorts* (*www.nirsoft.net/utils/cports.html*) zeigt alle Verbindungen des eigenen PCs mit anderen Computern. Dabei werden neben dem Programm, das die Verbindung aufbaut, die Ziel-IP-Adresse und, soweit zu erkennen, auch der Hostname des Verbindungspartners angezeigt. Unbekannte IP-Adressen können Sie mit Onlinediensten wie *ipinfo.io* lokalisieren.

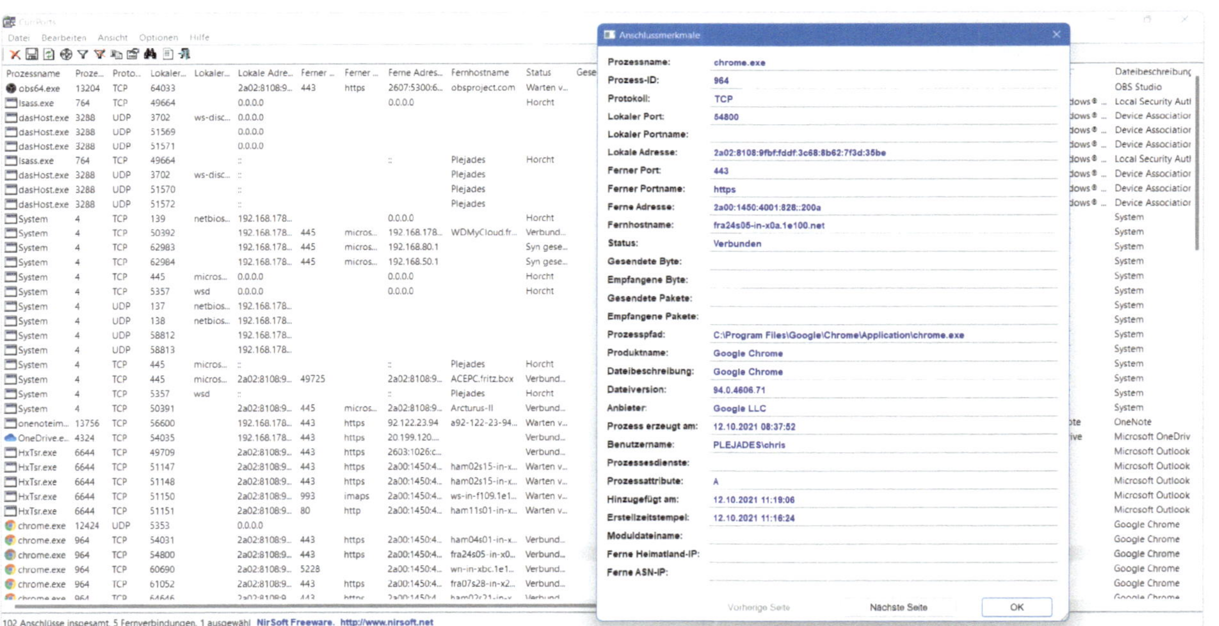

CurrPorts zeigt, welches Programm sich mit welchem Server im Internet verbindet.

Die genaue Uhrzeit des Prozessstarts hilft beim Erkennen, ob der Benutzer den Prozess gestartet hat oder dieser automatisch geplant war. Solange ein Prozess ein Windows-Fenster geöffnet hat, wird der Fenstertitel angezeigt, was besonders bei Browserfenstern interessant ist, bei denen der Fenstertitel Aufschluss über die besuchte Webseite gibt. Im Menü *Ansicht* lassen sich Spalten einrichten, um wichtige

Informationen nach vorne zu bringen. Ein Doppelklick auf einen Eintrag zeigt alle Daten in einem übersichtlichen Fenster an.

Um gezielt Informationen über ein bestimmtes laufendes Programm zu erhalten, ziehen Sie das Zielscheibensymbol aus der Symbolleiste von CurrPorts auf das jeweilige Programmfenster. Die betreffenden Einträge in der Verbindungsliste werden dann farbig hervorgehoben.

Welche Programme funken ins Netz?

Die Windows-Firewall soll verhindern, dass bösartige Programme Verbindungen zu Servern mit bösartigen Inhalten herstellen. Ob die Windows-Firewall arbeitet, sieht man in der Regel nur bei Fehlalarmen. Die meisten Programme sind üblicherweise nicht bösartig, sondern stellen Verbindungen her, um gezielt erwünschte Inhalte auf den PC zu liefern. Die Firewall prüft alle diese Verbindungen, zeigt den erfassten Datenverkehr aber nicht an.

Die Freeware *Windows Firewall Notifier* (*github.com/wokhansoft/WFN*) weist darauf hin, welche Programme und Hintergrunddienste Verbindungen herstellen, und zeigt auch Zieladressen und verwendete Ports an.

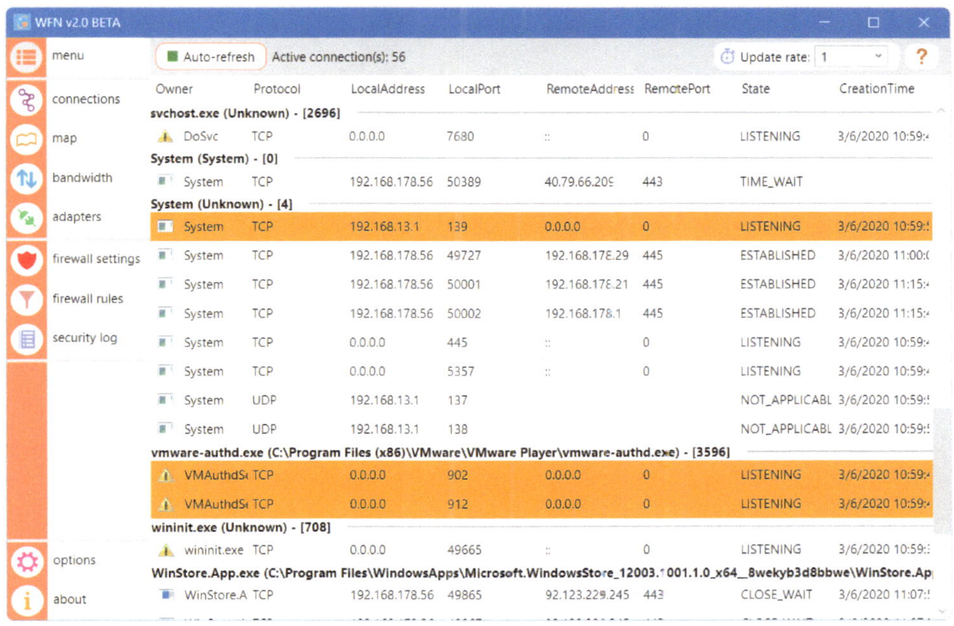

Firewall Notifier zeigt, was die Windows-Firewall zu tun hat.

Die IP-Adressen sagen, solange es sich nicht um bekannte Malwareschleudern handelt, nicht viel aus. Die Ansicht *Map* lokalisiert die Ziele. Wundern Sie sich, warum so viele Verbindungen in den Südatlantik weit vor der afrikanischen Küste führen? Hier, am Schnittpunkt des Äquators und des Nullmeridians, liegt der Koordinatenpunkt 0,0. IP-Adressen, zu denen kein Serverstandort bekannt ist, werden dort lokalisiert. Das gilt auch für alle Adressen innerhalb des Nummernraums `192.168.x.x`, die innerhalb des eigenen lokalen Netzwerks liegen. Da diese Adressen in jedem privaten LAN vorkommen, ist ihnen kein Standort zugeordnet.

IP-Adressen werden lokalisiert.

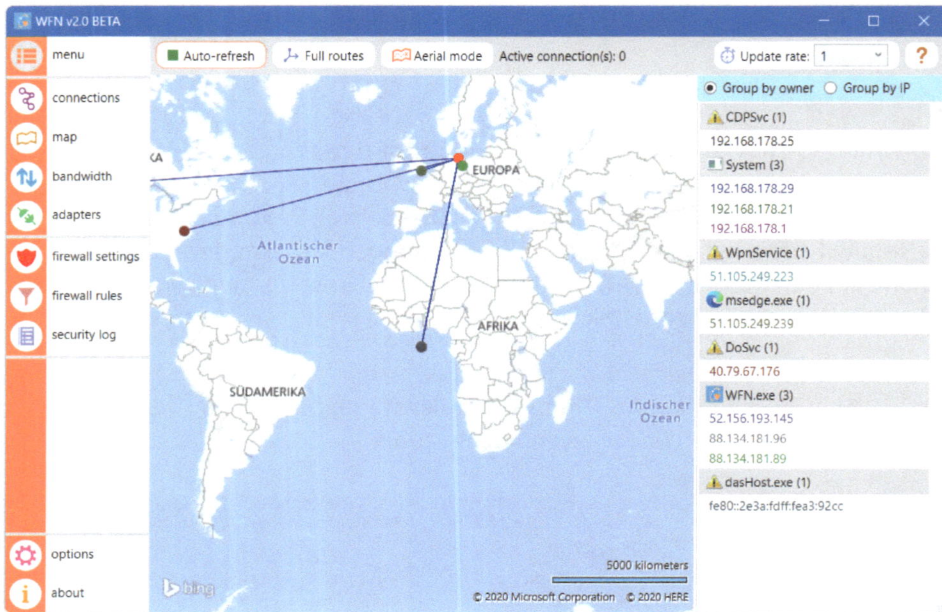

Scheint die Internetverbindung manchmal sehr langsam zu sein, ist sie in vielen Fällen durch andere Dienste stark ausgelastet. Die Ansicht *bandwidth* zeigt, welche Verbindung wie viel Datenverkehr verursacht. Im *Single-item mode* sind sogar die einzelnen Verbindungen zu sehen, wenn ein Programm, wie z. B. ein Browser, mehrere Verbindungen gleichzeitig verwendet. Wurde eine Verbindung geschlossen, wird sie zur Übersicht noch einige Sekunden in Orange angezeigt, womit sich Verbindungen, die nur sekundenweise bestehen, aufdecken lassen.

Stellt ein unbekanntes Windows-Programm eine Netzwerkverbindung her, fragt es beim ersten Mal nach einer Freigabe in der Firewall. Die Möglichkeit, diese Einstellungen nachträglich wieder zu verändern, ist in Windows gut versteckt. Auf der Seite *firewall settings* sehen Sie das grundlegende Verhalten der Firewall und können die Einstellungen für das Blockieren und Anzeigen blockierter Aktivitäten leicht ändern. Die Seite *firewall rules* zeigt die Regeln für einzelne Programme und Dienste. Hier können bei Verbindungsproblemen einzelne Regeln temporär deaktiviert werden. Der Button *Adv.Console* führt direkt zu den Windows-Firewall-Einstellungen, wo Sie Regeln ändern und neue anlegen können.

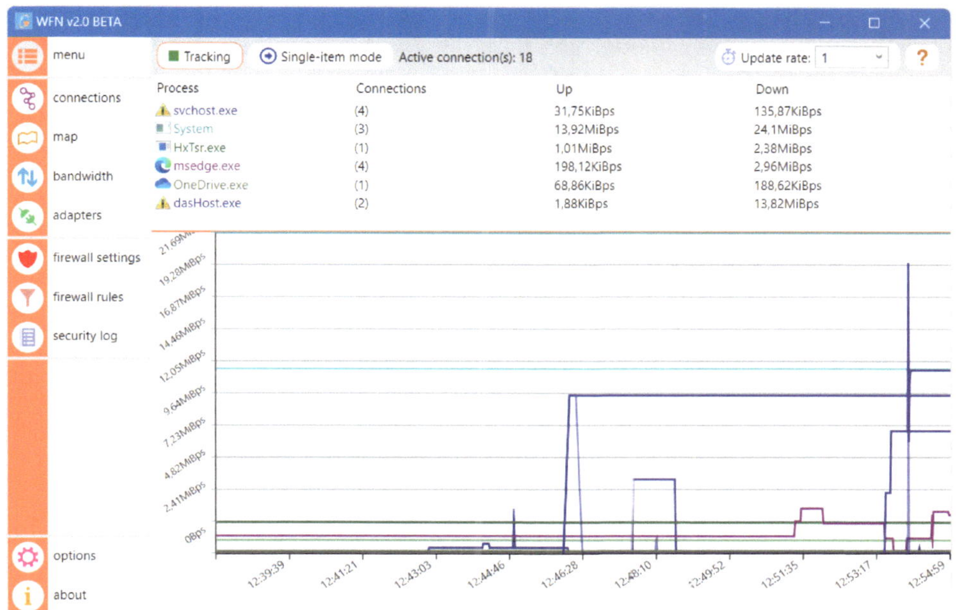

Bandbreitenverbrauch anzeigen.

Die Firewall lässt ein Programm nicht zu

Normalerweise meldet sich die Windows-Firewall, wenn ein Programm zum ersten Mal eine Internetverbindung benötigt. Der Benutzer kann dieses Programm dann in der Firewall freischalten.

Üblicherweise erscheint diese Anfrage, wenn ein Programm erstmals durch die Firewall kommunizieren will.

Bei älteren und weniger bekannten Programmen wie auch bei Kommandozeilentools kommt es immer wieder vor, dass die Windows-Firewall den Kommunikationsversuch des Programms nicht erkennt und deshalb auch keine Anfrage dazu stellt, den Zugriff zuzulassen. Das Programm bzw. zumindest dessen Internetverbindung funktioniert dann einfach nicht.

- Ein freigegebenes Programm wird im Konfigurationsdialog der Firewall unter *Zugelassene Apps und Features* eingetragen. Diese Liste erreichen Sie über den Link *Zugriff von App durch Firewall zulassen* im Programm *Windows-Sicherheit* unter *Firewall- und Netzwerkschutz*.
- Um etwas ändern zu können, müssen Sie zuerst auf *Einstellungen ändern* klicken. Mit der Schaltfläche *Andere App zulassen* werden Firewall-Regeln für weitere Programme hinzugefügt, ohne dass man diese Programme vorher starten muss. Diese Methode können Sie auch nutzen, wenn ein Programm nicht automatisch die Anfrage auf Zugriff durch die Firewall stellt.

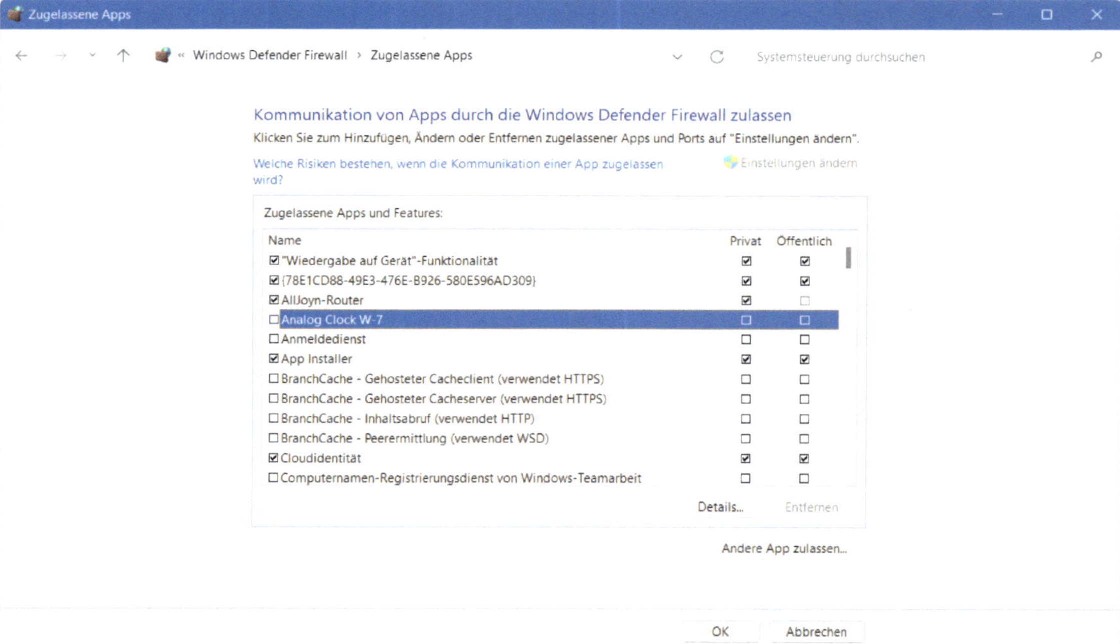

Firewall-Regeln für einzelne Programme festlegen.

- Deaktivieren Sie den Schalter ganz links vor einem Programm in der Liste, wird die betreffende Regel entfernt. Wenn dieses Programm wieder Daten aus dem Internet übertragen will, erscheint erneut die Abfrage der Firewall.

Die Firewall blockiert die Suche nach freigegebenen Laufwerken und Druckern

Wenn die Suche nach freigegebenen Laufwerken oder Druckern auf bestimmten Computern im Netzwerk nicht funktioniert, kann dies an einer Firewall-Regel auf den betroffenen Computern liegen.

- Öffnen Sie auf dem Computer, der nicht durchsucht werden kann, das Programm *Windows-Sicherheit* und klicken Sie dort unter *Firewall- und Netzwerkschutz* auf den Link *Erweiterte Einstellungen*. Dazu benötigen Sie Administratorrechte.
- Ältere, inkompatible Sicherheitstools von Drittherstellern legen unter *Eingehende Regeln* oft eine Regel *445 TCP IB_BLOCK* an, die den Port 445 blockiert, der für die Suche innerhalb von Netzwerken benötigt wird.
- Markieren Sie diese Regel und deaktivieren Sie sie im *Aktionen*-Fenster rechts unten. Wenn danach alles wieder funktioniert, können Sie diese Regel auch ganz löschen.

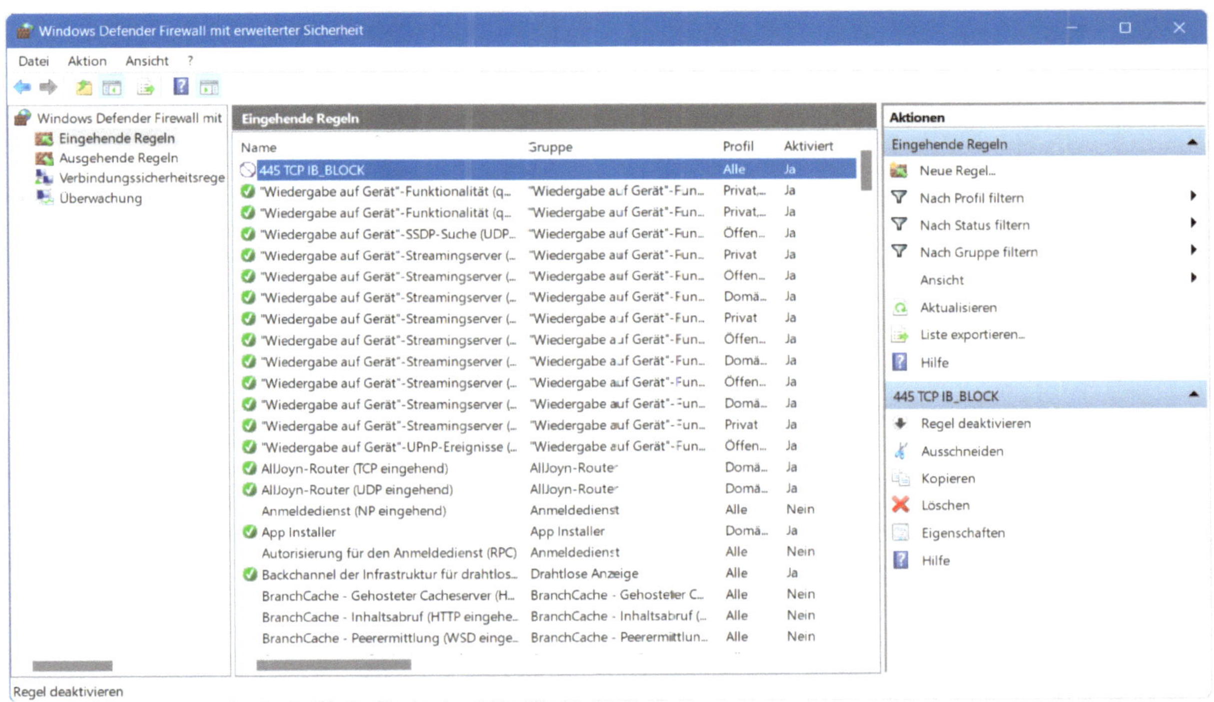

Diese Firewall-Regel blockiert die Suche nach Freigaben im Netzwerk.

Internetverbindung bei Angriffsverdacht blockieren

Wenn Sie einen Angriffsverdacht haben oder sich mit Ihrem Notebook in einer besonders unsicheren Umgebung befinden, können Sie über einen Schalter im Programm *Windows-Sicherheit* ganz einfach alle eingestellten Firewall-Regeln auf einmal ignorieren, einschließlich der in der Liste der zugelassenen Programme, und alle Verbindungen blockieren. So müssen Sie diese Programme nicht einzeln sperren, sondern können mithilfe der Firewall alle Verbindungen auf einmal blockieren.

Windows-Sicherheit in der Taskleiste.

- Öffnen Sie *Windows-Sicherheit* über das Symbol in der Taskleistenecke.

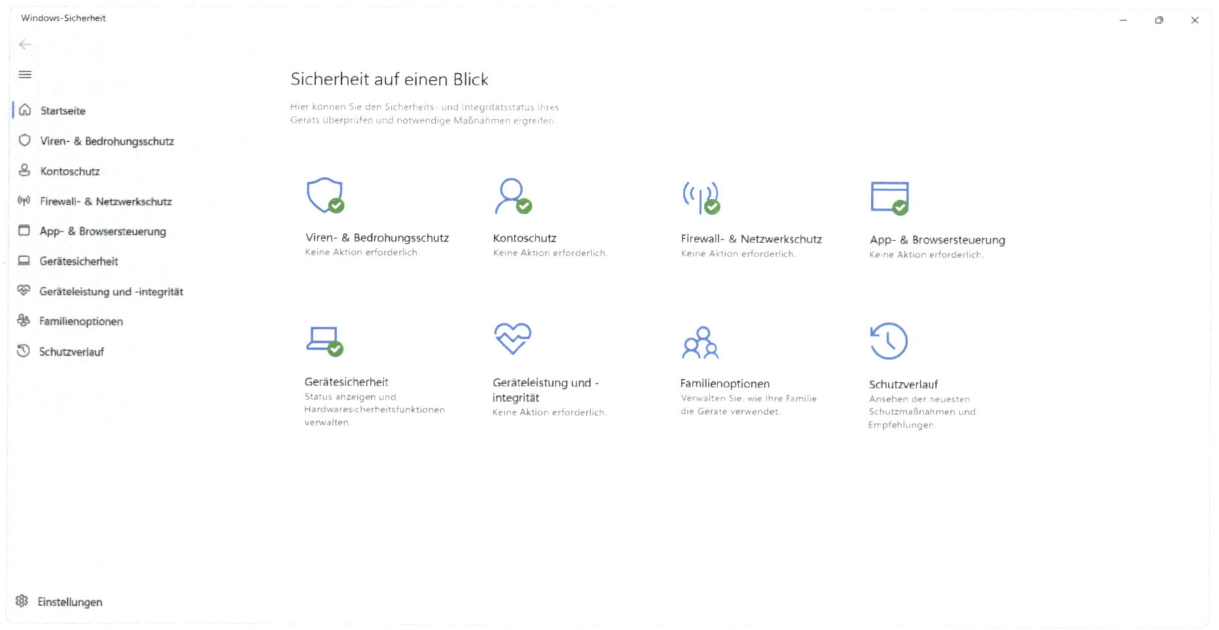

Startbildschirm von Windows-Sicherheit.

- Klicken Sie auf *Firewall- & Netzwerkschutz* und im nächsten Fenster auf das aktive Netzwerk, meistens ist dies das private Netzwerk.

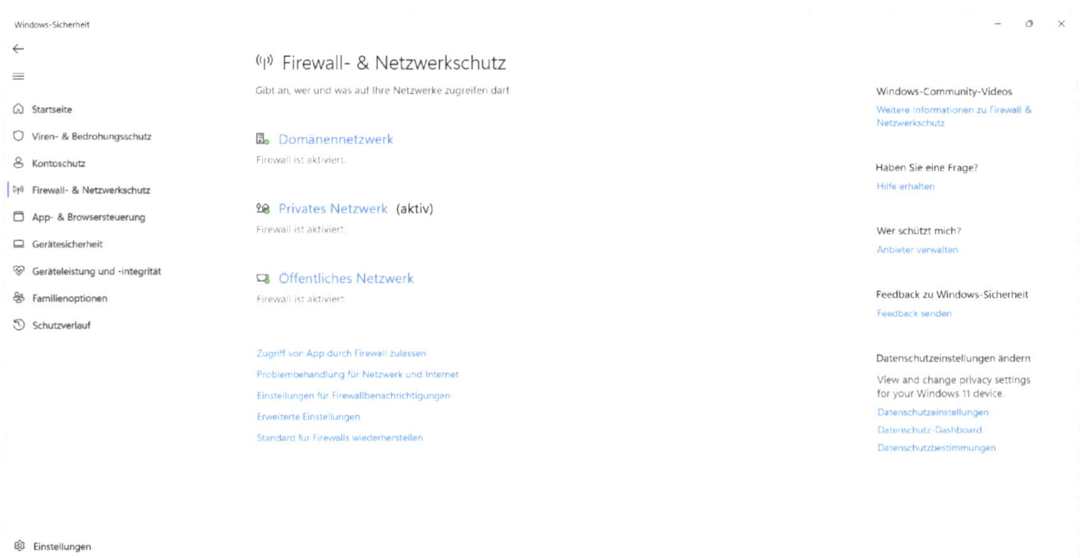

Aktives Netzwerk im Windows Defender Security Center auswählen.

- Aktivieren Sie im nächsten Fenster den Schalter *Blockiert alle eingehenden Verbindungen, einschließlich der in der Liste zugelassener Apps*. Dazu benötigen Sie Administratorrechte und müssen eine Anfrage der Benutzerkontensteuerung bestätigen.
- Deaktivieren Sie diesen Schalter wieder, gelten erneut die zuvor eingestellten Regeln.

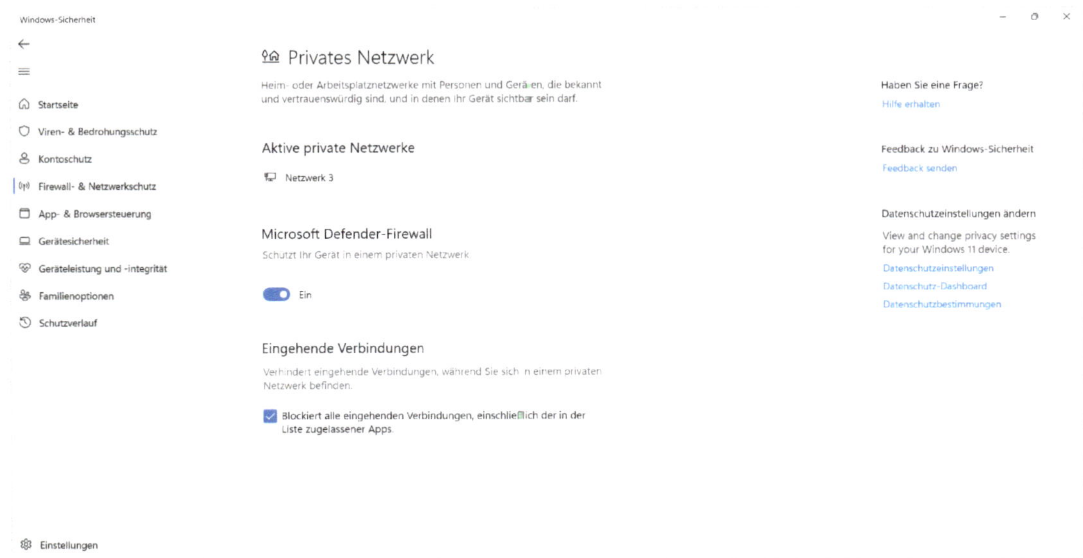

Ein Schalter blockiert alle eingehenden Verbindungen auf einmal. Viele Programme funktionieren dann logischerweise nicht mehr wie vorgesehen.

Stichwortverzeichnis

M

N

O

X

Z

Bildnachweis

Alle Bilder in diesem Buch wurden von **Christian Immler** erstellt:

Ausgenommen dieser Bilder: **S. 26** LogiLink. **S. 48** AVM. **S. 55** AVM.